海外中国研究丛书

——

到中国之外发现中国

郭店楚简《老子》新研究

郭店楚簡老子の新研究

[日]池田知久 著

曹　峰　孙佩霞 译

江苏人民出版社

图书在版编目(CIP)数据

　　郭店楚简《老子》新研究/(日)池田知久
著;曹峰,孙佩霞译.--南京:江苏人民出版社,
2022.5(2025.3重印)
　　ISBN 978-7-214-25672-0

　　Ⅰ.①郭… Ⅱ.①池…②曹…③孙… Ⅲ.①道家-
②《道德经》-研究 Ⅳ.①B223.15
　　中国版本图书馆 CIP 数据核字(2020)第 237085 号

江苏省版权局著作权合同登记号:图字 10-2019-199 号

书　　　名　郭店楚简《老子》新研究
著　　　者　[日]池田知久
译　　　者　曹　峰　孙佩霞
责 任 编 辑　刘　焱　李晓爽
装 帧 设 计　陈　婕
责 任 监 制　王　娟
出 版 发 行　江苏人民出版社
地　　　址　南京市湖南路 1 号 A 楼,邮编:210009
照　　　排　江苏凤凰制版有限公司
印　　　刷　南京新洲印刷有限公司
开　　　本　652 毫米×960 毫米　1/16
印　　　张　35.25　插页 4
字　　　数　390 千字
版　　　次　2022 年 5 月第 1 版
印　　　次　2025 年 3 月第 3 次印刷
标 准 书 号　ISBN 978-7-214-25672-0
定　　　价　128.00 元

(江苏人民出版社图书凡印装错误可向承印厂调换)

序 "海外中国研究丛书"

中国曾经遗忘过世界，但世界却并未因此而遗忘中国。令人嗟讶的是，20 世纪 60 年代以后，就在中国越来越闭锁的同时，世界各国的中国研究却得到了越来越富于成果的发展。而到了中国门户重开的今天，这种发展就把国内学界逼到了如此的窘境：我们不仅必须放眼海外去认识世界，还必须放眼海外来重新认识中国；不仅必须向国内读者迻译海外的西学，还必须向他们系统地介绍海外的中学。

这个系列不可避免地会加深我们 150 年以来一直怀有的危机感和失落感，因为单是它的学术水准也足以提醒我们，中国文明在现时代所面对的绝不再是某个粗蛮不文的、很快就将被自己同化的、马背上的战胜者，而是一个高度发展了的、必将对自己的根本价值取向大大触动的文明。可正因为这样，借别人的眼光去获得自知之明，又正是摆在我们面前的紧迫历史使命，因为只要不跳出自家的文化圈子去透过强烈的反差反观自身，中华文明就找不到进入其现代形态的入口。

当然,既是本着这样的目的,我们就不能只从各家学说中筛选那些我们可以或者乐于接受的东西,否则我们的"筛子"本身就可能使读者失去选择、挑剔和批判的广阔天地。我们的译介毕竟还只是初步的尝试,而我们所努力去做的,毕竟也只是和读者一起去反复思索这些奉献给大家的东西。

刘　东

目 录

前　言

一　郭店楚墓竹简的发掘、组成与《老子》的书名

本书以荆门市博物馆《郭店楚墓竹简》（文物出版社，1998年，以下简称此书为《郭店楚简》，同时将其中所收十六种文献简称为"郭店楚简"）所收《老子》甲本、乙本、丙本为研究对象，在施以译注的基础上，对相关的一些问题加以考察。

《郭店楚简》一书收录了 1993 年冬出土于中国湖北省荆门市郭店村一号楚墓八百余枚竹简的"图版"（照相版）和"释文注释"。

关于郭店村一号楚墓（以下简称"郭店楚墓"）的发掘经过、墓葬形态、随葬品种类与数量、墓主人身份、与战国时代楚都相关的历史地理学等，已经有中国学者一些代表性的意见发表。可参照以下论文：

刘祖信：《荆门楚墓的惊人发现》，《文物天地》1995 年第 6期，中国文物研究所，1995 年 11 月。

荆门市博物馆：《荆门郭店一号楚墓》，《文物》1997年第7期，文物出版社，1997年7月。

崔仁义：《荆门楚墓出土的竹简〈老子〉初探》，《荆门社会科学》1997年第5期，1997年10月。

荆门市博物馆：《前言》，《郭店楚墓竹简》，文物出版社，1998年5月。

近藤浩之：《序文》，池田知久监修：《郭店楚简の思想史的研究》第一卷，东京大学文学部中国思想文化学研究室发行，1999年11月。

这里，依据这些文章，仅就其要点作一极为简单的概述。

郭店楚墓在今天湖北省荆州市沙市区郭店村，这里距省会武汉市西面直线距离约200千米。此墓位于战国时代楚（南方大国）首都郢（纪南城）附近（距此北向约9千米）。这一带，战国时代楚国贵族墓连成一片，构成了纪山楚墓群。从这种情况推断，郭店楚墓的墓主有可能是战国时代楚国士一级身份的贵族。

这个楚墓，曾在1993年8月至10月间受到盗掘。因此，墓葬内一部分文物已被盗走，一部分器物受到破损、导致散乱。为了保护墓内残存的器物，荆门市博物馆在获得湖北省文物主管部门同意后，于同年10月，对郭店楚墓进行了抢救性发掘。

在墓内共发掘出八百余枚竹简，但这些竹简由于受到盗掘者的破坏，有的受到破损、有的被盗走。八百余枚竹简中，有一小部分是无字简（没有书写文字的竹简），有字简（写有文字的竹简）为730枚，总字数达到17 000字以上。本书所要考察的《老子》简共计有71枚、2 046个字。

郭店楚墓为土坑竖穴木椁墓，其中发现的随葬品有铜铍、龙形玉带钩、七弦琴、漆耳杯、漆奁，据说这些器物的形状和纹样都带有战国时代楚文化的风格。发掘者推测此墓的下葬年代在战国时代中期到后期,笔者不同意这一推测。这一点将在下文做出详细的讨论。

《郭店楚简》八百余枚竹简,被荆州市博物馆及荆门市博物馆的整理者整理为以下十六种文献(书名后数字为竹简数量)。

《老子》甲,39 简。

《老子》乙,18 简。

《老子》丙,14 简(本书将这三个本子称为《老子》甲本、乙本、丙本)。

《太一生水》,14 简("太"字,据《郭店楚简》"图版"是"大"字。本书称为《大一生水》)。

《缁衣》,47 简。

《鲁穆公问子思》,8 简。

《穷达以时》,15 简。

《五行》,50 简。

《唐虞之道》,29 简。

《忠信之道》,9 简。

《成之闻之》,40 简。

《尊德义》,39 简。

《性自命出》,67 简。

《六德》,49 简。

《语丛》一,112 简。

《语丛》二,54 简。

《语丛》三,72 简。

《语丛》四,27 简。

竹简残片,27 简。

以上总计 730 枚简。其中除了《五行》在开头由成书者或抄写者冠以《五行》的书名（篇题）外，其他书名全部是暂时设定的。这些书名应如何正确设定，包括《老子》书名在内，需要极慎重的处理，做出严密扎实的考证。

为什么这么说呢？这是因为无论是目前所见最早的郭店楚墓竹简本，还是仅次于郭店楚简本的马王堆汉墓帛书本（甲本成书于战国时代最晚期到西汉时代初期的前 180 年前后、乙本成书于甲本之后到西汉时代初期的前 170 年前后），都还没有被冠以《老子》的书名。马王堆汉墓帛书（以下简称为马王堆汉墓《老子》或马王堆《老子》）甲本在历史上首次将此书五千余言经文整体分为两大部分，与"德经"相当的部分在前，与"道经"相当的部分在后（要说明的是，在甲本中这两者并未被赋予任何名称），乙本属于同一系统的后起文本，在历史上首次将两大部分分别冠以"德""道"的名称。此书被称为《道德经》①的最早缘起，恐怕渊源于这一时期。尽管马王堆乙本有"德""道"之篇名，但仍然没有被命名为《老子》。

约在马王堆乙本二三十年后（西汉初期景帝期或武帝期）成书的《庄子·天下》篇，在其老聃、关尹论中提到的那本书，有可能已被称为《老子》了。约在马王堆乙本七八十年后（西汉武帝时期的前 100 年左右）成书的司马迁《史记·老子韩非列传》，在谈到此书时说：

> 于是老子乃著书上下篇，言道德之意五千余言而去。

---

① Robert G. Henricks(韩禄伯)非常重视前半部分称为"德"、后半部分称为"道"之事实，将此文本称为《德道经》。参照 Robert G. Henricks，LAO-TZU TE-TAO CHING，"*A New Translation Based on the Recently Discovered Ma-wang-tui Texts*"，Ballantine Books，New York，1989。

这里,不仅维持了将全书整体作两大区分的处置,视其为"上下篇",而且把马王堆乙本"德""道"的顺序颠倒过来变成"道""德",就是说,似乎已成为和今本(王弼本)结构相同的《道德经》。不是"言德道之意"而是"言道德之意",这一资料是否证实了"道"在前"德"在后的《道德经》已经成书了呢? 此外,总字数"五千余言"也和马王堆本的总字数一致①。要是这样的话,司马迁所见到的书也有可能已经被称为《老子》了。但是,无论是在《庄子·天下》还是在《史记·老子韩非列传》中,都不存在已将此书称为《老子》的明证。因此,到西汉初期司马迁的时代为止,即便此书曾被称作《老子》,《老子》这个名称也还没有固定下来。

郭店楚简为我们讨论此书究竟何时何地、因何理由称作《老子》,提供了具有重要价值的资料。考虑到这些因素,因为它和今本(王弼本)《老子》有一致之处,就马上将其和今本(王弼本)混为一谈是不合适的。我觉得这样去认识更好些,即我们在预见今本(王弼本)《老子》形成过程可以阐明的前提下,把郭店楚简看作尚未附加书名的、《老子》形成过程中最早时期的一个文本。本书将其名称定为郭店楚墓竹简《老子》甲本、乙本、丙本,只不过是为了方便讨论(以下简称为郭店楚简《老子》或郭店《老子》)②。

顺便指出,《郭店楚简》中名为《大一生水》的文献,和郭店《老

---

① 马王堆甲本没有记载字数,但实际字数和乙本差不多。而乙本记载有"德　三千□一""道　二千四百廿六",总字数约为 5 400 字。因此,可以确认司马迁所说"五千余言"本正是承继了马王堆乙本的文本。

② 这里所讨论的郭店《老子》甲本、乙本、丙本的定位问题,详细研究可参笔者以下论著:《道家思想の新研究——〈庄子〉を中心として》(汲古书院,2009 年)之第 2 章《道家の诸テキストの编纂——〈庄子〉〈老子〉〈淮南子〉》;《道家思想的新研究——以〈庄子〉为中心》上册(中文版,王启发、曹峰译,中州古籍出版社,2009 年)之第二章《道家诸文本的编纂——〈庄子〉〈老子〉〈淮南子〉》。

子》丙本有着相同的文本形制、相同的字体、类似的思想①。因此，或许也应该视《大一生水》为郭店《老子》之一部分，将其当作郭店《老子》之中的文献来同时处理。关于这个问题，笔者对谷中信一《郭店楚简〈老子〉及び"太一生水"から见た今本〈老子〉の成立》②一文所提倡的观点表示赞同。而这一点也将为最早的《老子》和今本（王弼本）有着不同形态、面貌之事实提供证据。然而，笔者已经对《大一生水》作过译注并公开发行③，如果采取一同处理的方式，问题会变得过于复杂，本书为讨论之便，暂时仅以《老子》甲本、乙本、丙本为研究对象。关于郭店《老子》和《大一生水》之间关系的笔者见解，将在不远的将来公布于世。

二　郭店一号墓的下葬年代
——一般的观点和对一般观点的批判

接下来要讨论的是郭店楚墓的墓主究竟是何时下葬的。下葬年代之所以重要，是因为在推测这次出土的各种文献之成书年代及抄写年代究竟如何的时候，将成为讨论的基础。关于这个问题，中国的学者已有见解，例如前文提到的刘祖信《荆门楚墓的惊人发现》有如下说法：

> 该墓的下葬时代应属战国中期偏晚。

---

① 参照李零：《郭店楚简校读记》（增订本，北京大学出版社，2002 年）的《凡例》及《第一组简文（道家和道家阴谋派的文献）》。
② 参照谷中信一：《郭店楚简〈老子〉及び"太一生水"から见た今本〈老子〉の成立》，郭店楚简研究会编：《楚地出土资料と中国古代文化》，汲古书院，2002 年。
③ 参照池田知久监修：《郭店楚简の研究（一）》（大东文化大学大学院事务室发行，1999 年 8 月）之第一部"译注编《大一生水》"。

此外,湖北省荆门市博物馆《荆门郭店一号楚墓》指出:

> 综上所述,从墓葬形制和器物特征判断,郭店 M1 具有战国中期偏晚的特点,其下葬年代当在公元前四世纪中期至前三世纪初。(荆门市博物馆的《前言》也对此作了肯定的引用)

还有崔仁义的《荆门楚墓出土的竹简〈老子〉初探》,作了更为详细而具体的论证:

> 竹简《老子》的入葬时间早于公元前 278 年。郭店一号墓位于以纪南城为中心的楚国贵族陵墓区,是楚国贵族墓(详见文之《一》),而公元前 278 年,秦将白起拔郢,"烧先王墓夷陵。楚襄王兵散,遂不复战,东北保于陈城。"楚都纪南城的废弃,意味着楚国贵族集团的转移和公墓区内楚国贵族墓葬的终止。同时,该墓出土的方形铜镜与包山楚墓出土的方形铜镜制作一样,形制相同,纹饰一致,出土的漆耳环等也均与包山楚墓出土的同类同型器接近。包山二号墓入葬于公元前 316 年,郭店一号墓的入葬年代应与之不相上下,即约当公元前 300 年。

当今中国学界,似乎以崔仁义的观点即前 300 年前后下葬的见解最为盛行。

但是,笔者对这一观点从根本上持怀疑态度,认为下葬年代应该比崔仁义作为论据提供的"秦将白起拔郢"的前 278 年更晚。这是因为,如前所述,《郭店楚简》中有一篇名为《穷达以时》的文献,这篇文献中有一段话,这段话形成于《荀子》所谓"天人之分"以后的时代,受到过《荀子》的影响。《穷达以时》这段话如下所示:

又（有）天又（有）人，天人又（有）分。敨（察）天人之分，而智（知）所行矣。又（有）亓（其）人，亡亓（其）殜（世），唯（虽）臤（贤）弗行矣。句（苟）又（有）亓（其）殜（世），可（何）懂〈懃（难）〉之又（有）才（哉）。……堣（遇）不堣（遇），天也。童（动）非为达也，古（故）宭（穷）而不〔困。学非〕为名也，古（故）莫之智（知）而不竖（怜）。〔芷兰生于深林，非以亡（无）人〕嘆（嗅）而不芳。无茖堇（根）愈（于）垲山石，不为〔亡（无）人不〕[]。

第一，这段话中有"又天又人，天人又分。敨天人之分，而智所行矣"。而《荀子·天论》有以下内容：

天行有常，不为尧存，不为桀亡。应之以治则吉，应之以乱则凶。强本而节用，则天不能贫。养备而动时，则天不能病。循道而不忒，则天不能祸。……本荒而用侈，则天不能使之富。养略而动罕，则天不能使之全。倍道而妄行，则天不能使之吉。……受时与治世同，而殃祸与治世异，不可以怨天，其道然也。故明于天人之分，则可谓至人矣。

因此，《穷达以时》这段话是在继承荀子独创思想之基础上形成的文章。在荀子的思想体系中，作为人自身内部的"天人之分"来定位的思想是"性伪之分"，《荀子·性恶》篇有这样一段话：

孟子曰："人之学者，其性善。"曰：是不然。是不及知人之性，而不察乎人之性伪之分者也。凡性者，天之就也，不可学，不可事。礼义者，圣人之所生也，人之所学而能，所事而成者也。不可学，不可事而在人者，谓之性。可学而能，可事而成之在人者，谓之伪。是性伪之分也。

可见，此文在明确阐说"性＝天""伪＝人"的区别之后，主张必须"察"此"性伪之分"。因此，"天人之分"和"性伪之分"对于荀子来说不是从其他学派那里借来的外来思想，是荀子以外谁都没有倡导过的完全独创的思想①。

第二，和《穷达以时》中以下这段话：

> 又（有）亓（其）人，亡亓（其）殜（世），唯（虽）臤（贤）弗行矣。句（苟）又（有）亓（其）臤（世），可（何）慬〈慬（难）〉之又（有）才（哉）。……埌（遇）不埌（遇），天也。童（动）非为达也，古（故）寠（穷）而不〔困。学非〕为名也，古（故）莫之智（知）而不叟（怜）。〔芷兰生于深林，非以亡（无）人〕嗅（嗅）而不芳。无荅菫（根）愈（于）垢山石，不为〔亡（无）人不〕▢。

与此有着密切关联的思想表达，出现在《吕氏春秋·慎人》篇②、《荀子·宥坐》篇、《韩诗外传》卷七、《说苑·杂言》篇、《孔子家语·在厄》篇中。这里引用可以代表以上五篇文献的《荀子·宥坐》篇：

> 夫遇不遇者，时也。贤不肖者，材也。君子博学深谋不遇时者多矣。由是观之，不遇世者众矣，何独丘也哉。且夫

---

① 不过，早于荀子，战国后期的道家，尤其是《庄子》各篇已经强调了"天"与"人"的区别。当时的道家肯定、重视"天"而否定、轻视"人"，但荀子相反，对两者作了反向的评价，即肯定、重视"人"而否定、轻视"天"。这样一种表现为思想革新的重新组合，以及将其归为"天人之分"之套语，是荀子的首创。关于这方面的详细论述，可参照笔者以下论著：《郭店楚简〈穷达以时〉的研究》（池田知久监修：《郭店楚简的思想史的研究》第三卷，东京大学文学部中国思想文化学研究室发行，2000 年 1 月）之Ⅲ之 2〈庄子〉的"天人"关系论と〈荀子〉的"天人之分"》；《郭店楚简〈穷达以时〉研究》（中文版，曹峰译，见《池田知久简帛研究论集》，中华书局，2006 年）之第三章之（二）《〈庄子〉的"天人"关系论和〈荀子〉的"天人之分"》。

② 文物出版社《郭店楚简》列举了能够确认和《穷达以时》有着相似性的各种文献，但漏了《吕氏春秋·慎人》篇。

芷兰生于深林，非以无人而不芳。君子之学，非为通也。为穷而不困，忧而意不衰也，知祸福终始而心不惑也。夫贤不肖者，材也。为不为者，人也。遇不遇者，时也。死生者，命也。今有其人，不遇其时，虽贤其能行乎。苟遇其时，何难之有。

《穷达以时》和《荀子·宥坐》有着密切的关联或者类似，这是谁都能看出来的吧①。因此，如果作一个极为粗略的把握，可以说《穷达以时》是和《吕氏春秋·慎人》篇、《荀子·宥坐》篇等大致同时代成书的文献。

笔者曾对《穷达以时》作过具体、详细的研究②。研究方法是，将《穷达以时》的思想内容以及文章表达，和与之有着密切关联性、相似性的前引五种文献加以比较和对照。其结果是，我认为必须考虑和前文所述盛行观点完全不同的郭店楚墓下葬年代。也就是说，下葬年代是在战国晚期，比前 265 年前后到前 255 年这个时间段还稍晚一些吧。其理由大致可分为以下五点。

理由之一是，《荀子·天论》篇"天人之分"的思想，是战国后期游学齐国稷下的荀子，在与庄子学派接触之后，虽然受到其"天人"关系论的强烈影响，但颠覆了他们对"人"的否定，转向对"人"的肯定，在这样一种思想革新的生成中，于齐国土地上形成的思

---

① 《荀子·宥坐》篇，内山俊彦：《荀子——古代思想家の肖像》（评论社，1976 年）之Ⅰ之 2"荀子"の书认为是这样一种性质的文献，即应视其为原成于荀子后继者之手的杂录，后经刘向而形成独立篇章，作为考察荀子其人思想的资料，可以说价值更低。不如说这只是些显示荀子后继者思想倾向的资料……恐怕是在战国晚期到西汉初期之间成书的。要是这样的话，《穷达以时》即便早于《宥坐》篇成书，也无法视其为战国后期这样一个比战国晚期、西汉初期更早时代形成的文献。

② 《郭店楚简〈穷达以时〉の研究》（池田知久监修：《郭店楚简の思想史の研究》第三卷，东京大学文学部中国思想文化学研究室发行，2000 年 1 月）；《郭店楚简〈穷达以时〉研究》（中文版，曹峰译，见《池田知久简帛研究论集》，中华书局，2006 年）。

想。《荀子·天论》篇的成书年代,是在荀子生活于齐国的前265年,或前264年,到前255年,大约十年的时间之内①。

理由之二是,《穷达以时》是《荀子·天论》篇问世之后很短的时间里,在其影响下对"天人之分"思想大体上作了忠实的继承,由荀子周围的人或荀子后学(即荀子学派)执笔成书的文献。

理由之三是,《穷达以时》成书之地,与其说是使荀子有可能完全脱离庄子学派"天人"关系论的影响从而使其思想走向自由的楚国兰陵,不如说是荀子去兰陵之前的齐国稷下更好些。荀子移居楚国兰陵并在那里生活的时间是前255年至前238年约十八年。

理由之四是,虽然《穷达以时》大体上忠实地继承了《荀子·天论》篇,但《穷达以时》中也有对《荀子·天论》篇"天人之分"思想作出修正之处。这一点表明《穷达以时》开始接近《荀子·天论》篇之后的《吕氏春秋·慎人》篇、《荀子·宥坐》篇等文献。

也就是说,《荀子·天论》篇的"天人之分"和《性恶》篇的"性伪之分"把重心放在强调和荀子思想相应的"人""伪"的意义上,与此相反,《穷达以时》的"天人又分"把重心放在强调"天"以及与"天"相类似的"殊(世)"之意义上。在论述陈蔡之间孔子遭厄

---

① 关于荀子的生平和事迹,可参照以下各论著:重泽俊郎:《周汉思想研究》(弘文堂书房,1943年)中的《荀况研究》《荀况の称号年代著作等に就いて》;内山俊彦:《荀子》("讲谈社学术文库",讲谈社,1999年)之Ⅰ章之2《战国最后的儒家——荀子の生涯》、《姓名,生年》《齐国にて》《兰陵の令》《晚年と死》;池田知久:《兰陵荀子墓探访记》(《汉学会志》第44号,大东文化大学汉学会发行,2005年3月)之Ⅳ《荀子の生涯と事迹》。还可参照钱穆:《先秦诸子系年》(上册、下册,香港大学出版社,1956年增订初版)之一○三《荀卿年十五之齐考》、一三六《荀卿自齐适楚考》、一四○《春申君封荀卿为兰陵令辨》、一四三《荀卿齐襄王时为稷下祭酒考》、一四九《荀卿赴秦见昭王应侯考》、一五一《荀卿至赵见赵孝成王议兵考》、一五六《李斯韩非考》。不过本书没有采用钱穆说。

的多种文章中,强调"天"以及与"天"相类似的"时",是《吕氏春秋·慎人》篇、《荀子·宥坐》篇和在《荀子·宥坐》篇影响下形成的、后世的《韩诗外传》卷七、《说苑·杂言》篇、《孔子家语·在厄》篇等共有的特征①。

理由之五是,归根结底,《穷达以时》的成书年代,在《荀子·天论》成书年代(前 265 年前后至前 255 年)稍后,同样是前 265 年前后至前 255 年这十年左右的时间或者稍后,到《吕氏春秋》编纂年代(前 239 年或前 235 年)为止的时间里。

因此,如果允许我们对郭店楚墓的下葬年代作以上的推测,那么将郭店《老子》甲本、乙本、丙本的成书年代或抄写年代的下限置于战国晚期,即稍晚于前 265 年前后至前 255 年就不是荒唐无稽的,因此,不仅对郭店《老子》三个本子中存在的继承荀子思想的地方,而且对郭店《老子》三个本子所拥有的思想内容整体,作更为合理的说明、正确的分析是可能的。

三 本书写作的经过——前著和本书的形成

构成本书的基础是拙著《郭店楚简老子研究》②,其执笔时间始于 1998 年 3 月。1998 年 5 月,在美国新罕布什尔州汉诺威市达特茅斯大学,为讨论《郭店楚简》中以《老子》为中心的多种思想

① 以荀子"天人之分"为代表的"天人"关系论的内容,以及荀子之后儒家等学派之"天人"关系论中发生的变化,可参照池田知久:《儒家の"三才"と〈老子〉の"四大"》(《中村璋八博士古希记念东洋学论集》,汲古书院,1995 年)。顺便指出,除去以上各种文献,在叙述陈蔡之间孔子遭厄的文章中,论及"天人"关系的文章,只有《庄子·山木》一篇。此文借仲尼之口说出:"无受天损易,无受人益难……人与天一也。……有人,天也。有天,亦天也。人之不能有天,性也。"

② 池田知久:《郭店楚简老子研究》,东京大学文学部中国思想文化学研究室发行,1999 年 11 月第一版。

史资料，召开了一次国际会议——"郭店老子国际研讨会"（The International Conference on the Guodian *Laozi*）。与会日本学者仅我一人。为了使这次会议获得成功，基于中国文物出版社和达特茅斯大学达成的协议，在《郭店楚简》正式出版前约一个月，即1998 年 3 月，举办者给约 30 位会议参加者送去了荆门市博物馆所编《郭店楚墓竹简》（正式出版是这一年 5 月）的试读本，各参加者才得以先行展开研究。试读本到我手里是 3 月底，这之后我努力为《老子》甲本、乙本、丙本和《五行》篇作出注解，到 5 月份基本上完成了《荆门市博物馆〈郭店楚墓竹简〉笔记：〈老子〉甲、乙、丙》和《荆门市博物馆〈郭店楚墓竹简〉笔记：〈五行〉》两篇论文。此二文脱稿之后即直接寄给会议举办者——达特茅斯大学的韩禄伯教授（Robert G. Henricks），他复印之后发给了全体参加者①。

　　与上述《荆门市博物馆〈郭店楚墓竹简〉笔记：〈老子〉甲、乙、丙》的写作相并行，1998 年的 4 月到 7 月约四个月时间里，我在自己执教的东京大学文学部和研究生院的课程（席明纳）上以郭店《老子》为材料加以讲读，直到 7 月中旬结束。以这四个月听课学生们给予我的启发为基础，同时吸收海内外郭店《老子》的研究成果，我有了写作增补、改订版的打算。于是利用暑假的时间开始这项工程，于 8 月底完成了《荆门市博物馆〈郭店楚墓竹简〉笔记：〈老子〉甲、乙、丙（增补、改订版）》，这两部稿子成稿之际，常烦请周围相关人士阅读，获得过他们的评判，得到过他们珍贵的启示。

---

① 关于此事的经过，可参照以下两篇文章：池田知久：《アメリカ、ダートマス大学主催の"郭店老子国际研讨会"に参加して》（中国出土资料学会编：《中国出土资料学会会报》第 8 号，1998 年 7 月）；池田知久：《アメリカ、ダートマス大学〈郭店老子国际研讨会〉》（《东方学》第 96 辑，1998 年 7 月）。

　　此外,在上述达特茅斯大学举行的国际会议结束后不久,中国台湾大学哲学系陈鼓应教授主编的杂志《道家文化研究》第 14辑①设置了"郭店楚简"特集,他邀请我发表有关《老子》的论文,我接受了这一邀请。在写作上述《荆门市博物馆〈郭店楚墓竹简〉笔记:〈老子〉甲、乙、丙》及其增补、改订版过程中,我已经产生了对郭店《老子》加以讨论的几个问题,因此很快答应陈鼓应教授的请求。就这样,我完成了《尚处形成阶段的〈老子〉最古文本——郭店楚简〈老子〉》(即前述《郭店楚简老子研究》之第一编)。脱稿为 8 月上旬。之后,很快请当时东京大学研究生曹峰译成中文,送交出版社②即三联书店。

　　其次,笔者原来有将 1998 年度一年里担任大东文化大学大学院文学研究科"中国哲学特殊研究一"课程(席明纳)兼任讲师期间的研究成果集为一册加以刊行的计划。1999 年 2 月,大东文化大学大学院向基于此计划而准备刊行的《郭店楚简の研究(一)》(大东文化大学大学院文学研究科中国学研究室发行,1999年 8 月)施以援手。于是,作为构成《郭店楚简の研究(一)》的一部分内容,笔者决定将前述《荆门市博物馆〈郭店楚墓竹简〉笔记:〈老子〉甲、乙、丙》进一步扩充、修正后正式发表。在对旧稿作一些扩充、修正之后,1999 年 5 月,《译注编　〈老子〉甲本、乙本、丙本》完成了。然而,1999 年 6 月交稿,同年 7 月初校样已经出来之后,大东文化大学因为经济原因,未能将《译注编　〈老子〉甲

---

①《道家文化研究(郭店楚简专号)》第 17 辑(生活・读书・新知三联书店,1999 年 8月)。原来预定是第 14 辑,实际上因为编辑工作的延误而改为第 17 辑。

② 参见池田知久:《尚处形成阶段的〈老子〉最古文本——郭店楚简〈老子〉》(中文版,曹峰译),后改题为《郭店楚简〈老子〉——形成阶段的〈老子〉最古文本》,收入《池田知久简帛研究论集》。

本、乙本、丙本》收入《郭店楚简の研究（一）》中，实在是非常遗憾的事情①。

幸运的是，笔者以"古典学再构建"之"原本《老子》的形成与林希逸《三子鬳斋口义》研究"为题，获得了1999年度科学研究费补助金特定领域研究（A）资助，我想先用这笔补助金做书籍出版费的一部分，对上述稿子《译注编　〈老子〉》甲本、乙本、丙本》作进一步的扩充、修订。就这样，在作了大量的扩充、修订之后，1999年9月，本书的前身《郭店楚简老子研究》之第二编、第三编、第四编完成了。

《郭店楚简老子研究》第一版（共369页）共发行了500册，时间是在1999年11月，由于受到读者好评，很快就缺货了。于是，第二版（共371页）300册于2000年1月发行。第二版因为修订了第一版中字句和打字上的错误，比第一版增加了两页。第二版也在笔者从东京大学退休再赴大东文化大学担任教授的2003年4月又一次售罄。特别需要这部书的学者被迫到日本和外国的旧书店去找寻，我这里也听到了想得到书的要求，然而，我的工作场所已非原来的发行场所——东京大学文学部中国思想文化学研究室，这也是原因之一，就这样，前著不得不一直停留于第二版，没有再发行第三版及改订版，光阴荏苒，无所作为直至今天。

决定要出版本书，是2008年春天的事。其主要动机如下所示：这八年间，通过写作、报告关于郭店《老子》的论文，我加深了对郭店《老子》的理解，产生了对前著作出大幅度修改的想法；另外，日本虽然也有郭店《老子》方面的论文，但专著却只有前著《郭

① 关于拙文《译注编　〈老子〉甲本、乙本、丙本》的出版经过，可参考我为《郭店楚简の研究（一）》（大东文化大学大学院文学研究科中国学研究室发行，1999年8月）所写的《序文》。

店楚简老子研究》一种,作为日本学界的一员,我内心一直有羞愧之感;还有,好心的读者希望我正式出版此书,其呼声日渐强烈,考虑到年龄,我也不能再失去回应读者呼声的机会。于是在2008年10月和汲古书院石坂叡志社长说起出版的事,得到了他爽快的承诺。

随后到了2008年冬天我开始写作。此书的写作方式,虽然是以前著《郭店楚简老子研究》为基础,尽量利用其成果,但不仅对前著内容作了大幅度改动,还新增了第五编、第六编、第七编。2010年4月本书主要部分脱稿,将书稿的一部分送至汲古书院,和石坂社长商量之后,决定尝试申请日本学术振兴会科学研究费补助金(研究成果公开促进费)的资助。笔者完成所有书稿交给汲古书院是2010年8月中旬。2010年11月,确定获得科学研究费补助金的资助,之后的编辑工作也全都顺畅。

凡 例

一、本书的第一编、第五编、第六编、第七编是关于《郭店楚简》之《老子》的论文，第二编、第三编、第四编都是《老子》甲本、乙本、丙本全文的译注。后者由"原文""白话译文""注"构成。

二、底本采用《郭店楚简》（荆门市博物馆编，文物出版社出版、发行，1998 年 5 月第一版第一次印刷）。但是，根据此书发行后国内外发表的各种考证、研究以及笔者自身基于此书"图版"所作释文等，对底本文字作了不少改动。

三、《老子》之书名，原来在竹简上并不存在，因为底本使用《老子》名称，本书为方便计，也加以沿用。

四、"第一章""第二章""第三章"等分章及"上段""中段""下段"的段落指定，原来在郭店《老子》中并不存在。但是底本作了这样的分章和指定，本书为方便计，也加以沿用。因为底本的分章毋庸置疑就是今本（例如王弼本）的分章，是最容易被读者接受的。

五、《老子》"原文"的文字，基本上依据底本的"释文注释"，但笔者也检测其"图版",致力于复原抄写时本来的字形。

异体字尽可能沿用"图版",但根据情况不得不改成通行文字的地方也不少。此外,依据《郭店楚简》出版后发表的各种研究成果及笔者自身的研究结果,对底本"释文注释"文字也作了不少改动。

对"原文"中的假借字、省字、错字、衍字均加沿用、不作改动。出现异体字、假借字、省字时,在其文字后用"( )"标出这是哪个字的异体字、假借字、省字,出现错字时,在其文字后用"〈 〉"标出其正字。

对于残缺文字及无法判读的文字(缺字)及脱字,如果是一个字,就用"□"表示,如果无法判断字数,就用"☒"表示。对于能够推测的文字,用括号"〔 〕"表示,在其中加入所补文字。以上任何一种情况,都在后面用注释说明认定的理由。

符号"■"及"〭"虽直接沿用,但有重文符号或合文符号"="的地方则直接转为文字、文句。表示文章间隔的符号"−"和"—"则予以省略。

句号、逗号和顿号,《老子》本无,是笔者所加。

表示原文在《老子》第几号简的"第〇〇号简",是以底本"图版"为准记入的。

六、"白话译文"致力于将原文译成平白易懂的白话文,但并不是要雕琢成优美的文字。

本书会考虑文脉的间隔适当换行,未必拘泥于"原文"是否换行及"■""−""—"符号的位置。

为使文意明了而补充的白话译文部分,会放到括号"( )"中。

(其他有关"白话译文"的说明,与"原文"凡例相重复者省略。)

七、"注"是为了说明阅读"原文""白话译文"时必须解决的各种问题,但其号码只出现于"原文"中。

各"注"的末尾,对各种今本(如王弼本)和马王堆《老子》甲本、乙本文本上的异同进行了比较、对照,并简单地记录其结果。其中,各种今本的比较、对照,基本上依据岛邦男的《老子校正》(汲古书院,1973年),在此特向岛邦男先生表示谢意。但是,所有今本的原文,笔者均亲自查验,对有问题的地方加以调查、考察,修正了岛邦男的说法。

(其他有关"注"的说明,与"原文""白话译文"相重复者省略。)

译者注:如作者在前言中已经说明的那样,本书所引郭店楚简《老子》原文,引用的是作者自己在参考学界以往观点上形成的新的释文,而非《郭店楚简》一书的释文。

第一编　尚处形成阶段的最早文本：
郭店楚墓竹简《老子》

一　前言

　　1998 年正式公布的《郭店楚墓竹简》内所收《老子》甲本、乙本、丙本并非后代定形的《老子》五千言中的一部分，只能说是尚处于形成阶段的、目前所见最早时期的《老子》文本。这一编的写作目的，就在于阐明这一点。

　　众所周知，《史记·老子韩非列传》有如下内容：

　　　　老子者，楚苦县厉乡曲仁里人也，姓李氏，名耳，字聃，周守藏室之史也。

　　　　孔子适周，将问礼于老子。老子曰："子所言者，其人与骨皆已朽矣，独其言在耳。且君子得其时则驾，不得其时则蓬累而行。吾闻之，良贾深藏若虚，君子盛德容貌若愚。去子之骄气与多欲，态色与淫志，是皆无益于子之身。吾所以告子，若是而已。"孔子去，谓弟子曰："鸟，吾知其能飞。鱼，

吾知其能游。兽，吾知其能走。走者可以为罔，游者可以为
纶，飞者可以为矰。至于龙，吾不能知其乘风云而上天。吾
今日见老子，其犹龙邪。"

老子修道德，其学以自隐无名为务。居周久之，见周之
衰，乃遂去。至关，关令尹喜曰："子将隐矣，强为我著书。"于
是老子乃著书上下篇，言道德之意五千余言而去，莫知其
所终。

这里，《史记·老子韩非列传》把老子这个人物活动的年代看作与
孔子大致相同，记述了老子受"关令尹喜"之托，"著"了由"上下
篇"构成的"五千余言"的"书"等内容。① 如果我们相信《史记·
老子列传》的这段记述，把以上《史记》所记看作是历史事实，也许
我们会倾向于这样认为，即与马王堆汉墓帛本《老子》（以下简称
马王堆帛本《老子》或马王堆《老子》）以及各种今本基本相同的
《老子》五千言在春秋时代晚期已经完成，这个郭店《老子》或是完
成本《老子》的一部分，或是其节略本。然而，因为《史记·老子列
传》本身包含着相当多的非常重大的问题，所以这是一部对其记
述不可简单、轻易地作为史实来相信的文献，为此，这篇文献自古
以来就因为问题多而出名。②

因此，本编意图阐明作为文本之一的郭店《老子》的价值与
意义，不将《史记·老子列传》的记述当作可信的史实，作为前

---

① 对《史记》的引用，用的是《史记》（中华书局，1972 年）的标点本。
② 关于《史记·老子韩非列传》中所存在的矛盾、问题，以及针对这些矛盾、问题所采
取的措施，请参看拙著《老庄思想》（放送大学教育振兴会发行，1996 年）之1《最初
の思想家たちとその生きた時代》《謎に包まれた老子という人物》。《道家思想の
新研究——〈庄子〉を中心として》（前揭）第 1 章第 1 节《多くの矛盾を含む〈史記〉
老子列伝》；《道家思想的新研究——以〈庄子〉为中心》上第一章第一节《包含许多
矛盾的〈史记·老子列传〉》。

提来加以采用,舍弃关于《老子》及老子的所有现存理论和一切固有观念,站在百分之百白纸的立场上,展开对郭店楚简《老子》的分析。

二 关于章与段

下面,笔者从郭店《老子》甲本、乙本、丙本三个文本中分别抽取性质各异的、存在着文本问题的一个段落进行研究。将这三个段落与马王堆《老子》及各种今本的相应段落作比较、对照和分析,以此阐明郭店《老子》并非已完成的《老子》的一部分,而是正处形成阶段的《老子》最早时期的文本。需要指出的是,所谓"各种今本",在讨论时主要引用的是有代表性的王弼本。①

第一,在下文第三节中,抽取郭店《老子》甲本第六十四章上段、下段和丙本第六十四章下段展开讨论。

笔者在此虽采用"第六十四章"之用语,但郭店《老子》与马王堆帛书甲本、乙本相同,尚未将其作类似"第一章""第二章"这样的分章。本编使用"第一章""第二章""第六十四章",只是为了写作上的方便,权且采用了今本(王弼本)的分章。

在讨论第六十四章之前,先简单介绍一下郭店《老子》三个本子中各章的出现情况。这一介绍,主要基于文物出版社《郭店楚简》"老子释文注释"的"说明",还有依据笔者见解加以补充、修正的地方。

----

① 在此用王弼本作为各种今本之代表。主要依据的版本是岛邦男《老子校正》(汲古书院,1973年10月)所收"王本校正",同时也常常参照波多野太郎《老子道德经研究》(国会刊行会,1979年1月)所收"老子王注校正"及楼宇烈《王弼集校释》上册(中华书局,1980年)所收的"老子道德经注"等。

郭店《老子》甲本的排列顺序为：

第十九章→第六十六章→第四十六章中段、下段（缺上段）→第三十章上段、中段（缺下段）→第十五章上段、中段（缺下段）→第六十四章下段（缺上段）→第三十七章→第六十三章上段、下段（缺中段）→第二章→第三十二章。

第二十五章→第五章中段（缺上段、下段）。

第十六章上段（缺下段）。

第六十四章上段（缺下段）→第五十六章→第五十七章。

第五十五章上段、中段、下段（缺最下段）→第四十四章→第四十章→第九章。

乙本的排列顺序为：

第五十九章→第四十八章上段（缺下段）→第二十章上段（缺下段）→第十三章。

第四十一章。

第五十二章中段（缺上段、下段）→第四十五章→第五十四章。

丙本之排列顺序为：

第十七章→第十八章。

第三十五章→第三十一章中段、下段（缺上段）。

第六十四章下段（缺上段）。

这里面，没有"中段、下段（缺上段）"①之类用括号加以附记、类似"第十九章"及"第六十六章"等的章节，说明这一章内容的完

---

① 要说明的是，笔者所作"缺上段各章""缺中段各章""缺下段各章"的认定，和文物出版社《郭店楚简》所收"老子释文注释"的"说明"之认定，有若干差异。

整性和今本(王弼本)相似。"→"符号,表示已缀合的竹简中,后面一章接着前面一章连续抄写。"。"符号表示连续到了这里断绝了。

其中,与马王堆《老子》及今本(王弼本)章序一致者,为甲本的"第五十六章→第五十七章"及丙本的"第十七章→第十八章",仅仅两处。

前者,在第五十六章章末,附加着一个表示文章终结的"■"形符号,但从内容上看,感觉上似乎第五十六章和缓地、持续地连接到了其后的第五十七章。因此,关于"第五十六章→第五十七章"的顺序,分为两章是否适当的问题暂且不论,不正说明这是一个从郭店楚简甲本开始,经马王堆帛书本,再被各种今本接受、继承的排列法吗?

关于后者,郭店《老子》丙本第十八章开头有"古"字,马王堆《老子》甲本、乙本皆作"故"字,毫无疑问,"古"是"故"的假借字。由此可见,从郭店《老子》丙本到马王堆《老子》甲本,战国后期至战国晚期的《老子》,其第十七章、第十八章并不分为两章,而是合成一个整体(一章)的。而这正是古《老子》的本来面目。[①]

除以上两处外,郭店《老子》的章序与马王堆《老子》及今本(王弼本)之章序完全不一致。这一事实,笔者认为意味着修正、整理郭店《老子》之后形成的东西才是马王堆《老子》和今本(王弼本)。其依据在于,郭店《老子》作为一个文本的古朴、单纯的自然性,还有此文本处于形成过程之中所带来的不确定性。这些特点通过下面的论述会自然而然地愈发明确。

另外,笔者虽然采用了"上段、中段、下段"这样的用词,但这

---

① 详细讨论可参照本书第七编《郭店楚墓竹简〈老子〉对儒家的批判》。

些在郭店《老子》以后的各文本中均看不见,显而易见是《郭店楚简》的编者分出的段落。本编也是为了写作上的方便权且使用了这些分段。①

尽管本编使用了诸如"第四十六章中段、下段"这类用语,也并不等于笔者认为,当时与马王堆《老子》及今本(王弼本)基本相同的《老子》五千言已经完成,"第四十六章"已由完整、充足的"上段、中段、下段"构成了。不等于作者认为,郭店《老子》因某种原因而仅仅碰巧抄录了"中段、下段",结果"上段"未被抄录未能出土。如对本页注①所记各章加以仔细分析便可判明,例如"第四十六章中段、下段",可以说仅此二段已十分完整,内容上与"上段"并不相关,称得上是一篇保存着古朴、单纯之自然性的文章。因此不能不认为,第四十六章"上段"是马王堆《老子》甲本形成之前、战国时代《老子》形成过程中,经道家思想家之手修正整理而成的东西。

还有一个根据,马王堆《老子》甲本第四十六章之上段开头与中下段的开头各有一个"●"形符。这个符号表示抄写者意识到这里是文章一处小结(或者说间隔),所以,由此可知,即便到了战国晚期,抄写者还没有想到第四十六章是由"上段、中段、下段"构成的一个整体(一章)。因此,马王堆甲本将第四十六章区划成上段及中段、下段两部分,其设想正表明了马王堆甲本来自只抄写了中段、下段的郭店《老子》古本。然而,从马王堆乙本第四十六

---

① 采用"上段、中段、下段"用语的篇章分别为:甲本的"第四十六章中段、下段""第三十章上段、中段""第十五章上段、中段""第六十四章下段""第六十三章上段、下段""第五章中段""第十六章上段""第六十四章上段""第五十五章上段、中段、下段"。乙本的"第四十八章上段""第二十章上段""第五十二章中段"。丙本的"第三十一章中段、下段""第六十四章下段"。"第六十四章下段"甲本和丙本重复出现,但算作两处,总计为十四处。

章始，这些"●"符就消失了。不妨认为，较之甲本，马王堆乙本更接近今本（王弼本）。

这里谈到的有关第四十六章的情况，似乎在采用了"上段、中段、下段"这类用语的十二个篇章（总计十四处）中任何一处都能适用。

三　第六十四章的上段与下段

郭店《老子》甲本第六十四章与丙本第六十四章，虽然具备下段，但缺乏上段。甲本第六十四章下段部分，如下所示：

> 为之者败之，执之者远〈遊（失）〉之。是以圣人亡（无）为，古（故）亡（无）败。亡（无）执，古（故）亡（无）遊（失）。临事之纪，斳（慎）冬（终）女（如）忌（始），此亡（无）败事矣。圣人谷（欲）不谷（欲），不贵难导（得）之货。𡥈（学）不𡥈（学），逡（复）众之所化（过）。是古（故）圣人能尃（辅）万勿（物）之自肰（然），而弗能为。

马王堆甲本的全文[1]是：

> ●亓（其）安也，易持也。〔亓（其）未兆也〕，易谋〔也。亓（其）脆也，易泮（判）也。亓（其）微也，易散也。为之于亓（其）未有，治之于亓（其）未乱。合抱之木，生于〕毫末，九成之台，作于嬴（蔂）土，百仁（仞）之高，台（始）于足〔下。为之者败之，执之者失之。是以声（圣）人无为〕也，〔古（故）〕无败

---

[1] 参照拙著《老子》（"马王堆出土文献译注丛书"，东方书店，2006 年）之"老子（甲本）"。

〔也〕。无执也，故无失也。民之从事也，恒于亓（几）成事而败之。故慎终若始，则〔无败事矣。是以声（圣）人〕欲不欲，而不贵难得之臒（货）。学不学，而复众人之所过。能辅万物之自〔然而〕弗敢为。

马王堆乙本的全文①是：

〔亓（其）安也，易持也。亓（其）未兆也，易谋也。亓（其）脆也，易泮（判）也。亓（其）微也，易散也。为之于亓（其）未有也，治之于亓（其）未乱也。合抱之〕木，作于毫末，九成之台，作于纂（蔂）土，百千（仞）之高，始于足下。为之者败之，执〔之〕者失之。是以耵（圣）人无为，〔故无败也。无执，故无失也。〕民之从事也，恒于亓（几）成而败之。故曰，慎冬（终）若始，则无败事矣。是以耵（圣）人欲不欲，而不贵难得之货。学不学，复众人之所过。能辅万物之自然，而弗敢为。

王弼本的全文是：

其安，易持。其未兆，易谋。其脆，易泮。其微，易散。为之于未有，治之于未乱。合抱之木，生于毫末，九层之台，起于累土，千里之行，始于足下。为者败之，执者失之。是以圣人无为，故无败。无执，故无失。民之从事，常于几成而败之。慎终如始，则无败事。是以圣人欲不欲，不贵难得之货。学不学，复众人之所过。以辅万物之自然，而不敢为。

---

① 参照拙著《老子》之"老子（乙本）"。

郭店丙本第六十四章(下段)的文章,如下所示:

> 为之者败之,执之者遬(失)之。圣人无为,古(故)无败也。无执,古(故)〔无遬(失)也〕。斳(慎)终若词(始),则无败事喜(矣)。人之败也,亘(恒)于丌(其)甊(且)成也败之。是以〔圣〕人欲不欲,不贵韇(难)旻(得)之货。学不学,遬(复)众之所过(过)。是以能捕(辅)墫(万)勿(物)之自肰(然),而弗敢为■。

然而,郭店《老子》第六十四章的上段,其实也是存在的。在甲本中,仅仅只有上段的部分,被置于和(甲本)下段分离的别的位置。郭店楚简甲本第六十四章上段部分,如下所示:

> 丌(其)安也,易夫(持)也。丌(其)未兆(兆)也,易悳(谋)也。丌(其)靐(脆)也,易畔(判)也。丌(其)几也,易戋(散)也。为之于丌(其)亡(无)又(有)也,絧(治)之于丌(其)未乱。合〔抱之木,生于毫〕末,九成之台,已(起)〔于赢(藥)土,百仁(仞)之高,台(始)于〕足下■。

基于以上的资料,首先,从分开置于不同位置的形式来判断,可以明确的是,郭店《老子》甲本的抄写者并没有把第六十四章上段和下段视为一章的想法。郭店甲本上段末尾附有表示文章终结、间隔的"■"符号,也证明了这一判断的正确性。还有,郭店甲本第六十四章下段末尾,虽然未见郭店《老子》其他章末常见的"■"符号,但应视为偶发的例外的现象。

其次,如果从内容上考察郭店第六十四章上段与下段的关联,粗略加以把握的话,第六十四章上段大意为,"安""未兆(兆)""靐(脆)""几"各种现象是否已萌芽还难以确定,事物从一个极微弱的阶段刚刚开始,在这个阶段里,人"易夫(持)也""易愳(谋)也""易畔(判)也""易後(散)也"亦即容易对付处理。因而,就人间伦理的政治的现象看,也还处于"亡又(有)也""未乱",亦即不能确定是否会发生。在此微弱的阶段,应该用"为之""絧(治)之"加以对处。反言之,巨大的、宏观的现象无疑也发端于"〔毫〕末""〔羸(蔂)土〕""足下"亦即极微弱的阶段,最终发展至"合〔抱之木〕""九成之台""〔百仁(仞)之高〕"之阶段。①

与之对应,下段的思想,是期待着"亡(无)败""亡(无)遊(失)"之我辈,要以"圣人"的"亡(无)为""亡(无)执"亦即"谷(欲)不谷(欲),不贵难㝵(得)之货。孳(学)不孝(学),逻(复)众之所华(过)"为模范,必须采取"能尃(辅)万勿(物)之自肰(然),而弗能为"之态度。一言以蔽之,就是在力主"亡(无)为"②。

如上段"为之于亓(其)亡(无)又(有)也,絧(治)之于亓(其)未乱"所示,这里归根到底是在主张人为、作为的必要性。下段则正相反,显然是在力主"亡(无)为"。因此,必须这样思考,力图将两者一同放置于第六十四章中去理解的今本(王弼本)以及其前身——马王堆《老子》中存在着相当牵强之处,如按照郭店《老子》那样,将其分置别处,理解为内容各不相同的两篇文章,显得更为自然合理,是其本来的形态。因此,可以这样设想,保存着本来

---

① 郭店《老子》甲本第六十四章上段,特别是最后那几句,"合〔抱之木,生于毫〕末,九成之台,己(起)〔于羸(蔂)土,百仁(仞)之高,台(始)于〕足下"这段话,给人感觉似乎受到战国末期儒家之代表荀子"积微"(通过不断积累微小的努力以达成巨大的目的)思想的影响。虽然这么说,但来自荀子的影响,还没有马王堆《老子》甲本、乙本、王弼本第六十三章中段那么强烈,因此,郭店《老子》甲本的成书年代和抄写年代,应该是荀子的思想已被世人逐渐了解的时代,这么考虑比较合适吧。

② 郭店甲本第六十四章与丙本第六十四章下段开头的"为之者败之,执之者远〈遊(失)〉之"一段,马王堆甲本、乙本、王弼本的第二十九章也能够看到。但是,第二十九章所包含这一段,在郭店《老子》甲本、乙本、丙本中都不存在,在《韩非子》的《解老》篇、《喻老》篇中也没有被引用、解说。恐怕是比较晚作成的《老子》(例如马王堆甲本、乙本)所采入的章节吧。

的、古朴自然性质的郭店《老子》本，是现存的《老子》最古文本，而马王堆《老子》、今本（王弼本）是以古本为基础加以修正整理之后形成的文本。

这里说一下后来各种文本中两者关系的变迁，马王堆甲本，因为相应部分残缺非常严重，所以下段"为之者败之，执之者失之"的开头是否有"●"符号，是否把下段看作和上段不同的文章，只能说无法判明。但是，到了后面的马王堆乙本，把两者视作一个整体（一章）的想法已经形成的可能性很大。而王弼本不用说是处在后者的延长线上。

顺便指出，打开《韩非子·喻老》可以看到，只有第六十四章上段"其安，易持也。其未兆，易谋也"二句存在，下段被集中置于其他地方，作："欲不欲，而不贵难得之货。""学不学，复归众人之所过也。""恃万物之自然，而不敢为也。"两者在《韩非子·喻老》中被分置两处之事实也是上述推测之正确性的旁证[①]。还有，《战国策·楚策一》《贾谊新书·审微》《史记·苏秦列传》等也引用了《老子》第六十四章，这些引用有上段的一部分，而没有下段。这些资料也有助于我们推测上段与下段本来被分置各处之事实。

还要指出，同为郭店《老子》第六十四章下段，甲本和丙本之间包含着重要的差异。那就是两个文本中间部分的文章。甲本作：

---

① 小野泽精一《韩非子（上）》卷第七"喻老第二十一"在对《老子》第六十四章上段"其安，易持也。其未兆，易谋也"的解说中，已这样指出过："这是《老子》第六十四章的文章。……第六十四章引用之后面，又引用了其他的两章，形成两个段落。这样看来，《喻老》所见《老子》是第六十四章现在之形态固定以前的形态。"现在，郭店《老子》的出土，正好证明了小野泽教授这一观点的正确性。

临事之纪，斳（慎）冬（终）女（如）忌（始），此亡（无）败事矣。

丙本作：

斳（慎）终若词（始），则无败事喜（矣）。人之败也，亘（恒）于丌（其）虞（且）成也败之。

两者的文句，除了以下一句：

斳（慎）冬（终）女（如）忌（始），此亡（无）败事矣。

之外都不相同，相异十分显著。不仅如此，就两者主语而言，前者前后一贯都是"圣人"，而后者的后半部分为"人"。因此，这个地方两者在思想内容上存在的差异也是很大的①。

同样是郭店《老子》第六十四章下段经文，究竟为何甲本和丙本会有如此差异？这恐怕是因为郭店《老子》作为历史上几乎最早问世的《老子》，其文本尚处形成阶段，因此尚未确定下来。顺便想指出的是，同一部分在马王堆《老子》甲本那里作：

民之从事也，恒于丌（几）成事而败之。故慎终若始，则〔无败事矣〕。

乙本几乎完全相同：

民之从事也，恒于丌（几）成而败之。故曰：慎冬若始，则无败事矣。

王弼本继承这些文本，作：

---

① 我认为马王堆甲本、乙本的"民之从事也"及王弼本的"民之从事"，并非依据郭店甲本，而是依据郭店丙本的"人之败也"。不仅如此，马王堆甲本、乙本、王弼本中对"圣人"与"民"二者间对立的强调，还有"圣人"对"民"教化之强调，这些思想看来也是来自郭店丙本的。

民之从事也，常于其几成而败之。慎终如始，则无败事。

对此加以比较、对照，显而易见，较之郭店《老子》甲本，丙本更接近于马王堆《老子》甲本、乙本及王弼本。正因为是从丙本演化至马王堆《老子》及王弼本，故而不得不作了调整"訠（慎）终若词（始），则无败事喜（矣）"与"人之败也，亘（恒）于亓（其）臤（且）成也败之"次序的修正工作。

四　第二十章上段和第十三章的连续与断绝

第二，我们抽取郭店《老子》乙本第二十章上段和第十三章加以讨论。郭店乙本第二十章有上段缺下段。上段末尾在插入"-"符号后接续了第十三章。如将这两章全部引用，其文如下：

> 絶（绝）学亡（无）慐（忧）。售（唯）与可（诃），相去几可（何）。岜（美）与亚（恶），相去可（何）若。人之所畏（畏），亦不可以不畏（畏）。人慈（宠）辱若缨（撄），贵大患若身。可（何）胃（谓）慈（宠）辱。慈（宠）为下也，昱（得）之若缨（撄），遊（失）之若缨（撄）。是胃（谓）慈（宠）辱〔若〕缨（撄）。〔可（何）胃（谓）贵大患〕若身。虘（吾）所以又（有）大患者，为虘（吾）又（有）身。返（及）虘（吾）亡（无）身，或可（何）〔患〕。故贵为身于〕为天下，若可以尾（托）天下矣。（爱）以（为）身为天下，若可以迏（寄）天下矣■。

《老子》第二十章马王堆甲本作：

> 〔绝学无忧〕。唯与诃，其相去几何。美与恶，其相去何若。人之所〔畏〕，亦不〔可以不畏人。堲（恍）呵（乎）亓（其）

未央才〔哉〕〕。众人熙（熙）熙（熙），若乡（飨）于大牢，而春登台。我泊（怕）焉未伄（兆），若〔婴儿未咳〕，累（儽）呵（乎）如〔无所归。众人〕皆有余，我独遗（匮）。我禺（愚）人之心也，惷（沌）惷（沌）呵（乎）。鬻（俗）〔人昭昭，我独若〕朢（昏）呵（乎）。鬻（俗）人蔡（察）蔡（察），我独閔（紊）閔（紊）呵（乎）。忽呵（乎）其若〔海〕，朢（恍）呵（乎）其若无所止。〔众人皆有以，我独朢（顽）〕以悝（俚）。吾欲独异于人，而贵食母。

马王堆乙本作：

绝学无忧。唯与呵（诃），亓（其）相去几何。美与亚（恶），亓（其）相去何若。人之所畏，亦不可以不畏人。朢（恍）呵（乎）亓（其）未央才（哉）。众人熙（熙）熙（熙），若乡（飨）于大牢，而春登台。我博（怕）焉未伄（兆），若婴儿未孩，累（儽）呵（乎）佁（似）无所归。众人皆又（有）余（余），〔我独遗（匮）〕。我愚人之心也，惷（沌）惷（沌）呵（乎）。鬻（俗）人昭昭，我独若闅（昏）呵（乎）。鬻（俗）人察察，我独闵（紊）闵（紊）呵（乎）。沕（忽）呵（乎）亓（其）若海，朢（恍）呵（乎）亓（其）若无所止。众人皆有以，我独閔（顽）以鄙。吾欲独异于人，而贵食母。

王弼本如下所示：

绝学无忧。唯之与阿，相去几何？善之与恶，相去若何？人之所畏，不可不畏。荒兮其未央哉！众人熙熙，如享太牢，如春登台。我独泊兮其未兆，如婴儿之未孩，儽儽兮若无所归。众人皆有余，而我独若遗。我愚人之心也哉！沌沌兮。俗人昭昭，我独昏昏；俗人察察，我独闷闷。澹兮其若海，飂兮若无止。众人皆有以，而我独顽似鄙。

我独异于人，而贵食母。

首先，从形式上考察，郭店乙本第二十章这段文章的末尾，没有打上郭店《老子》其他各章章末多见的"■"符号，这是个例外。取而代之的是，末尾的"嬰（畏）"字下被加上了"-"符号。文章在这个地方显然是一个终结之处，因此我想本章的"-"符号其实与章末的"■"符号意义相同，或者就是"■"符号的误抄，以下，展开进一步的考察。

如果深入考察中间夹着"-"符号的郭店乙本前后两章，即第二十章上段和第十三章接续处的变迁，就能够发现一个重要的事实，即郭店《老子》经文和马王堆《老子》经文直接的继承关系。

这两章接续处必须深入考察的重点问题是，第二十章上段末尾或第十三章开头那个"人"字，后来的《老子》各版本是如何处理的。其核心部分如下所示：

　　　　人之所嬰（畏），亦不可以不嬰（畏）。-人寵（宠）辱若纓（撄）（撄），贵大患若身。

中间那个"人"字是核心中的核心。

如前面所提到的那样，郭店乙本第二十章那段话"亦不可以不嬰（畏）"可以看作文章的终结，①因为如果察视其"图版"（照相版），"嬰"字下"人"字上有一符号"-"附于其间，可以说这是显示句读的符号。此外从语法上看，"不嬰"之宾语即为上文已出现之"人之所嬰"，将下文之"人"视作"不嬰"的宾语则文

---

① 文物出版社《郭店楚简》的"老子释文注释"也认为"嬰"字是第二十章终结，第十三章从"人"字开始。

意难通,因此,将"人"看作是第十三章"慹(宠)辱若缨(撄)"的主语是适当的。

然而,马王堆乙本的第二十章上段末尾作"人之所畏,亦不可以不畏人",将"人"字置于"不畏"宾语的位置。① 这个"人"字究竟从何而来?——最合理的判断是,是从郭店乙本第十三章开头处移过来的。② 因此,我怀疑马王堆乙本直接目睹了郭店乙本原物或者说与之类似的《老子》古本,而且此文本可能移动了"人"等经文文字。但是,马王堆乙本第二十章上段末尾的"人之所畏,亦不可以不畏人",将"人"作为"不畏"的宾语这种新的处理方式,可以断定在语法上相当成问题。正因此,以王弼本为代表的各种今本皆作"人之所畏,不可不畏",引用此文的《淮南子·道应》也作"故老子曰:人之所畏,不可不畏"。《文子·上仁》也作"故曰:人之所畏,不可不畏也",把"人"字去除了。

那么,郭店乙本第十三章开头的这个"人"字,后来到哪里去了呢? 此"人"字在《老子》第十三章的马王堆甲本、乙本及王弼本中皆未见,在《老子》版本变迁历史中似乎销声匿迹了,这也是因为马王堆乙本武断地移字于第二十章上段末尾的缘故。但是,被认为是《老子》注释中最古的想尔注,就第十三章"贵大患若身"部分作如下注释:

> 谓若者,彼人也。必违道求荣,患归若身矣。③

---

① 《老子乙本卷前古佚书释文》的《老子乙本·道经》(收入《马王堆汉墓帛书〔壹〕》)的"注释"〔二二〕说"人,各本皆无,疑是衍文"。马王堆帛书甲本作"人之〔所畏〕,亦不□",此处毁损甚重,没法将其视为证据使用。推测残缺处内容与乙本相同,作"人之所畏,亦不可以不畏人"。

② 再查马王堆本第十三章开头,甲本、乙本均无此"人"字。

③ 想尔本的版本主要依据岛邦男《老子校正》所收"想本校正",但也参照饶宗颐《老子想尔注校证》(上海古籍出版社,1991 年 11 月)所收的"老子想尔注校笺"等。

这说明，或许想尔注看到过类似于郭店乙本这种开头有"人"字的文本。

再从内容上考察《老子》第二十章，发现难以将上段和下段视为关系密切的文章。为什么呢，仅有上段的郭店乙本思想内容是：

> 舍弃"学"则无"慐（忧）"。通过"学"而被教诲的、"隹（唯）"之应诺与"可（诃）"之怒吼，两者间究竟有多少区别呢。"美"与"亚（恶）"之间究竟存在多少差别呢。但是别人所"墨（畏）"惧的，我也不可不"墨（畏）"惧。

这里至少表明了一个态度，即关于"所墨（畏）"，"我"必须和他"人"同一步调。与此相对，马王堆甲本、乙本、王弼本下段的思想，是将"众人"或说"鬻（俗）人"同"我独"进行了五次对比，极端强调了两者在为人之方式上本质的差异。这样看来，第二十章上段与下段处于相反的方向。这样看来，在内容上不存在矛盾的郭店乙本第二十章，没有下段只有上段的形态是正常的，这才是《老子》本来的面目。下段的文章恐怕是郭店乙本向马王堆甲本、乙本演变过程中，被撰述或被从什么地方搜求出来，追加到上段后面的吧。

要指出的是，如调查《老子》第二十章的引用情况，战国、秦、西汉时代各种文献中，对其全文引用的一处也没有。仅引上段之一部分的有《文子·道原》和《淮南子·道应》及《文子·上仁》（上文已引），完全没有下段的引用。——这一事实，旁证了第二十章下段的文章是后出的。

五 第十八章所见一句话的追加

第三,选取郭店《老子》丙本第十八章,其文如下:

> 古(故)大道癹(废),安(焉)又(有)㤅(仁)义。六新(亲)不和,安(焉)又(有)孝学(慈)。邦豪(家)緷(昏)〔乱〕,安(焉)又(有)正臣■。

同样场所马王堆甲本作:

> 故大道废,案(焉)有仁义。知(智)快(慧)出,案(焉)有大伪(为)。六亲不和,案(焉)有畜(孝)兹(慈)。邦家閽(昏)乱,案(焉)有贞臣。

乙本作:

> 故大道废,安(焉)有仁义。知(智)慧出,安(焉)有〔大伪(为)〕。六亲不和,安(焉)又(有)孝兹(慈)。国家閽(昏)乱,安(焉)有贞臣。

王弼本作:

> 大道废,有仁义。慧智出,有大伪。六亲不和,有孝慈。国家昏乱,有忠臣。

以下,依据马王堆甲本展开讨论。

对这一段落,笔者注意到郭店《老子》丙本的特征有两处。

第一点是第十八章开头有"古"("故"的假借字),马王堆《老子》甲本、乙本均作"故"字,因此,从郭店丙本到马王堆甲本、乙本即战国后期到西汉初期的《老子》,似乎是将第十八章和上文的第十七章合为一体(一章)的,这一点前面第二节已经提到过。此外，第十七章与第十八章之间，显然郭店丙本未附加有表示文章终结（或者间隔）的"■""–""●"符。马王堆甲本、乙本也无"●"符①。相反，各种今本中，没有一个文本第十八章是以"古""故"开头的。

第二点是马王堆甲本、乙本以及各种今本无一例外包含有第二段文字，即"知（智）快（慧）出，案（焉）有大伪"，在郭店丙本中却找不到。显然这六至七个字决非竹简保存状态恶化等原因导致的残缺。笔者推测，这并非经抄写者之手时有意识或无意识地被抄落，恐怕是作者原文最初就不存在这一段吧。因为没有这六至七个字的郭店丙本，就第十八章而言更体现出古朴、单纯的自然性。基于这一事实，我们判断这是郭店《老子》一类《老子》古本所没有的内容，是在那之后马王堆《老子》甲本、乙本形成过程中新添的东西。因为，郭店《老子》阶段尚不存在的文字、文句，到了后来的马王堆《老子》阶段被添加上去的例子，是相当多见的。②

这段文字究竟什么意思呢？我们来看看过去解释中有代表的例子——诸桥辙次《掌中老子の讲义》（大修馆书店，1966 年）。诸桥辙次解释说：

---

① 然而，确切地说，马王堆甲本第十七章末尾附有一个钩号"L"。但是，因为这类符号在马王堆甲本中频繁出现，可以认为这并不代表它是表明文章终结的具有重要意义的符号。

② 详细考察，请参照本书第六编《郭店楚墓竹简〈老子〉各章的上中下段——从〈老子〉文本形成史的角度出发》，以及以下各篇拙论：《郭店楚简〈老子〉诸章の上段·中段·下段——〈老子〉のテキスト形成史の中で——》（东京大学中国哲学研究会《中国哲学研究》第 18 号，东京大学文学部中国思想文化学研究室发行，2003 年 2 月）；《郭店楚简〈老子〉各章的上中下段》（曹峰译，荆门郭店楚简研究［国际］中心编《古墓新知——纪念郭店楚简出土十周年论文专辑》，国际炎黄文化出版社，2003 年 11 月）；《郭店楚简〈老子〉各章的上中下段——从〈老子〉文本形成史的角度出发》。

只有第二句"慧智出，有大伪"，与其他四句形式有所不同，意思是人类自以为是的知识、聪明出现以后，就必然会出现大的虚伪。

这之后出现的日本学者的研究，多是在重复同样的解释。而中国学者的说法也多与上述解释类似，这里不再引用。

然而，诸桥辙次及之后各家的解释是不恰当的。为什么呢？因为他没有想过要把这四联对句的第二段读成和前后三段相同构造、相同旨趣的文章。

首先，"知(智)快(慧)出"，和前后文的"大道废""六亲不和""邦家閿(昏)乱"一样，从老子看来理当是具有负面价值的意义。因此只能理解为，人类古老的、良好的"无知"或者说"素朴"之性丧失之后才会有此结果。

其次，"案"字虽是"焉"的假借字，但不是一部分学者所主张的反问疑问词，而是意为"于是"的接续词。①

最后，"有大伪"，和前后文的"有仁义""〔有〕畜(孝)兹(慈)""有贞臣"一样，属于当时社会常识的眼光看来有着正面价值的内容，而且还理应包含有对其加以讽刺或者反向论说的因素。如果这样的话，那么把"有大伪"解释成为"出现大的虚伪"的诸桥辙次等人的解释之不恰当，就显而易见了。"伪"这个词，不能理解为"虚伪"这种负面价值的意思，而应该理解为世人常识的眼光看来具有正面价值的意思。因此，在文字上把"伪"当作"为"的假借字或异体字更好吧。必须这样去思考，即"大伪"意味着大的人为、作为及人类伟大的努力，是和"仁义""畜(孝)兹(慈)""贞臣"相并列的、主要为那个时代的儒家所倡导的伦理之一，在世人常识的

––––––––––––––––––––––

① 参照本书第七编《郭店楚墓竹简〈老子〉对儒家的批判》。

眼光看来应该作为正面的价值来评价。

总之,第二段话"知(智)快(慧)出,案(焉)有大伪(为)"的大意是:

> 本来存在着的,无知、素朴的好处被遗忘之后,智慧之类人类的小聪明开始出现,结果,大的人为(人类伟大的努力)之类等为人崇尚的伦理开始流行。

第十八章的思想内容大致为,作者以讽刺的口吻批判道:像现代社会中出现的"忎(仁)义""孶(慈)""正臣"等等,看上去是对社会有益的正面的价值,如果将其还原到成为其存在基础的"大道癹(废)""六新(亲)不和""邦愛(家)緍(昏)〔乱〕"来把握,结果决不是什么根本解决之道。假如原文中存在有第二段,那么"大伪"也应当是一种相当正面的价值存在,"知(智)快(慧)出"也必然说的是大的、负面的基础崩溃。然而,如果说在郭店《老子》的阶段,已经包含了"知(智)快(慧)出,案(焉)有大伪(为)"的"大伪(为)"批判,不能说绝对不可能,但也是相当困难吧。顺便指出,木村英一、野村茂夫所著《老子》(讲谈社,1984 年)将这部分译为"智慧孳生曼衍的结果,是作为的大行于世"之后,又作了如下注释:"如荀子'人之性恶,其善者伪也'所示,'大伪'意味着'礼'吧。"我认为这基本上是正确的解释,但将"大伪"仅仅指向"礼",这种理解稍稍有些狭隘吧。

这样看来,"知(智)快(慧)出"和郭店《老子》中所包含的对"耆(智)"的批判,或者说对"无耆(智)"的提倡,属于同出一辙的思想。不用说,在这句话写入马王堆《老子》第十八章时,《老子》对"耆(智)"的批判,对"无耆(智)"的提倡,已浸透到社会中,广为人知。

还有,如果说"大伪(为)"作为和"仁义""畜(孝)兹(慈)""贞臣"相并列的主要由儒家倡导的伦理,被世人的常识理所当然地视为正面的价值来接受,那么,不得不认为这句话是对荀子倡导的人为的一种讽刺或者说反向论说。

众所周知,和《老子》几乎相同时代的儒家荀子,立足于性恶说这样一种人性理解,为矫正"性恶"而强调各种各样的人为、作为的必要性。其实,这种意义上的人为、作为,《荀子》中用"为"字加以表达的场合并不少见。例如《劝学》篇有:

> 学恶乎始,恶乎终。……故学数有终,若其义则不可须臾舍也。<u>为之人也</u>,舍之禽兽也。

《修身》篇有:

> 故跬步而不休,跛鳖千里。累土而不辍,丘山崇成。……一进一退,一左一右,六骥不致。彼人之才性之相县也,岂若跛鳖之与六骥足哉!<u>然而跛鳖致之,六骥不致,是无他故焉,或为之或不为尔。</u>道虽迩,不行不至,事虽小,不为不成。

但有时也使用"伪"字来表达。例如,《性恶》篇有:

> <u>人之性恶,其善者伪也。</u>……然则从人之性,顺人之情,必出于争夺,合于犯分乱理而归于暴。故必将有师法之化,礼义之道,然后出于辞让,合于文理,而归于治。用此观之,<u>然则人之性恶明矣,其善者伪也。</u>

《正名》篇有:

> 散名之在人者,生之所以然者,谓之性。性之和所生,精合感应,不事而自然,谓之性。性之好恶喜怒哀乐,谓之情。情然而心为之择,谓之虑。<u>心虑而能为之动,谓之伪。</u>虑积

焉能习焉而后成，谓之伪。……是散名之在人者也，是后王之成名也。

我们认为，这样说来，不包括"知（智）快（慧）出，案（焉）有大伪（为）"这一句的郭店丙本第十八章，其成书时代应在荀子作为思想虽已逐渐为世人所知，受到世人注目，但《老子》还未感受到其影响的时代。相反，包括这句话的马王堆《老子》第十八章的成书，则到了这样一个时代，不仅荀子的作为思想已广为人知，《老子》已受到其影响，而且《老子》自身还基于对"为"加以批判、对"无为"加以提倡的立场，认为必须给予强烈的讽刺、给予反向的表述。

顺便指出，《老子》的儒学批判中，原先在郭店《老子》阶段，未见明确的针对荀子的批判，到后来的马王堆《老子》阶段，则出现了针对荀子"礼""前识（知）"加以批判的例子，这方面的例子，这一点，在本书第七编《郭店楚墓竹简〈老子〉对儒家的批判》中作了论述。①

因此，笔者认为第二段当初在郭店丙本中并不存在，有其他三段文字已十分完整地构成了一篇文章。这段文字被追加进去，或许是战国后期到战国晚期，从郭店丙本到马王堆甲本亦即《老子》文本被添加、修正、整理过程中发生的事。究其原因，可以说是因为出现了这样一种新的情况，即道家内部为在思想上与战国晚期最大的儒家——荀子学派对抗，第二段文字无论如何都成为必要。或者就文章构成而言，较之奇数的三句，偶数的四句更显踏实，即文章表现意识的变化积累也导致了这一结果。

---

① 请参照第七编第四部分第 3 节《马王堆汉墓帛书〈老子〉第十八章所追加的一句》。

六　结语

　　以上,我从郭店《老子》甲、乙、丙三个本子中,分别抽取了性质各异的、文本上存在问题的一个段落加以研究。将这三个段落与马王堆《老子》及今本(王弼本)的相应段落作比较和分析,由此阐明了郭店《老子》并非已形成的《老子》的一部分,相反,必定是正处形成途中的《老子》最早时期的文本。

第二编　郭店楚墓竹简《老子》甲本译注

第十九章

第一号简

原文

　　丝（绝）智（智）弃宀（辩）【1】，民利百怀（倍）【2】。丝（绝）攷
（巧）弃利【3】，朓（盗）恩（贼）亡（无）又（有）【4】。丝（绝）愚（为）
弃虑【5】，民复（復）季〈孝〉子（慈）【6】。三言以【7】

白话译文

　　如果统治者舍弃理智和论辩等用于开化的手段，那么人民就
会收获超过今天百倍的利益。如果统治者舍弃技术与利益这些
可以带来财富的东西，那么世上就不会出现横行于世的盗贼。如
果统治者舍弃人为努力和思虑等生活方式，那么人民就能恢复本
来就具备的孝行、慈爱。

　　但是，就可以采取的措施而言，如果觉得这三句话还不够
的话，

注

【1】逃舋弃戈

本章整体意旨，和今本《老子》（王弼本）第三章大同小异（参考福永光司《老子（上）》，"中国古典选"，朝日新闻社，1987年）。作者将人民无法享受利益而陷于贫困、世上盗贼横行于世而治安恶化、人间孝慈之类家族伦理的丧失三者视为现代社会的重要问题，并认为其诱因在于统治者对"舋（智）戈（辩）""攼（巧）利""愚（为）虑"的重视，为了解决这些社会问题，提倡由统治者自动地放弃这些诱因。本章末尾所作补充性提案，同样也是解决社会问题的方法，即统治者必须主动地"索（素）芺（朴）""须〈寡〉欲"。

"逃（绝）舋（智）弃戈（辩）""逃（绝）攼（巧）弃利""逃（绝）愚（为）弃虑"这些方案，以及作为补充方案的"视（示）索（素）保芺（朴），少厶（私）须〈寡〉欲"。在世人看来都具有负面的价值，这正是道家特有的反向论说式的、辩证法的思考产物。然而这些表达方式恐怕都朝着同一方向，即这是对终极的、本源性的"道"及其作用之"德"的把握。

"逃"字，《郭店楚简》的【注释】〔一〕视其为"绝"的异体字。这个字既可读为"绝"也可读为"继"，从意义上看显然是"绝"的意思。

"舋"字，如《郭店楚简》所言是"智"的异体字。"舋"，下面还会多次出现，情况相同。因此以下不再作同样的说明。

"戈"字，《郭店楚简》虽判读为"卞"字但存疑，当判读为"戈"。其字意，【注释】〔一〕引裘锡圭说，认为是"鞭"的古文，意为"辩"。这里虽暂从其观点，但此二说都与韵不合。

关于"弃知（智）"在古典文献中出现的用例，《吕氏春秋·任数》中有：

　　故至智弃智，至仁忘仁，至德不德，无言无思，静以待时，时至而应，心暇者胜。

《庄子·徐无鬼》中有：

　　于蚁弃知，于鱼得计，于羊弃意。

《庄子·天下》中有：

　　是故慎到弃知去已，而缘不得已，泠汰于物，以为道理。曰：知不知。将薄知而后邻伤之者也。

《淮南子·诠言》中有：

　　是故灭欲则数胜，弃智则道立矣。

《淮南子·精神》中有：

　　弃聪明而反太素，休精神而弃知故，觉而若昧，以生而若死，终则反本未生之时，而与化为一体。死之与生，一体也。

这些都是当时道家常用的套语。

【2】民利百怀

"民利"是古典文献中不太多见的词汇。《吕氏春秋·爱类》中有：

　　故仁人之于民也，可以便之，无不行也。神农之教曰：士有当年而不耕者，则天下或受其饥矣。女有当年而不绩者，则天下或受其寒矣。故身亲耕，妻亲织，所以见致民利也。

《吕氏春秋·处方》中有：

　　五曰：凡为治必先定分。君臣、父子、夫妇，君臣、父子、夫妇六者当位，则下不逾节，而上不苟为矣，少不悍辟，而长不简慢矣。金木异任,水火殊事,阴阳不同,其为民利一也。

《墨子·节用中》中有:

> 子墨子言曰:古者明王圣人,所以王天下,正诸侯者,彼其爱民谨忠,利民谨厚,忠信相连,又示之以利,是以终身不厌,殁世而不卷。是故古者圣王制为节用之法曰:……诸加费不加于民利者,圣王弗为。……古者圣王制为服之法曰:……诸加费不加于民利者,圣王弗为。……古者人之始生,未有宫室之时,因陵丘堀穴而处焉。圣王虑之,以为堀穴曰:……然则为宫室之法将奈何哉。子墨子言曰:其旁可以圉风寒,上可以圉雪霜雨露,其中蠲洁,可以祭祀,宫墙足以为男女之别则止,诸加费不加民利者,圣王弗为。

因此,说原本《老子》①的成书时代和这些文献大致相同应该没有问题吧。

从这里的"民利百怀(倍)"及第三句"民复(復)季〈孝〉子(慈)"可以判断,这三句话的前半部分,说的都是统治者针对"民"所应该采取的措施。

"怀"是《说文解字》中没有的字。仅见于《集韵》"怀,山名。"此字如《郭店楚简》所言是"倍"的异体字吧。

关于"丝箕弃乏,民利百怀"一句,《庄子·胠箧》中有包含以下文句:

> 故绝圣弃知,大盗乃止。

---

① 译者注:"原本《老子》"是池田知久先生原书所使用的概念,指的是从形式上和内容上看,与通行本(王弼本、河上公本等)基本一致的最早期《老子》原型,也就是指郭店本以后、马王堆甲本以前的某种文本。因为没有合适对应的词汇,所以作注说明后加以沿用。

的详细文章,《庄子·在宥》中有包含以下文句:

　　绝圣弃知,而天下大治。

的具体文章。我认为《老子》这部书正是以许多同类文章为背景,将其主要内容作为经典加以教条化后形成的。

　　这里,各种今本《老子》都作"绝圣弃智(或"知"),民利百倍",前半部分郭店本和今本之间有着相当大的差异。而后半部分,则未必仅仅固定为"民利百倍"一句。但是到了《淮南子·道应》,作:

　　故老子曰:绝圣弃智,民利百倍。

　　"民利百倍"一句就固定下来了。马王堆帛书《老子》甲本作"绝声(圣)弃知(智),民利百负(倍)",乙本作"绝聖(圣)弃知(智),而民利百倍",基本上和今本相同。

　　【3】迮攷弃利

　　"攷"字如《郭店楚简》所言即"巧"的假借字。"攷(巧)利",指的是带来财富的精巧技术,以及相应的利益、财富。需要指出的是,上文"民利百怀(倍)"对"利"的追求予以肯定,这里却说"弃利",对"利"予以否认,这其实并不矛盾。在统治者这里要否定"利"的追求,而在"民"这里则是肯定的,可见社会阶层不同,对"利"之追求的相应态度也在发生变化。

　　【4】眺恳亡又

　　"眺"字,《郭店楚简》【注释】〔二〕引裘锡圭说,认为是"盗"的假借字。"恳"字,上部从"贝",下部从"心",《郭店楚简》认为即"恻",字意如《郭店楚简》所言即"贼"的假借字。这两个字下面还会多次出现,因此以下不再作同样的说明。

　　关于"盗贼",今本《老子》(王弼本)第五十七章有:

天下多忌讳，而民弥贫。民多利器，国家滋昏。人多伎巧，奇物滋起。法令滋彰，盗贼多有。（参照本书甲本第五十七章注【11】）。

其他论及"盗贼"有无、多寡的文章，《荀子·富国》中有：

若是，故奸邪不作，盗贼不起，而化善者卷勉矣。

《荀子·君道》中有：

故天子诸侯无靡费之用，士大夫无流淫之行，百吏官人无怠慢之事，众庶百姓无奸怪之俗，无盗贼之罪，其能以称义偏矣。

《荀子·君子》中有：

圣王在上，分义行乎下，则士大夫无流淫之行，百吏官人无怠慢之事。众庶百姓无奸怪之俗，无盗贼之罪，莫敢犯上之禁。

《吕氏春秋·季秋》中有：

行冬令，则国多盗贼，边境不宁，土地分裂。

此外，《墨子·尚同下》中有：

然而使天下之为寇乱盗贼者，周流天下无所重足者，何也。其以尚同为政善也。

《墨子·兼爱上》中有：

虽至天下之为盗贼者亦然，盗爱其室不爱其异室，故窃异室以利其室。贼爱其身不爱人，故贼人以利其身。此何也。皆起不相爱。……若使天下兼相爱，爱人若爱其身，犹有不孝者乎。……犹有盗贼乎。故视人之室若其室，谁窃。视人身若其身，谁贼。故盗贼亡有。……若使天下兼相爱，国与国不相攻，家与家不相乱，<u>盗贼无有</u>，君臣父子皆能孝慈，若此则天下治。

《墨子·节葬下》中有：

> 是故<u>盗贼众而治者寡</u>。夫众盗贼而寡治者，以此求治，譬犹使人三睘而毋负己也。

《墨子·天志下》中有：

> 故凡从事此者，寇乱也，<u>盗贼也</u>，不仁不义，不忠不惠，不慈不孝，是故聚敛天下之恶名而加之。是其故何也。则反天之意也。

《墨子·明鬼下》中有：

> 子墨子言曰：逮至昔三代圣王既没，天下失义，诸侯力正，是以存夫为人君臣上下者之不惠忠也，父子弟兄之不慈孝弟长贞良也，正长之不强于听治，贱人之不强于从事也，<u>民之为淫暴寇乱盗贼</u>，以兵刃毒药水火，退无罪人乎道路率径，夺人车马衣裘以自利者并作，由此始，是以天下乱。……<u>民之为淫暴寇乱盗贼</u>，以兵刃毒药水火，退无罪人乎道路，夺人车马衣裘以自利者，有鬼神见之。是以吏治官府，不敢不絜廉，见善不敢不赏，见暴不敢不罪。<u>民之为淫暴寇乱盗贼</u>，以兵刃毒药水火，退无罪人乎道路，夺车马衣裘以自利者，由此止。

《墨子·非乐上》中有：

> 今有大国即攻小国，有大家即伐小家，强劫弱，众暴寡，诈欺愚，贵傲贱，<u>寇乱盗贼并兴</u>，不可禁止也。

《墨子·非儒下》中有：

  若将有大寇乱,<u>盗贼将作</u>,若机辟将发也,他人不知,己
独知之,虽其君亲皆在,不问不言。是夫大乱之贼也。

  如此看来,"盗贼"的大量发生,成为国家秩序陷于混乱的战
国时代的重大社会问题。西汉时代初期成书的《淮南子·览冥》
中也有:

  昔者黄帝治天下,而力牧、太山稽辅之。……田者不侵
畔,渔者不争隈,道不拾遗,市不豫贾,城郭不关,<u>邑无盗贼</u>,
鄙旅之人相让以财,狗彘吐菽粟于路而无忿争之心。

《淮南子·主术》中有:

末世之政则不然。……智诈萌兴,<u>盗贼滋彰</u>,上下相怨,号令
不行。

《淮南子·道应》中有:

  故老子曰:法令滋彰,<u>盗贼多有</u>,此之谓也。

《淮南子·道应》中有:

  由此观之,<u>盗贼之心</u>,必托圣人之道而后可行。故老子
曰:绝圣弃智,民利百倍。

《淮南子·泰族》中有:

  赵政昼决狱,夜理书,御史冠盖接于郡县,覆稽趋留,戍
五岭以备越,筑修城以守胡,然奸邪萌生,<u>盗贼群居</u>,事愈烦
而乱愈生。

  "亡"字,以前未见哪个《老子》文本是作"亡"字的,马王堆帛
书《老子》甲本、乙本作"无",各种今本作"無"或"无"。"又"字,如
《郭店楚简》所言是"有"的省字或异体字。该字后面也多次出现,

不再一一作同样说明。

"<u>쓰</u>攷弃利,<u>뫄嶜</u>亡又",如《郭店楚简》【注释】〔二〕所言,各种今本及马王堆《老子》甲本、乙本都置于第三句。各种今本作:"绝巧弃利,盗贼無(或"无")有。"马王堆《老子》甲本、乙本作:"绝巧弃利,盗贼无有。"

【5】<u>쓰愚</u>弃虑

"愚"字,《郭店楚简》认为是"伪"的假借字或异体字。将其读为"伪"是没有问题的,但属于《荀子》所见那种肯定之意,而非如【注释】〔三〕所言表面意思不好的"伪诈"。因此当视为"为"的假借字或异体字。顺便指出,这个字在马王堆《老子》甲本第三十七章中也出现了,马王堆《老子》乙本作"化"。

"虑"字,《郭店楚简》认为该字上从"虎"、中从"且"、下从"心"。中间的"且"就是"田"字吧。楚系文字将楷书形式的"田"写作"目"的例子不少。此外,如果是"虑"字也前后合韵。其字意,《郭店楚简》【注释】〔三〕所引裘锡圭说,作"诈"的假借字,但该字在表面上不应该是被否定的。

马王堆《老子》及今本《老子》的"绝仁弃义",在郭店《老子》这里作"<u>쓰</u>(绝)<u>愚</u>(为)弃虑"(但置于第三句),那里并不含有针对"仁义"的直接批判。近年来,以此为根据之一,出现了一种新说,即认为郭店《老子》等古《老子》中原来并不存在针对"仁义"进而针对儒家的批判,或者说这种批判没有今本那么强烈。例如,丁原植《郭店竹简老子释析与研究》(万卷楼图书公司,1998 年)、谷中信一《郭店楚简〈老子〉及び〈太一生水〉から见た今本〈老子〉の成立》(收入郭店楚简研究会编《楚地出土资料と中国古代文化》,汲古书院,2002 年)等,就倡导这一说法。然而,必须认识到,郭店《老子》这一章没有"绝仁弃义"一句,并不等同于对儒家的批判

那时还没有开始,只意味着这一章中批判的矛头没有指向"仁义"。因为,可以这样理解,"坐(绝)惥(为)弃虑"也显然是一种面向儒教的批判,特别是针对荀子学派"作为"思想的批判。而且,郭店《老子》丙本第十八章中有:

> 古(故)大道癹(废),安(焉)又(有)惥(仁)义。

这也明确表示出对"惥(仁)义"的批判。

【6】民复(復)季〈孝〉子

"复"字,如《郭店楚简》所言是"復"的假借字或省字。"季"字,如《郭店楚简》所言是"孝"的错字。"子"字,如《郭店楚简》所言是"慈"的假借字。

"孝慈",也出现于本书丙本第十八章中:

> 六新(亲)不和,安(焉)又(有)孝垐(慈)。(参照其章注【3】)

但是,第十八章对"孝垐(慈)"的认识中包含着讽刺的意味,相反,本章对"季〈孝〉子(慈)"的认识,则率直地予以肯定,两者之间存在着差异。像本章这样,对"季〈孝〉子(慈)"率直地予以肯定的观点,以儒家为代表,在道家以外的诸子百家处很多。如《墨子·兼爱上》中有:

> 若使天下兼相爱,爱人若爱其身,犹有不孝者乎,视父兄与君若其身,恶施不孝。犹有不慈者乎,视弟子与臣若其身,恶施不慈。故不孝不慈亡有。……若使天下兼相爱,国与国不相攻,家与家不相乱,盗贼无有,君臣父子皆能孝慈,若此则天下治。

《墨子·非命上》中有:

是故古之圣王发宪出令，设以为赏罚以劝贤，是以入则孝慈于亲戚，出则弟长于乡里，坐处有度，出入有节，男女有辨。是故使治官府，则不盗窃，守城则不崩叛，君有难则死，出亡则送，此上之所赏，而百姓之所誉也。

《淮南子·修务》中有：

尧立孝慈仁爱，使民如子弟。

均可参照。

"丝愚弃虑，民复季子。"各种今本作"绝仁弃义，民复孝慈"，仅想尔本中存在"民"作"人"的文本。马王堆《老子》甲本作："绝仁弃义，民复畜（孝）兹（慈）。"乙本作："绝仁弃义，而民复孝兹（慈）。"以上各本均将此句置于第二段，而只有郭店《老子》置于第三段。

【7】三言以

"三言"指的就是上面这三个句子，尤其是各句前半部分的"丝（绝）智（智）弃乏（辩）""丝（绝）攻（巧）弃利""丝（绝）愚（为）弃虑"。

各种今本多作"此三者"，想尔本作"此三言"，古本（指道藏傅奕本和范应元本，以下同）中有的版本没有"此"字，只有"三者"。马王堆《老子》甲本、乙本均作"此三言也"，与郭店《老子》本章接近。

第二号简

原文

为臤（事）不足【8】，或命（令）之或（有）虍（乎）豆（续）【9】。视（示）索（素）保妾（朴）【10】，少厶（私）须〈寡〉欲【11】①。

---

① 译者注：作者不是按照章节或者段落释读原文，而是按照竹简顺序加以释读，因此有的简，其简首文字未必是一个段落的开始，无法做空两格处理，特此说明。

白话译文

但是,就可以采取的措施而言,如果觉得这三句话还不够的话,我想再加上下面的话,即:"统治者最好在外体现出单纯质地、在内守持住素朴淳厚,抑制私心、降低欲望。"

注

【8】为𦧀不足

"为"字,《郭店楚简》判读作"為"字,但该字上面从"爪",当视为"為"。以下的"为"字也都一样,不再重复同样的说明。

"𦧀"字,上从"卜"、中从"日"、下从"又"。《郭店楚简》【注释】〔四〕引李家浩说,认为是"弁"的异体字,这就将此字的意义引向"辨""判""别"的方向,但该字就是"事"字吧。这是《郭店楚简》各篇文献中常常出现的字,人事、工作的意思。如果视为"弁"字,就成了"辩"、言说之意,因为"𦧀(辩)"在上文是被否定的,因此将其视为"弁"字是不合理的。

"三言以为𦧀不足",说的是上文"𢇍(绝)𥄎(智)弃亡(辩)""𢇍(绝)考(巧)弃利""𢇍(绝)𢝬(为)弃虑"这"三言",假如作为统治者所应采取的措施还不够充分的话。

【9】或命之或虙豆

"命"字,《郭店楚简》【注释】〔五〕引裘锡圭说,指出未必读解成"令"的意思,似乎是主张这里应该视其为动词的"命",我认为还是应该理解为助动词,作"令"解。"令"与"命"两字不加区别的用法,在先秦时代的各种文献中极为常见,实际上本书甲本第三十二章也可看到(参照其注【8】)。

"或"(第二个"或"),《郭店楚简》【注释】〔五〕引裘锡圭说,认为和第一个"或"字意思相同,就是说把这一句看作由两部分构成的对句,但这个"或"字就是"有"的意思吧。

"虖"字,《郭店楚简》【注释】〔五〕引裘锡圭说,认为虽然简文中当作"乎"之假借字的情况很多,但这里应该读为"呼"。因为这种读法来自将此句二分为"或命之,或虖(呼)豆(属)",因此不能不认为相当牵强。笔者认为,这是一个与马王堆帛书频出的"虖"字相当的字,还是应该视作"乎"的假借字。其意在这里与前置词"于"相当,多作为用作副词的接尾词来使用。以下出现的"虖"字也都一样,不再重复同样的说明。

"豆"字,《郭店楚简》【注释】〔五〕引裘锡圭说,认为是"属"的假借字。但是《郭店楚简》中从"豆"的字很多,因此有必要慎重考察。笔者认为可能是"续"的假借字。也就是说,针对上文的"三言",下面"豆(续)"了若干"言",以试图弥补"旻(事)不足"的状况。

"三言以为旻不足,或命之或虖豆。"各种今本多作:"此三者以为文不足,故令有所属。"马王堆《老子》甲本、乙本均作:"此三言也,以为文未足,故令之有所属(续)。"也有接近郭店《老子》本章之处。今本中,"以为"作"为",没有"以"字版本的见于想尔本中,"文"下有"而"字的版本见于王弼本、古本(指道藏傅奕本和范应元本)中,"不"作"未"的版本见于想尔本、王弼本、古本中,"足"下有"也"字的版本见于古本中。

【10】视索保婴

"视"字,如《郭店楚简》【注释】〔六〕所言,似乎是"视"而非"见"。"视"即"示"的假借字,显示、体现之意。

"索"字,与"素"不同。这里从《郭店楚简》,将其视为"素"的异体字或假借字。

"视(示)索(素)",即将自己内在的素朴向外呈现。今本《老子》(王弼本)第七十二章中有:

是以圣人自知不自见，自爱不自贵。故去彼取此。

第七十七章中有：

是以圣人为而不恃，功成而不处，其不欲见贤。

上两者意思大致相同。

"保"或许是"抱"的假借字，但即便如字也十分通顺。

"茉"字，《郭店楚简》【注释】〔六〕指出就是"仆"字，但左边并无"人"旁。此字是"朴"的省字或异体字。"朴"在今本《老子》（王弼本）中所见用例，可举第十五章：

古之善为士者，微妙玄通，深不可识。夫唯不可识，故强为之容。……俨兮其若客，涣兮若冰之将释，敦兮其若朴，旷兮其若谷，混兮其若浊。（本书甲本第十五章上段、中段也作"朴"。）

第二十八章：

为天下谷，常德乃足，复归于朴。朴散则为器，圣人用之，则为官长。故大制不割。

第三十二章：

道常无名。朴虽小，天下莫能臣也。侯王若能守之，万物将自宾。天地相合，以降甘露。民莫之令，而自均。（本书甲本第三十二章作"仆"。）

第三十七章：

道常无为而无不为。侯王若能守之，万物将自化。化而欲作，吾将镇之以无名之朴。无名之朴，夫亦将无欲。不欲以静，天下将自定。（本书甲本第三十七章作"叁"。）

第五十七章：

故圣人云：我无为而民自化，我好静而民自正，我无事而民自富，我无欲而民自朴。（本书甲本第五十七章也作"朴"。）

【11】少厶须〈寡〉欲

"厶"字，据《郭店楚简》及《郭店楚简》【注释】〔七〕读为"私"。"私"在今本《老子》（王弼本）所见用例，可举第七章：

天长地久。天地所以能长且久者，以其不自生，故能长生。是以圣人后其身而身先，外其身而身存。非以其无私邪，故能成其私。

顺便指出，有必要注意的是，今本《老子》第七章和中国古代各种思想全都否定"私"不同，而是肯定"成其私"。

"须"字，如《郭店楚简》【注释】〔七〕所言是"曼（寡）"的错字。属于形近而误吧。

"寡欲"，是今本《老子》（王弼本）中仅见于本章的词汇，在其他文献中，《孟子·尽心下》中有：

孟子曰：养心莫善于寡欲。其为人也寡欲，虽有不存焉者寡矣。其为人也多欲，虽有存焉者寡矣。

《荀子·正名》中有：

凡语治而待去欲者，无以道欲而困于有欲者也。凡语治而待寡欲者，无以节欲而困于多欲者也。有欲无欲，异类也，生死也，非治乱也。欲之多寡，异类也。

如果是"无欲""不欲"等词汇，则今本《老子》（王弼本）第一章中有：

故常无欲，以观其妙。常有欲，以观其徼。此两者，同出而异名。

第三章中有：

是以圣人之治，虚其心，实其腹，弱其志，强其骨，常使民无知无欲，使夫智者不敢为也。为无为，则无不治。

第三十四章中有：

大道泛兮，其可左右。……常无欲，可名于小。万物归焉而不为主，可名为大。以其终不自为大，故能成其大。

第三十七章中有：

道常无为而无不为，侯王若能守之，万物将自化。化而欲作，吾将镇之以无名之朴。无名之朴，夫亦将无欲。不欲以静，天下将自定。〔本书甲本第三十七章没有"无欲""不欲"，相应处所作"雪（知）足"。〕

第五十七章中有：

故圣人云：我无为而民自化，我好静而民自正，我无事而民自富，我无欲而民自朴。〔本书甲本第五十七章"无欲"作"谷（欲）不谷（欲）"。〕

第六十四章中有：

是以圣人欲不欲，不贵难得之货。学不学，复众人之所过。以辅万物之自然，而不敢为。〔"欲不欲"，本书甲本第六十四章下段作"谷（欲）不谷（欲）"，丙本第六十四章下段作"欲不欲"。〕

与这段话相关的思想表达，《庄子·天地》中有：

夫明白<u>入素</u>，无为<u>复朴</u>。

《庄子·山木》中有：

其民愚而朴，少私而寡欲。

《吕氏春秋·任数》中有：

故至智弃智，至仁忘仁，至德不德，无言无思，静以待时，时至而应，心暇者胜。凡应之理，<u>清净公素</u>，而正始卒焉。……为则扰矣，因则静矣。因冬为寒，因夏为暑，君奚事哉。故曰：君道无知无为，而贤于有知有为，则得之矣。

《吕氏春秋·知度》中有：

至治之世……行其情<u>不雕其素</u>，蒙厚纯朴，以事其上。

《吕氏春秋·上德》中有：

故古之王者，德迴乎天地，澹乎四海，东西南北，极日月之所烛，天覆地载，爱思不臧，<u>虚素以公</u>，小民皆之其之敌而不知其所以然，此之谓顺天。

《吕氏春秋·分职》中有：

夫君也者，<u>处虚素服而无智</u>，故能使众智也。智反无能，故能使众能也。能执无为，故能使众为也。无智、无能、无为，此君之所执也。人主之所惑者则不然，以其智强智，以其能强能，以其为强为，此处人臣之职也。

《吕氏春秋·士容》中有：

故君子之容……乾乾乎取舍不悦，而<u>心甚素朴</u>。

以上均可参照。

"视索保婓,少厶须〈寡〉欲。"各种今本多作:"见(现)素抱朴,少私寡欲。"马王堆《老子》甲本作:"见(现)素抱〔朴,少私而寡欲〕。"乙本作:"见素抱朴,少□而寡欲。"

第六十六章

第二号简

原文

江沬(海)所以为百浴(谷)王【1】,以亓(其)【2】

白话译文

大河、大海之所以能够作为王者君临于所有的川谷之上,是因为它们能够谦恭地居于那些川谷的下游。

注

【1】江沬所以为百浴王

"沬"字,如《郭店楚简》所言是"海"的异体字。这个字后面也会出现。"江海"这个词汇,今本《老子》(王弼本)第三十二章中有:

> 始制有名。名亦既有,夫亦将知止。知止可以不殆。譬道之在天下,犹川谷之于江海。(参照本书甲本第三十二章注【14】、【15】)

此外,"江沬(海)"在本章下文似成为"不争"的比喻,"水"同样成为"不争"的比喻,今本《老子》第八章中有:

> 上善若水。水善利万物而不争,处众人之所恶,故几于道。……夫唯不争,故无尤。

本章的"江沬(海)"相当于"圣人"亦即统治者,"百浴(谷)"相当于"民"亦即被统治者,"江洧(海)"处于"百浴(谷)"之"下",相当于"圣人"对"民"谦恭的姿态。

"浴"字,正确的写法是上从"谷",下从"水"。除了此字外,后面还有左从"水"、右从"谷"的"浴"字。以下均隶定为左从"水"、右从"谷"。为避繁杂以下不再一一出注。此字如《郭店楚简》所言是"谷"的异体字。今本《老子》(王弼本)中所见"谷",第六章中有:

> 谷神不死,是谓玄牝。玄牝之门,是谓天地根。绵绵若存,用之不勤。

第十五章中有:

> 古之善为士者,微妙玄通,深不可识。夫唯不可识,故强为之容。……俨兮其若客,涣兮若冰之将释,敦兮其若朴,旷兮其若谷,混兮其若浊。(本书甲本第十五章上段、中段中没有与今本"旷兮其若谷"相当的一句。)

第二十八章中有:

> 知其雄,守其雌,为天下溪。为天下溪,常德不离,复归于婴儿。……知其荣,守其辱,为天下谷。为天下谷,常德乃足,复归于朴。朴散则为器,圣人用之,则为官长。故大制不割。

第三十二章中有:

> 道常无名。朴虽小,天下莫能臣也。……譬道之在天下,犹川谷之于江海。〔本书甲本第三十二章作"猷(犹)少(小)浴(谷)之与(于)江洧(海)"。参照其注【15】。〕

第三十九章中有:

　　昔之得一者,天得一以清,地得一以宁,神得一以灵,谷得一以盈,万物得一以生,侯王得一,以为天下贞。其致之,天无以清将恐裂,地无以宁将恐发,神无以灵将恐歇,谷无以盈将恐竭,万物无以生将恐灭,侯王无以贵高将恐蹶。

第四十一章中有:

　　故建言有之,明道若昧,进道若退,夷道若颣。上德若谷,大白若辱,广德若不足。……道隐无名,夫唯道善贷且成。(参照本书乙本第四十一章注【7】。)

在本书中,本章直接接续第十九章。就《老子》的章序而言,郭店《老子》甲本、乙本、丙本和今本及马王堆《老子》甲本、乙本完全不同,因此有必要另外撰文详细讨论。这里可以指出的是,郭店《老子》是马王堆《老子》之类本子被徐徐整理以前的、战国时代晚期逐渐形成的文本吧。

各种今本作"江海所以能为百谷王者","所以"下有"能"字,"浴"作"谷","王"下有"者"。马王堆《老子》甲本作"〔江〕海之所以能为百浴(谷)王者",乙本作"江海所以能为百浴〔王者〕"。

【2】以亓

"亓"字,《郭店楚简》作"其",应该作"亓"才正确。以下还有很多同样错误,为避繁杂不再一一作注。

与"A之所以B者,以C,是以B。"的表现方式类似者,在今本《老子》(王弼本)中还有一些。例如,第七章中有:

　　天地所以能长且久者,以其不自生,故能长生。

第六十二章中有:

　　古之所以贵此道者何。不曰以求得,有罪以免邪,故为天下贵。

第七十一章中有：

圣人不病，以其病病，是以不病。

第七十五章中有：

民之饥，以其上食税之多，是以饥。民之难治，以其上之
有为，是以难治。民之轻死，以其上求生之厚，是以轻死。

基于以上事实，不能不认为本书郭店《老子》本章下面这段话：

天下乐进（推）而弗詀（猒），以丌（其）不静（争）也，古
（故）天下莫能与之静（争）。

今本（王弼本）本章下面这段话：

是以天下乐推而不厌，以其不争，故天下莫能与之争。

根据的是同样的表现方式。以下所举日本的各种入门书，在句读
上都有错误。诸桥辙次《掌中　老子の讲义》，大修馆书店，1966
年；福永光司《老子（下）》；金谷治《老子　无知无欲のすすめ》，
"讲谈社学术文库"，讲谈社，1997 年；楠山春树《老子の人と思
想》，"汲古选书"，汲古书院，2002 年；楠山春树《老子入门》，"讲
谈社学术文库"，讲谈社，2002 年；小川环树《老子》，"中公クラシ
ックス"，中央公论新社，2005 年；蜂屋邦夫《老子》，"岩波文库"，
岩波书店，2008 年。

第三号简

原文

能为百浴（谷）下【3】，是以能为百浴（谷）王【4】。圣人之才（在）民
前也，以身后之【5】。丌（其）才（在）民上也【6】，以

白话译文

是因为它们能够谦恭地居于那些川谷的下游。正因为如此,能够作为王者君临所有川谷。同样,圣人之所以能够牢牢地站在人民的前面,是因为能够低调行事,甘居人民之后。还有,之所以能够君临人民之上,是因为使用了谦虚的语言,对人民表示出谦恭的态度。

注

【3】能为百浴下

"下",与上文的"王"相对,是名词的用法,并非下文"以言下之"这种动词的用法。

"以亓能为百浴下",各种今本作"以其善下之",马王堆《老子》甲本作"以亓(其)善下之",乙本作〔以〕亓(其)〔善〕下之也"(参照《郭店楚简》【注释】〔八〕)。这些方面,显然马王堆《老子》甲本、乙本和今本接近。

【4】是以能为百浴王

以上这句话,《淮南子·说山》引述时没有明确记载是出自《老子》:

江河所以能长百谷者,能下之也。夫惟能下之,是以能上之。

"江湆所以为百浴王"以下这段话的宗旨在于,通过一个例子展示了"万物"的谦恭方式,导出了"圣人"也必须以此为榜样,取谦虚的姿态。

"是以能为百浴王",各种今本作"故能为百谷王",马王堆《老子》甲本、乙本均与本书郭店《老子》甲本相同。

【5】圣人之才民前也,以身后之

"才"字,如《郭店楚简》所言是"在"的假借字。以下还会多次出现,为避繁杂不再一一作注。

"圣人之才民前也,以身后之。"各种今本和此句下面的一段文字顺序相反,作"是以圣人……欲先民,必以其身后之"。"欲"上严遵指归本有"其"字,"民"字想尔本、玄宗本中有作"人"者,"必"字严遵本、想尔本、玄宗本无,"其身"的"其"字,严遵指归本、想尔本龙兴观碑、王弼本、河上公本无。马王堆《老子》甲本、乙本,如《郭店楚简》【注释】〔九〕所言,都和郭店《老子》本章的下文顺序颠倒。马王堆《老子》甲本作"是以圣人……元(其)欲先〔民也〕,必以元身后之"。乙本作"是以聖(圣)人……元欲先民也,必以元身后之"。这个部分也是马王堆《老子》和今本更为接近。

【6】元才民上也

"民上"这一词汇,《孟子·梁惠王下》中有:

> 不得而非上者,非也。为民上而不与民同乐者,亦非也。

但这并不等于围绕这个词汇两者间有相互影响的关系。

第四号简

原文

言下之【7】。元(其)才(在)民上也,民弗厚也【8】。元(其)才(在)民前也,民弗畫(害)也【9】。天下乐进(推)而弗詀(猒)【10】,

白话译文

是因为使用了谦虚的语言,对人民表示出谦恭的态度。这样的话,即便圣人君临其上,人民也感觉不到厚重的恩惠,即便牢牢地站在人民的前面,人民也不认为他是有害的、令人讨厌的对象。天下的人们都高兴地拥戴他,没有人讨厌他,

注

【7】言下之

"以言下之",如今本《老子》(王弼本)第三十九章:

故贵以贱为本,高以下为基。是以<u>侯王自谓孤寡不谷</u>,此非以贱为本邪,非乎。故致数舆无舆,不欲琭琭如玉,珞珞如石。

第四十二章:

人之所恶,唯孤寡不谷,而王公以为称。故物或损之而益,或益之而损。

所示,似乎主要说的是统治者的自称。

"圣人之才民前也,以身后之。亓才民上也,以言下之"的主旨,与今本《老子》(王弼本)第七章类似:

是以<u>圣人后其身而身先</u>,外其身而身存。非以其无私邪,故能成其私。

"亓才民上也,以言下之。"各种今本作"欲上民,必以其言下之"。"欲"字上严遵指归本有"其"字,想尔本敦煌成玄英本有"言"字。"民"字在想尔本、河上公本、玄宗本中有作"人"者,"必"字严遵本、想尔本、玄宗本无,"其言"的"其"字,严遵指归本、想尔本龙兴观碑、王弼本、河上公本无。马王堆《老子》甲本作"是以圣人之欲上民也,必以亓(其)言下之",乙本作"是以聖(圣)人之欲上民也,必以亓(其)言下之"。

【8】亓才民上也,民弗厚也

"民弗厚也",意思是"圣人"即便君临于"民上","民"也感觉不到其"厚"。这个"厚",与下文"害(害)"具有否定意义形成对照,表示感到恩惠,具有肯定的意义。

这部分两句话,马王堆《老子》甲本作"故居前而民弗害也,居上而民弗重也",乙本作"故居上而民弗重也,居前而民弗害"。(《郭店楚简》【注释】〔一〇〕所引不正确)。要注意句子的顺序和郭店《老子》前后相反。从句法上看,马王堆《老子》甲本和本书郭店《老子》相近,呈现为 chiasmus(交差对句法),看来都比较古。相反,马王堆《老子》乙本和今本相近,不呈现为交差对句法,看来比较新。

"亓才民上也,民弗厚也。"各种今本这两句作"是以圣人处上,而民不重。处前,而民不害"。但"是以"严遵本作"故","圣人"为严遵本、想尔本、玄宗本所无,前面的"处"字严遵本作"在",古本作"处之"。前面的"而"字想尔本中有的本子作"其"。前面的"民"字想尔本、玄宗本中有的本子作"人"。前后两个"不"字古本作"弗"。后面的"处"字,严遵本作"居民之",古本作"处之"。后面的"民"字想尔本、玄宗本中有的本子作"人"。"不害"道藏傅奕本作"不害也"。

【9】亓才民前也,民弗<u>畵</u>也

"<u>畵</u>"字,《郭店楚简》【注释】〔一〇〕直接判读为"害"字。【注释】〔一〇〕所引裘锡圭说先判读为"<u>畵</u>",再读为"害",这是正确的吧。但该字既可看作上"又"、中"二"、下"目"的字,也可看作上"宀"、中"二"、下"目"的字。这里暂从裘锡圭及《郭店楚简》。"民弗<u>畵</u>也"的意思是,"民"不觉得"圣人"即统治者是"<u>畵</u>(害)"。《淮南子·主术》以下这段话可以参照:

> 百姓〔载〕之上,弗重也。错之前,而弗害也。举之而弗高也,推之而弗猒〔也〕。

【10】天下乐进而弗詀

"进"是"推"的异体字吧。马王堆《老子》乙本作"谁"(参照下文),马王堆帛书《五行》也有作"谁"而读为"进"的例子(在其第二十一章说文部分)。

"詁",《郭店楚简》视其为"厌"的假借字,但没有说明其根据。《玉篇》对该字的解释是"詁,多言"。似与本处不符。《说文解字》云:"厌,饱也。""詁"可视为"厌"的假借字。

"天下乐进",各种今本作"是以天下乐推"。但指归本作"是以天下乐推而上之"。马王堆《老子》甲本作"天下乐隼(推)",乙本作"天下皆乐谁(推)"。"而弗詁",各种今本多作"而不厌",指归本作"而不知猒"。而"猒"字也被古本、河上公本所用。景龙写本作"黡"字。马王堆《老子》甲本、乙本均作"而弗猒也"。

第五号简

原文

以丌(其)不静(争)也【11】,古(故)天下莫能与之静(争)【12】。

白话译文

这是因为圣人对谁都表示谦恭,不与之争胜的缘故。正因为这样,天下没有一个人能够与他争胜。

注

【11】以丌不静也

"丌"字是"亓"的异体字。后面多出,如果没有特别需要交代的问题,不再一一附注。"亓"是"其"的省字或古字。

"静"字如《郭店楚简》所言是"争"的假借字。后面所出"静"字,情况均同,不再重复同样的说明。"不争"在今本《老子》(王弼本)中的用例,可见第三章:

> 不尚贤,使民不争。不贵难得之货,使民不为盗。不见可欲,使民心不乱。

第八章:

> 上善若水。水善利万物而不争,处众人之所恶,故几于

道。居善地，心善渊，与善仁，言善信，正善治，事善能，动善时。**夫唯不争，故无尤。**

第六十八章：

善为士者不武，善战者不怒，善胜敌者不与，善用人者为之下。**是谓不争之德，**是谓用人之力，是谓配天古之极。

第七十三章：

天之道，**不争而善胜，**不言而善应，不召而自来，绰然而善谋。天网恢恢，疏而不失。

第八十一章：

天之道，利而不害。圣人之道，**为而不争。**

第二十二章在下文引用。

【12】古天下莫能与之静

"古"字，如《郭店楚简》所言是"故"的假借字或省字。这一通假现象后面也屡屡出现，为避繁杂，不再一一作注。

"与"，如《郭店楚简》所言确是"与"字，但和滕壬生《楚系简帛文字编》(湖北教育出版社，1995 年)所引"信一·〇三"，"信一·〇八"的字形接近。两者恐怕是完全相同时代的字。

"以丌不静也，古天下莫能与之静。"几乎相同的文章见于今本《老子》(王弼本)第二十二章：

是以圣人抱一，为天下式。不自见故明，不自是故彰，不自伐故有功，不自矜故长。**夫唯不争，故天下莫能与之争。**

相关的思想表现，《荀子·君子》中有：

不矜矣，夫故天下不与争能，而致善用其功。有而不有

51

也,夫故为天下贵矣。

《庄子·天道》中有:

> 静而圣,动而王,无为也而尊,<u>朴素而天下莫能与之争美</u>。

《淮南子·原道》篇中有:

> 是故<u>圣人守清道而抱雌节</u>,因循应变,常后而不先。柔弱以静,舒安以定,攻大坚,莫能与之争。

《淮南子·道应》中有:

> 老子曰:<u>夫唯不争,故莫能与之争</u>。

本章的"不静(争)",指的是统治者为获得统治天下人民的地位而使用的、反向论说式的"不静(争)"。因此,"静(争)"的直接意味,可看作围绕获取天下统治地位而展开的斗争。今本《老子》(王弼本)所见这层意义的"争"的用例,前面已经举过了,如果这里不嫌重复再次列出,第八章中有:

> 上善若水。<u>水善利万物而不争,处众人之所恶,故几于道</u>。……夫唯不争,故无尤。

第二十二章中有:

> 是以圣人抱一,为天下式。……<u>夫唯不争,故天下莫能与之争</u>。

第六十八章中有:

> 善为士者不武,善战者不怒,<u>善胜敌者不与</u>,善用人者<u>为之下</u>。<u>是谓不争之德</u>,是谓用人之力,是谓配天古之极。

第八十一章中有:

天之道,利而不害。圣人之道,为而不争。

在当时,持有同样的问题意识,对斗争做出否定的学说,是比《老子》更早的墨家非攻论及宋钘、尹文的斗争否定论,因此,不妨说本章等文献是在上述学说基础上完成的。

这段话,各种今本作“以其不争,故天下莫能与之争”。“以”字上严遵指归本、河上公敦煌本有“非”字,古本道藏傅奕本、范应元本有“不”字。“不争”的“不”,想尔本各本作“無”或“无”。郭店《老子》基本上和今本一致。

马王堆《老子》甲本作“非以亓(其)无诤(争)与,〔故天下莫能与〕静(争)”,乙本作“不以亓(其)无争与,故天下莫能与争”。文首有“非”或“不”,从这一点看,和今本的一部分一致,却和郭店《老子》不一致,但从文中有语气词这一点看,和郭店《老子》一致。此外,如前所引,今本《老子》(王弼本)第二十二章也有“夫唯不争,故天下莫能与之争”。马王堆《老子》甲本、乙本均作“夫唯不争,故莫能与之争”。

第四十六章　中段、下段【1】

第五号简

原文

　　皋莫厚虘(乎)甚欲【2】,咎莫金(憯)虘(乎)谷(欲)昙(得)【3】,

白话译文

　　没有比无限的欲望更大的罪恶,没有比贪得无厌更惨的灾难,

注

【1】本章如果以今本《老子》第四十六章为基准，那么上段"天下有道，却走马以粪。天下无道，戎马生于郊"的部分是欠缺的。基于这一事实，现在出现了这样一种见解，即郭店《老子》是从完整充足的、《老子》原来的文本中抽选出来的节略本。然而，事实正好相反。即，一般而言，上段、中段、下段并不完整具足的郭店《老子》，展示了历史上几乎最早问世的古《老子》的本来面目，因此，郭店《老子》作为一个文本，属于尚处形成途中的、与原本最为接近的《老子》。相反，完整充足的马王堆《老子》甲本、乙本及各种今本，展示了到西汉时代初期为止、甚至到更晚的时代为止，新的文章被不断撰写出来、搜求出来之后形成的《老子》面貌，因此，马王堆甲本、乙本及各种今本作为文本，是一步一步走向安定之后那个时代的《老子》。

就第四十六章而言，马王堆《老子》甲本，在上段的开头和中下段的开头都附有一个"●"的符号。这符号的设置反映出抄写者对文章的段落和区间有着清醒的意识，因此，笔者怀疑在西汉初期的马王堆甲本那里，第四十六章之上、中、下段是一个完整部分（即一个篇章）之考虑尚未产生。把第四十六章分作上段和中下段两个部分之马王堆甲本，显然来自不包括上段、只抄写了中下段的更古的郭店《老子》甲本（或类似的文本）。但从马王堆乙本开始，中下段开头处的"●"符消失了。所以，《老子》文本的形成，是沿着郭店甲本→马王堆甲本→马王堆乙本的方向移动，逐渐演变成今本第四十六章的。关于这个问题，可以参照本书第六编《郭店楚墓竹简〈老子〉各章的上中下段——从〈老子〉文本形成史的角度出发》。

【2】辠莫厚<u>虘</u>甚欲

"辠"字，如《郭店楚简》所言和"罪"同字，《说文解字》云：

　　　辠，犯法也。从辛，从自。言辠人蹙鼻，苦辛之忧。<u>秦以辠似皇字，改为罪</u>。

可见，这是秦代以前的古字。

第一句话中的"辠（罪）"是从这样的角度讨论的，即把人类追求欲望的活动，和违反国家法律导致犯罪联系起来；第二句话中的"咎"（这是《周易》中多见的词汇）是从这样的角度讨论的，即违背"天""鬼神"的意志、触犯宗教的禁忌就会得咎；第三句话的"化（祸）"（"祸福"之"祸"）是从这样的角度讨论的，即在家庭、乡里展开的日常生活中，没有获得人人渴求的幸福，反而走向灾祸。总结起来，这是一种综合的欲望批判。这种思想将人类社会中各种恶的根源归诸人类对欲望的追求，这和当时儒家思想，尤其是荀子学派把人类的欲望追求视为社会发展基本动力的思想形成尖锐对立。要注意的是，荀子学派的欲望论主要和上述第一句话相关，与之不同，郭店《老子》本章对欲望的批判建立在更为广大的问题域。我认为《老子》与《荀子》在这些思想上表现出来的先后、影响关系，未必仅限于《老子》→《荀子》，根据章节的不同，相反有时也表现为《荀子》→《老子》。

"甚"，如《郭店楚简》【注释】〔一一〕所言确为"甚"字。【注释】〔一一〕认为这里应该读为"淫"，我认为如字释读即可。《韩诗外传》卷九引这一部分时作"罪莫大于多欲"，也可作为参考。

"辠莫厚<u>虘</u>甚欲"，各种今本、《韩非子·喻老》作"罪莫大于可欲"，《韩非子·解老》作"祸莫大于可欲"。（"可欲"是希望、企图的意思。）王弼本中没有这一句，《经典释文》就"祸莫大于不知足"

一句,提出"河上本有此句,上有'罪莫大于可欲'一句"。如果考虑这一事实,郭店《老子》就不是已经形成的《老子》经书的节选本,相反是正在向着完成迈进的形成途中的文本吧。因为,像这个地方,有着相同意思的文章好几条并列在一起,当然可以节略,但郭店《老子》却没有节略(例如像王弼本那样)。从以上这点判断,郭店《老子》这个文本恐怕是战国时代晚期以后之作吧。

马王堆《老子》甲本作"●罪莫大于可欲",与上文作了分割,因为有"●"这个符号,因此本章的上段与中、下段本来不同属于第四十六章的可能性很大。马王堆乙本作"罪莫大可欲",没有"于"字。《韩诗外传》卷九中有:

老子曰:⋯⋯罪莫大于多欲,祸莫大于不知足。故知足之足常足矣。

顺便指出,《韩非子·解老》所见第四十六章有上段、中段,没有下段,《喻老》篇上段、中段、下段全部包含在内。如果将上段与中段、下段当作同一章彼此相关的内容,那么"天下无道"就是原因,导致了下面的"甚欲""谷旻(得)""不聋(知)足"吧。

【3】咎莫佥虘咎旻

"咎"字,见于今本《老子》(王弼本)第九章:

富贵而骄,自遗其咎。(参照本书甲本第九章注【5】)

《周易》是"咎"字频出的古典文献。例如,乾卦中有:

九三,君子终日乾乾,夕惕若,厉,无咎。

九四,或跃在渊,无咎。

坤卦中有:

六四,括囊,无咎无誉。

例证还有很多,不胜枚举。考虑到《周易》是非常早的时代已存在于民间的占卜用书,其思想背景是"天""鬼神"在起着主宰作用,因此,"咎"无疑指宗教意义上的罪过。而《老子》本章则使用了这一词汇。

"佥"字,《郭店楚简》说是"憯"的假借字。这个观点是正确的吧。"莫佥(憯)"的用例,见于《庄子·庚桑楚》:

> 兵莫憯于志,镆铘为下。寇莫大于阴阳,无所逃于天地之间。非阴阳贼之,心则使之也。

"谷"字,如《郭店楚简》所言是"欲"的省字或假借字。下面还会屡屡出现,为避繁杂,不再一一注出。

"㝵"字,虽在《郭店楚简》中没有左旁的"彳",但无疑就是"得"字。

"咎莫佥虘谷㝵",各种今本均非第二句,而置于第三句(这一点马王堆《老子》甲本、乙本,《韩非子》的《解老》《喻老》也完全相同),多作"咎莫大于欲得"。但"大"字想尔本作"甚",古本(道藏傅奕本、范应元本)作"憯"。马王堆《老子》甲本作"咎莫憯于欲得",乙本全为缺字。《韩非子·解老》作"咎莫憯于欲利",《韩非子·喻老》作"咎莫憯于欲得"。

第六号简

原文

化(祸)莫大虘(乎)不䛆(知)足【4】。䛆(知)足之为足,此亘(恒)足矣【5】。

白话译文

不幸莫大于不知道满足。因此,知道满足是非常重要的,知道满足者的满足,是永恒的满足。

注

【4】化莫大虗不諎足

"化",如《郭店楚简》所言是"祸"的假借字吧。"祸福"的"祸"是古典文献中频繁出现的词汇,主要指日常生活中遭遇的不幸。"祸莫大于○○"的用法,亦见于今本《老子》(王弼本)第六十九章"祸莫大于轻敌"。

"諎",是"知"的异体字。后面也会频繁出现,为避繁杂不再一一附注。

"不諎(知)足",见于《荀子·荣辱》:

> 人之情,食欲有刍豢,衣欲有文绣,行欲有舆马,又欲夫余财蓄积之富也;然而穷年累世不知足,是人之情也。

《老子》本章正好与之相反,形成对照。《荀子·荣辱》把永远"不知足"的人类多种多样的欲望追求,看作"人之情"亦即生而有之的人的本性,其论述的方向是以此为所有问题的出发点,构筑起他的社会思想。相反,《老子》本章,说的是正是这种"不知足"的欲望追求反而是人类最大的不幸,力图通过"諎(知)足"这一智慧的力量创设出永远满"足"的状态。这样看来,《老子》本章对"不諎(知)足"的批判,似乎出现于《荀子》欲望论之后,并以其为批判的靶子。还有,"不諎(知)足"也和《庄子·盗跖》"无足"的意思接近(参照福永光司《老子(下)》)。

"化莫大虗不諎足",各种今本位于第二句,均作"祸莫大于不知足"。《韩非子》的《解老》《喻老》也完全相同。马王堆《老子》甲本作"礍(祸)莫大于不知足",乙本作"祸☒"(在这两个本子中也位于第二句)。顺便指出,《郭店楚简》【注释】〔一二〕仅引用马王堆《老子》甲本,而未引用乙本,这是不应该的。

【5】𧧻足之为足，此亙足矣

"𧧻（知）足"这一词汇，在今本《老子》（王弼本）第三十三章中有：

> 知足者富，强行者有志。

第四十四章中有：

> 知足不辱，知止不殆，可以长久。（参照本书甲本第四十四章注【6】）。

这句话说的是利用人类"𧧻（知）"的力量控制追求欲望的冲动。《老子》之外，《庄子·让王》中也有：

> 知足者，不以利自累也。

《荀子·荣辱》中有：

> 人之情，食欲有刍豢，衣欲有文绣，行欲有舆马，又欲夫余财蓄积之富也；然而穷年累世不知足，是人之情也。（前文已引）

《荀子·正论》中有：

> 凡人之盗也，必以有为，不以备不足，则以重有余也。而圣王之生民也，皆使当厚优犹知足，而不得以有余过度。

上引各例，均可参照。

"亙"字，如《郭店楚简》【注释】〔一三〕所言是"恒"的古文。此字后面屡屡出现，不再作相同的说明。"亙（恒）"字，各种今本作"常"，这是因为"常"字作为西汉文帝"刘恒"的避讳字一直沿用到了后代。因为"亙（恒）"字的存在，可以确认本章抄写于西汉文帝以前。王弼本等各种今本为避文帝的讳，而将郭店《老子》的

"恒"字,改作"常"字的例子后面还有不少,为避繁琐,不再一一指出。"亘(恒)足"之意,和上引《荀子·荣辱》的"穷年累世不知足"正好相反。

"<u>雚</u>足之为足,此亘足矣。"各种今本作"故知足之足,常足矣"。"故"字严遵本、想尔本中无,"矣"字想尔本系统均无。《韩非子·喻老》作"知足之为足矣",从有"为"字这一点看遗留了早期面貌。马王堆《老子》甲本作"〔故知足之足〕,恒足矣",乙本作"☒足矣",可惜几乎都看不见了。

第三十章　上段、中段【1】

第六号简

原文

　　以<u>徝</u>(道)差(佐)人<u>宔</u>(主)者【2】,不谷(欲)以兵<u>但</u>(强)【3】

白话译文

　　以自己的道辅佐君主政治的臣下,不希望君主对天下以军事力量行使强权。

注

　　【1】本章,如果以今本《老子》(王弼本)第三十章为基准,可知欠缺上段后半部分"师之所处,荆棘生焉。大军之后,必有凶年",及下段"物壮则老,是谓不道。不道早已"。根据和马王堆《老子》甲本、乙本,各种今本的比较、对照(参照后面的注),可知就第三十章而言,郭店《老子》甲本是历史上最早的《老子》本来的面貌,而马王堆《老子》甲本、乙本是到西汉初期为止把第三十章内容整合起来以后形成的《老子》。今本《老子》(王弼本)是对文章表达进一步加以修饰后形成的《老子》。

【2】以徙差人宝者

"徙"字,如《郭店楚简》【注释】〔一四〕所言是"道"的异体字,是《郭店楚简》中大量使用的字。见于宋代郭忠恕《汗简》第一,也见于宋代夏竦《古文四声韵》卷三(收入李零、刘新光整理:《汗简·古文四声韵》,中华书局,1983年)。

"差",如《郭店楚简》所言是"佐"的假借字。

"宝",如《郭店楚简》所言是"主"的假借字。"人主"这一词汇,是战国后期以后开始常用的君主的另一种说法(参照福永光司《老子(上)》)。其用例,《晏子春秋》有数例,《荀子》《吕氏春秋》《韩非子》《商君书》频出,《庄子》《吴子》各有一例,《春秋三传》《周易》《论语》《孟子》《墨子》《孝经》《慎子》《孙子》中无。

"以徙差人宝者",说的是在领会道家之"道"以后作为臣下禄仕于君,试图辅佐统治者政治行为的人。我认为这样的人得以诞生的社会背景,不可能比战国中期以前更早,而是战国后期以后之新现象吧(参照福永光司《老子(上)》)。

"以徙差人宝者",各种今本作"以道佐人主者",想尔本龙兴观碑"佐"作"作",河上公本无"者"字。马王堆《老子》甲本、乙本均作"以道佐人主",没有"者"字。

【3】不谷以兵伥于天下

"兵"字,在今本《老子》(王弼本)中,也见于第三十一章、第五十章、第五十七章、第六十九章、第七十六章、第八十章(参照本书丙本第三十一章中段、下段注【2】,本书甲本第五十七章注【2】)。

"伥",如《郭店楚简》所言即"强"字。《包山楚简》中有字形作"墅"释读为"强"字的例子。参照工藤元男等编《包山楚简データーベース・βバージョン》(早稻田大学文学部工藤研究室发行,

1998 年)。

"以兵伹(强)于天下",即对天下各国诉诸武力,采取强硬的态度。《老子》中,以道家哲学为背景,具有《老子》特色的反战论,值得注意的是第三十一章、第四十六章、第六十九章等,其实本章也是反战论之一。

"不谷以兵伹于天下",各种今本作"不以兵强天下","强"在想尔本系统、道藏傅奕本中作"彊"。"强天下"在河上公本中作"强于天下"。马王堆《老子》甲本作"不以兵强〔于〕天下",乙本作"不以兵强于天下"。

第七号简

原文

于天下。善者果而已【4】,不以取伹(强)【5】。果而弗登(伐)【6】,果而弗乔(骄)【7】,果而弗矜(矜)【8】。是胃(谓)果而不伹(强)【9】。丌(其)

白话译文

不希望君主对天下以军事力量行使强权。

善于辅佐政治的人,只求得到一个好的结果,并不认可对天下行使强权。取得成功却不自我夸耀,取得成功却不骄傲,取得成功却不自高自大。这就是所谓只求得到一个结果而不行使强权。只要采取这样的政治姿态就可以了。

注

【4】善者果而已

"善者",指善于辅佐统治者政治行为的人。

"果",果敢、果断之意,出色完成事业并得到结果。在本章上段、中段中,其实际意义是在战争中取得胜利(参照高延第《老子证义》)。王弼注认为是"济"的意思,并不恰当。其一般意义,是《说文解字》说的"果,木实也",段玉裁注"引申假借为诚实勇敢之称"。《论语·子路》中有:

> 子……曰:言必信,行必果,硁硁然小人也。抑亦可以为次矣。

《墨子·修身》中有:

> 志不强者,智不达。言不信者,行不果。据财不能以分人者,不足与友。守道不笃,徧物不博。辩是非不察者,不足与游。

《墨子·兼爱下》篇中有:

> 当使若二士者,言必信,行必果,使言行之合犹合符节也,无言而不行也。……常使若二君者,言必信,行必果,使言行之合犹合符节也,无言而不行也。

"已"字,有时也读为"巳"。楚系文字中两者似无区别。"而已"是置于文末的语气词。

"善者果而已"前,今本《老子》(王弼本)第三十章中有:

> 其事好还。师之所处,荆棘生焉。大军之后,必有凶年。

但马王堆《老子》甲本作"〔亓(其)事好还。师之〕所居,楚朸(棘)生之",乙本作"亓〔事好还。师之所居,楚〕棘生之"。这样看来,"大军之后,必有凶年"一句在马王堆《老子》还不存在,因此是到了西汉以后对马王堆《老子》等文本的文章表达加以修饰时附加上去的吧(参照福永光司《老子(上)》)。顺便指出,《吕氏春秋·应同》有"师之所处,必生棘楚。"这似乎和《老子》不同,两者没有关系,而且,也没有"大军之后,必有凶年"一句。

"善者果而已"，各种今本几乎都相同，而想尔本系统、古本系统、河上公本景福碑、玄宗本系统此句上有"故"字。此外，"者"在王弼本系统作"有"，"已"在古本的道藏傅奕本中作"已矣"。马王堆《老子》甲本、乙本均作"善者果而已矣"，没有"故"字。

【5】不以取伹

"不以"，王弼注认为是"不以兵"的意思。"取伹（强）"，说的是对天下采取"登（伐）""乔（骄）""敛（矜）"的态度。

"不以取伹"，各种今本作"不敢以取强"，想尔本系统无"敢"字。顺便指出，俞樾《诸子平议》曾指出"敢"是衍文，现在马王堆《老子》、郭店《老子》的出土证明了他的正确。马王堆《老子》甲本、乙本均作"毋以取强焉"。

"善者果而已，不以取伹（强）。"下文缩略表现为"是胃（谓）果而不伹（强）"。

【6】果而弗登

"登"，依据《郭店楚简》【注释】〔一五〕解释为"伐"的假借字。意为夸耀。今本《老子》（王弼本）第二十二章中有：

> 不自伐故有功，不自矜故长。

第二十四章中有：

> 自伐者无功，自矜者不长。

以上均可参照。

"果而弗登"，各种今本置于类似句的第二句（但想尔本系统置于第三句）。例如，王弼本作"果而勿矜，果而勿伐，果而勿骄，果而不得已"，开始三句的顺序和郭店《老子》、马王堆《老子》不同。"弗登"，诸本均作"勿伐"。马王堆《老子》甲本第三句是"果而〔勿伐〕"，乙本第三句是"果〔而勿〕伐"（《郭店楚简》【注释】〔一六〕不正确）。

【7】果而弗乔

"乔"，如《郭店楚简》所言是"骄"的假借字或省字。

"果而弗乔"，各种今本置于类似句的第三句（但想尔本系统置于第一句）。"弗乔"，诸本均作"勿骄"（但范应元本作"勿恌"）。马王堆《老子》甲本第一句作"果而毋驕（骄）"，乙本第一句作"果而毋骄"。

【8】果而弗稴

"稴"，如《郭店楚简》所言是"矜"（正确字形应作"矝"吧）的异体字。

"果而弗稴"，各种今本置于类似句的第一句（但想尔本系统置于第二句）。"弗稴"，诸本均作"勿矜"。马王堆《老子》甲本、乙本均在第二句有"果而勿矜"。

还有，这句话下面，各种今本有类似句的第四句"果而不得已"（但想尔本龙兴观碑"已"作"以"），马王堆《老子》甲本、乙本均作"果而毋得已居"（参照《郭店楚简》【注释】〔一六〕）。后者的"居"字是文末语气词（参照王引之《经传释词》第五）。有第四句，这段话前后的宗旨就成了政治上的事情（特别是战争）是迫于不得已状况的出现而为之，而郭店《老子》本章似乎还没有附加上这样一种微妙的语意。

【9】是胃果而不伇

"胃"，如《郭店楚简》所言是"谓"的假借字或省字。后面的"胃"都作相同解释，不再重复说明。

"果而不伇"，是对上文"善者果而已，不以取伇（强）"加以缩略之后再度复述。因此开头才会冠以"是胃（谓）"。这一表达说明马王堆《老子》与郭店《老子》有共通之处，由此可以推测两者之间关系接近,即郭店《老子》是马王堆《老子》的先驱。

　　顺便指出,各种今本中的"是谓不道,不道早已",想尔本系统作"谓之非道,非道早已",稍有区别,傅奕本的两个"不道"也作"非道"。马王堆《老子》甲本作"是胃〔果〕而不强。物壮则老,是胃之不道。不道蚤已"。乙本作"是胃果而〔不〕强。物壮则老,是胃之不道。不道蚤已。"今本"物壮则老。是谓不道,不道早已"。这段文章,各种今本及马王堆《老子》甲本、乙本中,本章(第三十章)与第五十五章均有"物壮则老,谓之不道。不道早已"(王弼本)。第五十五章整章都在讲述养生说,"物壮则老,是谓不道。不道早已"这段文章作为养生说的格言被置于末尾非常自然,但本章(第三十章)上段、中段讲述的是政治思想,因此这段文章被置于末尾就产生了一些不协调感,有作者所要主张的重点被模糊淡化之嫌。然而,这段文章,并不包含在本书郭店《老子》甲本第三十章中。顺便指出,本书甲本第五十五章上段、中段、下段有"勿(物)<u>壐</u>(壮)则老,是胃(谓)不道。"郭店《老子》本章是单纯否定"<u>但</u>(强)"的政治思想,作者所要主张的重点极易把握。由此推测,郭店《老子》本章才是《老子》第三十章的本来面貌吧。

　　"是胃果而不<u>但</u>",各种今本作"是果而勿强。物壮则老。是谓不道,不道早已"。前面的"是"字王弼本、河上公本无,范应元本作"是谓"。"强"字,想尔本系统中有的版本作"彊",古本也作"彊"。

第八号简

原文

事好【10】。

白话译文

只要采取这样的政治姿态就可以了。

注

【10】〔丌〕事好

"好"字下,显然有一个标识符号"–"。这应该视为文章到此结束了吧。这种情况下,可以读为"丌(其)事好"。或者如《郭店楚简》【注释】〔一七〕所言,也许脱了"还"字。

"丌(其)事",指的是"以<u>徆</u>(道)差(佐)人<u>宔</u>(主)者"所从事之事,即政治事业。"好"字,《经典释文》将"其事好"作为一个条目,将"好"读为"呼报反",那就是希望、喜欢的意思。如果"还"是脱字,那就是"强"的反义词吧。《经典释文》将"还"作为一个条目,说"还"字"音旋"。"好还",就是希望返回于"道"的意思,那这就是《老子》特有的复归思想的一种,可以说在最早的文本郭店《老子》甲本第三十章中还不包含这样的思想。

"丌事好",各种今本作"其事好还",河上公本系统中有的文本不存在这一句,玄宗本开元廿六碑缺"好还"二字。马王堆《老子》甲本好像处于今本的位置,即在前面,但四字全部残缺。乙本也好像处于今本的位置,即在前面,但只有一个"亓(其)"字,其他残缺。

第十五章　上段、中段【1】

第八号简

原文

　　长古之善为士者【2】,必非(微)溺(妙)玄造【3】,深不可志(识)【4】。是以为之颂【5】。夜(豫)<u>虗</u>(乎)奴(如)冬涉川【6】,獣(犹)<u>虗</u>(乎)丌(其)【7】

白话译文

　　过去,那些杰出的士,必定深远、高尚,具有通达八方的智慧,他的深奥简直无法衡量晓知。正因为无法衡量晓知,我想在此尝试着描述他的姿态和形容。——他像那些怯生生穿过冬天河床冰面的旅人,像那些小心谨慎害怕四方敌国的君主,

注

【1】本章,如果以今本《老子》(王弼本)第十五章为基准的话,欠缺下段"夫唯不盈,故能蔽不新成"的部分。如果与马王堆《老子》甲本、乙本及今本等作比较、对照,可以说本章反映出郭店《老子》甲本也是历史上最早《老子》的本来面貌,相反,马王堆《老子》甲本、乙本是到西汉文帝时期为止把第十五章内容整理之后形成的《老子》,今本《老子》是进一步对文章表达加以修饰后形成的《老子》。请参照本书第六编《郭店楚墓竹简〈老子〉各章的上中下段——从〈老子〉文本形成史的角度出发》。

【2】长古之善为士者

"长",如《郭店楚简》【注释】〔一八〕所言,《说文解字》中有"长,久远也","长古"是"上古"之意吧。即所有的事物都带有美好价值的那个古代。

"长古之善为士者",今本《老子》(王弼本)第六十五章中有:

> 古之善为道者,非以明民,将以愚之。……常知稽式,是谓玄德。玄德深矣远矣,与物反矣。然后乃至大顺。

第六十八章中有:

> 善为士者不武,善战者不怒,善胜敌者不与,善用人者为之下。是谓不争之德,是谓用人之力,是谓配天古之极。

以上,可以参照。

"长古之善为士者",各种今本作"古之善为士者",没有"长"字,但"士"字道藏傅奕本作"道",马王堆《老子》甲本全部残缺,乙

本作"古之仙(善)为道者"。这样看来,动词"为"的宾语,自古以来有作"士"与作"道"两种文本。郭店《老子》甲本虽然作"士",但这是否表明这是唯一的本来的《老子》正确文本,马王堆《老子》乙本作"道"是后代形成的文本,还不清楚。

【3】必非溺玄造

"必",是各种今本、马王堆《老子》乙本所没有的字(马王堆甲本这个部分残缺)。

"非",如《郭店楚简》所言是"微"的假借字吧。"溺",字形如《郭店楚简》【注释】〔一九〕所言从"弓"、从"勿"、从"水"。是"妙"的假借字吧。

"微妙",指过于深远超出了人能够把握的程度。"微",今本《老子》(王弼本)第十四章中有:

> 搏之不得,名曰微。

"妙",今本《老子》(王弼本)第一章中有:

> 玄之又玄,众妙之门。

"微妙"这个词汇,可见《韩非子·五蠹》。作为对《老子》等"道"之言说的讽刺,有如下这段话:

> 且世之所谓贤者,贞信之行也。所谓智者,微妙之言也。微妙之言,上智之所难知也。今为众人法,而以上智之所难知,则民无从识之矣。……故微妙之言,非民务也。

"玄",用来形容向着本源追溯,最终达致"道"之境地的那种作用的词汇。"玄"在今本《老子》(王弼本)中,有很多用例,第一章中有:

> 此两者,同出而异名。同谓之玄。玄之又玄,众妙之门。

第六章中有:

> 谷神不死,是谓玄牝。玄牝之门,是谓天地根。绵绵若存,用之不勤。

第十章中有:

> 涤除玄览,能无疵乎。……生之畜之。生而不有,为而不恃,长而不宰,是谓玄德。

第五十一章中有:

> 故道生之,德畜之,长之育之,亭之毒之,养之覆之。生而不有,为而不恃,长而不宰。是谓玄德。

第五十六章中有:

> 塞其兑,闭其门,挫其锐,解其分,和其光,同其尘。是谓玄同。

第六十五章中有:

> 古之善为道者,非以明民,将以愚之。……常知稽式,是谓玄德。玄德深矣远矣,与物反矣。然后乃至大顺。(参照本书甲本第五十六章注【5】)

"造"字,《郭店楚简》判读为"达",【注释】〔一九〕作了若干考证,但《古文四声韵》卷五的"达"和此字不同,是"造"字吧。《包山楚简》第119号简所见字也非"达"而像"造"。从与"溺(妙)"构成叠韵来看也是"造"字更好。其意如《说文解字》所示:

> 造,就也。从辵,告声。谭长说,造上士也。

"玄造",和"玄达"意思几乎相同。意为把握住终极的本源"道",智慧通达四面八方。《淮南子·精神》中有:

使耳目精明玄达,而无诱慕。

以上,可以参照。"玄造",李邕"海州大云寺禅院碑"中有类似表达,但意思似乎稍稍有别。

天也地也,摄生之谓玄造。日也月也,容光之谓神功。

"必非溺玄造",各种今本均作"微妙玄通",马王堆《老子》甲本全部残缺,乙本作"微眇(妙)玄达"。

【4】深不可志

"深"字,正确的写法没有"水"旁。"志",如《郭店楚简》所言即"识"的假借字吧。

与"深不可志"几乎同义的"深不可测",是《淮南子》中多见的句子。《淮南子》主要用它论"道",在这里"深不可测"被用于形容能够把握"道"的"士"。《淮南子·原道》中有:

夫道者,覆天载地,廓四方,柝八极,高不可际,深不可测,包裹天地,禀授无形。

《原道》篇中还有:

天下之物,莫柔弱于水。然而大不可极,深不可测。

《淮南子·主术》中有:

天道玄默,无容无则,天不可极,深不可测,尚与人化,知不能得。

《淮南子·人间》中有:

故福之为祸,祸之为福,化不可极,深不可测也。

以上,可以参照。

"深不可志",各种今本均作"深不可识"。但严遵本没有"深"

字。马王堆《老子》甲本、乙本均和郭店《老子》本章完全相同。还有,这段话的下面,今本有"夫唯不可识"(但范应元本"识"作"测"),马王堆《老子》甲本、乙本有"夫唯不可志(识)"(参照《郭店楚简》【注释】〔二〇〕)。但郭店《老子》本章没有。与马王堆《老子》甲本、乙本整齐的修辞相比,可以看出郭店《老子》这个地方显得朴素,属于尚未完成的作品。

【5】是以为之颂

"是以",各种今本及马王堆《老子》甲本、乙本均作"故强"。但想尔注本、天宝玉关本、道藏傅奕本作"故彊"。"强""彊",说的是关于"道"和把握"道"的人,要描述其形容("颂")实际上是不可能的。因此只能勉强("强""彊")去尝试描述。因此,显然较之郭店《老子》,各种今本、马王堆甲本、乙本在修辞上要更为整齐。

还有,"是以为之颂",关联到下面的"坉虘亓奴浊""竺能浊以束者,迺舍清",以下为叙述的部分。

"颂",各种今本及马王堆《老子》甲本、乙本均作"容"。《郭店楚简》将其视为"容"的假借字,其实并非如此,"颂"是本来的字。《说文解字》云:

颂,皃也。从贝,公声。�,籀文。

"颂"字下,各种今本没有"曰",仅道藏傅奕本有"曰",马王堆《老子》甲本、乙本也均有"曰"字。

【6】夜虘奴冬涉川

"夜",如《郭店楚简》所言是"豫"的假借字吧。各种今本均作"豫"(但仅想尔注本作"獜")。马王堆《老子》甲本、乙本均作"与"。《经典释文》将"豫"作为一个条目,解释为"如字。本或作懊。简文与此同也。"其意如朱谦之《老子校释》所说的那样,和下句的"猷"合在一起，就是"犹兮与兮，迟回不进，盖因物而状其容如此"，犹豫、踌躇的样子。与之相关的表现，《楚辞·离骚》中有：

> 心犹豫而狐疑兮，欲自适而不可。……欲从灵氛之吉占兮，心犹豫而狐疑。

《吴子·治兵》中有：

> 故曰：用兵之害，犹豫最大。三军之灾，生于狐疑。

《韩非子·八经》中有：

> 不公会，则犹豫而不断，不断则事留。

此外，《庄子·养生主》中有：

> 提刀而立，为之四顾，为之踌躇满志。善刀而藏之。

《庄子·田子方》中有：

> 孙叔敖曰：……且不知其在彼乎，其在我乎。其在彼邪，亡乎我。在我邪，亡乎彼。方将踌躇，方将四顾。何假至乎人贵人贱哉。

以上，也可参照。

"虗"，各种今本作"兮"，但想尔本系统、玄宗本系统中无"兮"。王弼本的武英殿本作"焉"。马王堆《老子》甲本、乙本均作"呵（乎）"。"虗"在马王堆《老子》甲乙本作"呵（乎）"，后面也都是这样。

"奴"，如《郭店楚简》【注释】〔二一〕所言读为"如"。是"如"的异体字吧。写作"奴"而读为"如"的字，后面还会屡屡出现，不再作相同的说明。各种今本、马王堆本均作"若"。此外，虽然《郭店楚简》【注释】〔二一〕说其上脱去"其"字，但各种今本均无"其"。

马王堆《老子》甲本有"其",乙本有"亓(其)"。

"冬",字形如《郭店楚简》【注释】〔二一〕所言和《说文解字》所见古文相同。"川",各种今本均同,马王堆《老子》甲本"涉水"以下六字全部残缺,乙本作"涉水"。

这一句,描述的是冬天小心翼翼地穿过河床冰面的样子。要注意的是,"长古之善为士"这一段的描写,都是被世人看来带有负面价值、要加以否定的消极的东西。

【7】猷虗丌

"猷",如《郭店楚简》所言读为"犹"。本来与"犹"同字。这一通假后面也频繁出现,不再作相同的说明。此三字,各种今本均作"犹兮"二字。

"虗",各种今本作"兮",想尔本系统、道藏傅奕本、玄宗本系统无"兮"字。"丌",各种今本此处均无"其"字。马王堆《老子》甲本中这三字均为缺字,乙本作"猷(犹)呵(乎)亓(其)"。

第九号简

原文

奴(如)臸(畏)四堥(邻)【8】,敢(俨)虗(乎)丌(其)奴(如)客【9】,趱(涣)虗(乎)丌(其)奴(如)怿(释)【10】,屯虗(乎)丌(其)奴(如)樸【11】,坉虗(乎)亓(其)奴(如)浊【12】。竺(孰)能浊以朿(静)【13】

白话译文

又像那些小心谨慎害怕四方敌国的君主,又像那些做客时坐姿严肃端正的客人,又像冰块融化成水哗哗流出的样子,又像呈现质朴坚实姿态的原木,又像暗淡沉淀的浊水。

究竟谁能自己混浊而静止,

注

【8】奴<u>愳</u>四<u>罂</u>

“<u>愳</u>”，如《郭店楚简》【注释】〔二二〕所言是“畏”的异体字或假借字吧。

“<u>罂</u>”，《汗简》第六中，“叩”字被视为“邻”的古字，中山王鼎中也出现了“罂”字（参照黄锡全：《汗简注释》，武汉大学出版社，1990年）。如《郭店楚简》【注释】〔二二〕所言即“邻”的异体字。“四<u>罂</u>（邻）”，如《尚书·益稷》：

> 予违汝弼，汝无面从，退有后言，钦四邻。

《尚书·蔡仲之命》：

> 懋乃攸绩，睦乃四邻，以蕃王室，以和兄弟，康济小民。

所示，“四罂”是四方邻国的意思。

这一句，说的是上古君主小心谨慎地提防四方邻国的样子。

“<u>猷虐亓奴愳四罂</u>”，各种今本作“犹兮若畏四邻”，想尔本系统、河上公本系统中有的版本“鄰”也作“隣”。马王堆《老子》甲本作“〔犹呵（乎）亓（其）若〕畏四〔罂（鄰）〕”，乙本作“犹呵（乎）亓（其）若畏四罂（鄰）”。

【9】敢虐亓奴客

“敢”，是“俨”的省字或假借字。“敢（俨）虐（乎）”，庄重恭敬的样子。或者是《礼记·曲礼上》郑玄注云“俨，矜庄貌”之意，或者是《尔雅·释诂》云“俨，敬也”之意。《经典释文》将“俨”作为条目，说《老子》的“俨”是“鱼检反”。

“严乎”，在《庄子·秋水》中用来形容“道”：

> <u>严乎若国之有君</u>，其无私德。繇繇乎若祭之有社，其无

私福。泛泛乎其若四方之无穷,其无所畛域。

与此处有类似的地方。

这一句说的是坐姿端正的客人拘谨紧张的样子。

"敢虗丌奴客",各种今本作"俨兮其如客",想尔本系统、道藏傅奕本、玄宗本系统无"兮其"二字,想尔本系统的次解本、道藏李荣本、范应元本"客"作"容"。后者的错误因为郭店《老子》的出土而被确定。这一点从"客"与"怿""浊""朴"合韵也得到证明。马王堆《老子》甲本作"〔严(俨)〕呵(乎)其若客",乙本作"严呵亓(其)若客"。

【10】戁虗丌奴怿

"戁"字,未详。可能是《郭店楚简》【注释】〔二三〕所言各种今本所见"涣"的异体字吧。今本多作"涣兮",但想尔本系统有很多版本"涣兮"作"散"。今本的"兮"字想尔本系统、道藏傅奕本、玄宗本系统无。马王堆《老子》甲本、乙本均作"涣呵(乎)"。如果是"涣"的异体字,那么就是《说文解字》所说"涣,流散也"的意思吧。"戁(涣)虗(乎)"形容的是冰块融化成水哗哗流出的样子。

"怿"字,上从"睪",下从"心"。如《郭店楚简》【注释】〔二三〕所言是"释"的假借字吧。融化的意思。"戁虗丌奴怿",《庄子·庚桑楚》所见"是乃所谓冰解冻释者",可以参照。

这一句,说的是融冰潺潺流淌而出的样子。

"丌奴怿",各种今本多作"冰之将释","冰"字或作"氷",但郭店《老子》没有。因此《郭店楚简》【注释】〔二三〕提出"怿"字前脱了"凌"字,但从前后文"奴○"看,"○"只有一字,而且必须是名词。因此仅"怿"一字并非有误,即冰块融化的意思吧。今本的"冰",除玄宗本系统以外其他版本均作"氷"。今本"之"字,想尔本系统、道藏傅奕本、玄宗本无。今本的"释",想尔本系统中多见作"沴"的版本。马王堆《老子》甲本作"其若淩(凌)泽(释)",乙本作"亓(其)若淩泽"。"淩"是"凌"的假借字,就是"冰"的意思。

【11】屯虘丌奴樸

"屯",是"敦"的假借字吧。"屯虘(乎)",笃实、没有虚饰之气的样子。

"樸"字,上从"丵",下从"木"。参照《郭店楚简》【注释】〔二四〕。《经典释文》关于"樸"的条目,作"普角反。又作朴"。

"樸",是刚从山中伐出、尚未加工的原木,《老子》中常常出现的一个关键词,今本《老子》(王弼本)中,还见于第十九章、第二十八章、第三十二章、第三十七章、第五十七章(参照本书甲本第十九章注【10】,甲本第三十二章注【2】,甲本第三十七章注【5】,甲本第五十七章注【16】)。《老子》常作这样的比喻,"道"这种"朴"(原木)作为素材保持着自然本真的素朴,对"朴"施加人工的雕琢,"万物"这种"器"就形成了。关于这个问题,可参照拙文《〈老子〉の道器论——马王堆汉墓帛书本に基づいて——》(收入《东方学会创立五十周年记念东方学论集》,东方学会发行,1997年)。

顺便指出,以本章思想为基础的类似的表现,《淮南子·原道》中有:

> 道者,一立而万物生矣。是故一之理施四海,一之解际天地。其全也纯兮若朴,其散也混兮若浊。浊而徐清,冲而徐盈,澹兮其若深渊,汜兮其若浮云,若无而有,若亡而存。

《文子·上仁》中有:

> 为天下有容者,豫兮其若冬涉大川,犹兮其若畏四邻,俨兮其若容,涣兮其若冰之液,敦兮其若朴,混兮其若浊,广兮

其若谷,此为天下容。豫兮其若冬涉大川者,不敢行也。犹兮其若畏四邻者,恐自伤也。俨兮其若容者,谦恭敬也。涣兮其若冰之液者,不敢积藏也。<u>敦兮其若朴者</u>,不敢廉成也。<u>混兮其若浊者</u>,不敢清明也。广兮其若谷者,不敢盛盈也。

《文子·道原》中有:

> 道者,一立而万物生矣。故一之理施于四海,一之解际天地。<u>其全也敦兮若朴,其散也浑兮若浊</u>。浊而徐清,冲而徐盈,澹然若大海,氾兮若浮云,若无而有,若亡而存。

以上各段,可以参照。

这一句,形容的是敦厚之朴(原木)的样子。

"屯虘兀奴樸",各种今本多作"敦兮其若樸","敦"字想尔本系统作"混","兮其"二字在想尔本系统、开元廿六碑中无。《经典释文》关于"混"的条目,解释为"胡本反"。此外,也有将"樸"写作"朴"的版本(龙兴观碑、范应元本)。马王堆《老子》甲本作"□(敦)呵(乎)其若𪴇(樸)",乙本作"沌呵亓(其)若樸"。马王堆《老子》甲本"𪴇"是"樸"的异体字。

【12】坉虘亓奴浊

"坉",《玉篇》云:"坉,坉水不通,不可别流。"《广韵》云:"坉,以草裹土筑城及填水也。"《集韵》有:"沌,水不通。"视为"沌"的假借字或许也不错吧。这里是作为拟声、拟态词来使用的。

关于"浊"的字形,《郭店楚简》【注释】〔二五〕有若干说法。

这一句,说的是混浊的水沉重而静止的样子。

"坉<u>虘</u>亓奴浊",各种今本中王弼本系统、古本系统作"混兮其若浊",河上公本系统、玄宗本系统作"浑兮其若浊",想尔本系统作"肫（或'沌'）浊"。这些是与郭店《老子》本章最近的版本。马王堆《老子》甲本作"湷〔呵（乎）亓（其）若浊〕"乙本作"湷呵亓（其）若浊"。

各种今本这一句的上面有"旷兮其若谷"，马王堆《老子》此句下面，甲本作"〔湆呵亓〕若浴（谷）"，乙本作"湆呵亓若浴"（参照《郭店楚简》【注释】〔二五〕）。马王堆《老子》甲乙本的"湆呵亓若浴"等文句，郭店《老子》本章中没有，是马王堆《老子》形成过程中增补上去的。因此，这显示了郭店《老子》本章才是最古《老子》的本来面貌。这一点，考虑到下文"竺（孰）能浊以束（静）者，酒（将）舍（徐）清"正直接承接上文"地虗（乎）亓（其）奴（如）浊"而写，不也非常清楚吗？

【13】竺能浊以束

"竺"，如《郭店楚简》所言是"孰"的假借字。各种今本句头作"孰能"，但想尔本系统、河上公本敦煌本中无此二字。马王堆《老子》甲本、乙本也无此二字。然而，因为考虑到文章前后是这样一个结构，即由"孰能"开始这两段疑问句，然后下面提出"保此佪（道）者，不谷（欲）竜（常）呈（盈）"。所以马王堆《老子》甲本、乙本误脱了"孰能"二字，或者是有意削除了这二字吧。

"以"，是"而"（而且）的意思。"束"，如《郭店楚简》所言是"静"的假借字吧。

"竺能浊以束者"，各种今本作"孰能浊以静之"，"静"在道藏傅奕本作"澄靖"，在范应元本作"靖"，在广明碑作"静动"，河上公道藏本作"止静"。马王堆《老子》甲本作"浊而情（静）之"，乙本作"浊而静之"。

第十号简

原文

者【14】,酒(将)舍(徐)清■【15】。竺(孰)能庀〈安〉以迬(逗)者【16】,酒(将)舍(徐)生【17】。保此行(道)者,不谷(欲)叟(常)呈(盈)【18】。

白话译文

却又在不久之后能徐徐地使他者变得清澄■。同时,究竟是谁自己安定而留止,却又在不久之后能徐徐地生出万物?能够保持此道者,常常不希望满足充盈。

注

【14】者

上面这句话的文意,郭店《老子》本章、马王堆《老子》甲本、乙本、各种今本都基本相同。但是,和马王堆《老子》甲本、乙本为平叙句不同,郭店《老子》本章是疑问句,其回答就是下文的"保此行(道)者"。

"者",各种今本、马王堆《老子》甲本、乙本中无,这一点本章注【13】已经论述。下面的文字,各种今本中,道藏傅奕本、范应元本有"而",广明碑有"以"。这一点下文相同。

【15】酒舍清■

"酒",如《郭店楚简》所言是"将"的假借字或异体字。后面也屡屡出现,不再作同样的说明。

"舍",如《郭店楚简》【注释】〔二六〕所言和"徐"字通假。"清"的字形,上从"青",下从"水"。

"酒舍清",各种今本作"徐清",没有"酒(将)"字,马王堆《老子》甲本作"余(徐)清",乙本作"徐清"。顺便指出,这个部分,《淮

南子·原道》前面所引文字以外,还有:

> 夫道者,覆天载地,廓四方,柝八极。高不可际,深不可
> 测。包裹天地,禀授无形。源流泉浡,<u>冲而徐盈</u>,混混汩汩,
> <u>浊而徐清</u>。

《文子·道原》在前面所引文字以外,还有:

> 夫道者,高不可际,深不可测。苞裹天地,禀受无形。源
> 流泏泏,冲而不盈,<u>浊以静之徐清</u>。

"■"这个符号,郭店《老子》多出现于各章末尾,但甲本第十五章此处,显然是在文章不能切割的中途打上了"■",故怀疑可能是误抄(参照乙本第五十九章注【5】)。

这段话用疑问句的形态阐述了这样一个宗旨,把握"衍(道)"的人所具有的"浊""朿(静)"这些负面的价值,归根结底只是世间之人的眼睛所观察到表面的现象,从事物的本质上看,这些负面的价值反而能生出"清"这种正面的价值来。

【16】竺能厏〈安〉以迬者

"厏",《集韵》云:"厏,治也。"《玉篇》云:"厏,具也。"使用这些训诂并不能解通前后的意思。《郭店楚简》【注释】〔二七〕说此字是"安"的误写。这里从此说。因为马王堆《老子》甲本、乙本作"女(安)",王弼本作"安"。

"迬",《郭店楚简》认为是左从"辵",右从"主"的字。《郭店楚简》【注释】〔二八〕所引裘锡圭说将其视为"动"的假借字,这是受到马王堆《老子》甲本的"动",乙本的"重(动)",王弼本"久动"影响的解释,存疑。或许是"逗"或"住"的意思吧。

这一段用疑问句的形态阐述了这样一个主旨,把握"衍(道)"的人所具有的"厏〈安〉""迬(逗)"这些负面的价值,反而能够转

化成"生"出万物万事之正面价值。

【17】竺能庀〈安〉以迮者,牺舍生

这一句的宗旨是,把握"徍(道)"的人通过他的"庀〈安〉"(宁静)而且"迮(逗)"(留止),反而具备了"生"出万物万事的多产性能。

这一句,各种今本作:"孰能安以久动之,徐生。""孰能"在想尔本系统中无,敦煌本、景福碑仅"孰"一字。此外,"久"在想尔本系统中无,"之"字下道藏傅奕本、范应元本有"而"字。

马王堆《老子》甲本作"女(安)以动之,余(徐)生",乙本作"女(安)以重(动)之,徐生",没有"孰能"二字。"女"是"安"的省字吧。

【18】保此徍者,不谷壆呈

"此徍(道)",说的是文章开头到这里为止的整体内容,主要指"是以为之颂"以下六句的内容。还有,"保此徍(道)者",和上文的"长古之善为士者"几乎等同。

"保道"这种表达方式,今本《老子》(王弼本)中还见于第六十二章:

> 道者……不善人之所保。

第六十七章:

> 我有三宝,持而保之。

"壆"字,上从"尚",下从"立"。并非《郭店楚简》所言"尚"的意思,是"常"的假借字吧。

"呈",如《郭店楚简》所言是"盈"的假借字吧。据朱骏声《说文通训定声》,《春秋左氏传·襄公二十三年》的"晋栾盈"的"盈",《史记》均作"逞"。

"㿝呈",《淮南子·氾论》中有:

> 故达道之人,不苟得,不让福。其有弗弃,非其有弗索,常满而不溢,恒虚而易足。今夫雷水足以溢壶榼,而江河不能实漏卮,故人心犹是也。自当以道术度量,食充虚,衣御寒,则足以养七尺之形矣。若无道术度量而以自俭约,则万乘之势不足以为尊,天下之富不足以为乐矣。

这与郭店《老子》本章有所不同,是"知足"的思想吧。

"不谷㿝呈",是《老子》在说明"道"之性质的文章中常常出现的反向论说式的语言表达,和表示非实有的"无""虚"是同义语。用到"盈"字的意义相关的地方,今本《老子》(王弼本)中还见于第四章:

> 道,冲而用之,或不盈。

第九章:

> 持而盈之,不如其已。……金玉满堂,莫之能守。

第四十五章:

> 大盈若冲,其用不穷。

(参照本书甲本第九章注【1】、【4】,本书乙本第四十五章注【3】)。

郭店《老子》至此第十五章结束。"保此仇(道)者,不谷(欲)㿝(常)呈(盈)。"说的是保持此道者,并不希望经常满足充盈,把握其文气,可知其言外之意是:不是保持"不谷(欲)㿝(常)呈(盈)"的负面价值就可以了,正因为如此,才能够向着正面的价值转换,获得满足充盈。马王堆《老子》甲本下文为"夫唯不欲〔盈,是以能嫳(敝)而不〕成",乙本下文为"是以能嫳(敝)而不成",今本下文为"夫唯不盈,故能蔽不新成"。郭店《老子》不存在这一句,是后来才添加上去的。此事实说明这一定是在马王堆《老子》甲本、乙本形成过程中完成的(乙本无"夫唯不欲盈",可见经文还不固定,也可以成为参照)。

顺便指出,《淮南子·道应》中有:

故老子曰:服此道者,不欲盈。<u>夫唯不盈,故能弊而不新成</u>。

《文子·九守》中也有:

服此道者,不欲盈。<u>是以能弊不新成</u>。

关于今本的"弊",《经典释文》关于"蔽"的条目为:"必世反。王云:覆盖也。钟,婢世反。梁武同也。""弊"是"敝"的异体字或假借字,意为破败的衣服,引申义为事业失败。

"保此衍者,不谷竺呈。"各种今本作"保此道者,不欲盈。夫唯不盈,故能弊复成"(版本之间的差异很大)。马王堆《老子》甲本作"葆(保)此道,不欲盈。夫唯不欲〔盈,是以能斃(敝)而不〕成",乙本作"葆此道〔者,不〕欲盈。是以能斃(敝)而不成"。

第六十四章　下段【1】

第十号简

原文

为之者败之,执之者远〈遵(失)〉【2】

白话译文

意图人为地去做事的人反会坏了那件事,意图抓住某样东西的人反会失去那样东西。

注

【1】郭店《老子》甲本第六十四章，虽然具备下段但是缺乏上段。与上引这段第六十四章下段几乎相同的文章也重出于本书丙本第六十四章下段。然而，郭店《老子》第六十四章其实也存在上段。在甲本中仅存的上段，被置于与甲本下段相分离的别处。因此可以判断，首先从第六十四章上段被置于他处这一形式上的特征来看，郭店《老子》甲本的抄写者显然没有将第六十四章上段与下段视为同一章的想法。郭店甲本上段末尾有表示文章终结、分段的"■"符号，也证明了这一判断的正确。（顺便指出，甲本第六十四章下段末尾处，意外地未见郭店《老子》其他各章章末多见的"■"符号。）

其次，从内容上来分析郭店第六十四章上段与下段的关系，大体可以作这样的把握，即上段的思想和下段的思想处于正好相反的方向（参照本章注【2】、【5】以及本书第六编《郭店楚墓竹简〈老子〉各章的上中下段——从〈老子〉文本形成史的角度出发》）。因此，不得不作这样的思考：这两者原来不是构成同一章的两段文章，如郭店《老子》所处理的那样，这两段文章被分别置于别处，没有特别的关系，这才是本来的面貌。

【2】为之者败之，执之者远〈遊〉〔之〕

"为之者败之"，是为了导出否定"为之"的下文"亡（无）为"。

"执"，即用手紧紧抓住。"远"字，与《睡虎地秦简》的"远"字形类似。但应该是"遊（失）"的错字吧。

这两句，《老子》第二十九章也能看到，今本（王弼本）作：

将欲取天下而为之，吾见其不得已。天下神器，不可为也。为者败之，执者失之。

马王堆《老子》甲本作：

> 将欲取天下而为之，吾见其弗〔得已。夫天下，神〕器也，非可为者也。<u>为者败之，执者失之</u>。

马王堆《老子》乙本作：

> 将欲取〔天下而为之，吾见亓（其）弗〕得已。夫天下，神器也，非可为者也。<u>为之者败之，执之者失之</u>。

由此可见，"为""执"是"取天下"的方法，就是"为天下""执天下"的意思，这里考虑到与下文的关系，从稍广的角度作出解释。顺便指出，《庄子·山木》中有：

> 若夫万物之情，人伦之传，则不然。合则离，成则毁，廉则挫，尊则议，<u>有为则亏</u>，贤则谋，不肖则欺。胡可得而必乎哉。

《鹖冠子·备知》中有：

> 至世之衰，父子相图，兄弟相疑。何者，其化薄而出于相以有为也。<u>故为者败之，治者乱之</u>。

《文子·上仁》中有：

> 天之道，<u>为者败之，执者失之</u>。夫欲名之大而求之争之，吾见其不得已，而虽执而得之，不留也。

上文，也可参照。

本章下段的主旨是，"亡（无）为""亡（无）执""谷（欲）不谷（欲）""孝（学）不孝（学）"，如果用一句有代表性的话来概括，就是主张"无为"。相反，本章上段提倡的是，事物处于"几"的萌芽状态时就要"为"之，因此两者之间存在相当大的反差。如果一定要将两者放在第六十四章中作整合性的解释，那么"亡（无）为"的意思就不是字面上的"亡（无）为"，而必须更改为大事不可以直接"为"之，而要不断地"为"小事并积累之。

如前所述，本章下段在郭店楚简《老子》中，甲本出现一次，丙本出现一次，总计出现两次。丙本第六十四章上段全文如下所示：

> 为之者败之，执之者遊（失）之。圣人无为，古（故）无败也。无执，古（故）〔无遊（失）也〕。釿（慎）终若词（始），则无败事喜（矣）。人之败也，亘（恒）于亓（其）臤（且）成也败之。是以耴〔圣〕人欲不欲，不贵戁（难）导（得）之货。学不学，遉（复）众之所迡（过）。是以能榑（辅）蘁（万）勿（物）之自肰（然），而弗敢为■。

可见，两者在经文上有若干差异。同一章的经文有差异，这事实反映出在郭店《老子》的阶段，《老子》这本书还处于形成途中，尚未完成。

"为之者败之，执之者远之。"各种今本作"为者败之，执者失之"，没有两个"之"字。马王堆《老子》甲本全为缺字，乙本作"为之者败之，执〔之〕者失之"。

第十一号简

原文

之。是以圣人亡（无）为，古（故）亡（无）败【3】。亡（无）执，古（故）亡（无）遊（失）【4】。临事之纪【5】，釿（慎）冬（终）女（如）慇（始）【6】，此亡（无）败事矣【7】。圣人谷（欲）【8】

白话译文

意图抓住某样东西的人反会失去那样东西。因此，圣人不做人为之事,也就没有毁坏之事。不意图抓住什么,因此也就没有失败之事。

　　行事之际,其原则是,对最终的阶段要给予和最初的阶段同样慎重的对待,这样,事情就不易毁坏了吧。因此,圣人以没有欲望作为自己的欲望,
注

　　【3】是以圣人亡为,古亡败

　　包括下文在内的两段话,可以参照《文子·符言》:

　　　　是以圣人无执,故无失。无为,故无败。

　　“是以圣人亡为,古亡败。”各种今本作“是以圣人无为,故无败”。“是以”在严遵指归本作“故”,河上公本系统无“是以”。此外,各种今本的两处作“無”的地方,有的版本作“无”,“故”在指归本中作“则”。马王堆《老子》甲本作“〔是以声(圣)人无为〕也,〔故〕无败〔也〕”,乙本作“是以聖(圣)人无为〔也,故无败也〕”。

　　【4】亡执,古亡遊

　　“遊”,据《郭店楚简》【注释】〔二八〕,视其为“失”的异体字。

　　“亡执,古亡遊。”各种今本作“无执,故无失”。景福碑、奈良本在这句话上面有“圣人”二字,若干版本两个“無”作“无”,“故”在指归本作“则”。马王堆《老子》甲本作“无执也,故无失也”。乙本全部残缺。

　　【5】临事之纪

　　“临”,《郭店楚简》【注释】〔二九〕认为是“视”“治”的意思,恐不恰当。指从上向下应付或者面临政治、军事问题的意思。如果从古典文献收集“临事”的用例,《春秋左氏传·成公十六年》中有:

　　　　今两国治戎,行人不使,可谓整。临事而食言,不可谓暇。请

摄饮焉。

《论语·述而》中有：

> 子路曰：子行三军，则谁与。子曰：暴虎冯河，死而不者，吾不与也。必也临事而惧，好谋而成者也。

《荀子·君道》中有：

> 不知法之义而正法之数者，虽博，临事必乱。

《荀子·致士》中有：

> 临事接民而以义变应，宽裕而多容，恭敬以先之，政之始也。

《礼记·乐记》中有：

> 明乎商之音者，临事而屡断，明乎齐之音者，见利而让。临事而屡断，勇也。见利而让，义也。有勇有义，非歌孰能保此。

《晏子春秋·内篇杂下》中有：

> 臣闻古之贤君，臣有受厚赐而不顾其困族，则过之。临事守职，不胜其任，则过之。

《晏子春秋·外篇》中有：

> 盆成适。于是临事不敢哭，奉事以礼，毕，出门，然后举声焉。

《管子·立政》中有：

> 故国有德义未明于朝者，则不可加于尊位。功力未见于国者，则不可授以重禄。临事不信于民者，则不可使任大官。……是故国有德义未明于朝而处尊位者，则良臣不进。有功力未见于国而有重禄者，则劳臣不劝。有临事不信于民而任大官者，则材臣不用。

"纪",《郭店楚简》【注释】〔二九〕所引《礼记·乐记》十分有益。规范、原则、大纲之意。"……之纪"这种表现方法,似乎多见于《荀子》及荀子学派的文献。《荀子·劝学》中有:

书者,政事之纪也。

《荀子·乐论》中有:

乐者,天下之大齐也,中和之纪也,人情之所必不免也。

《荀子·尧问》中有:

彼正身之士,舍贵而为贱,舍富而为贫,舍佚而为劳,颜色黎黑而不失其所。是以天下之纪不息,文章不废也。

此外,《吕氏春秋·孟春》中有:

是月也……无变天之道,无绝地之理,无乱人之纪。

《吕氏春秋·明理》中有:

故至乱之化,君臣相贼,长少相杀,父子相忍,弟兄相诬,知交相倒,夫妻相冒,日以相危,失人之纪,心若禽兽,长邪苟利,不知义理。

《吕氏春秋·论威》中有:

义也者,万事之纪也,君臣上下亲疏之所由起也,治乱安危过胜之所在也。

《吕氏春秋·孝行》中有:

夫孝,三皇五帝之本务,而万事之纪也。

《吕氏春秋·本味》中有:

凡味之本,水最为始。五味三材,九沸九变,火为之纪。

《吕氏春秋·处方》中有:

同异之分,贵贱之别,长少之义,此先王之所慎,而<u>治乱</u><u>之纪</u>也。

《礼记·月令》中有:

是月也……毋变天之道,毋绝地之理,毋乱<u>人之纪</u>。

《礼记·礼器》中有:

是故君子之行礼也,不可不慎也。<u>众之纪</u>也,纪散而众乱。

《礼记·乐记》中有:

故乐者天地之命,<u>中和之纪</u>,人情之所不能免也。

等等。其他文献也见于《庄子》、《淮南子》等。

这段话的意思,在各种今本和马王堆甲本、乙本那里,说的是"民"常常在快要把"事"做完的最终阶段失败,因此是否定的评价。相反,郭店甲本本章没有"民之从事也"等两句话,前后都是肯定的评价。因此,两者处于正好相反的方向。郭店丙本本章在后面附加上了"人之败也"等二句,与各种今本及马王堆甲本、乙本否定的评价相接近。因此,郭店丙本本章的第六十四章下段经文,可以看作在甲本之后形成的东西。

"临事之纪",如《郭店楚简》【注释】〔二九〕所言,不见于各种今本、马王堆本。其前后的文字,各种今本作:"民之从事,常于几成而败之。"李荣本、次解本中"民"作"人",道藏傅奕本、范应元本中"于"下有"其"字。马王堆《老子》甲本作"民之从事也,恒于亓(几)成事而败之",乙本作"民之从事也,恒于亓(几)成而败之"。

【6】<u>斳</u>冬女忈

"<u>斳</u>",据《郭店楚简》【注释】〔三〇〕视其为"慎"的假借字。

"女",如《郭店楚简》所言是"如"的省字或假借字。同样用法的"女"后面也屡屡出现,为避繁杂,不再一一说明。

"忘",似为上从"司"、下从"心"的字。或许就是张守中《包山楚简文字编》(文物出版社,1996年)所见上从"牙"、下从"心"的字或上从"与"、下从"心"的字。就字形而言,《郭店楚简》【注释】〔三〇〕有若干说法,笔者难断其是非。其字意就是今本"始"的假借字吧。

类似的文句,多见于古典文献,均表达的是儒家的思想。郭店甲本第六十四章中,这句话的思想和《老子》并不吻合,因此郭店《老子》本章所见这种表现方式,不如看作建基于儒家各种文献之上更为恰当。《尚书·仲虺之诰》中有:

> 能自得师者王,谓人莫己若者亡。好问则裕,自用则小。呜呼,慎厥终,惟其始,殖有礼,覆昏暴。钦崇天道,永保天命。

《尚书·太甲下》中有:

> 无轻民事惟难,无安厥位惟危,慎终于始。有言逆于汝心,必求诸道。有言逊于汝志,必求诸非道。

《春秋左氏传·襄公二十五年》中有:

> 君子久行,思其终也,思其复也。书曰:慎始而敬终,终以不困。

《礼记·表记》中有:

> 子曰:事君慎始而敬终。

《荀子·议兵》中有:

> 虑必先事而申之以敬,慎终如始,终始如一,夫是之谓大

吉。<u>凡百事之成也,必在敬之,其败也,必在慢之。</u>

《荀子·礼论》中有:

> 礼者,谨于治生死者也。生,人之始也。死,人之终也。终始俱善,人道毕矣。<u>故君子敬始而慎终,终始如一</u>。是君子之道,礼义之文也。

《韩诗外传·卷八》中有:

> 官怠于有成,病加于小愈,祸生于懈惰,孝衰于妻子。察此四者,<u>慎终如始</u>。

《文子·符言》中有:

> 学败于官茂,孝衰于妻子,患生于忧解,病甚于且愈。<u>故慎终如始,则无败事</u>。

在以上各种文献中,尤其是《荀子·议兵》和"慎终如始"一起说到"百事"的"成败",故怀疑这就是本书甲本第六十四章下段的蓝本吧。

此外,在本章的文意中,这个"<u>新</u>(慎)冬(终)女(如)忌(始)",被看作"圣人""亡(无)为"的具体表现之一。

"<u>新</u>冬女忌",各种今本均作"慎终如始",马王堆《老子》甲本作"故慎终若始",乙本作"故曰:慎冬(终)若始"。

【7】此亡败事矣

"此","则"的意思。这一点通过后面所引今本、马王堆甲本、乙本该处均作"则"字也可以得到推测。

"此亡败事矣",各种今本作"则无败事",仅道藏傅奕本句末有"矣"。马王堆《老子》甲本作"则〔无败事矣〕",乙本作"则无败事矣"。

【8】圣人谷

"圣人",各种今本均在其上有"是以"二字,作"是以圣人"。马王堆《老子》甲本残缺,乙本作"是以耶(圣)人"。《韩非子·喻老》无"圣人"。

第十二号简

原文

不谷(欲)【9】,不贵难㝵(得)之货【10】。𡥈(学)不𡥈(学)【11】,遉(復)众之所㑋(过)【12】。是古(故)圣人能尃(辅)万勿(物)之自肰(然)【13】,而弗

白话译文

因此,圣人以没有欲望作为自己的欲望,不看重那些珍贵的财货;以没有学问作为自己的学问,回到大众迷失了的原点。结果是,圣人虽然能够帮助实现万物以自身力量做事的自律性,却不会去掌控万物。

注

【9】不谷

"谷不谷",亦见本书甲本第五十七章(参照其注【16】),本书丙本第六十四章下段也有,作"欲不欲"(参见其注【7】)。所谓"谷(欲)不谷(欲)",就是"不欲""无欲"。其语法,和下文的"𡥈(学)不𡥈(学)"相同,也和今本《老子》(王弼本)第六十三章:

为无为,事无事,味无味。

类似(参照本书甲本第六十三章上段、下段注【1】)。

"谷不谷",各种今本,马王堆《老子》甲本、乙本,《韩非子·喻老》均作"欲不欲"。

【10】不贵难**枣**之货

"难**枣**之货",今本《老子》(王弼本)第三章有"<u>不贵难得之货</u>,使民不为盗",今本《老子》(王弼本)第十二章有"<u>难得之货</u>令人行妨",但这几章均未被包含在郭店《老子》中。

"不贵难**枣**之货",各种今本均作"不贵难得之货",马王堆《老子》甲本作"而不贵难得之**膭**(货)",乙本作"而不贵难得之货",《韩非子·喻老》也作"而不贵难得之货"。即后三者有"而"字。

【11】**斈**不**斈**

"**斈**",上从"爻",下从"子"的字。《郭店楚简》【注释】〔三一〕判读为"教"字,应是"学"的假借字吧。

所谓"**斈**(学)不**斈**(学)",即"不**斈**(学)""亡(无)**斈**(学)"。关于其语法,可参照本章注【9】。

这一句的大意与今本《老子》(王弼本)第二十章的"绝学无忧"接近(参照本书乙本第二十章上段注【1】)。

"**斈**不**斈**",各种今本,《韩非子·喻老》,马王堆《老子》甲本、乙本均作"学不学"(参照《郭店楚简》【注释】〔三一〕)。

【12】**遱**众之所**屾**

"**遱**"字,《郭店楚简》作"復",正确的字形是"**遱**"。其意,朱谦之《老子校释》说是"復补",不恰当。当如刘师培《老子斠补》所言意为"复归",回到。

"众",众人、大众。与上下文的"圣人"相对而言。今本《老子》(王弼本)所见"众人"一词,第八章中有:

> 上善若水。水善利万物而不争,<u>处众人之所恶</u>,故几于道。

这里是作为"道"的反义词来使用的,此外第二十章中有:

> 绝学无忧。……众人熙熙，如享太牢，如春登台。我独
> 泊兮其未兆，如婴儿之未孩，儽儽兮若无所归。众人皆有余，
> 而我独若遗。……众人皆有以，而我独顽似鄙。我独异于
> 人，而贵食母。

这是作为"我独"的反义词来使用的。这些对立关系和本章完全相同。

"所"字下有重文符号，如《郭店楚简》【注释】〔三二〕所言是衍文。

"𢓊"，如《郭店楚简》所言是"过"的异体字。其意不是过失，而是经过、超过。今本《老子》（王弼本）第八章中有：

> 上善若水。水善利万物而不争，处众人之所恶，故几于道。

与此处旨趣相同。第三十五章"乐与饵，过客止"的"过"也是经过的意思（参照本书丙本第三十五章注【3】）。此外，《韩非子·喻老》在引用此处时作"复归众人之所过也"，由此考虑，"𢓊（过）"也只能取经过之意。

"逯众之所𢓊"，各种今本作"復众人之所过"，"復"字上道藏傅奕本有"以"字，"復"在想尔本系统中有的版本作"备"，"人"在开元廿六碑作"民"。马王堆《老子》甲本作"而復众人之所过"，乙本作"復众人之所过"。

【13】是古圣人能尃万勿之自肰

"尃"，如《郭店楚简》所言是"辅"的假借字。"辅"字的意思，朱谦之《老子校释》引《广雅·释诂二》"辅，助也"，作过非常出色的考证。《周易·泰卦·象传》中有：

> 《象》曰：天地交，泰。后以财成天地之道，辅相天地之宜，以左右民。

《论衡·自然》中有：

　　　然虽自然，须有为辅助。

以上两段，可以参照。

　　"勿"，如《郭店楚简》所言是"物"的省字或假借字。后面也频繁出现，不再作同样的说明。"肰"，如《郭店楚简》所言是"然"的省字或假借字。后面也频繁出现，不再作同样的说明。《说文解字》云：

　　　肰，犬肉也。从肉犬。读若然。

可见和"然"有区别。

　　"自然"一词，今本《老子》中合计出现五次，即其他还见于第十七章、第二十三章、第二十五章、第五十一章（参照本书丙本第十七章注【9】，本书甲本第二十五章注【15】）。是《老子》关键词之一，自主自发之意。说的是以"道"及"圣人"的"无为"〔在本章就是"谷（欲）不谷（欲）""𦔮（学）不𦔮（学）"〕为原因，其结果导致了"万物""百姓"的自发性自律性。

　　"是古圣人能尃万勿之自肰"，各种今本作"以辅万物之自然"，若干版本"萬"作"万"。马王堆《老子》甲本作"能辅万物之自〔然〕"，乙本作"能辅万物之自然"。《韩非子·喻老》作"恃万物之自然"。如《郭店楚简》【注释】〔三三〕所言，"是古圣人"四字没有出现在各种今本、马王堆甲本、乙本中。

第十三号简

原文

能为【14】。

白话译文

却不会去掌控万物。

注

【14】而弗能为

"弗能为",从否定词"弗"的用法来考虑,应是"不能为万勿(物)"之意。此句与"是古(故)圣人能尃(辅)万勿(物)之自肰(然)"相并列,变成作为结果之"自然"的一部分。其原因正是作为具体例子的本章所见"谷(欲)不谷(欲),不贵难昱(得)之货。""峚(学)不峚(学),逯(復)众之所岪(过)。"说的就是"圣人"的"亡(无)为""亡(无)执"。

本书本章的"亡(无)为"思想,还见于今本《老子》(王弼本)第二章:

> 是以圣人处无为之事,行不言之教。万物作焉而不辞,生而不有,为而不恃,功成而弗居。夫唯弗居,是以不去。

第三章:

> 为无为,则无不治。

第十章:

> 明白四达,能无为乎。生之畜之,生而不有,为而不恃,长而不宰。是谓玄德。

第三十七章:

> 道常无为而无不为。侯王若能守之,万物将自化。

第四十三章:

> 吾是以知无为之有益。不言之教,无为之益,天下希及之。

第四十七章:

> 是以圣人不行而知,不见而名,不为而成。

第四十八章：

　　为学日益，为道日损。损之又损，以至于无为。<u>无为而</u><u>无不为</u>。取天下，<u>常以无事</u>。及其有事，不足以取天下。

第五十七章：

　　以正治国，以奇用兵，<u>以无事取天下</u>。……故圣人云：<u>我</u><u>无为，而民自化</u>。我好静，而民自正。<u>我无事，而民自富</u>。我无欲，而民自朴。

（参照本书甲本第二章注【11】，本书甲本第三十七章注【1】，本书乙本第四十八章上段注【3】，本书甲本第五十七章注【14】。）"亡（无）为"是《老子》最为重要的思想之一。这些文章都展示了这样一种思想："道"和把握"道"的"圣人"如果"无为"的话，"万物""民"就会"自然"地（以及通过自身的力量）活泼泼地发生、展开。

　　其他文献，可以参考《庄子·知北游》：

　　是故至人<u>无为</u>，大圣不作，观于天地之谓也。

《庄子·在宥》：

　　故君子不得已而临莅天下，莫若<u>无为</u>。无为也，而后安其性命之情。……<u>从容无为，而万物炊累焉</u>。

《庄子·在宥》：

　　<u>汝徒处无为，而物自化</u>。堕尔形体，吐尔聪明，伦与物忘，大同乎涬溟。解心释神，莫然无魂，万物云云，各复其根。各复其根而不知。浑浑沌沌，终身不离。若彼知之，乃是离之。无问其名，无阔其情，物故自生。

《庄子·天地》：

古之畜天下者,无欲而天下足,<u>无为而万物化</u>,渊静而百姓定。

《庄子·至乐》:

<u>天无为,以之清,地无为,以之宁。故两无为相合,万物皆化</u>。芒乎芴乎,而无从出乎。芴乎芒乎,而无有象乎。<u>万物职职,皆从无为殖</u>。故曰:<u>天地无为也,而无不为也</u>。人也孰能得无为哉。

《庄子·田子方》:

<u>夫水之于汋也,无为而才自然矣</u>。

"而弗能为",各种今本作"而不敢为","为"字下,道藏傅奕本、范应元本、《韩非子·喻老》有"也",河上公本系统有"焉"。马王堆《老子》甲本作"〔而〕弗敢为",乙本作"而弗敢为"。

第三十七章

第十三号简

原文

衍(道)亘(恒)亡(无)为也【1】。侯王能守之【2】,而万勿(物)酒(将)自愿(为)【3】。愿(为)而雒(欲)复(作)【4】,酒(将)贞(定)之以亡(无)名之蓁(朴)【5】,夫

白话译文

真的道,常常不开展一切活动。如果侯王能够持续保持此道,那么万物都将自发地进行各种活动。在进行的各种活动中,如果出现什么激化,侯王将用自然的无名的朴也就是道加以安定,不仅如此,

注

【1】䢠亘亡为也

前一章的末尾以"而弗能为"终结，这里从"亡为也"开始，因此"䢠（道）亘亡（无）为也"以下的内容和前一章的联系极为紧密。无疑这就是古《老子》本来的章序。

"䢠"，如《郭店楚简》所言是"道"的古文。虽然《说文解字》中无此字，但《汗简》和《古文四声韵》收录了该字。

这段文字说的是，"䢠（道）"这种实存，在不从事人类各种行为这一点上永远不变。

与各种今本"无为而无不为"相类似的表达，今本《老子》（王弼本）第四十八章中有：

损之又损，以至于无为。无为而无不为。（参照本书乙本第四十八章上段注【3】。）

《庄子·至乐》中有：

故曰：天地无为也，而无不为也。

《庄子·知北游》中有：

故曰：为道者日损。损之又损之，以至于无为。无为而无不为也。

《庄子·庚桑楚》中有：

虚则无为而无不为也。

《庄子·则阳》中有：

万物殊理，道不私，故无名。无名，故无为。无为而无不为。

《韩非子·解老》中有：

> 故曰：上德<u>无为而无不为</u>也。

《淮南子·原道》中有：

> 漠然<u>无为而无不为</u>也。

《文子·上仁》中有：

> 道<u>无为而无不为</u>也。

"<u>亙</u>亙亡为也"，各种今本作"道常无为而无不为"，也有若干版本"無"作"无"。马王堆《老子》甲本、乙本均作"道恒無（无）名"，我想这是受到郭店《老子》甲本第三十二章"道亙（恒）亡（无）名"等表达的影响后，从郭店《老子》到马王堆《老子》的过程中发生的文本上的变化。请参照《郭店楚简》【注释】〔三四〕。此外，今本前半部分"道常无为"和郭店《老子》本章基本上相同，因此可知这里古来如此。郭店《老子》本章所不包含的后半部分"而无不为"，或许是到了后代附加上去的修饰吧。

【2】侯王能守之

"侯王"，即侯或王等有地位的人。指战国时代各国最高阶层的统治者。今本《老子》（王弼本）中，也见于第三十二章、第三十九章（参照本书甲本第三十二章注【4】）。

"侯王""圣人"通过对"道"的把握，而能够成为当今的统治者，甚至能够上升到君临天下的天子，这种思想是《老子》最为基本的政治思想，可以说本章就是其代表性的一个例子（参照本书甲本第三十二章注【5】、【7】、【9】）。其他，还见于今本《老子》（王弼本）第二十二章：

> 圣人抱一，为天下式。

第三十九章：

> 侯王得一，以为天下贞。

这些"一"和"道"意义几乎相同。

"侯王能守之"，各种今本作"侯王若能守之"，"侯王"在想尔本系统、道藏傅奕本、范应元本作"王侯"，"若"在河上公本作"而"，"之"在想尔本系统、道藏傅奕本、玄宗本系统中未见。马王堆《老子》甲本作"侯王若〔能〕守之"，乙本作"侯王若能守之"。各种今本的第三十二章也有"侯王若能守之，万物将自宾"。马王堆《老子》甲本、乙本第三十二章也完全相同（甲本的"侯"为缺字）。第三十二章郭店《老子》甲本作"侯王女（如）能兽（守）之，万勿（物）牺（将）自寬（宾）"，基本相同。

【3】而万勿牺自愚

"而"在这里和接续词"则"相同，"也就是"的意思。

"万勿（物）"，实际上指的是万民、所有的人。

"愚"，《郭店楚简》释为"化"的假借字，这种读法受各种今本的牵引太多，不恰当。此字是"为"的异体字。《郭店楚简》中出现多个"为"的异体字，这也是其中之一。后面的"愚"情况相同。

"自愚（为）"，万民自发地自律地展开各种活动。与"万勿（物）牺（将）自愚（为）"相类似的文句可见郭店甲本第三十二章"万勿（物）牺（将）自寬（宾）"（参照其注【5】）。

这句话所包含的逻辑是，如果主体的"侯王"能够"亡（无）为"，以此为原因，结果导致了客体的"万勿（物）"的"自愚（为）"。即主体"侯王"的"亡（无）为"→客体"万勿（物）"的"自然"这样一种"原因：亡（无）为→结果：自然"的因果关系。同样的逻辑，不仅仅在《老子》中，在《庄子》等主要归于道家系统的各种文献中也频繁出现,毫无疑问郭店《老子》甲本第五十七章也是这样的例子（参照其注【13】、【14】、【15】、【16】）。还有,下文的"**查**（知）〔足〕以束（静）,万勿（物）**牺**（将）自定■"。其逻辑也完全相同。

"万勿**牺**自**愚**",各种今本作"万物将自化",有的文本"萬"作"万"。马王堆《老子》甲本"万物将自**愚**",乙本作"万物将自化"。

【4】愚而雒复

"雒"字如《郭店楚简》所言是"欲"的异体字。其意,范应元《道德经古本集注》认为是名词的"欲""慾",但这是和上文的"**牺**（将）"同样的助动词吧。引用了这段文字的《淮南子·道应》（下引）的"欲"也显然不是名词。

"**复**"字,如《郭店楚简》所言是"作"的异体字。后面还会多次出现,不再作同样的说明。其字意,《说文解字》云:"作,起也。从人,从乍。"说的是万民自律地展开各种活动之际,突发性的、任意性的举动吧。或者指的是过于积极的举动。今本《老子》（王弼本）中"作"的用例,见于第二章:

> 是以圣人处无为之事,行不言之教。<u>万物作焉而不辞</u>,生而不有,为而不恃,功成而弗居。（参照本书甲本第二章注【13】。）

第十六章:

> 致虚极,守静笃,<u>万物并作</u>,吾以观复。

（参照本书甲本第十六章上段注【3】）还有,《淮南子·道应》在引用《老子》之际,有以下文字:

> 故老子曰:<u>化而欲作</u>,吾将镇之以无名之朴也。

"**愚**而雒**复**",各种今本作"化而欲作","而"在想尔注本、天宝玉关本中作"如"。马王堆《老子》甲本作"**愚**（为）而欲〔作〕",乙本作"化而欲作"。

【5】牶贞之以亡名之鐼

"贞"意为"正"或者"定"。虽然《郭店楚简》视为"镇"的假借字,但如字解读文意也完全通畅。"贞(定)之",指的是针对万民突发性的、任意性的举动,"侯王"让他们冷静下来。使之冷静的手段不是刑罚或战争等强硬的手段,而是"亡(无)名之鐼(樸)"即"衍(道)"这种柔性的措施。

"鐼"字,如《郭店楚简》所言是"樸"的假借字。"亡(无)名之鐼(樸)",虽然指的是"衍(道)",但这种表达方式强调的是,这是一种绝对无"名"、超越了"名"的东西,具有类似"鐼(樸)"(原木)的自然的、素朴的性质。它虽然直接上承此章开头的"衍(道)亘(恒)亡(无)为也"而言,但似乎是以今本《老子》(王弼本)第三十二章:

　　　　道常无名。朴虽小,天下莫能臣也。

等同类思想为基础的(参照本书甲本第三十二章注【2】)。

"牶贞之以亡名之鐼",各种今本作"吾将镇之以无名之朴,无名之朴",有些版本"無"作"无"、"樸"作"朴"。《经典释文》关于"吾将镇之以无名之朴夫亦将无"的条目,指出"简文作不",可见,王弼本中不重复"无名之朴"的版本。马王堆《老子》甲本作"〔吾将闐(镇)之以无〕名之楃(樸)。〔闐之以〕无名之楃(樸)",乙本作"吾将闐之以无名之樸。闐之以无名之樸"。

第十四号简

原文

亦牶(将)智(知)足【6】。智(知)〔足〕以束(静)【7】,万勿(物)牶(将)自定■【8】。

白话译文

不仅如此,他还懂得避免无休止的欲望追求,懂得在适可而止的地方知足。假如他知道〔适可而止〕并保持安静稳定,那么万物就会凭借自身的力量走向安定的方向吧■。

注

【6】〔夫〕亦牀㫃足

"夫亦牀(将)",今本《老子》(王弼本)第三十二章中有:

> 道常无名。朴虽小,天下莫能臣也。侯王若能守之,万物将自宾。天地相合,以降甘露。民莫之令,而自均。始制有名。名亦既有,夫亦将知止。知止可以不殆。(参照本书甲本第三十二章注【12】。)

其表现方式和本章非常接近。

"夫亦牀㫃足"的主语,和上文"牀(将)贞(定)之以亡(无)名之堥(樸)"的主语一样是"侯王"。这一点,前引今本《老子》第三十二章"夫亦将知止"的主语正是"侯王",可以旁证(参照本书甲本第三十二章注【12】)。《庄子·天地》中有:

> 故日:古之畜天下者,无欲而天下足,无为而万物化,渊静而百姓定。

这里在论述"古"代理想统治者的存在方式时,将对欲望追求的否定和"渊静"放在一起,也可以成为参考。然而,以下所举日本各种入门书籍,都犯了把主语视为"万物"即人民的错误。——诸桥辙次《掌中 老子の讲义》、木村英一、野村茂夫《老子》("讲谈社文库",讲谈社,1984 年)、福永光司《老子》上、金谷治《老子 无知无欲のすすめ》、楠山春树《老子入门》、小川环树《老子》、蜂屋邦夫《老子》等都是这一类书。

"夫亦牺(将)蒥足"说的是,"侯王"在使万民的行动冷静下来时,用的是"亡(无)名之蓁(朴)"这种柔性的手段,对于要求万民提供的服务而言,他自身也满足于适可而止的欲望追求。

各种今本作"夫亦将无欲","夫"在想尔本系统、河上公本系统、玄宗本系统中未见,"无"在想尔本系统、古本系统、河上公本系统、玄宗本系统中作"不"(参照《郭店楚简》【注释】〔三五〕)。而马王堆《老子》甲本、乙本均作"夫将不辱"。

【7】蒥〔足〕以束

"蒥〔足〕"的"足",如《郭店楚简》【注释】〔三六〕所言,脱去了重文符号。

"蒥〔足〕"上接前面的"夫亦牺(将)蒥(知)足","束"上接前面的"牺(将)贞(定)之以亡(无)名之蓁(朴)"(交错表达法)。因此,"蒥(知)〔足〕以束(静)"的主语,不用说就是"侯王"。

"束",本书甲本第十五章上段、中段已出(参照其注【13】)。"束"是"静"的假借字,指的是"侯王"使万民突发的、任意的行动冷静下来时,采取的宁静态度。与之相关的例子是今本《老子》(王弼本)第十五章:

> 古之善为士者,微妙玄通,深不可识。……孰能浊以静之徐清,孰能安以久动之徐生。

第十六章:

> 致虚极,守静笃,万物并作,吾以观复。夫物芸芸,各复归其根。归根曰静,是谓复命。

第二十六章:

> 重为轻根,静为躁君。

第四十五章：

> 躁胜寒，<u>静胜热。清静，为天下正</u>。

第五十七章：

> 故圣人云：我无为而民自化，<u>我好静而民自正</u>，我无事而民自富，我无欲而民自朴。

第六十一章：

> <u>牝常以静胜牡</u>，以静为下。

（参照本书甲本第十五章上段、中段注【13】、【14】、【15】，乙本第四十五章注【6】、【7】，甲本第五十七章注【15】。）显然这些"静"是"圣人"等为政者的态度。此外，《史记·老子列传》中也有：

> 李耳无为自化，<u>清静自正</u>。

总之，整句话说的是"侯王"使万民突发的、任意的行动冷静下来的方法，因为使用的是"亡（无）名之楼（朴）"这种柔性的手段，所以"侯王"自身在面对万民欲望追求时，能够做到"智〔足〕"而且"束（静）"。

"智〔足〕以束"，各种今本作"不欲以静"，想尔本系统"不"字作"無"或"无"。马王堆《老子》甲本作"不辱以情（静）"，乙本作"不辱以静"。

【8】万勿牁自定

此句意为，万民将自动走向安定。

"智（知）〔足〕以束（静），万勿（物）牁（将）自定"中展现的逻辑和上文"侯王能守之，而万勿（物）牁（将）自愚（为）"完全一致。以主体"侯王"的"智（知）〔足〕以束（静）"为原因，结果导致了客体"万勿（物）"的"自定"。也就是，"主体、原因：侯王的智（知）〔足〕

以束（静）→客体、结果：万勿（物）的自然"。

"万勿<u>牭</u>自定"，各种今本作"天下将自正"，"天下"在想尔注本、索洞玄书、天宝玉关本作"天地"，"将"在想尔本系统中无，"正"在王弼本作"定"。马王堆《老子》甲本、乙本均作"天地将自正"（参照《郭店楚简》【注释】〔三七〕）。

第六十三章 上段、下段

第十四号简

原文

为亡（无）为，事亡（无）事，未（味）亡（无）未（味）【1】。大少（小）之多慁（易）必多蟄（难）【2】。是以圣人

白话译文

"为"放弃一切人为的无为，"事"完全无所从事的无事，"味"完全没有味道的无味（由此趋向确立道的立场）。不管大事还是小事，如果总是视其为易事，那么必然会陷于许多困难之中。因此，即便圣人

注

【1】为亡为，事亡事，未亡未

"为亡为"，除本章外，今本《老子》（王弼本）第三章中有"为无为，则无不治"。

关于"亡事"，今本《老子》（王弼本）第四十八章中有：

取天下，<u>常以无事</u>。及其有事，不足以取天下。

第五十七章中有：

以正治国，以奇用兵，<u>以无事取天下</u>。……故圣人云，我

无为而民自化,我好静而民自正,我无事而民自富,我无欲而民自朴。

(参照本书甲本第五十七章注【3】、【13】。)

"未",如《郭店楚简》所言是"味"的省字或假借字。关于"亡未",今本《老子》(王弼本)第三十五章中有:

道之出口,淡乎其无味。视之不足见,听之不足闻,用之不足既。(参照本书丙本第三十五章注【5】。)

"味"是人类所能感觉到的对象之一,因此"亡(无)未(味)"表明"道"不具有人类感觉所能把握的性质,亦即超越了人类感觉所能把握的范围。所谓的"未(味)亡(无)未(味)",象征着对"道"的把握,与"为亡(无)为,事亡(无)事"相并列,成为为把握"道"而采取之广义行动中的一种。

"为亡为,事亡事,未亡未。"各种今本作"为无为,事无事,味无味。"有些版本"無"作"无"。马王堆《老子》甲本作"●为无为,事无事,味无未(味)",乙本作"为无为,〔事无事,味无味〕"。还有,《文子·道原》中有:

为无为,事无事,知不知也。

荀悦《申鉴·政体》中有:

无为为之,使自施之。无事事之,使自交之。

可以参照。

【2】大少之多愿必多韲

"少",如《郭店楚简》所言是"小"的假借字。该通假现象后面还会常常出现,为避繁杂,不再作同样的说明。

"大少(小)"指大大小小所有的事。《庄子·天下篇》中有:

其大小精粗，其行适至是而止。

上引，可以参照。

"惖"字，上从"易"，下从"心"。但将上面部分判读为"易"字是否正确，依然存疑。这里暂且如《郭店楚简》所言将其视为"易"的假借字。"蓳"，似为上从"难"，下从"土"的字。如《郭店楚简》所言可视其为"难"的假借字。

"多易"，指的是人对于事物的错误处置。常常把事情看得很容易。"多难"，说的是那样的人有招致失败的缺陷，在事物处置上困难会很多。

"大少之多惖必多蓳"，各种今本作"大小多少，报怨以德。图难于其易，为大于其细。天下难事必作于易，天下大事必作于细。是以圣人终不为大，故能成其大。夫轻诺必寡信，多易必多难"。"大小多少"不见于治要本。"图难于其易"在严遵本、想尔本系统中作"图难于易"，道藏傅奕本、范应元本作"图难乎于其易"。"为大于其细"在严遵本、想尔本系统中作"为大于细"，道藏傅奕本、范应元本作"为大乎于其细"。"天下难事必"在指归本中作"难事"，道藏傅奕本、范应元本作"天下之难事必"。"天下大事必"在指归本中作"大事"，道藏傅奕本、范应元本作"天下之大事必"。"细"在想尔本系统中作"小"。"是以圣人终不为大，故能成其大"不见于想尔本系统。"夫轻诺"在指归本中作"轻诺者"，道藏傅奕本、范应元本作"夫轻诺者"。"多易"在指归本、道藏傅奕本、范应元本中作"多易者"。

马王堆《老子》甲本作："大小多少，报怨以德。图难乎〔亓（其）易也，为大乎亓（其）细也〕。天下之难作于易，天下之大作于细。是以圣人冬（终）不为大，故能〔成亓（其）大。夫轻若（诺）者必寡信，多易〕必多难。"乙本作："〔大小多少，报怨以德。图难乎兀（其）易也，为大〕乎兀（其）细也。天下之〔难作于〕易，天下之大〔作于细。是以圣人冬（终）不为大，故能成兀（其）大〕。夫轻若〔必寡〕信，多易必多难。"可见，马王堆《老子》中间部分的文章，原来在更早的郭店《老子》中还没有被写进去，是在到马王堆《老子》成书阶段为止的时间里，才新加进去的（参照《郭店楚简》【注释】〔三八〕）。

还需指出，《韩非子·喻老》中有：

> 故曰：天下之难事必作于易，天下之大事必作于细。……故曰：图难于其易也，为大于其细也。……故曰：圣人蚤从事焉。

《韩非子·难三》中有：

> 此谓图难于其所易也，为大者于其所细也。

可以看出，即便到了战国晚期以后，本章经文也还没有固定下来。

第十五号简

原文

猷（犹）蓳（难）之【3】，古（故）终亡（无）蓳（难）■【4】。

白话译文

因此，即便圣人也致力于把事情朝难以实现的方向思考，正因为这样，最后才不会陷于困境■。

注

【3】是以圣人猷蓳之

"猷"，与"犹"同字。

"是以圣人猷蓳之"，这句话各种今本作"是以圣人犹难之"，但指归本没有"圣人"。马王堆《老子》甲本作"是〔以声（圣）〕人猷（犹）难之"，乙本作"是以耵（圣）人〔猷难〕之"。此外，今本《老子》（王弼本）第七十三章也有：

> 天之所恶，孰知其故。<u>是以圣人犹难之</u>。

但这句话不见于马王堆《老子》甲本、乙本第七十三章，郭店《老子》则没有第七十三章。或许马王堆本以后由什么人把这句话从本章（第六十三章）复制到了第七十三章。

【4】古终亡蘁■

"终"字，也可以判读为"冬"。但郭店《老子》中"冬"和"终"是有分别的，所以这里据《郭店楚简》视其为"终"字。后面也会出现这个"终"字。例如见于本书甲本第五十五章上段、中段、下段（参照其注【7】）。为避繁杂，不再作同样的说明。

本章整体的宗旨是，将"亡（无）为""亡（无）事""亡（无）未（味）"这些在世间常识中被评判为负面价值的东西，倒过来赋予正面的价值，并转化为积极的东西，这正是"道"本来的面貌。这也同样适用于面向人世的、表现为"蘁（难）惖（易）"的人类生存方式问题，通过置身于世间所谓负面价值的"蘁（难）"，再试图反过来转变为所谓正面价值的"惖（易）"。此处所见反向论说式的、辩证法式的否定超越，是《老子》中常见的特有的逻辑，本章结句部分：

> 是以<u>圣人猷（犹）蘁（难）之</u>，古（故）<u>终亡（无）蘁</u>■。

正是典型的表现。其他还见于今本《老子》（王弼本）第七章：

> 天地所以能长且久者，<u>以其不自生，故能长生</u>。

第三十四章：

> <u>以其终不自为大，故能成其大</u>。

第七十一章：

> 圣人不病，以其病病，是以不病。

也都完全相同。

"古终亡蟄"，各种今本作"故终无难"，"無"若干版本作"无"，王弼本系统、道藏傅奕本系统原文末有"矣"。马王堆《老子》甲本作"故终于无（無）难"，乙本作"故〔终于无（無）难〕"。

第二章

第十五号简

原文

天下皆<u>智</u>（知）<u>敚</u>（美）之为<u>敚</u>（美）也【1】，亚（恶）已【2】。皆<u>智</u>（知）善【3】，此丌（其）不善已【4】。又（有）亡（无）之相生也【5】，

白话译文

天下的人都认为美就是美的，实际上这种美无异于丑。都认为善就是善的，实际上这种善无异于恶。（同样，由于人的作为的结果，本来什么都没有的世界中，）有和无相互依存而发生，

注

【1】天下皆<u>智敚</u>之为<u>敚</u>也

"<u>敚</u>"，《郭店楚简》【注释】〔三九〕引《汗简》第五视为"美"的假借字，此从之。"<u>敚</u>"和"<u>敚</u>"两字在意义上似无区别。

"天下皆<u>智敚</u>之为<u>敚</u>也"，各种今本均作"天下皆知美之为美"，马王堆《老子》甲本作"天下皆知美为美"，乙本作"天下皆知美之为美"。

"天下皆<u>智敚</u>之为<u>敚</u>也，亚已。"天下的人都单纯地认为美就

是美的,实际上相反,美有时是丑的。"亚已"和下文的"此丌(其)不善已"一样,以稍稍夸张的口气指出,人类关于"美"与"善"的价值判断实际上或许正相反是"恶"与"不善",有很大的不确定性。

【2】亚已

"亚",如《郭店楚简》所言是"恶"的省字或假借字。在郭店《老子》后面的内容中也有出现。例如,今本《老子》(王弼本)第二十章的"恶"字,在乙本第二十章上段作"亚"(参照其注【3】)。

与之相关的思想表现,《庄子·天地》中有:

德人者,居无思,行无虑,不藏是非美恶。

《庄子·知北游》中有:

故万物一也。是其所美者为神奇,其所恶者为臭腐,臭腐复化为神奇,神奇复化为臭腐。故曰:通天下一气耳。圣人故贵一。

《庄子·徐无鬼》中有:

爱民,害民之始也。为偃兵,造兵之本也。……凡成美,恶器也。

然而,道家各种思想对于价值判断做出否定的理由是多种多样的,不能仅仅因为表面的类似就马上确认相互有关,因此希望读者了解的是,这些用来参照的用例,在否定价值判断时举出的是和本章同样的理由。

"亚已",各种今本均作"斯恶已"。马王堆《老子》甲本作"恶已",乙本作"亚(恶)已",这两者都和郭店《老子》相近。

【4】皆萱善

这段话的前后,在《淮南子·道应》引作:

老子曰：天下皆知善之为善，斯不善也。故知者不言，言者不知也。

"皆<u>耆</u>善"，各种今本均作"皆知善之为善"，马王堆《老子》甲本、乙本皆作"皆知善"，和郭店《老子》一致（参照《郭店楚简》【注释】〔四〇〕）。本该像上文那样写作"天下皆<u>耆</u>（知）善之为善也"，但这里省略了吧。

【5】此丌不善已

"皆<u>耆</u>善，此丌不善已。"说的是天下的人都单纯地以为善就是善，实际上相反，善有时是恶的。

类似的表达，《庄子·胠箧》中有：

天下每每大乱，罪在于好知。<u>故天下皆知求其所不知，而莫知求其所已知者。皆知非其所不善，而莫知非其所已善者</u>。是以大乱。

此外，有的文章主张正确的价值判断本来就不可能存在，如《庄子·齐物论》说：

民湿寝则腰疾偏死，鳅然乎哉。木处则惴慄恂惧，猨猴然乎哉。三者孰知正处。民食刍豢，麋鹿食荐，蝍且甘带，鸱鸦耆鼠。<u>四者孰知正味</u>。猨猵狙以为雌，麋与鹿交，鳅与鱼游。毛墙丽姬，人之所美也。鱼见之深入，鸟见之高飞，麋鹿见之决骤。<u>四者孰知天下之正色哉</u>。自我观之，仁义之端，<u>是非之途，樊然殽乱</u>。吾恶能知其辩。

不同的是，这种否定基于做出判断的主观上的差异，比本章否定的理由显得更加根本，但也可以作为参考的资料。

"此丌不善已"，各种今本均作"斯不善已"，马王堆《老子》甲本作"啙（斯）不善矣"，乙本作"斯不善矣"。

【6】又亡之相生也

这句话说的是因为有"又（有）"所以也有"亡（无）"，因为生出"亡（无）"所以也生出"又（有）"，就是说相互对立的"又（有）"和"亡（无）"是相互依存同时"生"成的。作者对此加以否定的理由，据下文"是以圣人居亡（无）为之事，行不言之圣（教）"可知，"又（有）亡（无）之相生也"是"又（有）为""又（有）言"即人类作为、言论的一种产物，本来在"万勿（物）"自身的世界中是完全不存在的。

"又亡之相生也"，各种今本作"故有无相生"，"故"不见于索洞玄书、次解本，"無"在若干版本中作"无"，"无"字下古本系统、河上公本系统、玄宗本系统有"之"。马王堆《老子》甲本作"有无之相生也"，乙本作"〔有无之相〕生也"，和郭店《老子》相同。

第十六号简

原文

戁（难）惖（易）之相成也【6】，长耑（短）之相型（形）也【7】，高下之相涅（盈）也【8】，音圣（声）之相和也【9】，先后之相堕（随）也【10】。是

白话译文

难和易是相互依存而成立的，长和短是相互依存而形成的，高和低是相互依存而表现的，音乐和杂音是相互依存而调和的，前和后是相互依存而成列的。（世界无一例外处于这样的状态。）因此，

注

【6】戁惖之相成也

"戁"字，正确应作上"难"、中"土土"、下"心"。如《郭店楚简》

所言为"难"的异体字。"悬"字,在本书甲本第六十三章上段、下段已出(参照其注【2】)。

这句话的宗旨和上文"又(有)亡(无)之相生也"完全相同。说的是相互对立的"斄(难)"和"悬(易)",其影其形尽管原来并不存在于"万勿(物)"自身中,但因为人类给"万勿(物)"人为地贴上了种种随意的符号,造成了"斄(难)"和"悬(易)"相互依存同时形"成"。《文子·道原》中有:

> 夫道,有无相生也,难易相成也。是以圣人执道,虚静微妙以成其德。

这是远离《老子》原意的后代出现的解释。

"斄悬之相成也",各种今本均作"难易相成",古本系统、河上公本系统、玄宗本系统在中间有"之"字。马王堆《老子》甲本、乙本均作"难易之相成也"。

【7】长耑之相型也

"耑",如《郭店楚简》所言是"短"的假借字。"型",如《郭店楚简》所言是"形"的假借字。意为由于"长"和"耑(短)"相互依存使"型(形)"得以出现。

这句话的宗旨,和上文"又(有)亡(无)之相生也,斄(难)悬(易)之相成也"完全相同。可以参照的是《庄子·天地》:

> 视乎冥冥,听乎无声。冥冥之中,独见晓焉,无声之中,独闻和焉。故深之又深,而能物焉,神之又神,而能精焉。故其与万物接也,至无而供其求,时骋而要其宿。大小、长短、修远。

《淮南子·齐俗》:

> 高下之相倾也,短修之相形也,亦明也。

《文子·道原》：

　　　　古者民童蒙……<u>高下不相倾,长短不相形</u>。

　　"长尚之相型也",各种今本均作"长短相形",古本系统、河上公本系统、玄宗本系统中间有"之"字,"形"在王弼本系统作"较"。关于王弼本的"较"字,《经典释文》有关于"较"的条目,释为:"音角。又校量深浅。"但作"较"是不适当的,朱谦之《老子校释》、刘师培《老子斠补》均作过出色的考证。马王堆《老子》甲本、乙本均作"长短之相荆(形)也"。

　　【8】高下之相涅也

　　"涅"字,如《郭店楚简》所言是"盈"的假借字。"呈"字在本书甲本第十五章上段、中段已出(参照其注【18】)。"盈"这个词,是先秦逻辑学一个专门术语,意为同一物中包含两种不同的性质。例如,《公孙龙子·坚白论》中有:

　　　　曰:<u>其白也,其坚也,而石必得以相盈</u>。其自藏奈何。

　　《墨子·经上》篇"坚白,不相外也"的"说"(在《经说上》篇)中有:

　　　　(坚)于尺〈石〉无所往而不得二。<u>异处不相盈</u>,相非(排),是相外也。

　　《墨子·经下》篇"坚白,说在因"的"说"(在《经说上》篇)中有:

　　　　(坚)<u>无坚得白,必相盈也</u>。

　　因此,必须认为本章这段话是在先秦逻辑学盛行之后,在有意识地使用其术语的同时,站在对其形式逻辑学的人为性加以批判的立场上撰写出来的。

这句的宗旨和上文的"又（有）亡（无）之相生也"等句完全相同。

"高下之相涅也"，各种今本作"高下相倾"，古本系统、河上公本系统、玄宗本系统中间有"之"字，马王堆《老子》甲本、乙本均作"高下之相盈也"。"倾"字，如"老子甲本释文"（收入《马王堆汉墓帛书》〔壹〕，文物出版社，1980 年）注释〔六〕所言，为避西汉惠帝"盈"的讳而改为"倾"。马王堆甲本、乙本没有避讳。《经典释文》有"倾"的条目，解释为："高下不正皃。去营反。"这是不了解先秦逻辑学史而产生的误解。

【9】音圣之相和也

"音"，暂从《郭店楚简》【注释】〔四一〕所言作"音"字。"圣"，如《郭店楚简》所言是"声"的假借字。后面也屡屡出现，为避繁杂不再一一作注说明。"音"是能够弹奏的音乐，"声"是单纯的物理之音。

这句的宗旨和上文的"又（有）亡（无）之相生也"等句完全相同。

"音圣之相和也"，各种今本均作"音声相和"，古本系统、河上公本系统、玄宗本系统中间有"之"字，马王堆《老子》甲本作"意〈音〉声之相和也"，乙本作"音声之相和也"。

【10】先后之相堕也

"堕"，如《郭店楚简》【注释】〔四二〕所言是"随"的假借字。

这句的宗旨和上文的"又（有）亡（无）之相生也"等句完全相同。

如果总结以上各句，其大意是，上述的价值判断（<u>敚</u>亚、善不善、難恳）、事实判断（长耑、高下、音圣、先后）、存在判断（又亡），本来全都不存在于"万勿（物）"自身中，但是因为人类对于"万勿

（物）"有这样那样的作为，才使之相互依存、同时而生，所以这不过是符号而已。对于相互对立、相互依存的各种概念从整体上加以批判的文章，可见《庄子·秋水》：

河伯曰：若物之外，若物之内，恶至而倪贵贱，恶至而倪小大。北海若曰：以道观之，物无贵贱。以物观之，自贵而相贱。以俗观之，贵贱不在己。以差观之，因其所大而大之，则万物莫不大。因其所小而小之，则万物莫不小。知天地之为稊米也，知豪末之为丘山也，则差数睹矣。以功观之，因其所有而有之，则万物莫不有。因其所无而无之，则万物莫不无。知东西之相反，而不可以相无，则功分定矣。以趣观之，因其所然而然之，则万物莫不然。因其所非而非之，则万物莫不非。知尧桀之自然而相非，则趣操睹矣。……故曰：盖师是而无非，师治而无乱乎，是未明天地之理，万物之情者也。是犹师天而无地，师阴而无阳。其不可行明矣。……默默乎，河伯。女恶知贵贱之门，小大之家。

此段极为重要，可以参照。

"先后之相堕也"下面，马王堆《老子》甲本、乙本均有"恒也"二字（参照《郭店楚简》【注释】〔四二〕）。意为这些都是恒常不变、没有例外的。换言之，这两字是为了说明，以上各种判断，本来全都不存在于"万勿（物）"自身中，但是因为人类对于"万勿（物）"有这样那样的作为，才贴上的符号而已，而这种状况是全面、普遍存在的。没有这个"恒也"的郭店《老子》才是古朴《老子》本来的面貌吧。

"先后之相堕也"，各种今本作"前后相随"，"前"在想尔本系统作"先"，古本系统、河上公本系统、玄宗本系统中间有"之"字，马王堆《老子》甲本、乙本均作"先后之相隋（随）也"。"前后"这一表达方式在《老子》中并不存在，朱谦之《老子校释》有过出色的考证。

第十七号简

原文

以圣人居亡（无）为之事【11】，行不言之圣（教）【12】。万勿（物）复（作）而弗忍（治）也【13】，为而弗志（恃）也【14】，成而弗居【15】。天〈夫〉售（唯）【16】

白话译文

因此，圣人舍弃一切的人为而立足于无为的事业，排除一切的言语而实行无言的教化。这样的话，万物即便生起，圣人也不支配，万物即便成长，圣人也不依赖，万物即便获得功绩，圣人也不居于统治的地位。正因为不居于统治的地位，

注

【11】是以圣人居亡为之事

"圣人"的第一层含义是作者心目中理想的人，也就是体"道"得"道"的人，与之同时，政治上的统治者，也倾向于是君临万民的天下支配者，这是《老子》所见"圣人"的特征。

"亡（无）为之事"，道家式统治者否定"又（有）为"时所从事的事业，由此可以期待万物、万民生发出充满生机活力的活动。可以参照《庄子·大宗师》：

> 芒然彷徨乎尘垢之外，逍遥乎无为之业，彼又恶能愦愦然为世俗之礼，以观众人之耳目哉。

《庄子·在宥》：

> 汝徒处无为，而物自化。

"是以圣人居亡为之事",各种今本作"是以圣人处无为之事","是以"不见于治要本,若干版本"無"作"无","处"字想尔本系统作"治,处"。马王堆《老子》甲本作"是以声(圣)人居无(無)为之事",乙本作"是以聖(圣)人居无(無)为之事",和郭店《老子》一致。

【12】行不言之<u>耊</u>

"不言之<u>耊</u>",指道家式统治者通过"不言"展开的对人民的教化,其目的也和"亡(无)为之事"大致相同。类似的思想表达,可见《庄子·齐物论》:

> 孰知<u>不言之辩</u>,不道之道。

《庄子·德充符》:

> 立不教,坐不议,虚而往,实而归。<u>固有不言之教</u>,无形而心成者邪。

《庄子·知北游》:

> 夫知者不言,言者不知。故圣人行<u>不言之教</u>。

《庄子·徐无鬼》:

> 丘也闻<u>不言之言</u>矣。未之尝言,于此乎言之。……彼之谓不道之道,此之谓<u>不言之辩</u>。故德总乎道之所一,而言休乎知之所不知,至矣。

这一句是说,上面那些相互依存、同时发生的所有的概念、判断,如果是人类给"万勿(物)"贴上的无意义的符号,那么,以那些概念、判断为基础的一切人类行为和言论就是无意义的,因此,应该否定一切的"为""言",采取"亡(无)为""不言"的态度。

"亡(无)为"和"不言"并称的文章,可举今本《老子》(王弼本)

第四十三章：

> 吾是以知无为之有益。不言之教，无为之益，天下希
> 及之。

此外，还可以参照《淮南子·主术》：

> 人主之术，处无为之事，而行不言之教，清静而不动，一
> 度而不摇，因循而任下，责成而不劳。

《文子·自然》：

> 王道者，处无为之事，行不言之教，清静而不动，一定而
> 不摇，因循任下，责成而不劳。

此外，这个部分展示出"圣人"的"亡（无）为""不言"→"万勿
（物）"的"复（作）为""成"，这样一种"无为→自然"的因果关系，后
面的"圣人"的"弗忍（治）""弗志（恃）""弗居"也是"无为"的一种。

"行不言之圣"，各种今本均作"行不言之教"，马王堆《老子》
甲本作"行〔不言之教〕"，乙本作"行不言之教"。

【13】万勿复而弗忍也

"复"，如《郭店楚简》所言是"作"的异体字。可以参照《庄
子·天道》：

> 万物化作，萌区有状，盛衰之杀，变化之流也。

"忍"，本书甲本第六十四章下段已出（参照其注【6】）。这里
是"嗣"的异体字，"治"的意思吧，即圣人主宰、统治之意。亦即后
面所引《老子》第十章、第五十一章的"宰"，或下文所引《文子·道
原》所见"宰"的意思：

> 大常之道，生物而不有，生化而不宰，万物恃之而生，莫
> 知其德，恃之而死，莫之能怨。

顺便指出,今本《老子》(王弼本)第三十四章中有:

> 万物恃之而生而<u>不辞</u>,功成不名有,衣养万物而不为主。……万物归焉而不为主。

这段文章,马王堆《老子》甲本作:

> 〔功成〕遂事而弗名有也。万物归焉而弗为主……万物归焉〔而弗〕为主。

马王堆《老子》乙本作:

> 功成遂〔事而〕弗名有也。万物归焉而弗为主……万物归焉而弗为主。

这句话的意思是,虽然万物生起,但圣人不加支配。以下三句的主语,各句前半部分的主语都是"万勿(物)",后半部分的主语都是"圣人"。下面各种入门书籍都没有明确把握住这一点。——诸桥辙次《掌中　老子の讲义》;木村英一、野村茂夫《老子》;福永光司《老子》上;金谷治《老子　无知无欲のすすめ》;楠山春树《老子の人と思想》;楠山春树《老子入门》;小川环树《老子》;蜂屋邦夫《老子》。

"万勿<u>復</u>而弗<u>忍</u>也",各种今本作"万物作焉而不辞(治)","焉"字在想尔本系统、道藏傅奕本、景福碑、玄宗本系统中无,"辞"在想尔本系统、道藏傅奕本、范应元本中作"不为始"。马王堆《老子》甲本作"〔万物昔(作)而弗始(治)〕也",乙本作"万物昔(作)而弗始(治)"。

【14】为而弗志也

"志"字,如《郭店楚简》所言是"恃"的假借字。

"为而弗志(恃)也",意为虽然万物成长,但圣人不加依赖。

与之相关的文章,第十章(王弼本)中有:

生之畜之。<u>生而不有,为而不恃</u>,长而不宰,是谓玄德。

第三十四章中有:

大道氾兮,其可左右。<u>万物恃之而生而不辞,功成不名有</u>。衣养万物而不为主,常无欲,可名于小。<u>万物归焉而不为主</u>,可名为大。以其终不自为大,故能成其大。

第五十一章中有:

故道生之,德畜之。长之育之,亭之毒之,养之覆之。<u>生而不有,为而不恃,长而不宰</u>,是谓玄德。

第七十七章中有:

是以圣人为而不恃,功成而不处,其不欲见贤。

此外,《庄子·应帝王》中有:

明王之治,功盖天下而似不自己,化贷万物而<u>民不恃</u>。

《庄子·达生》中有:

忘其肝胆,遗其耳目,茫然彷徨乎尘垢之外,逍遥乎无事之业。是谓为而不恃,长而不宰。

以上各条,也可作为参照。

"为而弗志也",各种今本均作"为而不恃",仅次解本没有"而"字。此外,这句上面除想尔本系统外都有"生而不有"一句(参照《郭店楚简》【注释】〔四三〕)。恐怕这句是受《老子》第十章、第五十一章的影响而误衍的吧。此处关于"万物",如<u>傻</u>(作)→"为"→"成"所示,是按照"诞生→成长→完成"的顺序整齐地描述出来的,即便有"生而不有"一句也没有什么不好,但作为衍文处理,文章似乎显得更流畅吧。马王堆《老子》甲本作"为而弗志(恃)也",乙本作"为而弗侍(恃)也"。

【15】成而弗居

"成",《郭店楚简》【注释】〔四四〕认为郭店《老子》此处误脱了"功"字,其实这才是古《老子》本来的面貌。"成"的主语是"万勿(物)","弗居"的主语是"圣人"。

"成而弗居",说得是虽然万物成就功业,圣人却不居有功之位。《淮南子·道应》中有:

> 故老子曰:功成而不居。夫唯不居,是以不去。

上引,可以参照。

"成而弗居",各种今本作"功成而弗居",但"功成"在想尔本系统作"成功","而"不见于想尔本系统、道藏傅奕本、河上公本系统、玄宗本系统,"弗"在想尔本系统、古本系统、河上公本系统、玄宗本系统作"不","居"在索洞玄书、次解本、道藏傅奕本、范应元本作"处"。马王堆《老子》甲本、乙本均作"成功而弗居也"。

【16】天〈夫〉雔

"天",如《郭店楚简》【注释】〔四五〕所言是"夫"的错字。"雔",是"唯"的异体字。

"夫唯",各种今本《老子》中,除此之外,还见于第八章、第十五章、第二十二章、第四十一章、第五十九章、第六十七章、第七十章、第七十一章、第七十二章、第七十五章(参照本书乙本第四十一章注【11】)。其中"夫唯……是以……"这种前后呼应的语法,以及"夫唯……故……"这种前后呼应的语法是《老子》所特有的语法,请参照本书乙本第五十九章注【2】。

第十八号简

原文

弗居也【17】，是以弗去也■【18】。

白话译文

正因为不居于统治的地位，圣人才能保持统治者的地位■。

注

【17】弗居也

"弗居也"说的是，"圣人"不居于君临"成"功的"万勿（物）"之上的位置。

"天唯弗居也"，各种今本作"夫唯弗居"，但"唯"字道藏傅奕本、范应元本作"惟"，"弗"在想尔本系统、古本系统、河上公本系统、玄宗本系统作"不"，"居"在索洞玄书、次解本、道藏傅奕本、范应元本中作"处"。马王堆《老子》甲本作"夫唯〔弗〕居"，乙本作"夫唯弗居"。

【18】是以弗去也■

"弗去也"的主语是"圣人"，其客体指的是直接上承前文的"成"功的"万勿（物）"，显然，这句话应该是以上文整体"万勿复而……为而……成而……"为基础的。

这句话说的是"圣人"不会失去君临于"成"功的"万勿（物）"之上的位置。因此，也和不会失去民众的归服相关。《庄子·德充符》中有：

> 卫有恶人焉。日哀骀它。丈夫与之处者，思而不能去也。妇人见之，请于父母曰：与人为妻，宁为夫子妾者，十数而未止也。

上引，可以参照。

"是以弗去也",各种今本均作"是以不去",马王堆《老子》甲本、乙本均作"是以弗去"。

第三十二章

第十八号简

原文

道亙(恒)亡(无)名【1】。僕(樸)唯(虽)妻(细)【2】,天隉(地)弗敢臣【3】。侯王女(如)能

白话译文

真的道,是绝对不能命名的。自然的素朴的朴虽然小,但天地之间没有谁试图让其臣服。如果侯王能够持续保有这种朴,

注

【1】道亙亡名

"道亙亡名"上面,距上一章末的"■"约有三个字的空格。

这一句说的是,"道"绝对无"名","道"超越了"名",是人类用"名"无法把握的终极的存在。与下文的"词(始)折(制)又(有)名"意义相反,"词(始)折(制)又(有)名"以下描述的是,从"亡(无)名"的"道"到"又(有)名"的"天下"万物形成以后的事情。

"亙(恒)",是用来表达人类把握"道"时逻辑的哲学的紧张关系之用语。意为恒常不变,在此意义上具有绝对性。今本《老子》(王弼本)第一章云:"道可道,非常道。名可名,非常名。""亙(恒)"与"常"同意。要注意的是,先秦时代古典文献中,"亙(恒)"作为形容词、副词来使用,"常"是作为名词来使用的,在使用上有区别。

"亡名",还见于今本《老子》(王弼本)第一章:

> 无名,天地之始。有名,万物之母。

第二十五章:

> 吾不知其名,字之曰道,强为之名曰大。

第三十七章:

> 化而欲作,吾将镇之以无名之朴。无名之朴,夫亦将无欲。

第四十一章:

> 道隐无名,夫唯道善贷且成。

(参照本书甲本第二十五章注【5】、本书甲本第三十七章注【5】、本书乙本第四十一章注【11】。)此外,《庄子·天地》中有:

> 泰初有无,无有无名,一之所起。有一而未形,物得以生,谓之德。

《庄子·则阳》中有:

> 万物殊理,道不私,故无名。无名,故无为。无为而无不为。

《庄子·知北游》中有:

> 道不可闻,闻而非也。道不可见,见而非也。道不可言,言而非也。知形形之不形乎。道不当名。

以上引文,可以参照。

这一句,各种今本作"道常无名",不少版本"無"作无。马王堆《老子》甲本、乙本均作"道恒无(無)名"。

【2】僕唯妻

"僕",如《郭店楚简》所言是"樸"的假借字。马王堆甲本作"握",马王堆乙本、王弼本作"樸"。"僕(樸)"比喻的是"道"能"亡(无)名"且保持自然、素朴的本性,后面"词(始)折(制)又(有)名"以下部分所见"天下"则比喻的是,被施加人工影响以后万物形成的世界,这两者构成对比。

"唯",如《郭店楚简》所言是"虽"的假借字。"唯"与"虽"的通假例在《墨子》中多见。

"妻"字,虽然看上去像"妻"字,但不清楚是否确实。如果是"妻"字,那是可以和"细"字通假的吧。《郭店楚简》说读为"微",但在音韵上是不可能的。

这句话是说,"道"从世间的、社会的事物层面来看,那只是个很小的东西。这和下文"天陘(地)""天下"的大形成对比(参照福永光司《老子》上)。可以参照今本《老子》(王弼本)第十四章:

　　搏之不得,名曰微。

第三十四章:

　　大道……。常无欲,可名于小。

"僕唯妻",各种今本均作"樸虽小",道藏王弼本无此三字,"樸"在龙兴观碑作"朴"。马王堆《老子》甲本作"握(樸)唯(虽)〔小〕",乙本作"樸唯小"。

【3】天陘弗敢臣

"陘",如《郭店楚简》所言是"地"的异体字。

这句话的意思是,"道"以及把握了"道"的人独立于、超越于形下的世界、政治的世界,是"天陘(地)"这种规模的统治者看来难以控制的存在。类似的文章见于《庄子·让王》:

131

天子不得臣，诸侯不得友。故养志者忘形，养形者忘利，致道者忘心矣。

"天陞弗敢臣"，各种今本作"天下莫能臣也"，"莫能"在想尔本系统、河上公本系统、玄宗本系统作"不敢"，句末王弼本系统有"也"字。《经典释文》关于"天下莫能臣也"的条目，说"河上本作天下不敢"。此处马王堆《老子》甲本全为缺字，乙本作"而天下弗敢臣"。

第十九号简

原文

兽（守）之【4】，万勿（物）酒（将）自宾（宾）■【5】。天陞（地）相会也【6】，以逾（输）甘霝（露）【7】。民莫之命（令）【8】，天〈而〉自均安〈焉〉【9】。词（始）折（制）又（有）名【10】。名

白话译文

如果侯王能够持续保有这种朴，那么万物都将自动归服于他■。天地和合为之祝福，并降下珍贵的甘露吧。人民即使不去命令他们，他们也会自动地服从侯王的统治吧。

朴一旦被切分开，带有名称的各种器物（万物）就产生出来。

注

【4】侯王女能兽之

"侯王"，具有侯或王之地位的人。指战国时代各国的最高统治者。其他亦见于今本《老子》（王弼本）第三十七章、第三十九章（参照本书甲本第三十七章注【2】）。"侯王"等人通过对"道"的把握，就能上升为君临天下的天子，这种思想是《老子》最为基本的政治思想（参照本书甲本第三十七章注【2】）。例如，今本《老子》（王弼本）第二十二章中有：

132

　　<u>圣人抱一</u>，为天下式。

　　第三十七章中有：

　　道常无为而无不为。<u>侯王若能守之，万物将自化</u>。⋯⋯不欲以静，天下将自定。

　　第三十九章中有：

　　<u>侯王得一</u>，以为天下贞。

　　（参照本书甲本第三十七章注【2】、【3】、【7】、【8】。）这些"<u>一</u>"和"道"意义几乎相同。

　　"兽"，如《郭店楚简》所言是"守"的假借字。后面还会出现。《说文解字》云："兽，守备者也。"

　　"侯王女能兽之"，各种今本作"侯王若能守之"，"侯王"在想尔本系统、古本系统作"王侯"，"之"不见于想尔本系统、道藏傅奕本、玄宗本系统。马王堆《老子》甲本作"〔侯〕王若能守之"，乙本作"侯王若能守之"。《经典释文》关于"侯王"的条目云："梁武作王侯"。

　　【5】万勿<u>柜</u>自宾

　　"万勿"指的是万民、所有的人。

　　"<u>宾</u>"，似为上从"宀"、下从"貝"字。如《郭店楚简》【注释】〔四六〕所言是"宾"的异体字吧。"宾"字，《说文解字》云："宾，所敬也。"《尔雅·释诂》云："宾，服也。"怀德而归服的意思。

　　"自宾（宾）"，和下文的"自均"一样，是"万物的自然"之思想的具体表现（参照本书甲本第五十七章注【13】、【14】、【15】、【16】）。

　　"侯王女（如）能兽（守）之，万勿（物）<u>柜</u>（将）自<u>宾</u>（宾）■。"类似的表达见于今本《老子》(王弼本)第三十七章：

> 道常无为而无不为。侯王若能守之，万物将自化。……
> 无名之朴，夫亦将无欲。(参照本书甲本第三十七章注【2】、
> 【3】。)

这是一种政治思想，"侯王"如果能守"亡(无)名"之"道"，以此为原因就会带来"万勿(物)牅(将)自宾(宾)""民莫之命(令)，天〈而〉自均焉"的结果，导致"侯王"可以"取天下"。"万物的自然"之思想是这种政治思想的基础，这一点在本书甲本第三十七章注【2】、【3】中已经论述了。

"万勿牅自宾"，各种今本均作"万物将自宾"，有的版本"萬"作"万"。马王堆《老子》甲本、乙本均作"万物将自宾"。

"■"，是表示章节区隔的一种符号，但放在这里恐怕有误吧。因为文气一直持续到下面。

【6】天陞相会也

"会"字的判读，依据了《郭店楚简》【注释】〔四七〕所引裘锡圭说。

"天陞相会也"，各种今本均作"天地相合"，马王堆《老子》甲本作"天地相谷〈合〉"，乙本作"天地相合"。

【7】以逾甘霅

"逾"字，《郭店楚简》【注释】〔四八〕有若干考证。是"输"的假借字吧。《说文解字》云："输，委输也。"段玉裁注曰："以车迁賄曰委输，亦单言曰输。"带来、运来的意思。

"霅"，如《郭店楚简》所言是"露"的异体字。"甘露"，亦见于《吕氏春秋·贵公》：

> 阴阳之和，不长一类。甘露时雨，不私一物。

《淮南子·本经》：

> 太清之治也……是以天覆以德，地载以乐，四时不失其叙，风雨不降其虐，日月淑清而扬光，五星循轨而不失其行。当此之时，玄元至砀而运照，凤麟至，蓍龟兆，<u>甘露</u>下，竹实满〈盈〉，流黄出，而朱草生，机械诈伪，莫藏于心。

《春秋繁露·王道》：

> 五帝三王之治天下……故天为之下<u>甘露</u>，朱草生，醴泉出，风雨时，嘉禾兴，凤凰麒麟游于郊。

这些都是祥瑞说的一种表现，本章的"甘霥（露）"也可以作同样的理解。

这句话的大意是，如果"侯王"能够保持这种"道"，那么天地也会为新帝王的出现而祝福并降下祥瑞的甘露吧。这些说法是《老子》中所体现的一种期待革命（天命变革）的思想，因此不得不认为书写于中国古代社会的巨大转换期（战国时代后期至晚期）。

"以逾甘霥"，各种今本均作"以降甘露"，马王堆《老子》甲本、乙本均作"以俞（输）甘洛（露）"。

【8】民莫之命

与"民莫之命，天〈而〉自均安"相类似的表达，见于今本《老子》（王弼本）第五十一章：

道之尊，德之贵，<u>夫莫之命，而常自然</u>。

"民莫之命"，各种今本作"民莫之令"，"民"在次解本、龙兴观碑、道藏李荣本、范应元本、玄宗本系统作"人"，马王堆《老子》甲本作"民莫之〔令〕"，乙本作"〔民莫之〕令"。

【9】天〈而〉自均安

"天"，如《郭店楚简》所言是"而"的错字。这个错字，在郭店

《老子》后面的内容中也常常出现,为避繁杂,不再一一作注说明。
"安",据《郭店楚简》【注释】〔四九〕视其为语气词"焉"的假借字。
郭店《老子》后面的内容中也多见通假为"焉"的"安"字。

"均",如木村英一、野村茂夫《老子》所言,指的是在统治者看
来人民得到均治,而不是平均、平等的意思。诸桥辙次《掌中 老
子の讲义》说:

> 所谓"自均",指过上非常整齐的生活,以及所有的人民
> 得到平等的待遇而很满足的样子。

小川环树《老子》说:

> 均,是平均整齐、平等均一的意思。

蜂屋邦夫《老子》说:

> "均"与"调""同"意思相同,指人民和睦而不争。

这些都是对《老子》思想过分确信导致的误读。《庄子·天
地》中有:

> 天地虽大,其化均也。万物虽多,其治一也。人卒虽众,
> 其主君也。

《庄子·天地》中有:

> 天下均治而有虞氏治之邪,其乱而后治之与。……天下
> 均治之为愿。

《庄子·天道》中有:

> 所以均调天下,与人和者也。

《庄子·达生》中有:

> 圣人藏于天。……是以天下平均。故无攻战之乱,无杀

戮之刑者,由此道也。

朱谦之《老子校释》将这一部分理解为"古原始共产社会之反映",可以说是上述诸桥辙次、小川环树、蜂屋邦夫等人误读的原型。

"天自均安",各种今本均作"而自均",句末道藏傅奕本、广明碑、景福碑有"焉"字。马王堆《老子》甲本作"〔而自均〕焉",乙本作"而自均焉"。

【10】词折又名

"词",如《郭店楚简》所言是"始"的假借字。"始"的另一个字形"忌"已经见于本书甲本第六十四章下段(参照其注【6】)。

"折",如《郭店楚简》所言是"制"的假借字。"制",指的是将"僕(樸)"(从山中伐出的原木)加以裁断,经过人为加工之后制成各种各样的"器"。以此为比喻,这句话说的是,无法命"名"的"道"被加上某种力之后,形成了有着各种各样"名"称的万物。这就是一种万物生成论。今本《老子》(王弼本)第二十八章中有:

朴散则为器,圣人用之,则为官长。故大制不割。

"又名",指有着各种各样"名"称的万物世界的形成。但是从下文"簹(知)步(止)"来看,这里显然作者想要从欲望论的角度去论述。与"亡(无)名"形成对比的"又(有)名",其例可见今本《老子》(王弼本)第一章:

无名,天地之始。有名,万物之母。

"词折又名",各种今本均作"始制有名"。马王堆《老子》甲本作"始制有〔名〕",乙本作"始制有名"。

第二十号简

原文

亦既又(有)【11】，夫亦牂(将)**智**(知)步(止)【12】。**智**(知)步(止)所以不词(殆)【13】。卑(譬)道之才(在)天下也【14】，猷(犹)少(小)浴(谷)之与江湀(海)■【15】。

白话译文

在有名称的器物(万物)产生之后，侯王不会忘了知足。不忘知足才是不会遇到危险的秘诀。从道之中产生出了天下所有的器物(万物)，这种情形如果打个比方，就犹如细小的河流汇注形成了大河、大海■。

注

【11】名亦既又

这句话说的是"天下"各种各样拥有"名"称的万物形成之后。

"名亦既又"，各种今本均作"名亦既有"。马王堆《老子》甲本作"〔名亦既〕有"，乙本作"名亦既有"。

【12】夫亦牂智步

"夫亦牂(将)"这种语法，今本《老子》(王弼本)第三十七章中有：

> 无名之朴，**夫亦将**无欲。不欲以静，天下将自定。(参照本书甲本第三十七章注【6】。)

其主语无论是本章还是第三十七章均为"侯王"。

"步"字，上从"止"、下从"止"，字形为"步"。据《郭店楚简》【注释】〔五○〕读为"止"。"**智**(知)步(止)"，意为在展开广义的追求欲望的行动时，到一定程度就要满足，就要停止其行动。与"**智**(知)足"的意思相同。虽说这表示"侯王"懂得"**智**(知)"对万物的欲望追求要有所"止"，但可以认为，这是因为"侯王"能够保持"僕（樸）"（如同原木的纯朴）的缘故。今本《老子》（王弼本）第四十四章有：

　　知足不辱，知止不殆，可以长久。

第四十六章有：

　　祸莫大于不知足，咎莫大于欲得，故知足之足常足矣。

（参照本书甲本第三十七章注【6】、【7】，本书甲本第四十四章注【6】、【7】，本书甲本第四十六章中段、下段注【2】、【3】、【4】。）

另外，今本《老子》（王弼本）第一章也有：

　　无名，天地之始。有名，万物之母。故常无欲，以观其妙。常有欲，以观其徼。

在提出"无名""有名"之后，便论述"无欲""有欲"，这不是偶然的一致吧。这是因为"有名"说的是"万物"（权力地位、种种利害得失），作者要从欲望追求之对象的视角去观察"万物"。

"夫亦牺𩽹步"，各种今本作"夫亦将知止"，"夫"在龙兴观碑、河上公本系统作"天"，"亦"不见于龙兴观碑，"止"在河上公本系统作"之"。马王堆《老子》甲本作"夫〔亦将知止〕"，乙本作"夫亦将知止"。

【13】𩽹步所以不词

"词"，作为"始"的假借字在本章前面已经出现（参照本章注【10】）。如《郭店楚简》所言，这里是"殆"的异体字。其右旁"司"就是"台"字吧。"不词（殆）"指一生都不会遇到危险。"词"，意为"危"，就是养生说中的"词（殆）"（参照本书甲本第四十四章注【7】）。

"葟步所以不词",各种今本作"知止所以不殆","所以"在想尔本系统中无,王弼本系统多见作"可以"的版本。俞樾《诸子平议》、朱谦之《老子校释》曾主张"可以"是"所以"之误,马王堆《老子》和郭店《老子》的出土证明了其观点的正确性。马王堆《老子》甲本作"〔知止〕所以不〔殆〕",乙本作"知止所以不殆"。

【14】卑道之才天下也

"卑",如《郭店楚简》所言是"譬"的假借字。

这段话的比喻关系,从文中的语顺来看,"道"被比喻成"少(小)浴(谷)","天下"被比喻成"江湆(海)"。因此,这一句和今本《老子》(王弼本)第六十六章:

> 江海所以能为百谷王者,以其善下之,故能为百谷王。
> 是以欲上民,必以言下之。欲先民,必以身后之。……是以天下乐推而不厌。以其不争,故天下莫能与之争。

不能够做同样的解释(参照本书甲本第六十六章注【1】)。因为在第六十六章,"江海"被比喻成(把握了"道")的"圣人","百谷"被比喻成"民""天下",因此两章的比喻是正好相反的。以下所举日本各种入门书籍,都因为误解了这里的比喻关系,所以对本章宗旨的理解也非常混乱。——诸桥辙次《掌中 老子の讲义》;木村英一、野村茂夫《老子》;福永光司《老子》下;金谷治《老子 无知无欲のすすめ》;楠山春树《老子の人と思想》;楠山春树《老子入门》;小川环树《老子》;蜂屋邦夫《老子》。

"天下",指的是天下所包含的万物。"道之才(在)天下也",指"道"分散、扩大而展开为"天下"万物,这是一种万物生成论或者说存在论。是用别的语言对上文"道亘(恒)亡(无)名。……词(始)折(制)又(有)名"作出的表达。类似思想,可见《管子·心术下》:

　　圣人一言之解，上察于天，下察于地。

《管子·内业》：

　　道满天下，普在民所，民不能知也。一言之解，上察于天，下极于地，蟠满九州。

马王堆帛书《十六经·成法》：

　　一之解，察于天地。一之理，施于四海。

《淮南子·原道》：

　　道者，一立而万物生矣。是故一之理施四海，一之解际天地。

（参照本书甲本第五十六章注【4】。）

　　"卑道之才天下也"，各种今本作"譬道之在天下"，"之"不见于想尔本系统、开元廿六碑。马王堆《老子》甲本作"俾（譬）之在天〔下也〕"，乙本作"卑（譬）〔道之〕在天下也"。此外，《文子·上仁》中有：

　　故道之在天下也，譬犹江海也。

　　【15】猷少浴之与江洦■

　　"猷"，本与"犹"同字。"与"是"于"的假借字吧，不过用哪个字都不会改变文意。

　　"少（小）浴（谷）"，比喻"道"。可以说是继承上文"僕（樸）唯（虽）妻（细）"的文章表现。"江洦（海）"，比喻"天下"万物。"少（小）浴（谷）之与江洦（海）"说的是细小的"浴（谷）"成长、发展之后能够成为巨大的"江洦（海）"。使用"小谷"生出"江海"这一比喻，论述的是"道"生成"天下"万物，但是，如果考虑到本章的思想基础是"万物之自然"，这里"道"的主宰性弱化而"万物"的自发性自律性强化了,因此,能够感觉到,这里更倾向于"流出论",即有如"江海"从"小谷"生出,"天下"万物是由"道"生成的,这样一种"流出论"。

"谷"的比喻,在今本《老子》(王弼本)中,还见于第六章:

谷神不死,是谓玄牝。

第十五章:

旷兮其若谷。

第二十八章:

知其荣,守其辱,为天下谷。为天下谷,常德乃足,复归于朴。

第三十九章:

谷得一以盈……其致之……谷无以盈将恐竭。

第四十一章:

上德若谷。

第六十六章:

江海所以能为百谷王者,以其善下之,故能为百谷王。

其中,第六章、第十五章、第二十八章、第四十一章的"谷",毫无疑问是"道"的同义词(参照本书乙本第四十一章注【7】)。

"猷少浴之与江湝",各种今本作"犹川谷之与江海","之"不见于想尔本系统,"与"在王弼本系统作"于",句末古本系统有"也"字。马王堆《老子》甲本作"〔猷(犹)小〕浴(谷)之与(于)江海也",乙本作"猷小浴(谷)之与(于)江海也"。

文章末尾的"■",《郭店楚简》没有注意到其存在。

第二十五章

第二十一号简

原文

又（有）㾓（状）蟲（蚰）成【1】，先天陸（地）生【2】。敓（寂）繆（穆）蜀（独）立不亥（改）【3】，可以为天下母【4】。未智（知）亓（其）名【5】，墅（字）之曰道【6】。虖（吾）【7】

白话译文

有种浑然为一形成的东西，它在天地生成以前就已经存在。它寂静、清深，只有它独立存在，没有任何的动作征兆，但可以将其视为生出天下万物的母亲。因为还不知道它叫什么名字，所以暂且称呼其为"道"。如果我勉强要给他加上名字，那就是"大"。

注

【1】又㾓蟲成

"㾓"，《郭店楚简》【注释】〔五一〕视其为"道"的异体字，但应该是"状"的异体字吧。"又㾓"，很含混地说存在某种状态。从下文判断的话，那指的是"道"。这句话，和今本《老子》（王弼本）第二十一章"道之为物，惟恍惟惚"相比，表达上虽然不同，但意义相近。本章下面的内容，仿效以往的道家哲学，以套路的形式描述了"道"是一种终极的、本源性的实在。

"蟲"，如《郭店楚简》【注释】〔五一〕所言是"蚰"的异体字，意为"昆"。《说文解字》云：

> 蚰，蟲之总名也。从二虫。读若昆。

关于"昆"字，《说文解字》云："昆，同也。从日，从比。""蟲

成",含含糊糊混然一体形成的形态。今本《老子》(王弼本)第十四章有:

> 此三者,不可致诘,故混而为一。

第十五章有:

> 混兮其若浊。

"又<u>帽</u>蟲成",各种今本均作"有物混成"。马王堆《老子》甲本、乙本均作"有物昆成"。

【2】先天陘生

这一句是说,"道"是"天陘(地)"形成以前就已经存在、处于时间之前的实在。相关思想表达,可见今本《老子》(王弼本)第一章:

> 无名,天地之始。有名,万物之母。

第六章:

> 玄牝之门,<u>是谓天地根</u>。

《庄子·大宗师》:

> 夫道……自本自根,<u>未有天地,自古以固存</u>。神鬼神帝,生天生地。

《庄子·知北游》:

> <u>有先天地生者</u>,物邪。物物者非物。物出不得先物也,犹其有物也。犹其有物也,无已。

到了后代,引用《老子》本章的文献有张衡《灵宪》:

> 故道志之言云:<u>有物浑成,先天地生</u>。

《文子·道原》:

　　老子曰:<u>有物混成,先天地生</u>。惟象无形,窈窈冥冥,寂寥淡漠,不闻其声。吾强为之名,字之曰道。

《牟子理惑论》:

　　老子曰:<u>有物混成,先天地生</u>,可以为天下母。吾不知其名,强字之曰道。

以上各段,可以参照。

　　"先天<u>陛</u>生",各种今本均作"先天地生",马王堆《老子》甲本、乙本也均作"先天地生"。

　　【3】 敚繻蜀立不亥

　　"敚",《包山楚简》常常出现的文字。这里就是"寂"的假借字吧。"寂",《说文解字》云"宋,无人声。从宀,未声",寂静无声的状态。

　　"繻",上从"穆"、下从"糸"的字。如《郭店楚简》所言是"穆"的异体字,进而作"寥"的假借字吧。"寥",《广雅·释诂三》云:"寥,深也。"《说文解字》云:"漻,清深也。"也可参照。清深之貌。"敚繻",是一种拟态语,用来形容表达"天<u>陛</u>(地)"形成以前世界的状态。静深之貌。

　　"寂寥"在古典文献中的用例,可举上引《文子·道原》:

　　老子曰:……惟象无形,窈窈冥冥,<u>寂寥</u>淡漠,不闻其声。

还有《庄子·大宗师》:

　　闻诸副墨之子。副墨之子闻诸洛诵之孙。……于讴闻之玄冥。玄冥闻之<u>参寥</u>,<u>参寥</u>闻之疑始。

《庄子·大宗师》:

　　造适不及笑,献笑不及排。安排而去化,乃入于<u>寥天一</u>。

以上两段，也可参照。

"敓纞"，各种今本作"寂兮寥兮"，想尔本作"宷宴漠"，索洞玄书、天宝玉关本、次解本、龙兴观碑作"寂寞"，道藏李荣本作"寂寞兮"，道藏傅奕本、范应元本作"宷兮寞兮"。另外，若干版本"寂"字作"宷"。《经典释文》关于"宷"的条目，说"本亦作寂"，《经典释文》关于"寞"的条目，说"音莫。河上云：廖空无形也。钟会作飔云，空迹无质也"。马王堆《老子》甲本作"绣（寂）呵（乎）缪（寥）呵（乎）"，乙本作"萧（寂）呵漻（寥）呵（乎）"。

"蜀"，如《郭店楚简》所言是"独"的省字或假借字。两字通假之例，在马王堆《五行》非常多见。

"蜀（独）立"，只有"道"可以独立存在之意。之所以这样说，是因为那是一个连"天陛（地）"都还没有形成的寂静深远的世界。《庄子·应帝王》中有：

> 雕琢复朴，<u>块然独以其形立</u>，纷而封哉〈戎〉，一以是终。

《庄子·在宥》中有：

> 吾与日月参光，吾与天地为常。当我缗乎，远我昏乎。人其尽死，<u>而我独存乎</u>。

《庄子·田子方》中有：

> 孔子……曰：向者先生形体掘若槁木。似遗物离人而<u>立于独</u>也。老聃曰：吾游心于物之初。

以上各段，可以参照。

"亥"，如《郭店楚简》所言是"改"的假借字。《说文解字》云："改，更也。从攴己。""不亥"，说的是上述"道"的世界还没有发生任何的变化、运动。

“蜀立不亥”，各种今本作“独立不改”，古本系统、河上公本系统、玄宗本系统句子中间有“而”字。马王堆《老子》甲本作“独立〔而不玹（改）〕”，乙本作“独立而不玹（改）”。

还有，此句下面，各种今本有“周行不殆”句（很多版本句中间有“而”字），《经典释文》有关于“而不殆”的条目，指出：“田赖反。危也。”但是郭店《老子》本章及马王堆《老子》甲本、乙本都无此句，可见无此句者应是原来的古本。这一句，是西汉以后今本形成过程中附加上去的。

【4】可以为天下母

这一句的意思是，只有上述的“道”可以看作是产生“天下万物”的母亲。从上下文考虑，因为上承“天陞（地）”，所以“天下母”作“天陞母”才正确，但以郭店《老子》为代表的许多文本作“天下母”。关于“天下母”，今本《老子》（王弼本）第五十二章有：

> 天下有始，<u>以为天下母</u>。

“可以为天下母”，各种今本均作“可以为天下母”，仅范应元本“下”字作“地”。马王堆《老子》甲本、乙本均作“可以为天地母”。

【5】未<u>簦丌</u>名

这句话大意是，上述的“道”是人类无法命名、无法把握的实在。

相关的思想表达，可见今本《老子》（王弼本）第一章：

> <u>无名</u>，天地之始。

第十四章：

> 其上不曒，其下不昧，<u>绳绳不可名</u>，复归于无物。

第三十二章：

道常无名。

第四十一章：

道隐无名。

（参照本章甲本第三十二章注【1】，本书乙本第四十一章注【11】。）

"未𦣞亓名"，各种今本均作"吾不知其名"。马王堆《老子》甲本作"吾未知其名"，乙本作"吾未知亓（其）名也"。

【6】𡉚之曰道

"𡉚"，《汗简》第六云："𡉚，字。"可见如《郭店楚简》所言是"字"的异体字。

此句意为，所谓"道"，不过是对无法命名的对象所加的方便的称呼、小名而已。

相关思想表达，可见《吕氏春秋·大乐》：

道也者，至精也。不可为形，不可为名。彊为之，谓之太一。

《庄子·则阳》：

阴阳者，气之大者也。道者为之公，因其大而号以读之，则可也。……道之为名，所假而行。

《韩非子·解老》：

圣人观其玄虚，用其周行，强字之曰道。然而可论。故曰：道之可道，非常道也。

何晏"无名论"（《列子·仲尼》篇注所引）：

道本无名，故老氏曰：彊为之名。

“孳之曰道”，各种今本均作“字之曰道”，其上道藏傅奕本有“吾彊”二字，范应元本有“吾强”二字，《经典释文》有关于“强”的条目，说“其文反”。马王堆《老子》甲本、乙本均作“字之曰道”。

【7】虐

“虐”是《说文解字》中没有的字，本书依据《郭店楚简》【注释】〔五二〕的考证视其为“吾”的异体字。这是后面频出的假借字，为避繁杂，不再一一作注说明。这是郭店《老子》作者的自称。

第二十二号简

原文

㢡(强)为之名曰大【8】。大曰瀸【9】，瀸曰远【10】，远曰反【11】。天大，陸(地)大，道大，王亦大【12】。国中又(有)四大安(焉)【13】，王凥(处)一安(焉)【14】。人

白话译文

如果我勉强要给它加上名字，那就是“大”。这个大的东西中有运动开始征兆，接着离开“道”向远而去，最后又回到本根始源。

正因为如此，天是大，地是大，道是大，王也是大。国家中有上述四种大的东西，王在其中占据一角。作为人类代表的王效法地的存在方式，

注

【8】㢡为之名曰大

“㢡”，如《郭店楚简》所言是“强”的异体字。

这句话意为，勉强地为之取名叫作“大”。如果与上文联系起来，那么小名“孳(字)”和本名(名)正相配合，为下文谈到“道大”留下了伏笔。此外，《老子》及道家一般称“道”为“大道”(例如，今

本《老子》(王弼本)第十八章、第五十三章等),无疑,作为这些称呼之背景的思想也为此提供了依据。另外,今本《老子》(王弼本)第三十四章有"万物归焉而不为主,可名为大"。

"<u>弜</u>为之名曰大",各种今本均作"强为之名曰大",想尔本系统在这句话前有"吾"字,"为之名"在道藏本作"名之"。马王堆《老子》甲本、乙本均作"吾强为之名曰大"。

【9】大曰<u>邋</u>

"大",用来形容"道"在"天陛(地)"及"人"还没有出现以前就存在,世界上只有某种东西独立存在,这种东西无限广大。

"<u>邋</u>",如《郭店楚简》【注释】〔五三〕所言意义未详。滕壬生《楚系简帛文字编》第 813 页与张守中《包山楚简文字编》第 171 页,对同一个字作了不同的判读。这里暂且依照今本《老子》(王弼本),将其视为"逝"的异体字。

关于"逝"字,《说文解字》云:

> 逝,往也。从辵,折声。读若誓。

可见"逝"是"往"的意思。引申为动作、运动之意。说的是生出万物("天陛"及"人")的"道"之胎动吧。

这句话的意思是,前面描述的寂静深远,任何运动也没有发生的"道"广大无边的世界中,后来有某种运动发生以至于诞生了万物("天陛"及"人")。《庄子·天地》中有以下的话:

> 君子明于此十者,则韬乎其事心之大也,<u>沛乎其为万物逝也</u>。

这里用了"逝"字描述"道"使万物产生运动。今本《老子》(王弼本)第三十五章中有:

> 执大象,<u>天下往</u>。

此句也是几乎同样的思想（参照本书丙本第三十五章注
【1】）。

"大曰**鬶**"，各种今本均作"大曰逝"，马王堆《老子》甲本作
"〔大〕曰筮（逝）"，乙本作"大曰筮（逝）"。

【10】**鬶**曰远

"远"，《郭店楚简》说是别的字，即"**逺**"的错字，但我觉得可以
直接认定为"远"字。

这句话的意思是，运动的结果，诞生了的万物离开"道"而远
去。今本《老子》（王弼本）第六十五章中有：

> 玄德深矣远矣，与物反矣。

《庄子·田子方》中有：

> 远矣，全德之君子。

这些用例中的"远"，其内容说的是"道"和"德""远"离普通的
"物"，这和本章多少有所不同，但在认可"道"自身存在"远"的作
用这一点上，和本章思想相当接近。此外，今本《老子》（王弼本）
第四十章中也有：

> 反者，道之动。（参照本书甲本第四十章注【1】。）

"**鬶**曰远"，各种今本均作"逝曰远"，马王堆《老子》甲本作"筮
（逝）曰〔远〕"，乙本作"筮（逝）曰远"。

【11】远曰反

这句话的意思是，远离了"道"的万物（"天陉"及"人"）后来又
复归于"道"。"复归"思想，也见于今本《老子》（王弼本）第十四
章、第二十八章、第五十二章等处（参照乙本第五十二章中段注
【2】），在思想上与本章关系最深者，是将"万物"兴起的现象赋予

向"道""复归"之意味的第十六章：

> 致虚极，守静笃，<u>万物并作，吾以观复。夫物芸芸，各复</u><u>归其根。归根曰静，是谓复命</u>。（参照本书甲本第十六章上段注【4】。）

与之相关的思想表达，可以参照《庄子·天地》：

> 泰初有无，无有无名，一之所起。有一而未形，物得以生，谓之德。未形者有分，且然无间，谓之命。留动而生物，物成生理，谓之形。形体保神，各有仪则，谓之性。性修<u>反</u><u>德</u>，德至同于初。同乃虚，虚乃<u>大</u>，合喙鸣。喙鸣合，与天地为合。其合缗缗，若愚若昏。是谓玄德，同乎大顺。

"远日反"，各种今本作"远曰反"，"反"在次解本、龙兴观碑、道藏傅奕本、玄宗本系统作"返"。马王堆《老子》甲本为缺字，乙本作"远曰反"。

【12】天大，<u>陞</u>大，道大，王亦大

关于"天大，<u>陞</u>大，道大，王亦大"这"四大"的顺序，马王堆本、各种今本和郭店《老子》是不一样的，这一点《郭店楚简》【注释】〔五四〕已经指出。与各种今本及马王堆甲本、乙本非常整齐相比，郭店《老子》显然更古朴。《淮南子·道应》也作：

> 故老子曰：<u>天大，地大，道大，王亦大</u>。域中有四大，而王处其一焉。以言其能包裹之也。

《说文解字》也有：

> <u>天大，地大，人亦大焉</u>。象人形。

"王"字，陈柱《老子集训》、朱谦之《老子校释》认为应该改为"人"字，郭店《老子》的出土证明了此说并不正确。

“天大,陞大,道大,王亦大。”这“四大”列举了世界上伟大的存在,其中列入了政治统治者“王”,在主张“王”的伟大时没有任何犹豫。如果考察以前的道家思想,可知“王”理所当然被视为政治上伦理上人为的行动者,和无为正相反,是被否定的对象。这里将其作为“四大”之一加以重视,是不是作者关于人为的思想已经和过去的道家不同,发生变化了? 这一点可以参照拙论《儒家の“三才”と〈老子〉の“四大”》(收入《中村璋八博士古稀记念东洋学论集》,汲古书院,1995 年)。

与“天大,陞大,道大,王亦大”类似,将君主和“天”“陞”并列起来予以重视,这种思想表达还见于今本《老子》(王弼本)第三十九章:

> 昔之得一者,天得一以清,地得一以宁……侯王得一,以为天下贞。其致之,天无以清将恐裂,地无以宁将恐发……侯王无以贵高将恐蹶。

《庄子·天地》:

> 天地虽大,其化均也。万物虽多,其治一也。人卒虽众,其主君也。君原于德,而成于天。

《庄子·天道》:

> 天道运而无所积,故万物成。帝道运而无所积,故天下归。圣道运而无所积,故海内服。

《庄子·天道》:

> 夫帝王之德,以天地为宗,以道德为主,以无为为常。……天不产而万物化,地不长而万物育,帝王无为而天下功。故曰:莫神于天,莫富于地,莫大于帝王。故曰:帝王

之德,配天地。此乘天地,驰万物,而用人君之道也。

《庄子·天道》:

　　夫天地者,古之所大也。而黄帝尧舜之所共美也。故古之王天下者,奚为哉。天地而已矣。

《庄子·知北游》:

　　调而应之,德也。偶而应之,道也。帝之所兴,王之所起也。

"天大,陛大,道大,王亦大。"各种今本作"故道大,天大,地大,王亦大"。"故"字不见于想尔注本、索洞玄书、天宝玉关本、龙兴观碑、道藏傅奕本,"王"在想尔注本作"生",在道藏傅奕本、范应元本作"人","亦"不见于想尔本系统。马王堆《老子》甲本作"〔道大〕,天大,地大,王亦大",乙本作"道大,天大,地大,王亦大"。

【13】国中又四大安

"安",已见于本书甲本第三十二章(参照其注【9】)。这里也是语气词"焉"的假借字。

"国",恐怕这不是为了避西汉高祖刘邦的讳"邦"吧。因为本书确定抄写于刘邦驾崩以前。因此应该可以设想,其背景不是统一之后的天下,而是处于分裂状态的战国时代的国家吧。《说文解字》云:"国,邦也。从口,从或。"段玉裁注作如下解说:

　　邑部曰:邦,国也。按邦国互训,浑言之也。周礼注曰:大曰邦,小曰国。邦之所居,亦曰国,析言之也。戈部曰:或,邦也。古或国同用,邦封同用。古惑切。

"国中又四大安",各种今本均作"域中有四大",但次解本不见"有"字。马王堆《老子》甲本、乙本均作"国中有四大"。

【14】王凥一安

"凥"，《郭店楚简》认为是"居"的异体字或假借字，因为楚系文字中"居"另有其字，因此当如《说文解字》所言视为"处"的或体（参照滕壬生《楚系简帛文字编》，第1007页）。《说文解字》云：

> 处，止也。从夂几。夂得几而止也。处，处或从虍声。

这句话的意思是，国家之中有上述"四大"，"王"在其中占据一角。"王"之所以能够在"四大"中占据一角，是否可以这样考虑，因为"王"是"道"所发生之运动的产物之一，而且，又因为向着"道"的复归而获得了他的地位，或许还可以这样考虑，因为"王"以"天隆（地）"为媒介，能够以"道"的"自朕（然）"为模范，因此，能够担当起伟大的角色。

"王凥一安"，各种今本作"而王处其一焉"，"而"不见于道藏本，"王"在想尔注本作"生"，在范应元本作"人"，"处"在次解本、道藏李荣本、王弼本系统、范应元本、河上公本系统、玄宗本系统作"居"，"其"不见于想尔本系统，"焉"不见于想尔本系统，道藏傅奕本作"尊"。马王堆《老子》甲本、乙本均作"而王居一焉"。

第二十三号简

原文

法隆（地），隆（地）法天，天法道，道法自朕（然）■【15】。

白话译文

作为人类代表的王效法地的存在方式，而地则效法天的存在方式，而天又效法道的存在方式。道最终以万物凭借自身力量展开活动的存在方式为效法的对象■。

注

【15】〔人〕法<u>陞</u>,<u>陞</u>法天,天法道,道法自肰■

"人",指的就是上文的"王"。因为把"王"视为人类整体的代表才有这样的切换吧。"法"字,正确的字是"<u>埜</u>"。似为"灋"的省字。后面也会多次出现。"肰"字,本书甲本第六十四章下段已出(参照其注【13】)。

"自肰",本书甲本第六十四章下段已出(参照其注【13】)。这里,不仅包括世界的主动性、自律性,也包括世界的自动性、自然而然性。"道法自肰",和前面的"四大"一样,并不是在"道"的上面还有应该效法的"自肰(然)"。因为,要是那样的话就成了"五大"(参照诸桥辙次《掌中 老子の讲义》)。"道法自肰(然)",我认为是对"道"的内容作出新的解释,将其限定为世界的主动性、自然而然性。换言之,以人类顶点拥戴一个"王"这样的政治思想为根基,虽然在形式上设置以"<u>陞</u>(地)""天"为媒介的"道"的哲学,但在内容上已经将其置换成"道法自肰(然)"的"自然的思想"。

这段话意在为上述"四大"排序。如"人(王)→<u>陞</u>(地)→天→道"所示,其序列表现为下位者以上位者的存在方式为效法对象。然而,需要注意的是"自肰(然)"不包含在这"四大"之内。

"人法<u>陞</u>,<u>陞</u>法天,天法道,道法自肰。"各种今本、马王堆《老子》乙本均作"人法地,地法天,天法道,道法自然"。马王堆甲本作"人法地,〔地〕法天,〔天〕法〔道〕,道〕法〔自然〕",缺字相当多。

第五章　中段

第二十三号简

原文

天陘(地)之勿(间)【1】,丌(其)猷(犹)囙(橐)籊(籥)与【2】。虚而不屈(竭)【3】,蓬(动)而愈出■【4】。

白话译文

天地之间,就像是一个风箱装置吧。其中间虽然是空的,其动势却没有穷尽,随着运动不断地有万物生成出来■。

注

　【1】天陘之勿

　　这里,既无今本第五章(王弼本)上段"天地不仁,以万物为刍狗。圣人不仁,以百姓为刍狗",也无下段"多言数穷,不如守中"。但这并非说明当时虽然存在上段、中段、下段完备的第五章,但抄写者有意识省略上段、下段,只抄写中段,也不意味着在无意识中忘了抄写上段、下段吧。我认为处于形成途中的古《老子》第五章,其文本正如郭店《老子》是只有中段的。因为,虽然同样使用"天地"之词汇,今本上段"天地不仁,以万物为刍狗"的内容和中段"天地之间,其犹橐籥乎"的内容完全不同,难以相信同一时期形成的古《老子》第五章中一开始就包含了这两种不同的内容。下段的"多言数穷,不如守中"情况也相同,我推测是为了从某个方向对中段的意义加以限定,而在郭店《老子》之后的时代被附加了上去。

　　"**勿**",如《郭店楚简》【注释】〔五五〕所言是"间"的省字。《说文解字》云:

间,隙也。从门月。𨳲,古文间。

可见,这是古文。

"天陉之勿",指的是"天"和"陉(地)"所包容的、能够被人想象的最大空间,是"万物"存在的世界、宇宙。如下文所示,在其内部有"万物"生成的活动在展开,因此,可以说几乎相当于"道"。

"天陉之勿",各种今本均作"天地之间",仅次解本作"天地间"。马王堆《老子》甲本作"天地〔之〕间",乙本作"天地之间"。《牟子理惑论》中有:

> 老子云:天地之间,其犹橐籥乎。

【2】丌猷囤篗与

"囤",如《郭店楚简》【注释】〔五六〕所言是"橐"的假借字吧。"篗",如《郭店楚简》所言是"籥"的错字或异体字。

"橐籥",炼造铸物时用的风箱。"橐"是兽皮做的用于鼓风的风箱本体,"籥"是空气能够出入的竹管(参见高明《帛书老子校注》,中华书局,1996 年)。吴澄《道德真经注》以下的解说非常出色:

> 橐籥,冶铸所以吹风炽火之器也,为函以周罩于外者,橐也。为辖以鼓扇于内者,籥也。天地间犹橐籥者,橐象太虚,包含周遍之体。籥象元气,缊缊流行之用。(参照朱谦之《老子校释》。)

王弼、成玄英把"籥"解释为乐器,不恰当。

在"天陉(地)"这一宇宙空间中"万物"被生成的样子,常常被比喻为用"橐籥"和"炉"来铸造金属器物的作业。例如,《管子·宙合》中有:

天地,万物之橐,宙合有橐天地。天地苴万物,故曰:万物之橐。

《庄子·大宗师》中有:

今一以天地为大炉,以造化为大冶,恶乎往而不可哉。

贾谊的《鵬鸟赋》中有:

且夫天地为炉兮,造化为工。阴阳为炭兮,万物为铜。

"丌猷囯箪与",各种今本作"其犹橐籥乎","籥"在想尔本系统、敦煌本中作从"艸"的字,"乎"不见于想尔本系统、开元廿六碑。马王堆《老子》甲本作"其犹橐籥舆(与)",乙本作"亓(其)犹橐籥舆(与)"。

【3】虚而不屈

"屈"与"竭"同意。竭尽之意。

"虚而不屈",各种今本均作"虚而不屈",但"屈"在《经典释文》王弼本作"掘",道藏傅奕本作"诎"。《经典释文》说:"掘,求物反。又月反。河上作屈。屈,竭也。顾作掘。云:犹竭也。"马王堆《老子》甲本、乙本均作"虚而不滒(屈)"。

【4】蓮而愈出■

"蓮",如《郭店楚简》所言是"动"的假借字。"出","万物"被做"出"来的意思。

这两句说的是,尽管"天陞(地)之刣(间)"什么都没有,呈现为"虚",但其运动却没有穷尽,越动就越有"万物"生出,是可以大量产出的一种实在。因此这是描述"道"生成"万物"之活动具有无穷性、多产性的哲学。"天陞(地)"生成活动的无穷性,在今本《老子》(王弼本)紧接第五章的第六章中也有描述。

这段话的下面,各种今本均有"多言数穷,不如守中"。马王堆《老子》甲本、乙本均作"多闻数穷,不若守于中(盅)"。如上所述,郭店《老子》没有这句话。

"蓮而愈出",各种今本作"动而愈出","愈"在道藏李荣本、道藏傅奕本、范应元本、河上公道藏本作"俞",开元廿七碑作"逾"。马王堆《老子》甲本作"蹱(动)而俞(愈)出",乙本作"动而俞(愈)出"。

文章末尾"■",《郭店楚简》未加注意。

第十六章　上段

第二十四号简

原文

至(致)虚亘〈亟(极)〉也【1】,兽(守)中(盅)管(笃)也【2】,萬勿(物)方(旁)复(作)【3】,居以须逶(复)也【4】。天道员(贳)员(贳)【5】,各逶(复)亓(其)董(根)■【6】。

白话译文

如果让自己的心灵最后都归于空虚,彻底都守于平静,那么,不久之后万物一齐活泼泼地开始生长,坐着不动等着万物又复归于道。天道让万物茂密繁盛地生长的同时,又让万物各自复归于根本(道)■。

注

【1】至虚亘〈亟〉也

"亘",如《郭店楚简》【注释】〔五七〕所言,是《说文解字》所见"恒"的古文,但这里是"亟"的错字,意为"极"。如果是"亘"的话,就和"管""复""逶"无法押韵,而且本书乙本第五十九章也出现了同样的错字(参照其注【5】)。

"虚",和"静"的意义几乎相同。说的是人(特别是圣人)为把握"道"而采取的方法、态度。《庄子·天道》中有：

> 夫<u>虚静</u>恬淡,寂漠无为者,天地之平,而道德之至。……夫<u>虚静</u>恬淡,寂漠无为者,万物之本也。

《荀子·解蔽》中有：

> 人何以知道。曰：心。心何以知。曰：<u>虚壹而静</u>。心未尝不臧也,然而<u>有所谓虚</u>。……心未尝不动也,然而<u>有所谓静</u>。人生而有知,知而有志。志也者,臧也,<u>然而有所谓虚,不以所已臧害所将受谓之虚</u>。……心卧则梦,偷则自行,使之则谋。故心未尝不动也,<u>然而有所谓静,不以梦剧乱知谓之静</u>。未得道而求道者,<u>谓之虚壹而静</u>。作之,则将须道者之虚,虚则入……将思道者静,静则察。知道察,知道行,体道者也。虚壹而静,谓之大清明。万物莫形而不见,莫见而不论,莫论而失位。坐于室而见四海,处于今而论久远,疏观万物而知其情,参稽治乱而通其度,经纬天地而材官万物,制割大理而宇宙里矣。恢恢广广,孰知其极。罩罩广广,孰知其德。涫涫纷纷,孰知其形。明参日月,大满八极,夫是之谓大人。

《荀子》的"虚壹而静"说是受《老子》等道家的影响而形成的,但在郭店《老子》这个阶段,道家的虚静说似乎还并不十分成熟。

包括前后文在内,对这段话加以引用的文章有《淮南子·道应》：

> 故老子曰：<u>致虚极,守静笃,万物并作,吾以观其复也</u>。

《文子·道原》：

故曰：致虚极也，守静笃也，万物并作，吾以观其复。

此外，虽然没有引用《老子》，但《韩非子·扬榷》中有：

虚静无为，道之情也。

《庄子·天下》中有：

人皆取实，己独取虚。

这些也可以参照。

"至虚亘也"，各种今本均作"致虚极"，"致"在河上公敦煌本作"至"。马王堆《老子》甲本、乙本均作"至（致）虚极也"。

【2】兽中箸也

"兽"，本书甲本第三十二章已出（参照其注【4】），是"守"的假借字。

在今本《老子》（王弼本）中，与此类似的"守"的用例，见于第五章：

多言数穷，不如守中。

第二十八章：

知其雄，守其雌，为天下溪。……知其白，守其黑，为天下式。……知其荣，守其辱，为天下谷。

第三十二章：

道常无名。朴虽小，天下莫能臣也。侯王若能守之，万物将自宾。天地相合，以降甘露。民莫之令，而自均。

第三十七章：

道常无为而无不为。侯王若能守之，万物将自化。

第五十二章：

天下有始，以为天下母。……既知其子，复守其母，没身不殆。……见小曰明，守柔曰强。用其光，复归其明，无遗身殃，是为习常。

（参照本书甲本第三十二章注【4】，本书甲本第三十七章注【2】。）本章"兽（守）中"这个词中，或许也包含着第三十二章、第三十七章所能感受到的政治的内容。

"中"字，和今本《老子》（王弼本）第四章：

道，冲而用之，或不盈。渊兮似万物之宗。

第四十五章：

大盈若冲，其用不穷。

《庄子·应帝王》：

吾乡示之以太冲莫胜。

《淮南子·原道》：

夫道者……源流泉浡，冲而徐盈，混混汩汩，浊而徐清……道者，一立而万物生矣。……浊而徐清，冲而徐盈。

等文献中的"冲"几乎同义（参照本书乙本第四十五章注【3】）。《说文解字》云：

盅，器虚也。从皿，中声。老子曰，道，盅而用之。

"冲"即"盅"的省字或假借字。表示器是空的，或者空的器。因此，"中"和"虚"几乎同义。

"箐"字，《说文解字》云：

篧,竺也。从竹,竹声。读若笃。

段玉裁注云：

竺各本作厚,今正。竺厚古今字,篧笃亦古今字。篧与二部竺音义皆同。今字笃行而篧竺废矣。《公刘》毛传曰：笃,厚也。此谓笃即竺篧字也。冬毒切。

可见,"篧"为古字,"笃"为今字。此字亦见于《汗简》第二。

这段文章前后的构造是这样的,上面两句"至(致)虚亘〈亟(极)〉也,兽(守)中(盅)篧(笃)也"提示的是与主体(圣人)相关的条件,下面两句"万勿(物)方(旁)逨(作),居以须逡(复)也"叙述的是与客体(万物)相关的结果。《老子》中这类文章结构非常多见,请参照拙著《道家思想的新研究——以〈庄子〉为中心》(中州古籍出版社,2009年)第12章《圣人的"无为"和万物的"自然"》。

"兽中篧也",各种今本均作"守静笃","静"字,只有道藏傅奕本作"靖"。马王堆《老子》甲本作"守情(静)表〈裻(笃)〉也",乙本作"守静督(笃)也"。

【3】万勿方复

"方"字,如《郭店楚简》所言,即"旁"的省字或假借字,《说文解字》云：

旁,溥也。从二。阙。方声。

或者,也许是"并"的假借字。

"万勿方复",即万物、万民一齐兴起。和下文"天道员(贗)员(贗)"是大致相同的内容。和今本《老子》(王弼本)第二章：

是以圣人处无为之事,行不言之教。万物作焉而不辞。

第三十七章：

> 道常无为而无不为。侯王若能守之，<u>万物将自化</u>。化而
> 欲作，吾将镇之以无名之朴。

是大致相同的意思（参照本书甲本第二章注【13】，本书甲本第三
十七章注【4】）。

各种今本均作"万物并作"，若干版本"萬"字作"万"。马王堆
《老子》甲本、乙本均作"万物旁作"。

【4】居以须<u>逐</u>也

"居"字，应当如字读，恐非各种今本"吾"的假借字。郭店《老
子》之所见"吾"，如本书甲本第二十五章所示就是"<u>虘</u>"字（参照其
注【7】）。

"须"字，即"需"的假借字，是"待"的意思（《仪礼·士昏礼》郑
玄注）吧（参照《郭店楚简》【注释】〔五八〕）。《庄子·人间世》
中有：

> 耳止于听，心止于符。气也者，<u>虚而待物者也</u>。唯道
> 集虚。

《庄子·大宗师》中有：

> 又况万物之所系，<u>而一化之所待乎</u>。

可以参照其中的"待"字。

"<u>逐</u>"，"复归"之意。指"万物"向着"道"的"复归"。用这个
词汇来表达"万勿方（旁）<u>复</u>（作）"的现象朝着"道"的方向"复归"。
"复归"，除本章外，今本《老子》（王弼本）第十四章中有：

> 其上不皦，其下不昧，绳绳不可名，<u>复归于无物</u>。

第二十八章中有：

知其雄,守其雌,为天下溪。为天下溪,常德不离,复归于婴儿。知其白,守其黑,为天下式。为天下式,常德不忒,复归于无极。知其荣,守其辱,为天下谷。为天下谷,常德乃足,复归于朴。

第五十二章中有:

用其光,复归其明,无遗身殃,是为习常。

第六十四章中有:

是以圣人······学不学,复众人之所过。

(可以参照本书甲本第二十五章注【11】,本书甲本第六十四章下段注【12】,本书丙本第六十四章下段注【8】。)

"居以须逯也"的意思,和下文"各逯(复)亓(其)蕫(根)"大致同义。

"居以须逯也",各种今本均作"吾以观其复","以"字下河上公道藏本有"是"字,"其"字王弼本系统无。马王堆《老子》甲本作"吾以观其复也",乙本作"吾以观亓(其)复也"。

【5】天道员员

"天道",或许是"夫勿(物)"的误写。如果不是误写,那么必须理解为"天道"使其发生的"万勿(物)"的现象。

"员"字,《说文解字》云:

员,物数也。从贝,口声。······鼎,籀文,从鼎。

"员"即"鼎"字,但是《说文解字》云:

贻,物数纷贻乱也。从员,云声。

或许是"贻"的省字或假借字吧。"员员"在这里形容的是万物兴盛的样貌。

与之相关的表达，可见《庄子·在宥》：

> 解心释神，莫然无魂，<u>万物云云，各复其根</u>。各复其根而
> 不知。

《淮南子·览冥》：

> 解意释神，漠然若无魂魄，<u>使万物各复归其根</u>，则是所修
> 伏牺氏之迹，而反五帝之道也。

“天道员员”，各种今本作“夫物芸芸”，但“夫”字在《经典释
文》王弼本、道藏傅奕本、范应元本作“凡”，《经典释文》有“凡物”
的条目，注曰“本作夫”。“芸芸”在想尔本系统作“云云”，在道藏
傅奕本、范应元本作“<u>蕴蕴</u>”。马王堆《老子》甲本作“天〈夫〉物云
(蕴)云(蕴)”，乙本作“天〈夫〉物祗(蕴)祗(蕴)”。可见，存在“员
员”“芸芸”“云云”“<u>蕴蕴</u>”“雲雲”“祗祗”等各种各样的表达方式，
如《说文解字》所言，因为这是一个“云声”的拟态词。

【6】各逗亓董■

“董”字的字形，如《说文解字》所言是“董”的古文。如《郭店
楚简》所言恐即“根”的假借字。生出“万物”的根源，即“道”的比
喻。今本《老子》（王弼本）中，其他还见于第六章：

> 玄牝之门，<u>是谓天地根</u>。

第二十六章：

> <u>重为轻根</u>，静为躁君。

第五十九章：

> 有国之母，可以长久。<u>是谓深根固柢</u>，长生久视之道。

（参照本书乙本第五十九章注【8】。）

然而，马王堆《老子》甲本、乙本，以及各种今本这句话的下面还有"归根曰静，是谓复命。复命曰常，知常曰明。不知常，妄作凶。知常容，容乃公，公乃王，王乃天，天乃道。道乃久，没身不殆"，在郭店《老子》中不存在。换言之，郭店《老子》甲本第十六章仅存上段没有下段。正在形成途中的古《老子》第十六章，如郭店《老子》所示无疑是只有上段的文本。笔者推测，下段的部分是郭店《老子》以后，马王堆《老子》形成过程中被附加上去的吧。

"各逡亓董"，各种今本作"各复归其根"，但想尔本系统、古本系统没有"复"。马王堆《老子》甲本作"各复归于其〔根〕"，乙本作"各复归于亓（其）根"。

文章末尾"■"，《郭店楚简》未加注意。

第六十四章　上段

第二十五号简

原文

亓（其）安也，易圥（持）也【1】。亓（其）未兆（兆）也，易楳（谋）也【2】。亓（其）毳（脆）也，易畔（判）也【3】。亓（其）几也，易戗（散）也【4】。为之于亓（其）

白话译文

安定的东西容易维持，还没有现出征兆的东西容易对应，脆弱的东西容易分割，细微的东西容易使其分散。因此，必须在还没有成形时加以处理，

注

【1】亓安也，易圥也

"丰"，如《郭店楚简》【注释】〔五九〕所言是"持"的异体字。"持"，持续、维持之意。今本《老子》(王弼本)第九章中有：

> 持而盈之，不如其已。

第六十七章中有：

我有三宝，持而保之。

（参照本书甲本第九章注【1】。）

"亓安也，易丰也。"各种今本均作"其安，易持"。马王堆《老子》甲本作"●亓(其)安也，易持也"，乙本全都缺字。《韩非子·喻老》有"故曰：其安，易持也。其未兆，易谋也。"

【2】亓未莗也，易愳也

"莗"，如《郭店楚简》所言是"兆"的假借字吧。"未莗"，即事物的兆候尚未呈现。今本《老子》(王弼本)第二十章中有：

> 我独泊兮其未兆，如婴儿之未孩。

"愳"，一般多为"侮"之意，但这里如《郭店楚简》所言是"谋"的假借字吧。《说文解字》云：

> 慔，忧也。从心，某声。读若侮。

由此可见，两字确有通假之可能。

"亓未莗也，易愳也。"各种今本均作"其未兆，易谋"，但"兆"字范应元本作"沘"。马王堆《老子》甲本作"〔亓(其)未兆也〕，易谋〔也〕"，乙本全都缺字。

【3】亓靐也，易畔也

"靐"，如《郭店楚简》【注释】〔六〇〕所言是"脆"的假借字吧。《说文解字》云：

> 脆，小耎易断也。从肉，绝省声。

此外,还有:

　　臇,奭易破也。从肉,毚声。

今本《老子》(王弼本)第七十六章有以下用例:

　　人之生也柔弱,其死也坚强。万物草木之生也柔<u>脆</u>,其
　　死也枯槁。

"畔",如《郭店楚简》所言是"判"的假借字吧。《说文解字》
云:"判,分也。从刀,半声。"

"亓臇也,易畔也。"各种今本作"其脆,易破。"但"脆"字天宝
神沙本、次解本作"毚",范应元本作"脆";"破"字王弼本系统作
"泮",古本系统作"判"。马王堆《老子》甲本、乙本均全部为缺字。
《经典释文》关于"其脆"的条目,注释云:"七岁反。河上本作臇,
昌睿反。"关于"易泮"的条目,注释云:"普半反"(《郭店楚简》【注
释】〔六〇〕对《经典释文》的引用不准确)。

【4】亓几也,易<u>戔</u>也
"几",和《周易·系辞下传》:

　　子曰,知<u>几</u>,其神乎。君子上交不谄,下交不渎。<u>其知几</u>
　　<u>乎。几者,动之微,吉之先见者也。君子见几而作,不俟</u>
　　<u>终日。</u>

中所见"几"意思相同。指事物刚发生时的微弱的阶段。

"戔",《说文解字》云:"<u>戔</u>,迹也。从彳,戔声。"此外,还有
"<u>衒</u>,迹也。从行,戔声"。但如字读解的话意思无法圆满通顺。
《郭店楚简》基于今本《老子》视其为"散"的假借字,这样比较好。

这个部分的大意,当事物处于"未<u>兆</u>(兆)""几"的萌芽状态
时,还是容易对付处理的。

"亓几也,易*後*也。"各种今本均作"其微,易散"。马王堆《老子》甲本、乙本均全都为缺字。

第二十六号简

本文

亡(无)又(有)也【5】,*絅*(治)之于亓(其)未乱【6】。合〔抱之木,生于毫〕末【7】,九成之台,己(起)〔于赢(蔂)土【8】,百仁(仞)之高,台(始)于〔9】

白话译文

因此,必须在还没有成形时加以处理,在还没有混乱时加以统治。要靠两臂合拢才能〔抱起的大树,是从毫〕末这样的萌芽状态〔开始生长的〕,九层的高台,是靠〔一筐筐的土累积后〕建起来的,想登上〔百仞(约150米)的高处〕,也得从脚下〔开始〕。

注

【5】"为之于亓亡又也"以下两句,也见于《战国策·楚策一》:

> 苏秦为赵合从,说楚威王曰:……臣闻治之其未乱,为之其未有也。患至而后忧之,则无及已。

《史记·苏秦列传》:

> 苏秦……乃西南说楚威王曰:……臣闻治之其未乱也,为之其未有也。患至而后忧之,则无及已。

贾谊《新书·审微》:

> 老聃曰:为之于未有,治之于未乱。管仲曰:备患于未形上也。

《吴志·孙策传》注:

可谓**为之于其未有**,**治之于其未乱者也**。

此外,据大田方晴轩《老子全解》、王鸣盛《尚书后案》,《尚书·周官》所见:

制治于未乱,保邦于未危。

可以说也利用了《老子》本章的内容。

"为之于亓亡又也",各种今本均作"为之于未有",但"于"字严遵指归本无,道藏傅奕本、范应元本作"乎其",河上公意林本作"于"。马王堆《老子》甲本、乙本均全部为缺字。

【6】**絧之于亓未乱**

"絧",作为"忌"字已见于本书甲本第二章(参照其注【13】)。如《郭店楚简》所言是"治"的假借字。"乱"字,楚系文字实际上只有"乱"的左旁,是个省字。

这部分的大意是,事物处于"亡(无)又(有)""未乱"之萌芽状态时,就必须"为"必须"絧(治)"。这是《老子》中对作为、人为鲜见的加以肯定的思想,笔者认为,说这是受到荀子学派影响的产物,是合适的。

"絧之于亓未乱",各种今本均作"治之于未乱",但"于"字严遵指归本中无,道藏傅奕本、范应元本作"乎其",河上公意林本作"于"。马王堆《老子》甲本、乙本全部为缺字。

【7】**合〔抱之木,生于毫〕末**

"合"下面的缺字有五字或六字。此据《郭店楚简》【注释】〔六一〕补为"〔抱之木,生于毫〕"。"合抱之木",要双臂才能抱起的大树。

"毫末",亦见于《孟子·梁惠王上》:

明足以察秋毫之末,而不见舆薪。

《庄子·齐物论》：

> 天下莫大于秋毫之末，而大山为小。

《庄子·秋水》：

> 此其比万物也，不似豪末之在于马体乎。

等文献。动物体毛的尖头，极微小之物的代表。

"合〔抱之木，生于毫〕末。"各种今本作"合抱之木，生于毫末"，但"抱"字，道藏傅奕本作"毠"，"毫"字，想尔本系统、古本系统、河上公本系统不少版本作"豪"。马王堆《老子》甲本作"〔合抱之木，生于〕毫末"，乙本作"☒木，作于毫末"。

【8】九成之台，已（起）〔于赢（蔂）土〕

"成"字，有学者视其为"层"的假借字（高明《帛书老子校注》），但没必要这样读。"成""层""重"可以是同样的意思，朱谦之《老子校释》有考证。

关于"九成之台"，《吕氏春秋·音初》中有：

> 有娀氏有二佚女，为之九成之台，饮食必以鼓。

高诱注曰："成犹重也"。此外，《楚辞·九问》中有：

> 厥萌在初，何所亿焉。璜台十成，谁所极焉。

王逸注解释为："纣果作玉台十重，糟丘酒池，以至于亡也。"

"台"字，今本《老子》（王弼本）中，又见于第二十章：

> 众人熙熙，如享太牢，如春登台。

即为展望四方而建造的高殿。

"已"，《郭店楚简》【注释】〔六二〕作"甲"，将其视为"作"的错字，但这是个误判，正确就是"已"字。此字与滕壬生《楚系简帛文字编》1064 页所引"包二、一五七反"的字形类似。还可以参照《汗简》第一"起"的字形。

"己"下面的缺字,据《郭店楚简》【注释】〔六二〕,基于马王堆《老子》甲本、乙本补了九个字。"赢",即"蕢"的假借字,盛土的筐。关于"蕢"的意思,高亨《老子正诂》(中国书店影印本,1988年)有出色的研究。

这部分的大意是,从事物处于萌芽状态时开始"为",不断地累积微小的努力,最后必定能够完成巨大的事业。类似的用例可见《论语·子罕》:

子曰,譬如为山,未成一篑,止吾止也。譬如平地,虽覆一篑,进吾往也。

《荀子·修身》:

跬步而不休,跛鳖千里。累土而不辍,丘山崇成。

《淮南子·说山》:

先针而后缕,可以成帷。先缕而后针,不可以成衣。针成幕,蕢成城。事之成败,必由小生。言有渐也。

《文子·道德》:

十围之木,始于把。百仞之台,始于下。此天之道也。

此外,笔者认为,这个部分继承了战国晚期儒家代表荀子的"积微"(不断累积微小的努力以完成巨大的事业)的思想,而且试图将其包容到自己的思想体系之中。

"九成之台,己〔于赢土〕。"各种今本作"九层之台,起于累土"。但"层"字严遵指归本、想尔本系统作"重",道藏傅奕本、范应元本作"成"。马王堆《老子》甲本作"九成之台,作于赢(蕢)

土",乙本作"九成之台,作于簋(蕢)土"。

【9】〔百仁之高,台于〕足下

"〔百仁之高,台于〕",是参照马王堆《老子》甲本、乙本上补入的部分。"仁",即"仞"的假借字。"台",即"始"的省字或异体字。

根据郭店《老子》甲本,"足下"的下面,有表示文章告一段落的"■"符号,而且,由"为之者败之,执之者远〈遊(失)〉之"开始的文章(即第六十四章下段),并没有被置于和上文相同的地方。因此,本章的上段和下段,显然在当时没有被认为是同一章。

各种今本虽作"千里之行,始于足下。"但敦煌成玄英本在这段文字上面加了"而"字,"千里"在严遵指归本、敦煌成玄英本、天宝神沙本、次解本那里作"百仞","行"在严遵指归本、敦煌成玄英本、天宝神沙本、次解本中作"高","足"字景福碑中无。马王堆《老子》甲本作"百仁(仞)之高,台(始)于足〔下〕",乙本作"百千之高,始于足下"。

第二十七号简

本文

足下■【10】。

白话译文

〔从〕脚下〔开始〕■。

注

【10】足下■

"■",《郭店楚简》看漏了这个符号。

第五十六章

第二十七号简

原文

䎩(知)之者弗言,言之者弗䎩(知)【1】。閔(閟)亓(其)逆(穴),賽(塞)亓(其)门【2】,和亓(其)光,迵(通)亓(其)斳(尘)【3】,剉(剉)亓(其)爳(锐),解亓(其)纷【4】。

白话译文

真的把握住什么的人不将其说出,说出来的人其实没有把握住什么。塞住耳目鼻口的穴道,关闭知觉的门户,柔和智慧之光,将尘土一般混沌的世界混同为一,挫损敏锐的头脑活动,把自己融入纷乱的万物之中。

注

【1】䎩之者弗言,言之者弗䎩

这两句,从语法上看,"弗言"的宾语就是上文"知"的那个"之",同样"弗䎩"的宾语就是上文"言"的那个之。就是说,"弗言""弗䎩"的那个对象,不仅仅指"道",也指包括"道"在内的世界的所有现象。这种对"䎩"和"言"非常严厉的否定,是道家思想史上比较早期出现的思想。与之形成对比的是《庄子·天道》所见:

> 夫形色名声,果不足以得彼之情,则知者不言,言者不知。而世岂识之哉。

《庄子·知北游》所见:

> 黄帝曰:……夫知者不言,言者不知。故圣人行不言之教。

《淮南子·道应》所见：

  故知者不言，言者不知也。

上述引文，都仅仅否定的是与"道"相关的"知""言"，换言之，肯定的是与"万物"相关的"知""言"。这些可以看作是较晚时期形成的思想。

  "𧦝之者弗言，言之者弗𧦝。"各种今本均作"知者不言，言者不知"，但两句末尾道藏傅奕本、范应元本有"也"字。马王堆《老子》甲本作"〔知者〕弗言，言者弗知"，乙本作"知者弗言，言者弗知"。

  【2】閟亓逸，赛亓门

  "閟"字，《郭店楚简》【注释】〔六三〕将其视为"闭"的错字，应该是"𥧌"（即"必"这个部分）的省字吧。本书乙本第五十二章中段作"𥧌亓门，赛亓逸"（参照本书乙本注【1】）。《说文解字》有"𥧌，闭门也。从门，必声"。

  "逸"，即"穴"或"阅"的假借字。《说文解字》有"阅，具数于门中也。从门，兑声"。段玉裁注认为引申之后也有了"穴"的意思。

  "逸"和"门"都比喻的是人的感觉器官。似乎两者间并没有特别的不同。这里论述的不是欲望的问题而是认识的问题，后面的文字也一样。除了木村英一、野村茂夫《老子》、金谷治《老子无知无欲のすすめ》、小川环树《老子》之外，日本很多入门书，都将其理解为欲望的器官，我认为不恰当。例如诸桥辙次《掌中老子の讲义》、福永光司《老子》下、蜂屋邦夫《老子》就这样解释。《庄子·应帝王》中有：

   人皆有七窍，以视听食息，此独无有。尝试凿之。日凿一窍，七日而浑沌死。

这里的"七窍"主要是感觉器官之意。以上问题,也可参照本书乙本第五十二章中段注【1】。

"赛",如《郭店楚简》所言,是"塞"的假借字吧。两字通假的例子很多。

"閟亓逆,赛亓门"下面的文章,说的是如何否定、排除"聋""言"的方法,以及由此导致的结果。

"閟亓逆,赛亓门。"各种今本作"塞其兑,闭其门"。马王堆《老子》甲本作"塞亓(其)閟(穴),闭亓〔门〕",乙本作"塞亓垸(穴),闭亓门"。另外,今本《老子》(王弼本)第五十二章中有"塞其兑,闭其门。"(参照本书乙本第五十二章中段注【1】。)

【3】和亓光,迵亓軫

"和",表面上似乎说的是人具有稳定、调和其感觉、认识的能力,并使之与周围相协调,但从内容上看,说都是"聋(知)之者"舍弃其依据"聋(知)""言"能力实行的价值判断与事实判断,实际上说的是对"聋(知)""言"的否定与排除。依据这一方法首先将到达的境地是"万物齐同"的世界,此时,"聋(知)之者"就和"万物齐同"的世界完全融为一体,但本章将这一状态命名为"玄同"。类似的思想表达,亦见于《庄子·齐物论》:

> 是以圣人和之以是非,而休乎天钧。

《庄子·齐物论》:

> 和之以天倪,因之以曼衍,所以穷年也。何谓和之以天倪。曰:是不是,然不然。

《庄子·寓言》:

> 卮言日出,和以天倪,因以曼衍,所以穷年。不言则齐,齐与言不齐。言与齐不齐也。故曰无言。……物固有所然,

物固有所可。<u>无物不然，无物不可</u>。非卮言日出，<u>和以天倪</u>，孰得其久。

"光"，其他也见于今本《老子》(王弼本)第四章、第五十二章、第五十八章，说的是依据通常耳目所获得的知。

"迵"，《郭店楚简》说是"同"的意思，可疑。马王堆帛书《周易》中作为"通"的假借字多次出现。此外，《说文解字》云：

通，达也。从辵，甬声。……迵，达也。从辵，同声。

可见"通"与"迵"两字是同一个字。

"<u>新</u>"，《郭店楚简》【注释】〔六四〕指出此字多为"慎"的异体字，这里或许也是"慎"的意思。但我们暂时视其为"尘"的异体字。"尘"是"光"的反义语。说的是被"甚(知)""言"把握之前的世界，亦即价值与事实尚未分化出来的、全一的混沌的世界。

"和亓光，迵亓<u>新</u>。"各种今本都是后面两句在前，作"挫其锐，解其纷，和其光，同其尘"。马王堆《老子》和郭店《老子》顺序相同，甲本作"〔和〕其光，同亓(其)<u>垫</u>(尘)，坐(剉)亓阅(锐)，解亓(其)纷"，乙本作"和亓(其)光，同亓(其)尘，锉(剉)亓(其)兑(锐)，而解亓(其)纷"。这四句也见于《老子》第四章，各种今本作"挫其锐，解其纷，和其光，同其尘"。马王堆《老子》甲本作"锉其〔兑〕，解其纷，和其光，同〔其尘〕"，乙本作"锉亓(其)兑，解亓(其)芬(纷)，和亓(其)光，同亓(其)尘"。顺便指出，《淮南子·道应》篇中也有：

老子曰：挫其锐，解其纷，和其光，同其尘。

基于以上的事实，我们可以这样推测，到马王堆《老子》的阶段为止，这四句的顺序呈现出两种不同的写法(即本章与第四章),但马王堆本之后(应该是西汉时代),第四章的顺序开始盛行,由此本章的顺序也依照第四章加以修正,只留下第四章的顺序成为唯一的顺序。因为郭店《老子》本章(郭店《老子》尚不包含第四章)的顺序和马王堆《老子》本章一样,所以,可以说本章和第四章两种顺序中,时代更早的是本章的顺序吧。

【4】劃亓纎,解亓纷

"劃"字,虽然《郭店楚简》将其判读为"劃",但可能是"副"字。如果是"副"字,如《说文解字》所示:"副,判也。"如果是"劃",则是不见于《说文解字》等字书中的字。或许此字就是各种今本所见"挫"的异体字,或《说文解字》所见"剉,折伤也"的异体字。这里将其视为"剉"的异体字,挫损的意思。

"纎",不清楚是什么字。可能是各种今本所见"锐"的异体字,指的是头脑的敏锐。作为比喻,和上文的"和其光"几乎类似。

"解",指的是将"道"或者把握"道"的人的精神分解开来,渗透到整全的、混沌的世界每一个角落。例如《管子·心术下》中有:

> 是故圣人一言之解,上察于天,下察于地。

《管子·内业》中有:

> 正心在中,万物得度。道满天下,普在民所,民不能知也。一言之解,上察于天,下极于地,蟠满九州。何谓解之,在于心安。

马王堆《十六经·成法》中有:

> 黄帝曰:一者,一而已乎。亓(其)亦有长乎。力黑曰:一者,道亓(其)本也,胡为而无长。□□所失,莫能守一。一之

解，察于天地。一之理，施于四海。

《淮南子·原道》中有：

> 道者，一立而万物生矣。是故一之理，施四海。一之解，际天地。其全也纯兮若朴，其散也混兮若浊。

"纷"，《广雅·释诂三》有"纷，乱也"。和上文"斩（尘）"属于几乎相似的比喻。"劃亓巓，解亓纷"和上文"和亓（其）光，迵（通）亓斩（尘）"意义几乎相同。

"劃亓巓，解亓纷。"各种今本作"挫其锐，解其纷"。但"纷"字指归本、想尔本系统、意林本、敦煌本作"忿"，王弼本系统作"分"。马王堆《老子》甲本作"坐（剉）亓（其）阅（锐），解亓（其）纷"。乙本作"锉（剉）亓（其）兑，而解亓（其）纷"。

第二十八号简

原文

是胃（谓）玄同【5】。古（故）不可旻（得）天〈而〉新（亲），亦不可旻（得）天〈而〉疋（疏）【6】。不可旻（得）天〈而〉利，亦不可旻（得）天〈而〉害【7】。

白话译文

将此称为深远的合一。

对这位合一者而言，谁都无法与之亲爱，同时谁都无法与之疏远。既无法给他带来利益，同时也无法给他带来损害。

注

【5】是胃玄同

"玄同"，不仅仅意味着因为上述的方法，世界被解构成一种整全的、混沌的状态，也意味着实施"玄同"的"知者"与这样的世界完全融为一体。可以说这是一种 mysticism（神秘主义）的哲学。《庄子·胠箧》中有：

> 削曾史之行，钳杨墨之口，攘弃仁义，而<u>天下之德始玄</u>
> <u>同矣</u>。

《淮南子·原道》中有：

> 无所喜而无所怒，无所乐而无所苦，<u>万物玄同</u>。

《淮南子·说山》中有：

> 不求美又不求丑，则无美无丑矣，<u>是谓玄同</u>。

《文子·道原》中有：

> 无所乐无所苦，无所喜无所怒，<u>万物玄同</u>。

《文子·下德》中有：

> 故知和曰常，知常曰明，益生曰祥，心使气曰强。是谓玄
> 同。用其光，复归其明。

可以参照。

"是胃玄同"，各种今本均作"是谓玄同"，马王堆《老子》甲本、乙本均作"是胃（谓）玄同"。

【6】古不可旻天〈而〉新，亦不可旻天〈而〉疋

"天"，如《郭店楚简》所言是"而"的错字。"可旻而"三字形成一个助动词，"不可旻而"是其否定形态，与"可以""不可以"意思基本相同。

"新"，如《郭店楚简》所言是"亲"的假借字。这一通假在楚系文字中多见，下文频出，为避繁杂，不再一一出注。"疋"，如《郭店楚简》所言，"疋"是古字，"疏"是今字。

这两句话说的是，对于能够如此"玄同"的"智（知）之者"，谁

也不会"新（亲）"爱他，同时谁也不会"疋（疏）"远他。这是一个超越凡人的独立、自由的存在。

"古不可导天新"，各种今本均作"故不可得而亲"，但"故"字不见于指归本、古本系统、河上公奈良本，"而"字不见于想尔本系统、景福碑。马王堆《老子》甲本作"故不可得而亲"，乙本作"故不可得而亲也"。

"亦不可导天疋"，各种今本作"亦不可得而疏"，但"亦"字不见于指归本、想尔本系统、王弼本系统、玄宗本系统，"而"字不见于想尔本系统、景福碑，"疏"字指归本、想尔本系统、王弼本系统、范应元本、河上公本、玄宗本系统作"疎"。马王堆《老子》甲本作"亦不可得而疏"，乙本作"亦〔不可〕得而〔疏〕"

【7】不可晏天〈而〉利，亦不可晏天〈而〉害

这两句的宗旨是，对于"訾（知）之者"而言，谁也不能给予他利益，同时也不会给他带来损害。

"不可晏天利，亦不可晏天害。"各种今本均作"不可得而利，亦不可得而害"。但两个"而"不见于想尔本系统、景福碑，"亦"字不见于指归本、想尔本系统、王弼本系统、玄宗本系统。马王堆《老子》甲本作"不可得而利，亦不可得而害"，乙本作"〔不可〕得而○利，〔亦不可〕得而害"。

第二十九号简

原文

不可晏（得）天〈而〉贵，亦可不可晏（得）天〈而〉戋（贱）【8】。古（故）为天下贵■【9】。

白话译文

既不能赋予其高贵的地位，也无法将其贬落至卑贱的身份。正因

如此,他才能成为天下最尊贵的人■。

注

【8】不可昱天〈而〉贵,亦可不可昱天〈而〉戋

"可不可",如《郭店楚简》【注释】〔六六〕所言,上面那个"可"是衍文。"戋"字,如《郭店楚简》所言是"贱"的省字或假借字。

这两句的宗旨是,对于"耆(知)之者"而言,谁也无法使其"贵",谁都无法使其"戋(贱)"。

"不可昱天贵,亦可不可昱天戋。"各种今本均作"不可得而贵,亦不可得而贱"。前面那个"不可"的上面敦煌本有"亦"字,两个"而"字不见于想尔本系统、景福碑,下面"亦"字不见于指归本、想尔本系统、王弼本系统、玄宗本系统。马王堆《老子》甲本作"不可〔得〕而贵,亦不可得而浅(贱)",乙本作"不可得而贵,亦不可得而贱"。

【9】古为天下贵■

综合上述可知,这句话主要从哲学的伦理的立场,阐述了这一主旨,即把握"道"的"耆(知)之者"可以成为天下最"贵"的人,但其中也包含着丰富的政治的内容。可以参照今本《老子》(王弼本)第六十二章:

> 古之所以贵此道者何? 不曰以求得,有罪以免邪? 故为天下贵。

《荀子·王制》中有:

> 人有气有生有知,亦且有义,故最为天下贵也。

《荀子·君子》中有:

> 不矜矣,夫故天下不与争能,而致善用其功。有而不有

也,夫<u>故为天下贵矣</u>。

此外还可举出以下用例,今本《老子》(王弼本)第四十五章中有:

躁胜寒,静胜热。清静,<u>为天下正</u>。

第七十八章中有:

是以圣人云,受国之垢,是谓社稷主。受国不祥,是谓<u>天下王</u>。

(参照本书乙本第四十五章注【7】。)

"古为天下贵",各种今本均作"故为天下贵","故"字不见于指归本。马王堆《老子》甲本、乙本均作"故为天下贵"。

第五十七章

第二十九号简

原文

以正之(治)邦【1】,以<u>敔</u>(奇)甬(用)兵【2】,以亡(无)事【3】

白话译文

在治理国家时使用正道,在进行战争时使用奇策,然而对于取天下者而言,就必须采取舍弃人为的无事(无为)的立场。

注

【1】以正之邦

"正"字,如朱谦之《老子校释》所言,不是"政"而是"正"的意思。"正",不就主要指的是儒家的统治方法吗?道家中《庄子》用"正"来描述儒家的统治方法,其例可举《庄子·德充符》:

受命于天,<u>唯舜独也正</u>,幸能正生,以正众生。

今本《老子》(王弼本)中的"正",第八章有:

> 居善地,心善渊,与善仁,言善信,<u>正(政)善治</u>,事善能,动善时。

第四十五章有:

> 躁胜寒,静胜热。清静,<u>为天下正</u>。

第五十七章(即目前讨论的这一章)下文有:

> 故圣人云:"我无为而民自化,我好静而<u>民自正</u>。"

第五十八章有:

> 其政闷闷,其民淳淳。其政察察,其民缺缺。祸兮福之所倚,福兮祸之所伏。孰知其极,<u>其无正。正复为奇</u>,善复为妖。

第七十八章有:

> <u>正言若反</u>。

(可参照本书乙本第四十五章注【7】,甲本第五十七章注【15】。)

这些例文中"政"的意思和"正"的意思混杂在一起。《尹文子·大道下》引用了第五十七章:

> 老子曰:"<u>以政治国,以奇用兵,以无事取天下</u>。"政者,名法是也。……奇者,权术是也。

这是以西汉以后新的解释为基础的。

"之"字,如《郭店楚简》所言是"治"的假借字。

"邦"是西汉高祖刘邦的名讳。因此,刘邦死后抄写的马王堆《老子》乙本以及王弼本等文本,原则上都避"邦"字之讳而作"国"字。即便随着西汉、东汉王朝的灭亡"邦"字禁忌消失之后,古典文献也多用"国"字。本书的"邦"字,正是刘邦生前本来的文字使用状况。"邦"字，下面也多次出现，为避繁琐，不再一一说明。

关于"治国"，今本《老子》（王弼本）又见于第十章：

爱民治国，能无知乎。

第六十章：

治大国，若烹小鲜。

第六十五章：

故以智治国，国之贼。不以智治国，国之福。

"以正之邦"，各种今本作"以正治国"，但"正"字想尔本系统、道藏傅奕本、玄宗本作"政"，"治"字想尔本的敦煌李荣本作"理"，天宝神沙本、次解本、河上公敦煌本、奈良本作"之"。马王堆《老子》甲本作"●以正之（治）邦"，乙本作"以正之（治）国"。改"邦"为"国"的马王堆乙本，显然抄写于刘邦死后。

【2】以戠甬兵

"戠"，如《郭店楚简》所言是"奇"的假借字。"奇"，作为与儒家之"正"相对的反题，不就指的是兵家、权谋家之术吗？与之相关的评价，我认为刘师培《老子斠补》所引《管子·白心》的"奇身名废"及其尹知章注"奇，邪不正也"是合适的。

今本《老子》（王弼本）所见的"奇"，见于第五十七章（本章）的下文：

人多伎巧，奇物滋起。

第五十八章：

其无正。正复为奇，善复为妖。

第七十四章：

若使民常畏死，而为奇者，吾得执而杀之，孰敢？
（参照本书甲本第五十七章（本章）注【10】。）

"甬"，如《郭店楚简》所言是"用"的异体字。"甬（用）兵"，在今本《老子》（王弼本）中见第三十一章：

君子居则贵左，用兵则贵右。

第六十九章：

用兵有言。
（参照本书丙本第三十一章中段、下段注【1】。）

"㦻甬兵"，各种今本均作"以奇用兵"，"奇"字在开元廿六碑误为"其"。马王堆《老子》甲本、乙本均作"以畸（奇）用兵"。

【3】以亡事

"亡（无）事"，与"亡（无）为"的意思基本相同。指的是超越了在"邦"的范围内考虑政治、军事的儒家之"正"以及兵家之"畸"的对立，希图获得"天下"的道家之"道"。今本《老子》（王弼本）第二章有：

是以圣人处无为之事，行不言之教。

第四十八章有：

取天下，常以无事。及其有事，不足以取天下。

第五十七章（本章）下文有：

故圣人云："……我无事而民自富。"

第六十三章有：

为无为，事无事，味无味。

（参照本书甲本第二章注【11】、甲本第五十七章注【13】、甲本第六十三章上段、下段注【1】。）

第三十号简

原文

取天下【4】。虚（吾）可（何）以智（知）亓（其）肰（然）也【5】。夫天多期（忌）韦（讳）【6】，天〈而〉民尔（弥）畔（贫）【7】。民多利器【8】，天〈而〉邦慈（滋）昏【9】。人多

白话译文

（然而对于取天下者而言，）就必须采取舍弃人为的无事（无为）的立场。我为什么知道这一点，是因为以下的道理。

　　如果在与天相关的事情上过多施行宗教禁忌，那人民就会越来越贫困，如果在人民中普及文明的利器，那国家就会越来越混乱。如果人们的智慧发达，

注

　　【4】取天下

　　"取天下"，朱谦之《老子校释》说是"取天下者，谓得民心也"的意思，不对。指的是对统治权力的掌握。可以参看今本《老子》（王弼本）第二十九章：

　　　　将欲取天下而为之，吾见其不得已。

　　第四十八章：

　　　　取天下，常以无事。及其有事，不足以取天下。

　　"以亡事取天下"，各种今本均作"以无事取天下"，但有些文本"無"作"无"。马王堆《老子》甲本作"以无事取天下"，乙本作"以无事取天下"。

【5】虐可以暂亓肰也

"虐",如《郭店楚简》所言是"吾"的异体字。本书甲本第二十五章已出(参照注【7】)。"可",如《郭店楚简》所言是"何"的省字或假借字。郭店《老子》中作为"何"假借字的"可"字多次出现。

各种今本文末所见"以此"二字,不见于郭店《老子》及马王堆《老子》等早先的反映本来面貌的文本中,不见此二字文意更通。

"虐可以暂亓肰也",各种今本作"吾何以知其然哉,以此"。但"何"字道藏傅奕本、范应元本作"奚","其"字想尔本系统、道藏河上公本作"天下之",道藏傅奕本、范应元本、道藏玄宗本作"天下其","哉"字不见于想尔本系统、景福碑、开元廿六碑,"以此"不见于严遵指归本。马王堆《老子》甲本作"吾何〔以知亓(其)然〕也戈(哉)",乙本作"吾何以知亓(其)然也才(哉)"。

【6】夫天多期韦

"天",虽如《郭店楚简》【注释】〔六七〕所言,可以认为是下面脱了一个"下"字,但考虑到以下句头各为一字,即与"民""人""法"形成对照,所以还是没有"下"字的好。

"期韦",如《郭店楚简》所言乃"忌讳"的假借字。"忌讳"一词,可见《荀子·正名》:

> 辞让之节得矣,长少之理顺矣,忌讳不称,妖辞不出……是士君子之辨说也。

《管子·轻重己》:

> 以春日始,数九十二日,谓之夏至,而麦熟。天子祀于太宗,其盛以麦。麦者,谷之始也。宗者,族之始也。同族者人,殊族者处。皆齐大材,出祭王母,天子之所以主始而忌讳也。

《史记·太史公自序》"说六家要指"：

　　尝窃观阴阳之术，大祥而众忌讳，使人拘而多所畏。然其序四时之大顺，不可失也。

《淮南子·要略》：

　　天文者，所以和阴阳之气，理日月之光，节开塞之时，列星辰之行，知逆顺之变，避忌讳之殃，顺时运之应，法五神之常，使人有以仰天承顺，而不乱其常者也。

《论衡·四讳》：

　　实说忌讳产子，乳犬者，欲使人常自洁清，不欲使人被污辱也。……夫忌讳非一，必托之神怪，若设以死亡，然后世人信用畏避。忌讳之语，四方不同，略举通语，令世观览。若夫曲俗微小之讳，众多非一，咸劝人为善，使人重慎，无鬼神之害，凶丑之祸。

《论衡·辨祟》：

　　世俗信祸祟，以为人之疾病死亡，及更患被罪，戮辱欢笑，皆有所犯。……故发病生祸，絓法入罪，至于死亡，殚家灭门，皆不重慎，犯触忌讳之所致也。……天下千狱，狱中万囚，其举事未必触忌讳也。居位食禄，专城长邑，以千万数，其迁徙日未必逢吉时也。……祠祀嫁娶，皆择吉日，从春至冬，不犯忌讳，则夫十人比至百年，能不死乎。

　　从以上"忌讳"的概念来判断的话，上文的"天"字，看来较之"天下"，作"天"义胜。其实际内容，如《荀子·天论》：

　　星队木鸣，国人皆恐。曰："是何也。"曰："无何也，是天地之变,阴阳之化,物之罕至者也。"

《荀子·天论》:

> "雩而雨,何也。"曰:"无何也,犹不雩而雨也。日月食而救之,天旱而雩,卜筮然后决大事,非以为得求也,以文之也。"

所示,指的是宗教的禁忌。

说到"天下"的"忌讳",如《孟子·梁惠王下》:

> 臣始至于境,问国之大禁,然后敢入。臣闻郊关之内,有囿方四十里。杀其麋鹿者,如杀人之罪。

所示,指的是国家所定的禁令。但郭店《老子》这样的古本《老子》只有"天"而未见"下"字,所以可以推测,"下"字是郭店《老子》之后马王堆《老子》形成过程中追加上去的吧。

"夫天多期韦",各种今本作"天下多忌讳","天下"在道藏傅奕本、范应元本作"夫天下"。马王堆《老子》甲本作"夫天下〔多忌〕讳",乙本作"夫天下多忌讳"。

【7】天〈而〉民尔畔

"尔",在楚系文字中,实际写法不是"尔"字而是"尔"的省字。如《郭店楚简》所言即"弥"的假借字吧。"愈加""越来越"的意思。

"畔",如《郭店楚简》所言是"叛"的假借字,但实际上是"贫"的假借字吧。

"天民尔畔",各种今本均作"而民弥贫","民"字在敦煌李荣本、次解本、龙兴观碑中作"人","弥"字在想尔本系统、河上公本系统中多见作"弥"的文本,道藏傅奕本作"镾"。马王堆《老子》甲本、乙本均作"而民彊(弥)贫"。

【8】民多利器

"利器",意为便利的工具。今本《老子》(王弼本)第三十六章有:

> 国之利器不可以示人。

具体而言,如《庄子·天地》:

> 有机械者,必有机事。有机事者,必有其心。

所示,即类似"机械"的东西吧。

"民多利器",各种今本均作"民多利器","民"在想尔本系统、玄宗道藏本中作"人"。马王堆《老子》甲本、乙本均作"民多利器"。

【9】天〈而〉邦慈昏

"慈",在楚系文字中实际上是"绖"字。如《郭店楚简》所言是"滋"的假借字。"愈加""越来越"的意思。

与此句相关的表达,可见今本《老子》(王弼本)第十八章:

> 国家昏乱,有忠臣。

本书见于丙本第十八章(参见其注【4】)。

"天邦慈昏",各种今本均作"国家滋昏",此句上面仅范应元本有"而"字,"昏"字,在想尔本系统、王弼本系统、河上公本系统中多见作"昬"的文本。马王堆《老子》甲本作"而邦家兹(滋)昬〈昏〉",乙本作"昏"。

第三十一号简

原文

<u>暂(智),天〈而〉</u>敊(奇)勿(物)慈(滋)记(起)【10】。法勿(物)慈(滋)章(彰),覜(盗)恳(贼)多又(有)【11】。是以圣人之言曰【12】:我无事,天〈而〉民自褔(富)【13】。

白话译文

人们的智慧发达了,稀奇的东西就越来越多地被制造出来。法令之类东西复杂完备了,盗贼就会大量发生。

因此,圣人有这样的说法:只要我不刻意有为,人民就会自动变得富裕,

注

【10】人多<u>訾</u>,天〈而〉<u>旣</u>勿慈记

"<u>旣</u>",本章上文已出(参照注【2】)。"奇"的假借字。"■",如《郭店楚简》所言是"起"的异体字。

在内容上与这部分相关的文章,可举今本《老子》(王弼本)第十九章:

> 绝圣弃<u>智</u>,民利百倍。绝仁弃义,民复孝慈。绝巧弃利,<u>盗贼无有</u>。

《文子·道原》中有:

> 故曰:"<u>民多智能,奇物滋起</u>。<u>法令滋章,盗贼多有</u>。去彼取此,天殃不起。故以智治国,国之贼。不以智治国,国之德。"

(参照本书甲本第十九章注【1】。)

"人多<u>訾</u>,天<u>旣</u>勿慈记。"各种今本虽作"人多伎巧,奇物滋起",但各文本差异很大。"人"字景龙写本、天宝神沙本、道藏傅奕本、范应元本作"民"。"伎巧",敦煌李荣本、景龙写本、天宝神沙本、次解本作"知巧",道藏傅奕本作"知慧",范应元本作"智惠",河上公景福碑、河上公道藏本作"技巧"。另外,下句开头仅道藏傅奕本、范应元本有"而"字,"奇物",仅道藏傅奕本、范应元本作"衰事"。马王堆《老子》甲本作"人多知(智),而何(奇)物兹

(滋)〔起〕",乙本全都为缺字。

【11】法勿慈章,<u>誂恳</u>多又

关于"法物",赵纪彬有名为《法物钩沈——读〈老子〉断想之一》(《文史哲》1983 年第 3 期)的论文。"法物",和上文"何物"是相同语法,意为"法"之"物"、"法"这种"物"。《公孙龙子·坚白论》有"石物"之例。河上公《老子章句》说"法物,好物也"。这是后代的解释。

"章",如《郭店楚简》所言是"彰"的省字或假借字。

对这两句的引用,自古以来为数不少,例如《淮南子·道应》中有:

> 故老子曰:"<u>法令滋彰,盗贼多有</u>。"

《史记·酷吏列传》中有:

> 老氏称:"……是以<u>法令滋章(彰),盗贼多有</u>。"

《文子·微明》中有:

> 老子曰:"……<u>法令滋章(彰),盗贼多有</u>。"

《后汉书·东夷列传·论》中有:

> 老子曰:"<u>法令滋章(彰),盗贼多有</u>。"

关于这两句的主旨,今本《老子》(王弼本)第三章中有:

> 不贵难得之货,<u>使民不为盗</u>。

第十九章:

> 绝巧弃利,<u>盗贼无有</u>。

第五十三章：

> 朝甚除，田甚芜，仓甚虚，服文彩，带利剑，厌饮食，财货
> 有余，是谓盗夸。非道也哉。

都有密切的关系（参照本书甲本第十九章注【4】）。

"法勿慈章，<u>眺悬</u>多又。"各种今本作"法令滋彰，盗贼多有"。"令"字想尔本系统、河上公本系统作"物"。"彰"字道藏傅奕本、范应元本作"章"，"彰"下仅范应元本有"而"字。马王堆《老子》甲本作"〔法物兹（滋）章（彰），而〕盗贼〔多有〕"，乙本作"〔法〕物兹（滋）章（彰），而盗贼〔多有〕"。

【12】是以圣人之言曰

今本《老子》（王弼本）中与"是以圣人之言曰"相类似的表达，有第七十八章"是以圣人云"。

"是以圣人之言曰"，各种今本均作"故圣人云"，"圣人"下严遵指归本有"之言"。马王堆《老子》甲本全都为缺字，乙本作"是以〔圣〕人之言曰"。

【13】我无事，天〈而〉民自福

"无事"，与上文"以亡事取天下"的"亡事"基本相同。

"福"，是"福"的异体字，或如《郭店楚简》所言是"富"的假借字。今本《老子》（王弼本）第三十三章有"知足者<u>富</u>，强行者有志"。

"我无事，天民自福"以下三句，郭店《老子》和各种今本及马王堆《老子》甲本、乙本相比存在顺序上的差异。郭店《老子》第一句、第二句、第三句的顺序，在马王堆《老子》甲本、乙本那里变化为第三句、第一句、第二句，在今本那里变化为第二句、第三句、第一句（严遵本系统、指归本系统则是第二句、第一句、第三句）。但

这些变化似乎并无太大意义。可参照《郭店楚简》【注释】〔六八〕。

这段话前后文字,亦见于《庄子·天地》:

> 故曰:"古之畜天下者,无欲而天下足,无为而万物化,渊静而百姓定。"

《庄子·在宥》:

> 汝徒处无为,而物自化。

《庄子·秋水》:

> 何为乎,何不为乎。夫固将自化。

《史记·老子列传》:

> 李耳无为,清静自正。

《文子·道原》:

> 故曰:"我无为而民自化,我无事而民自富,我好静而民自正,我无欲而民自朴。"

《文子·微明》:

> 故曰:"上无事而民自富,上无为而民自化。"

《盐铁论·周秦》:

> 老子曰:"上无欲而民朴,上无事而民自富。"

不管怎样,都说的是"如果圣人采取无为的态度,人民就会自动从事各种各样的好事",即所谓"无为自然"思想之表达。然而,需要充分注意的是,这种思想具有一种立体的结构。也就是说,以主体即"圣人"的"亡(无)为"为原因,导出客体"民"的"自然"(自律性)之结果。——如果将其一般化,则表现为主体"圣人"的

"无为"→客体"万物"的"自然"，即"原因：无为→结果：自然"的因果关系。类似的思想表达，可见今本《老子》（王弼本）第三十七章：

> 道常无为而无不为。侯王若能守之，万物将自化。

关于"自然"的思想，参照本书甲本第三十七章注【3】。

"我无事，天民自福。"各种今本作"我无事，而民自富"，但有些文本"無"字作"无"。想尔本系统没有"而"字。"民"字敦煌李荣本、次解本、龙兴观碑作"人"。马王堆《老子》甲本作"我无事，民〔自富〕"，乙本作"我无事，民自富"。

第三十二号简

原文

我亡（无）为，天〈而〉民自蠹（为）【14】。我好青（静），天〈而〉民自正【15】。我谷（欲）不谷（欲），天〈而〉民自朴㇇【16】。

白话译文

只要我舍弃人为，人民就会自发行动起来。只要我喜好清静，人民就会自己走上正路，只要我彻底无欲，人民就会自觉归于素朴。

注

【14】我亡为，天〈而〉民自蠹

"蠹"，《郭店楚简》视为"化"的假借字。但应该视其为"为"的异体字或假借字。因为把"圣人"的政治统治看作是针对人民的"教化"，在道家那里是要到稍晚的时代（西汉）才出现的观念。如果将其视为"化"的假借字，今本《老子》（王弼本）第三十七章中有：

> 道常无为而无不为。侯王若能守之，万物将自化。

《庄子·在宥》中有：

  汝徒处无为，而物自化。

《庄子·秋水》中有：

  何为乎，何不为乎。夫固将自化。

  其中，《庄子·秋水》的"化"，是指称"物"之变化的广义的一般性语言，未必仅仅意味政治的"教化"。

  此外，本章中多次出现的"自福（富）""自蠹（为）""自正""自朴"等"自○"类型的表达方式，都是"自然"思想的具体体现。其意不是"自然而然地做到○"而是"自动地主动地做到○"。今本《老子》（王弼本）中，其他还见于第三十二章"万物将自宾""民……而自均"，第三十七章"万物将自化""天地将自定"、第七十三章"不召而自来"等（参照本书甲本第三十二章注【5】、甲本第三十七章注【3】、【8】）。

  "我亡为，天民自蠹。"各种今本均作"我无为，而民自化"。"無"有些文本作"无"。"而"字不见于想尔本系统。"民"字在敦煌李荣本、次解本、龙兴观碑中作"人"。马王堆《老子》甲本作"我无为也，而民自化"，乙本作"我无为，而民自化。"

  【15】我好青，天〈而〉民自正

  "青"，如《郭店楚简》所言是"静"的省字或假借字。

  类似此句的思想表达，可见于今本《老子》（王弼本）第三十七章：

  不欲以静，天下将自定。

第四十五章：

  清静，为天下正。（参照本书甲本第三十七章注【7】、

【8】，乙本第四十五章注【7】。）

"我好青，天民自正。"各种今本作"我好静，而民自正"。但"静"字道藏傅奕本作"靖"。"而"字基本上不见于想尔本系统。"民"字敦煌李荣本、次解本、龙兴观碑作"人"。"正"字天宝神沙本、次解本作"政"。马王堆《老子》甲本、乙本均作"我好静，而民自正"。

【16】我谷不谷，天〈而〉民自朴

"谷不谷"，作为"欲不欲"也出现于本书甲本第六十四章下段（参照其注【9】）、丙本第六十四章下段（参照其注【7】）。今本中的"无欲"，见于今本《老子》（王弼本）第三章：

> 是以圣人之治……常使民无知无欲。

"我谷不谷"，和"我无欲"几乎等同。关于这一点，引用本章的《文子·道原》作：

> 故曰："我无为而民自化，我无事而民自富，我好静而民自正，我无欲而民自朴。"

也由此可以得到印证。

"朴"，见于今本《老子》（王弼本）第十九章：

> 见素抱朴，少私寡欲。

第二十八章：

> 知其荣，守其辱，为天下谷。为天下谷，常德乃足，复归于朴。

第三十七章：

> 无名之朴，夫亦将无欲。

其中，第十九章和第三十七章的"朴"和"无欲"直接关联起来（参照本书甲本第十九章注【10】、【11】，甲本第三十七章注【5】、【6】）。

　　文章末尾的符号"𠃌"，也见于本书甲本第九章。如美国亚利桑那大学夏德安（Donald Harper）副教授（现为芝加哥大学教授）指出的那样，《史记·滑稽列传》的《东方朔传》中有：

　　　　人主从上方读之，止辄乙其处，读之二月乃尽。

此符号与"乙"相同。

　　"我谷不谷，天民自朴。"各种今本均作"我无欲，而民自朴"。但"而"字多不见于想尔本系统文本。"民"字敦煌李荣本、次解本、龙兴观碑作"人"。有些文本"樸"字作"朴"。马王堆《老子》甲本全都为缺字，乙本作"我欲不欲，而民自朴"。

第五十五章　上段、中段、下段

第三十三号简

原文

　　酓（含）悳（德）之厚者，比于赤子【1】。蛊（蝎）蠆蟲它（蛇）弗蓳（螫）【2】，攫鸟猷（猛）兽弗扣（搏）【3】，骨溺（弱）堇（筋）秣（柔）天〈而〉捉【4】

白话译文

　　德（道之作用）含藏于内部极为深厚的人，可以比作刚生下的孩子。蝮蛇、蝎子、毒虫、蛇不会去咬他，竖起爪子的猛禽、凶狠的猛兽不会去抓他。虽然骨弱筋柔，但拳头却握得紧紧的，

注

【1】酓悳之厚者，比于赤子

　　"酓"字，《说文解字》云："酓，酒味苦也。从酉，今声。"这里不

是这个意思,如《郭店楚简》所言是"含"的异体字或假借字。

关于"含悳",《庄子·胠箧》中有:

> 擢乱六律,铄绝竽瑟,塞瞽旷之耳,而天下始人含其聪
> 矣;灭文章,散五采,胶离朱之目,而天下始人含其明矣;毁绝
> 钩绳而弃规矩,攦工倕之指,而天下始人有其巧矣。故曰:
> "大巧若拙。"削曾、史之行,钳杨、墨之口,攘弃仁义,而天下
> 之德始玄同矣。彼人含其明,则天下不铄矣;人含其聪,则天
> 下不累矣;人含其知,则天下不惑矣;人含其德,则天下不
> 僻矣。

据此,其意可以明了。即人将其各种能力在其内部培植,而
不向外发出。从这么特殊的术语两者完全一致来判断的话,郭店
《老子》和《庄子·胠箧》两者是几乎相同时代的作品吧。

"厚"字,在《庄子·人间世》中有:

> 且德厚信矼,未达人气。

《庄子·外物》中有:

> 夫流遁之志,决绝之行,噫,其非至知厚德之任与。

但这两者未必是道家的思想。

"悳",如《郭店楚简》所言就是"德"字。后面也多次出现,为
避繁杂不再一一出注。"德",并非伦理、道德意义上的"德",而指
的是世界终极的、本源的"道"的作用、功能。值得注意的是,本章
以下部分伴随"赤子"的比喻而详细论述了养生说,使养生成为可
能的基础,正是"畬(含)悳(德)之厚"。

"赤子",比喻的是把握"道"与"德"的人所具备的旺盛的生命
力。可以参照的是《庄子·山木》:

子独不闻假人之亡与。林回弃千金之璧,负<u>赤子</u>而趋。或曰,为其布与,<u>赤子</u>之布寡矣。为其累与,<u>赤子</u>之累多矣。弃千金之璧,负<u>赤子</u>而趋,何也。

更值得参照的是《庄子・庚桑楚》以下内容:

老子曰,卫生之经……能<u>翛然乎,能侗然乎,能儿子乎。儿子终日嗥而嗌不嗄,和之至也。终日握而手不掜,共其德也。终日视而目不瞚</u>,偏不在外也。……是卫生之经已。

此外,今本《老子》(王弼本)第十章中有:

专气致<u>柔</u>,能<u>婴儿</u>乎?

第二十章中有:

我独泊兮其未兆,如<u>婴儿</u>之未孩。

第二十八章中有:

为天下溪,常德不离,复归于<u>婴儿</u>。

"畲悳之厚者,比于赤子。"各种今本均作"含德之厚,比于赤子"。"厚"下道藏傅奕本、范应元本有"者"字。"比"下道藏傅奕本有"之"字。"赤子"下道藏傅奕本、范应元本有"也"字。马王堆《老子》甲本作"〔含德〕之厚〔者〕,比于赤子",乙本作"含德之厚者,比于赤子"。

【2】 蠭蠆蟲它弗蠚

"蠭",如《郭店楚简》所言是"蜲"的异体字吧。《说文解字》中有:

蜲,蛹也。从虫,鬼声。读若溃。

但也可能就是"虺"的异体字吧。《郭店楚简》【注释】〔六九〕

所引裘锡圭说视其为"蝐"字,这种可能性也是存在的。

"蠚"字,《郭店楚简》判读为"虿"字。就是蝎子。《说文解字》云:

　虿,毒虫也。象形。蠚,虿或从虫。

"蠚"下的重文符号,就是指代"虫"字或"蟲"字吧。这里依据《郭店楚简》作"蟲"。就是有足虫类的总称(据《说文解字》)。《郭店楚简》【注释】〔六九〕引裘锡圭说视其为"虫"字,读为"虺"。

"它"字,如《郭店楚简》所言是"蛇"的省字或假借字。"蜇"字,上为"若",下为"虫"。"若"的部分和张守中《包山楚简文字编》第62页"包二·一五五"的字相似。《郭店楚简》【注释】〔六九〕视此字为"蝅"的异体字,并引用《说文解字》云:

　蝅,螫也。从虫,若省声。

这里暂且从其说。字义就是虫螫。

顺便指出,与这一句类似的思想表达,可见于今本《老子》(王弼本)第五十章:

　盖闻,善摄生者,陆行不遇兕虎,入军不被甲兵。兕无所投其角,虎无所措其爪,兵无所容其刃。夫何故?以其无死地。

《盐铁论·世务》中有:

　老子曰,兕无所用其角,螫虫无所输其毒。

《说苑·修文》中有:

　天地阴阳盛长之时,猛兽不攫,鸷鸟不搏,鸟兽虫蛇且知应天,而况人乎哉。

"蟲蠚蟲它弗蝅",各种今本作"蜂虿虺蛇不螫"。"蜂虿"在指归本、想尔本系统、范应元本、河上公本系统、玄宗本系统中作"毒蟲"或"毒虫"。"虺蛇"不见于指归本、想尔本系统、道藏傅奕本、河上公本系统、玄宗本系统。马王堆《老子》甲本作"逢（蜂）俐（虿）蝎（虺）地（蛇）弗螫"，乙本作"蠡（蜂）瘌（虿）虫（蟲）蛇弗赫（螫）"。

【3】攫鸟猷兽弗扣

"攫"，《说文解字》云："攫，逆也。从手，矍声。"抓的意思。此外，《说文解字》也有："攫，爪持也。从手，瞿声。"或许应视为该字的异体字。这种场合，就是竖爪而持的意思。

"猷"，据《郭店楚简》视其为"猛"的异体字。

"扣"，文字的判读依据《郭店楚简》。《郭店楚简》【注释】〔七〇〕读其为"敂"，并取《说文解字》的解释：

> 敂，击也。从攴，句声。读若扣。

然而，"扣"必须与"蓳"或"固"合韵，因此此说不恰当吧。这里，将其视为《说文解字》所见"搏，索持也"的异体字。

"攫鸟猷兽弗扣"，各种今本作"猛兽不据，攫鸟不搏。"但指归本如"攫鸟不搏，猛兽不据"所示，顺序前后相反，天宝神沙本作"鹯鸟猛狩不搏"，次解本作"攫鸟猛兽不搏"，范应元本作"猛兽攫鸟不搏"，河上公敦煌本作"猛狩不据，攫鸟不搏"。马王堆《老子》甲本作"攫鸟猛兽弗搏"，乙本作"据（攫）鸟孟（猛）兽弗捕（搏）"。

【4】骨溺堇秫天〈而〉捉固

"溺"，楚系文字实际上是上为"弱"下为"水"的字。如《郭店楚简》所言是"弱"的异体字或假借字。"堇"，如《郭店楚简》所言是"筋"的假借字。"秫"是"柔"的异体字或假借字。

关于"柔弱"，今本《老子》（王弼本）第三十六章中有：

将欲弱之,必固强之。……柔弱胜刚强。

第四十三章中有:

天下之至柔,驰骋天下之至坚,无有入无间。

第七十六章中有:

人之生也柔弱,其死也坚强。万物草木之生也柔脆,其死也枯槁。故坚强者死之徒,柔弱者生之徒。是以兵强则不胜,木强则兵。强大处下,柔弱处上。

第七十八章中有:

天下莫柔弱于水,而攻坚强者,莫之能胜,其无以易之。弱之胜强,柔之胜刚,天下莫不知,莫能行。

此外,第四十章中也有:

弱者,道之用。

这种从"弱"中看出正面价值的思想表达,换言之认为"弱""柔弱"的性质实际上较之"强""坚强"的性质为"上"为"胜"的反向论说,可以参照本书甲本第四十章注【2】。

"骨溺堇**秫**天〈而〉捉固",各种今本均作"骨弱筋柔而握固"。"筋"字想尔本系统、景福碑作"觔",河上公本系统、玄宗本系统作"筋"。马王堆《老子》甲本作"骨弱筋柔而握固",乙本作"骨筋弱柔而握固"。

第三十四号简

原文

固。未智(知)牝戊(牡)之合朹(脧)惹(怒)【5】,精之至也【6】。终日虐(号)天〈而〉不恳(嗄)【7】,和之至也【8】。和曰景(常)【9】,

<u>䁹</u>（知）和曰明【10】，

白话译文

但拳头却握得紧紧的，未知男女交合之事性器却能勃起，这是身体之气精妙的极致。整天哭泣喉咙却不会呛着，这是身体之气调和的极致。

将身体之气的调和称为恒常不变的道，将领会气的调和称为明知。

注

【5】未<u>䁹</u>牝戊之合㠯惹

"戊"，如《郭店楚简》所言是"牡"的假借字。

"㠯"，《郭店楚简》【注释】〔七一〕判读为"然"字，【注释】〔七一〕所引裘锡圭说认为与"朘"字相当。笔者觉得裘锡圭说是对的，但正确与否未详。如果是"朘"字，《玉篇》中有：

> 朘，赤子阴也。亦作峻，声类又作㑣。

即幼儿的性器。

"惹"，如《郭店楚简》所言是"怒"的异体字。

"未<u>䁹</u>牝戊之合㠯惹"，各种今本作"未知牝牡之合而全作"。"牝牡"，敦煌李荣本作"牝牝"，次解本作"玄牝"。"全"仅见于王弼本系统，指归本、次解本、河上公本系统、玄宗本系统作"峻"，敦煌李荣本、天宝神沙本作"酸"，古本系统作"朘"。马王堆《老子》甲本作"未知牝牡〔之会〕而朘〔怒〕"，乙本作"未知牝牡之会而朘怒"。

【6】精之至也

"精"，楚系文字实际上是上为"青"下为"米"的字。其意为体内之"气"极为精妙。相关的表达，《庄子·在宥》中有：

> 敢问，治身奈何而可以长久。……<u>至道之精</u>，窈窈冥冥。

至道之极，昏昏默默。无视无听，抱神以静，形将自正。必静必清，无劳女形，<u>无摇女精</u>，乃可以长生。

《庄子·刻意》中有：

> 故曰，形劳而不休则弊，<u>精用</u>而不已则劳。劳则竭。

"精之至也"，各种今本均作"精之至也"。"也"字不见于指归本、想尔本系统、河上公敦煌本、玄宗本系统。马王堆《老子》甲本作"精〔之〕至也"，乙本作"精之至也"。

【7】终日<u>虚</u>天〈而〉不<u>惪</u>

"虚"字，在前面屡屡作为"乎"之意出现，但这里是"号"的假借字。《说文解字》云："号，嘑也。从号，从虎。"也有是"呼"或"評"之假借字的说法，但因为《说文解字》云："呼，外息也。从口，乎声。"又云："評，召也。从言，乎声。嘑，評也。从言，虖声。"所以这里还是不如读为"号"。

"惪"，《郭店楚简》认为是"忧"的省字或异体字，就是"嗳"的异体字吧。其字义，《玉篇》云："嗳，气逆也。"即呛的意思。或许是"嗄"的异体字。其字义，《玉篇》云："嗄，声破也。"即声音嘶哑的意思。

"终日<u>虚</u>天不<u>惪</u>"，各种今本作"终日号而不嗄"。但"号"字指归本作"嗥"。"而"字下指归本、古本系统、河上公道藏本有"嗌"。"嗄"字道藏傅奕本作"歇"，奈良本作"哑"。马王堆《老子》甲本作"终日号而不嗄（嗄）"，乙本作"终日号而不嗄"。

引用这句话的文献，扬雄《太玄经·夷》中有：

次三，柔婴儿于号，三日不嗄。测曰，婴儿于号，中心和也。

【8】和之至也

这个"和"，就是养生说上的"和"，指体内"气"的调和。将养

生说的"和"置于形而上学的基础之上,这样的文章,可举今本《老子》(王弼本)第四十二章:

> 道生一,一生二,二生三,三生万物。万物负阴而抱阳,冲气以为和。

《庄子·在宥》:

> 我守其一,以处其和。故我修身千二百岁矣,吾形未尝衰。

《庄子·山木》:

> 若夫乘道德而浮游,则不然。……一上一下,以和为量,浮游乎万物之祖,物物而不物于物。则胡可得而累邪。

《庄子·田子方》:

> 至阴肃肃,至阳赫赫。肃肃出乎天,赫赫发乎地。两者交通成和,而物生焉。

"和之至也",各种今本均作"和之至也"。"也"不见于指归本、想尔本系统、河上公敦煌本、玄宗本系统。马王堆《老子》甲本作"和之至也",乙本作"和☐"。

【9】和曰

"㮤",似为上"同"下"示"的字。《郭店楚简》认为是"裳"的错字,但或许可以直接视其为"常"的异体字吧。"裳"字,见于张守中《包山楚简文字编》第3页。

"常",即恒常不变,特别是"道"的恒常不变性,引申而言指把握了"道"者的恒常不变性,甚至是不老长生。使用"常"字论述养生说的文章,可举今本《老子》(王弼本)第十六章:

致虚极，守静笃，万物并作，吾以观复。夫物芸芸，各复归其根。归根曰静，是谓复命。<u>复命曰常，知常曰明。不知常，妄作凶</u>。知常容，容乃公，公乃王，王乃天，天乃道。道乃久，没身不殆。

第五十二章：

见小曰明，守柔曰强。用其光，复归其明，<u>无遗身殃，是为习常</u>。

以下是引用情况，《淮南子·道应》中有：

故老子曰，<u>知和曰常，知常曰明，益生曰祥，心使气曰强</u>。是故用其光，复归其明也。

《文子·下德》中有：

故曰，<u>知和曰常，知常曰明，益生曰祥，心使气曰强</u>。是谓玄同。用其光，复归其明。

"和曰景"，各种今本均作"知和曰常"，马王堆《老子》甲本作"和曰常"，乙本作"〔和曰〕常"。

【10】智和曰明

用"和"来把握圣人等道家理想人物，可见于《庄子·天地》：

视乎冥冥，听乎无声。冥冥之中，独见晓焉，无声之中，<u>独闻和焉</u>。故深之又深，而能物焉，神之又神，而能精焉。故其与万物接也，至无而供其求，时骋而要其宿。大小、长短、修远。

《庄子·徐无鬼》中有：

故无所甚亲，无所甚疏。<u>抱德炀和</u>，以顺天下。此谓真人。

《庄子·盗跖》中有：

> 无足问于知和。

"明"，在这里意为真实的明知。今本《老子》（王弼本）中有着同样的"明"的思想，如第十六章中有：

> 复命曰常，知常曰明。

第二十七章中有：

> 是以圣人常善救人，故无弃人。常善救物，故无弃物。是谓袭明。

第三十六章中有：

> 将欲歙之，必固张之。将欲弱之，必固强之。将欲废之，必固兴之。将欲夺之，必固与之。是谓微明。

第五十二章中有：

> 见小曰明，守柔曰强。用其光，复归其明，无遗身殃，是为习常。

"笪和曰明"，各种今本均作"知常曰明"，马王堆《老子》甲本作"知和曰明"，乙本作"知常曰明"。高明《帛书老子校注》认为马王堆甲本的"和"是"常"的错字，并非如此，这点已经由郭店《老子》"笪（知）和曰明"予以澄清。马王堆甲本和郭店《老子》一样，遗存了古《老子》的本来面貌。

第三十五号简

原文

賹（益）生曰羕（妖）【11】，心事（使）燆（气）曰强（强）【12】。勿（物）壓（壮）则老【13】，是胃（谓）不道■【14】。

白话译文

相反,把刻意延长人的寿命的事情叫做灾殃,把心有意控制身体之气的事情叫做强制。其结果,事物都会变得强壮之后不久就转为衰老,这叫做与道相背■。

注

【11】 賹生曰蒡

"賹",楚系文字实际上是上为"益"下为"贝"的字。如《郭店楚简》所言是"益"的异体字或假借字。"益生",见于《庄子·德充符》:

> 常因自然,而不益生也。

说的是依靠人为的手段去维持生命并不好。

"蒡",判读为"蒡"或者"烝"。或许如《郭店楚简》所言是"祥"的异体字,但也有可能是"夭"或者"妖"的异体字吧。朱谦之《老子校释》引了《玉篇》所云:"祥,妖怪也。"还有《道德经取善集》所引孙登说"生生之厚,动之妖祥"等。此外,福永光司《老子》(下)也遵循这一方向,引了《尚书》序的传以及《春秋左氏传·僖公十六年》及其注。不过,易顺鼎《读老札记》引《尚书》序以及本章王弼注,将"祥"解释为"夭""妖",这种解释更为妥帖,与郭店《老子》的"蒡"也容易一致。朱骏声《说文通训定声》视"祥"为"殃"的假借字。顺便指出,"不祥"在今本《老子》(王弼本)第三十一章中有:

> 夫佳兵者,不祥之器。……兵者,不祥之器,非君子之器。

第七十八章中有:

> 是以圣人云,受国之垢,是谓社稷主。受国不祥,是谓天下王。正言若反。

"賹生曰羕",各种今本均作"益生曰祥"。"祥"在想尔本系统中作"详"。马王堆《老子》甲本作"益生曰祥(妖)",乙本作"益生〔曰〕祥(妖)"。

【12】心事燹曰强

"事",本书甲本第十九章作为"叓"字已经出现过(参照其注【8】)。这里是"使"的异体字。

"燹",如《郭店楚简》所言是"气"的假借字。"心事燹",《史记·律书》中有:

> 故曰,神使气,气就形。

《老子》中,和本章一样对"强"予以否定评价的地方不在少数。例如,今本《老子》(王弼本)第三十六章中有:

> 柔弱胜刚强。

第四十二章中有:

> 强梁者,不得其死。

第七十六章中有:

> 人之生也柔弱,其死也坚强。万物草木之生也柔脆,其死也枯槁。故坚强者死之徒,柔弱者生之徒。是以兵强则不胜,木强则兵。强大处下,柔弱处上。

第七十八章中有:

> 天下莫柔弱于水,而攻坚强者,莫之能胜,以其无以易之。弱之胜强,柔之胜刚,天下莫不知,莫能行。

"賹生曰羕,心事(使)燹曰强。"指的是与上文"和"以及"顫(知)和"正好相反的养生方式。

"心事(使)燹曰弜",各种今本均作"心使气曰强"。"曰"在道藏傅奕本作"则"。"强"在天宝神沙本、道藏傅奕本、河上公敦煌本作"彊"。马王堆《老子》甲本、乙本均作"心使气曰强"。

【13】勿壐则老

"壐",如《郭店楚简》所言是"壮"的异体字。强壮之意。今本《老子》(王弼本)中,其他如第三十章中有:

> 果而勿强。物壮则老,是谓不道。不道早已。

(马王堆《老子》甲本、乙本也几乎相同。)"勿壐则老"以下部分在本书甲本第三十章上段、中段中不存在(参照《郭店楚简》【注释】〔七二〕以及本书甲本第三十章上段、中段注【1】、【9】)。顺便指出,《牟子理惑论》中有:

> 老子云,物壮则老,谓之不道,早已。

"老",就是衰老之意。

"勿壐则老",各种今本均作"物壮则老",马王堆《老子》甲本作"〔物壮〕即老",乙本作"物〔壮〕则老"。

【14】是胃不道■

"不道",意为与上文"畲(含)惪(德)之厚者"正好相反。就是说,使养生失败的根本原因,一定是通过"賹(益)生""事(使)燹(气)",而人为地、人工地强"壐(壮)"起来。笔者以为,将后者称为"不道",正好和文章开头的"畲(含)惪(德)之厚者"形成了呼应。

"■"以下,约有二字空格。

"是胃不道",各种今本均作"谓之不道,不道早已"。"谓"字上范应元本、河上公本系统有"是"。"之"字不见于范应元本、河上公本系统。"不"字在严遵本、想尔本系统作"非"。马王堆《老子》甲本作"胃(谓)之不道。不〔道〕蚤(早)〔已〕",乙本作"胃之不道,不道蚤(早)已"。还有,本书本章缺少最后一段。

第四十四章

第三十五号简

原文

名与身箮（孰）新（亲）【1】，身与货

白话译文

名声与身体，究竟哪个是对自己更真实的东西呢？身体与财物，

注

【1】名与身箮新

"箮"字，在本书甲本第十六章上段作为"笃"的古字已经出现过（参照其注【2】）。这里，如《郭店楚简》所言是"孰"的假借字吧（参照《古文四声韵》卷五）。"孰"是表选择疑问的副词，"哪个"的意思。

以《老子》为代表的道家重视人肉体生命之"身"，这方面的思想表现非常多见，其中尤其以今本《老子》（王弼本）第七章：

> 天长地久。天地所以能长且久者，以其不自生，故能长生。是以圣人……外其身而身存。

第十三章：

> 故贵以（为）身为天下，若可寄天下。爱以（为）身为天下，若可托天下。

最为重要（参照本书乙本第十三章注【9】）。

当时最重视"名"的是儒家，《论语·里仁》中有：

> 君子去仁，恶乎成名。

《论语·卫灵公》中有：

> 君子疾没世，而<u>名不称焉</u>。

《孝经》中有：

> 立身行道，<u>扬名于后世</u>，以显父母，孝之终也。……是以
> 行成于内，<u>而名立于后世矣</u>。……士有争友，则<u>身不离于</u>
> <u>令名</u>。

本章的主张，应视为是对这些思想现象的批判吧。

"名与身<u>箮新</u>"，各种今本均作"名与身孰亲"。但"孰"字，天
宝神沙本"孰"下有"火"字，龙兴观碑作"熟"。马王堆《老子》甲本
作"名与身孰亲"，乙本作"名与囗"。

第三十六号简

原文

箮（孰）多【2】，贪（得）与贫（亡）箮（孰）疠（病）【3】。甚惑（爱）必大
贕（费）【4】，厔（厚）赃（藏）必多贫（亡）【5】。古（故）暂（知）足不辱
【6】，暂（知）止不怠（殆）【7】，可

白话译文

究竟哪个是对自己更重要的东西呢？获得财物与失去财物，究竟
哪个是对自己更痛苦的事情呢？过分的执着必然导致大量的耗
费，积蓄大量的财物必然会全部丧失。

因此懂得满足的人，不会受到侮辱。懂得罢手的人，不会遇
到危险，而能永葆安全。

注

【2】〔身与货〕箮多

"多"字，奚侗《老子集解》引《说文解字》"多，賸也"，将其理解

为重叠的意思。但我想《正字通》"多，胜也"的解释更好，超过、胜过之意。

《老子》对于财"货"的积聚加以否定的思想，在今本《老子》（王弼本）中，可见于第三章：

> 不贵难得之货，使民不为盗。

第九章：

> 金玉满堂，莫之能守。

第十二章：

> 难得之货令人行妨。

第五十三章：

> 朝甚除，田甚芜，仓甚虚，服文彩，带利剑，厌饮食，财货有余，是谓盗夸。

第六十四章：

> 是以圣人欲不欲，不贵难得之货。

（参照本书甲本第九章注【4】，甲本第六十四章下段注【10】，丙本第六十四章下段注【7】。）

"身与货篙多"，各种今本均作"身与货孰多"。关于"孰"字，天宝神沙本"孰"字下有"火"字，龙兴观碑作"熟"。马王堆《老子》甲本作"身与货孰多"，乙本均为缺字。

【3】贪与亡篙疟

"贪"字，据《郭店楚简》【注释】〔七三〕释为"得"的假借字。

"亡"字，据《郭店楚简》【注释】〔七三〕释为"亡"的异体字。

"疟"字，《郭店楚简》【注释】〔七三〕释为"病"的异体字。

"病",其意或如《说文解字》所云:"病,疾加也。"(见《郭店楚简》【注释】〔七四〕)之意,或如《广雅》释诂四所云:"病,苦也。""贪与貢",主要说的是"货"之"得"以及"货"之"亡"吧。

这三句,虽然如"名与身"→"身与货"→"货之得与亡"所示,以顶真格式加以排列,但从意义上看,讲的是"身"最为重要。

"貪与貢箮疭",各种今本均作"得与亡孰病"。关于"孰"字,天宝神沙本在"孰"下有"火"字,龙兴观碑作"熟"。马王堆《老子》甲本作"得与亡孰病",乙本均为缺字。

【4】甚悫必大

"悫"字,如《郭店楚简》所言即现在的"爱"字。是《说文解字》中的正字。马王堆《五行》中"悫"就作为"爱"字出现了。要说"爱"的是什么,其对象当然指的是上文出现的"名""身""货",但恐怕指的是三者整体吧。"赞"字,如《郭店楚简》所言是"费"的异体字。

"甚悫必大赞",各种今本均作"是故甚爱必大费"。但"是故"不见于河上公本系统。马王堆《老子》甲本作"甚〔爱必大费〕",乙本均为缺字。

【5】厈赃必多

"厈"字,如《郭店楚简》【注释】〔七四〕所言为"厚"的异体字。"赃",楚系文字实际上写作上"臧"下"贝"。其意,或者是《玉篇》所云"赃,藏也",或者是《广韵》所云"纳贿曰赃"。

这段话的大意,类似今本《老子》(王弼本)第九章:

> 持而盈之,不如其已。揣而锐之,不可长保。金玉满堂,莫之能守。富贵而骄,自遗其咎。功遂身退,天之道。

(参照本书甲本第九章注【4】、【5】。)

"丌赃必多贵",各种今本均作"多藏必厚亡"。马王堆《老子》甲本作"〔多藏必厚〕亡",乙本均为缺字。

【6】古萆足不辱

"古(故)"字,虽不见于今本(王弼本),但均见于马王堆《老子》甲本以及本书所讨论的郭店《老子》甲本,可见有"古(故)"是古《老子》本来的面貌。

"萆(知)足",指的是广泛的追求欲望的行动,在一定范围内就满足了,这是道家的常套句。下文"萆(知)止"的意思也几乎相同。今本《老子》(王弼本)第三十三章有:

> 知足者富,强行者有志。

第四十六章有:

> 祸莫大于不知足,咎莫大于欲得。故知足之足,常足矣。

(参照本书甲本第四十六章中段、下段注【4】、【5】。)

"辱",指与社会地位低下(降格、降职、失职等穷困状态)相伴随的耻辱。和仅仅属于心理层面之耻辱有所不同。郭店《老子》中关于"辱"的思想,虽然和完成于战国晚期的儒家作品《荀子》所见荣辱论中的"辱"相比,在对"辱"的评价上完全相反,但其内容是交叉的。

今本《老子》(王弼本)第十三章有:

> 宠辱若惊,贵大患若身。何谓宠辱若惊。宠为下,得之若惊,失之若惊,是谓宠辱若惊。

第二十八章有:

> 知其荣,守其辱,为天下谷。为天下谷,常德乃足,复归于朴。

第四十一章有：

上德若谷，<u>大白若辱</u>，广德若不足。

（参照本书乙本第四十一章注【7】。）此外，马王堆甲本第三十七章中有：

道恒无名。侯王若〔能〕守之，万物将自<u>愿</u>（为）。<u>愿</u>而欲〔作，吾将闐（镇）之以〕无名之<u>握</u>（朴）。〔闐之以〕无名之<u>握</u>，夫将不辱。不辱以情（静），天地将自正。

乙本中有：

道恒无名。侯王若能守之，万物将自化。化而欲作，吾将闐（镇）之以无名之朴。闐之以无名之朴，<u>夫将不辱。不辱以静</u>，天地将自正。

但今本（王弼本）第三十七章将"不辱"改为了"无欲""不欲"。

这句话的意思是，如果懂得将欲望的追求缩小在一定范围内加以满足的话，那么就不会体会到因社会地位的没落而导致的失意。

此外，作为对《老子》第四十四章这个部分加以引用的文献，《韩非子·六反》有：

老聃有言曰：<u>知足不辱，知止不殆</u>。

《韩诗外传》卷九有：

老子曰：<u>名与身孰亲，身与货孰多，得与亡孰病。是故甚爱必大费，多藏必厚亡。知足不辱，知止不殆，可以长久。</u>大成若缺，其用不敝。大盈若冲，其用不穷。大直若诎，大辩若讷，大巧若拙，其用不屈。罪莫大于多欲，祸莫大于不知足。

故知足之足常足矣。

《淮南子·道应》有：

　　故老子曰：后其身而身先，外其身而身存。非以其无私邪，故能成其私。一曰，知足不辱。

《淮南子·人间》有：

　　老子曰：知足不辱，知止不殆，可以修久。

《汉书·疏广传》有：

　　吾闻知足不辱，知止不殆。功遂身退，天之道也。

《后汉书·张霸列传》有：

　　老氏言曰：知足不辱。

《后汉书·方术列传廖扶传》有：

　　老子有言：名与身孰亲。吾岂为名乎。遂绝志世外，专精经典。

《牟子理惑论》有：

　　老子曰：名与身孰亲，身与货孰多。

"古㦳足不辱"，各种今本作"知足不辱"。但指归本、想尔本系统句头有"故"字。马王堆《老子》甲本作"故知足不辱"，乙本均为缺字。

【7】㦳止不怠

"㦳（知）止"，与上文"㦳（知）足"意思大致相同。

"怠"，如《郭店楚简》所言即"殆"的假借字。"不怠（殆）"，即不会遇到危险。今本《老子》（王弼本）第十六章有：

知常容,容乃公,公乃王,王乃天,天乃道。道乃久,没身不殆。

第五十二章有:

天下有始,以为天下母。既得其母,以知其子,既知其子,复守其母,没身不殆。

作者认为,不能将人无限制的欲望追求缩小在一定的范围之内,正是包括使人生命陷入危险的万恶的根源之一,因此,为了不招致危险,需要提倡"知止"。

与此句有关的是今本《老子》(王弼本)第三十二章:

始制有名。名亦既有,夫亦将知止。知止可以不殆。

(参照本书甲本第三十二章注【12】、【13】,)那里的"知止"也指的是把广泛的欲望追求收缩在一定的范围之内。

"䇦止不怠",各种今本均作"知止不殆",马王堆《老子》甲本作"知止不殆",乙本均为缺字。

第三十七号简

原文

以长旧(久)■【8】。

白话译文

任何时候都安全下去■。

注

【8】可以长旧

"旧",如《郭店楚简》所言即"久"的假借字。

"长久",主要用于养生理论,指以"道"的永恒不灭性为根基,使身体的生命得以长久延续,亦即人不至于因为得病或遭遇无法预料的事故而横死,将"天"所赋予的生命,按照本来的样子全部走完。但是在《老子》这里,除了上述原有的养生理论之外,有时还加上了政治思想上的意义,例如,君主地位的稳固,或者国家的永久存续等意思。今本《老子》(王弼本)的第七章有:

　　天长地久。天地所以能长且久者,以其不自生,故能长生。

第九章有:

　　揣而锐之,不可长保。

第三十三章有:

　　不失其所者久,死而不亡者寿。

第五十九章有:

　　有国之母,可以长久。是谓深根固柢,长生久视之道。

(参照本书甲本第九章注【3】。)此外,马王堆帛书《经法·四度》也有:

　　名功相抱,是故长久。名功不相抱,名进实退,是胃(谓)失道,亓(其)卒必〔遗〕身咎。

这些用法似乎包含着养生理论和政治理论之间的交错。

　　"可以长旧",各种今本均作"可以长久",马王堆《老子》甲本作"可以长久",乙本均为缺字。

第四十章

第三十七号简

原文

返（反）也者，道〔之〕僮（动）也【1】。溺（弱）也者，道之甬（用）也【2】。天下之勿（物），生于又（有），〔又（有）〕生于亡（无）■【3】。

白话译文

走向世间的反面，这是道〔之〕运动；采取柔弱的态度，这是道之作用。天下所有的东西都是生之于"有"，而"有"则生之于作为"无"的"道"■。

注

【1】返也者，道〔之〕僮也

关于"返"字，《说文解字》的解释是：

> 返，还也。从辵反。反亦声。商书曰，祖伊返。彶，春秋传，返从彳。

如果如各种今本所示作"反"字，《说文解字》对于"反"的解释是："反，覆也。从又厂。"本章应该理解为"反"的假借字。今本《老子》（王弼本）所见"反"字，其他又见第二十五章：

> 吾不知其名，字之曰道，强为之名曰大。大曰逝，逝曰远，远曰反。

第六十五章：

> 玄德深矣，远矣，与物反矣。然后乃至大顺。

第七十八章：

<u>正言若反。</u>

(参照本书甲本第二十五章注【11】,)这些文例中,第六十五章、第七十八章两者的"反"是"正"的反义词。本章的"反",不是第二十五章"复归"之意,而是和第六十五章、第七十八章所见人间价值评判正好相反的意思。王弼注云：

高以下为基,贵以贱为本,有以无为用,此其反也。

这一解释可以说最符合这里的文义。就是说,本章主张,正因为"道"具有"反""弱"这些与人世价值相反的性质,所以,反而能够成为产生"天下之物"的根源。

本章的"返"是"复归"的意思吗？那么来看看今本《老子》(王弼本)所见的"复归"思想,除第二十五章外,第十四章有：

绳绳不可名,<u>复归于无物</u>。

第十六章有：

<u>万物并作,吾以观复。夫物芸芸,各复归其根</u>。归根曰静,是谓复命。复命曰常,知常曰明。

第二十八章有：

为天下溪,常德不离,<u>复归于婴儿</u>。……为天下式,常德不忒,<u>复归于无极</u>。……为天下谷,常德乃足,<u>复归于朴</u>。

第五十二章有：

用其光,<u>复归其明</u>,无遗身殃,是为习常。

(参照本书甲本第十六章上段注【4】。)此外,《庄子·知北游》中有：

渊渊乎其若海，魏魏乎，<u>其终则复始也</u>。

《淮南子·精神》中有：

终则<u>反本</u>未生之时，而与化为一体。死之与生，一体也。

这不如说是一种《周易》式的"反复"。顺便指出，朱谦之《老子校释》的这一章中，就其和《周易》"反复"思想的关系作过说明。笔者以为这里的"返"不应该是"复归"的意思。

"僮"字，如《郭店楚简》所言是"动"的异体字或假借字。"僮"上我想是脱了一个"之"字。

与之相关的类似表达，可见《淮南子·原道》：

出生入死，自无跖有，自有跖无，而以衰贱矣。是故清静者，德之至也。<u>而柔弱者，道之要也</u>。虚而恬愉者，<u>万物之用也</u>。肃然应感，殷然反本，则沦于无形矣。所谓无形者，一之谓也。

《文子·道原》篇：

<u>柔弱者，道之用也。反者，道之常也</u>。柔者，道之刚也。弱者，道之强也。

"返也者，道〔之〕僮也。"各种今本均作"反者，道之动"。马王堆《老子》甲本作"〔反也者〕，道之动也"，乙本作"反也者，道之动也"。

【2】溺也者，道之甬也

"溺"字，已见于本书甲本第十五章上段、中段（参照其注【3】），甲本第五十五章上段、中段、下段（参照其注【4】）。这里如《郭店楚简》所言是"弱"的假借字。今本《老子》(王弼本)中多用为"柔弱"。这种提倡"弱""柔弱"的思想，即"弱""柔弱"这类反向的价值,反而会比"强""坚强"这类正面的价值更"上"更"胜"的反向论说,在今本《老子》中并不少见,有关这个问题,可以参照本书甲本第五十五章上段、中段、下段注【4】。

"甬"字,本书甲本第五十七章已出(参照其注【2】)。"用"的异体字。"道"之"用",即"道"的作用、功能。

"溺也者,道之甬也。"各种今本均作"弱者,道之用"。马王堆《老子》甲本作"弱也者,道之用也",乙本作"〔弱也〕者,道之用也"。

【3】天下之勿,生于又,〔又〕生于亡■。

这段话的意思是,"又(有)"和"亡(无)"的关系在人世间常识中,"又(有)"代表"上"的、正面的价值,"亡(无)"代表"下"的、反面的价值,正因为这样,反而是从"亡(无)"那里生出了"又(有)",老子以这一反向论说或者说价值转换为基础,阐述了存在论或者宇宙生成论。相关的思想表达,可以参照今本《老子》(王弼本)第十一章:

> 三十辐共一毂,当其无,有车之用。埏埴以为器,当其无,有器之用。凿户牖以为室,当其无,有室之用。故有之以为利,无之以为用。

第四十二章:

> 道生一,一生二,二生三,三生万物。

这里的"又(有)—亡(无)"与前文所引二元对立的"正—反""强—弱"大致相同,但"反""弱"指的是"道"的作用层面,"亡(无)"则指的是"道"的存在层面,在这一点上有所不同。

"又"字下,如《郭店楚简》【注释】〔七五〕所言,"又"字的重文符号不见了。

与本章主旨相关的思想表达,可见《庄子·齐物论》:

故自无适有,以至于三。

《庄子·天地》:

泰初有无,无有无名,一之所起。有一而未形,物得以生,谓之德。未形者有分,且然无间,谓之命。留动而生物,物成生理,谓之形。形体保神,各有仪则,谓之性。

《庄子·知北游》:

夫昭昭生于冥冥,有伦生于无形。精神生于道,形本生于精。而万物以形相生。

《庄子·庚桑楚》:

有乎生有乎死,有乎出有乎入。入出而无见其形,是谓天门。天门者,无有也。万物出乎无有,有不能以有为有,必出乎无有。而无有一无有,圣人藏乎是。

《淮南子·俶真》:

无形而有形生焉,无声而五音鸣焉,无味而五味形焉,无色而五色成焉。是故有生于无,实出于虚。

《淮南子·说山》:

寒不能生寒,热不能生热,不寒不热能生寒热。故有形出于无形,未有天地能生天地者也,至深微广大矣。

《文子·道原》:

无形而有形生焉,无声而五音鸣焉,无味而五味形焉,无色而五色成焉。故有生于无,实生于虚。

　　"天下之勿,生于又,〔又〕生于亡。"各种今本作"天下万物生于有,有生于无"。"天"字不见于次解本,"天下"在指归本、天宝神沙本中作"天地"。"万"字在严遵本系统、想尔本系统、古本系统、玄宗本系统中作"之",河上公本存在作"万"的版本。此外,"生于有"在河上公道藏本中作"生之于有",有若干文本"無"作"无"。马王堆《老子》甲本作"天〔下之物生于有,有生于无〕",乙本作"天下之物,生于有,有〔生〕于无"。

第九章

第三十七号简

原文

　　柴(持)天〈而〉涅(盈)【1】

白话译文

　　支起容器,持续注水,试图倒满,

注

　　【1】柴天〈而〉涅

　　"柴"字,作为"持"字在本书甲本第六十四章上段已经出现过(参照其注【1】)。《郭店楚简》【注释】〔七六〕将其视为"殖"字,理解为"积",但此说朱谦之早已在《老子校释》中作了批判。还是应该视为"持"的假借字,读为支持、支撑之意。马王堆《老子》甲本、乙本虽作"揖",但也是《集韵》"揖,持也"的意思。如果加以抽象引申,如《国语·越语下》"有持盈"的韦昭注所云"持,守也",即成为"守"的意思。

　　这种意义上的"持",今本《老子》(王弼本)中第六十七章有所使用:

我有三宝,持而保之。一曰慈,二曰俭,三曰不敢为天下先。

其他古典文献中的用例,可见《国语·吴语》:

用能援持盈以没。

《史记·乐书》:

满而不损则溢,盈而不持则倾。

《荀子·宥坐》:

孔子观于鲁桓公之庙,有欹器焉。……孔子曰:吾闻宥坐之器者,虚则欹,中则正,满则覆。孔子顾谓弟子曰:注水焉。弟子挹水而注之。中而正,满而覆,虚而欹。孔子喟然而叹曰:吁。恶有满而不覆者哉。子路曰:敢问持满有道乎。孔子曰:聪明圣知,守之以愚。功被天下,守之以让。勇力抚世,守之以怯。富有四海,守之以谦。此所谓挹而损之之道也。

《淮南子·原道》:

是故得道者,穷而不慑,达而不荣,处高而不机,持盈而不倾,新而不朗,久而不渝,入火不焦,入水不濡。

《淮南子·道应》:

孔子观桓公之庙,有器焉,谓之宥卮。孔子曰:善哉乎。得见此器。顾曰:弟子取水。水至,灌之,其中则正,其盈则覆。孔子造然革容曰:善哉,持盈者乎。子贡在侧曰:请问持盈。曰:挹而损之。曰:何谓挹而损之。曰:夫物盛而衰,乐极则悲,日中而移,月盈而亏。是故聪明叡知,守之以愚。多闻博辩,守之以俭。武力毅勇,守之以畏。富贵广大,守之以陋。德施天下,守之以让。此五者,先王所以守天下而弗失也。反此五者,未尝不危也。故老子曰:服此道者不欲盈。夫唯不盈,是以能弊而不新成。

对《老子》这段文字加以引用者,有《管子·白心》:

> 持而满之,乃其殆也。名满于天下,不若其已也。名进而身退,天之道也。满盛之国,不可以仕任。满盛之家,不可以嫁子。骄倨傲暴之人,不可与交。

《淮南子·道应》:

> 故老子曰:持而盈之,不如其已。揣而锐之,不可长保也。

《文子·微明》:

> 故持而盈之,不如其已。揣而锐之,不可长保。

"涅",本书甲本第二章已出(参照注【8】)。即"盈"的假借字,与"满"的意思相同。"持而盈之",如上引多篇文章所示,也写作"持而满之",后者的"满"字,可能是为了避西汉惠帝"盈"的讳而代之以"满"。因此,"盈"字正是古《老子》本来的文字面貌。

"坴天涅之",各种今本均作"持而盈之"。"持"字严遵本似作"殖"。"盈"字想尔本系统有若干文本作"满"。马王堆《老子》甲本、乙本均作"揁(持)而盈之"。

第三十八号简

原文

之,不不若已【2】。湍〈揣〉天〈而〉群〈君〉之,不可长保也【3】。金玉涅(盈)室,莫能兽(守)也【4】。贵福(富)〔而〕乔(骄),自遗咎【5】

白话译文

那种试图持续注水，将水倒满的事，最好不要去做。那些希图统治人间君临百姓之上的人，其地位不可能永久保持。

同样，如果家中藏满金玉财宝，终究难以守住。如果有了地位和财富而且过于傲慢的话，那他自己会招来祸患。

注

【2】之，不不若已

"不不若已"，《郭店楚简》【注释】〔七七〕指出应作"不若其已"，是正确的。如果是"不若其已"，那么类似的表达可见《庄子·天下》：

> 以为无益于天下者，明之<u>不如已</u>也。

"枀（持）天〈而〉涅（盈）之"这一句，与下文的"湍（揣）天〈而〉群（君）之""金玉涅（盈）室""贵福（富）〔而〕乔（骄）"三句相并列，说的是世人看来具有正面价值的各种事情，在作者看来却不能置身其中。"枀（持）天〈而〉涅（盈）之，不不若已"和前引几篇阐说"持盈""持满"的文章如《荀子·宥坐》及《淮南子·道应》不同，体现出明确否定"持盈""持满"的《老子》本来的思想。

"不不若已"，各种今本均作"不如其已"。但"如"字在想尔本系统作"若"，"已"字龙兴观碑作"以"。马王堆《老子》甲本作"不〔若其已〕"，乙本作"不若亓（其）已"。

【3】湍天〈而〉群之，不可长保也

"湍"，即"揣"的假借字，可能就是《汉书·贾谊传》孟康注"揣，持也"之意。不过，《经典释文》关于"揣"的条目云："初委反，丁果反，志瑞反。顾云，治也。简文，章棵反。"《韵会》云："揣，治击也。"所以可能就是"治"的意思吧。

"群"，文字即《郭店楚简》【注释】〔七八〕所言"群"。其意，如

《荀子·王制》：

> 力不若牛，走不若马，而牛马为用，何也。曰：人能群，彼
> 不能群也。……君者，善群也。群道当，则万物皆得其宜，六
> 畜皆得其长，群生皆得其命。

《荀子·君道》：

> 道者，何也。曰：君之所道也。君者，何也。曰：能群也。
> 能群也者，何也。曰：善生养人者也，善班治人者也，善显设
> 人者也，善藩饰人者也。

所示，"群"是形成一个社会、成为统治者并君临其上的意思。因
为下文"攻（功）述（遂）身退"显然具有政治意涵，因此上文这一句
也只能往政治方向解释。

"湍天群之，不可长保也。"各种今本作"揣而锐之，不可长
保"。但"揣"字范应元本作"敝"。"锐"字想尔注本作"悦"，索洞
玄书、《经典释文》王弼本、武英殿王弼本、浙江局王弼本、道藏傅
奕本、河上公敦煌本作"梲"。"保"字想尔本系统作"宝"。马王堆
《老子》甲本作"〔梲（揣）而〕兑（锐）之□之，不可长葆（保）之"，乙
本作"梲而允（锐）之，不可长葆也"。

【4】金玉涅室，莫能兽也。

"室"字，各种今本（王弼本等）作"堂"，但从文字使用角度看，
"室"要优于"堂"，这一点朱谦之《老子校释》已有阐述。

"金玉涅室，莫能兽也。"各种今本均作"金玉满堂，莫之能
守"。但严遵本、想尔本系统、古本系统作"室"。马王堆《老子》甲
本作"金玉盈室，莫之守也"，乙本作"金玉盈室，莫之能守也"。

【5】贵福〔而〕乔，自遗咎也。

"福"字，如《郭店楚简》所言是"富"的假借字。"福"下，如《郭

店楚简》【注释】〔七九〕所言脱了"而"字。

"乔",如《郭店楚简》所言是"骄"的省字或假借字。

"咎",如《郭店楚简》【注释】〔八〇〕所言是从"刃"的字。"咎"这个词汇,是屡见于《周易》的占断之辞,郭店《老子》使用"咎"字,或许正是受到其影响。

"贵福〔而〕乔,自遗咎也。"各种今本均作"富贵而骄,自遗其咎"。但"骄"字开元廿六碑、开元廿七碑作"㤭"。"自"字上治要本有"还"字。"其"字不见于想尔注本。马王堆《老子》甲本作"贵富而驕(骄),自遗咎也",乙本作"贵富而骄,自遗咎也。"

第三十九号简

原文

也。攻(功)述(遂)身退,天之道也乚【6】。

白话译文

那他自己会招来祸患。作为道之作用的结果,功业成就,达致顶点之后,又会从顶点转而回落下降,因为这就是天之道乚。

注

【6】攻述身退,天之道也

"攻"字,如《郭店楚简》所言是"功"的假借字。"功",说的是"天之道"对"万物"所产生的各种各样的作用(例如,使万物存在,使万物变化)的成果。作者希望以"功遂身退,天之道也"这条纲领作为哲学根据,对上文的"持而盈之""揣而君之""金玉盈室""贵富而骄"作出批判。必须指出,这里也包含着对如下理念的倡导,即统治者对于人民的政治支配必须效仿"天之道"。"天之道"的主旨在于,"攻(功)述(遂)→身退"的转化亦即"正面价值→反面价值"的转化,是世界上所有存在者毫无例外必须贯彻的法则。

顺便指出,关于这个部分,诸桥辙次《掌中　老子の讲义》是这样解释的:

当功成名遂时,我便辞退功名地位,这是符合天道的人间之道。

这是将这句话的主旨从"天之道"误解为"人之道"了。木村英一、野村茂夫《老子》;福永光司《老子》上;金谷治《老子　无知无欲のすすめ》;楠山春树《老子の人と思想》;楠山春树《老子入门》;小川环树《老子》;蜂屋邦夫《老子》也都一样,这是因为他们都没有正确理解《老子》的"天之道"。

"述"字,如《郭店楚简》所言是"遂"的异体字或假借字。这一通假在马王堆《周易》中也频繁出现。

与"功遂"类似的表达,也见今本《老子》(王弼本)第二章:

功成而弗居。

第十七章:

功成事遂。

第三十四章:

功成不名有。

第七十七章:

功成而不处。

(参照本书甲本第二章注【15】,丙本第十七章注【8】。)

"天之道"或"天道"出现于今本《老子》(王弼本)中的情况,可见第四十七章:

不出户,知天下,不窥牖,见天道。

第七十三章：

　　天之道，不争而善胜，不言而善应，不召而自来，绰然而善谋。

第七十七章：

　　天之道，其犹张弓与。……天之道，损有余而补不足。人之道则不然，损不足以奉有余。

第七十九章：

　　天道无亲，常与善人。

第八十一章：

　　天之道，利而不害。圣人之道，为而不争。

这个部分，如下所示，也被古典文献屡屡引用。如《淮南子·道应》：

　　故老子曰：功成名遂身退，天之道也。

贾谊《新书·道术》：

　　功遂自却，谓之退。

《文子·道德》：

　　故曰：功遂身退，天之道也。

《文子·上德》：

　　功成名遂身退，天道然也。

《汉书·疏广传》：

　　功遂身退，天之道也。

《牟子理惑论》：

老子不云乎，功遂身退，天之道也。……又曰：功成名遂身退，天之道也。

"攻述身退，天之道也。"各种今本作"功成名遂身退，天之道"。但最初四字想尔注本、索洞玄书、天宝玉关本、次解本作"名成功遂"，王弼本系统作"功遂"，道藏傅奕本作"成名功遂"。"道"下景福碑有"也"字。马王堆《老子》甲本作"功述（遂）身芮（退），天〔之道也〕"，乙本作"功遂身退，天之道也"。

第三编　郭店楚墓竹简《老子》乙本译注

第五十九章

第一号简

原文

　　给（治）人事天，莫若嗇【1】。夫售（唯）嗇，是以曐（早）〔备（蓄）〕【2】。是以曐（早）备（蓄），是胃（谓）〔重积德【3】。重积德，则亡（无）〕【4】

白话译文

　　统治人民、祭祀上帝，去除浪费最为紧要。如能去除浪费，就能早日〔具备"道"于身〕。早日具备"道"于身，〔就叫做把德重重加以积累。如果把德重重加以积累，那么无论遇到什么情况都能战无〕不胜。

注

【1】给人事天，莫若嗇

　　"给"，如《郭店楚简》所言，为"治"的假借字。关于"治人"，在

《孟子·滕文公上》中有：

> 故曰劳心，或劳力。劳心者<u>治人</u>，劳力者治于人。治于人者食人，<u>治人</u>者食于人，天下之通义也。

《孟子·离娄上》中还有：

> 孟子曰："爱人不亲反其仁，<u>治人</u>不治反其智，礼人不答反其敬。"

关于"事天"，《孟子·尽心上》中有：

> 孟子曰："尽其心者，知其性也。知其性，则知天矣。存其心，养其性，所以<u>事天</u>也。"

然而，主张"治人"必须以"事天"为基准的，则是《墨子》。其《尚贤中》论述道：

> 此言三圣人者，谨其言，慎其行，精其思虑，索天下之隐事遗利。<u>以上事天</u>，则天乡其德，<u>下施之万民</u>，万民被其利，终身无已。

《墨子·非命下》也有论述：

> 若以为政乎天下，<u>上以事天鬼</u>，天鬼不使。<u>下以持养百姓</u>，百姓不利，必离散，不可得用也。

与之相对，郭店《老子》本章的"事天"，几乎没有实际的内涵，更近似理念性的原则，不过是用于表明"治人"必须效法"事天"这一理想主义而已。

"啬"字，上面为"来"的上半部，下为"田"字。在此仍按照《郭店楚简》之说，判读为"啬"字。在《说文解字》中，"啬"的字义为：

> 啬，爱濇也。从来㐭。来者㐭而臧之。故田夫谓之啬夫。

一曰：棘省声。

此处取其字义为节约开销，避免浪费。

这部分的前后文章，在《韩非子·解老》中，都通过——引用《老子》经文进行了解释。如：

> 故曰："治人事天，莫若啬。"……故曰："夫谓啬，是以蚤服。"……故曰："重积德。"……故曰："蚤服，是谓重积德。"……故曰："无不克。"……故曰："重积德，则无不克。"……故曰："无不克，则莫知其极。"……故曰："莫知其极。莫知其极，则可以有国。"……故曰："有国之母，可以长久。"……故曰："深其根。"……故曰："固其柢。"……故曰："深其根，固其柢，长生久视之道也。"

此外，《吕氏春秋·情欲》中有：

> 古人得道者，生以寿长，声色滋味，能久乐之，奚故。论早定也。论早定则知早啬，知早啬则精不竭。……故古之治身与天下者，必法天地也。

《晏子春秋·内篇·问下》有：

> 晏子对曰："啬者，君子之道。吝爱者，小人之行也。……称财多寡而节用之，富无金藏，贫不假货，谓之啬。积多不能分人，而厚自养，谓之吝。不能分人，又不能自养，谓之爱。"

"给人事天，莫若啬。"在各种今本中作"治人事天，莫若啬"。"人"在开元廿七碑上作"民"；"事"在敦煌李荣本、景龙写本皆作"及"；"若"在指归本、《经典释文》王弼本中作"如"；"啬"在想尔本系统作"式"；马王堆《老子》甲本此处全缺，乙本作"治人事天，莫若啬"。

【2】夫售啬,是以曓〔备〕

"曓"字如《郭店楚简》【注释】〔一〕所言,应为"曓"的异体字,也是"早"的假借字。"是以曓"亦如《郭店楚简》【注释】〔一〕所言,下面"备"字应是脱落了。

"夫唯……是以……"这种前后呼应的语句,在今本(王弼本)的第二章、第七十章、第七十一章、第七十二章中都出现过;"夫唯…… 故……"这种呼应,则在第八章、第十五章(二例)、第二十二章、第六十七章中可以看到。可以说,这些都是《老子》中所多见的特征性的表述方式。参见本书甲本第二章注【16】、本书乙本第四十一章注【11】。

"备"在《郭店楚简》【注释】〔一〕中被看作"服"的异体字,而《说文解字》的解释是"服,用也"。因而此处并不适用这种词义。另外,《说文解字》中还有"备,慎也"的解释,也不合此处的文意。应合于《说文解字》所见"菕,具也"吧。此处是其身具备"道"的意思。

"夫售啬,是以曓〔备〕。"在各种今本中均作"夫唯啬,是以早服"。"唯"在古本系统作"惟";"啬"在想尔本系统作"式";"以"在王弼本系统、河上公本系统、玄宗本系统都作"谓";"服"在想尔本系统作"伏",《经典释文》王弼本则作"复";马王堆《老子》甲本七字皆残缺,乙本作"夫唯啬,是以蚤服"。

【3】是以曓备,是胃〔重积德〕

"是以曓备"如《郭店楚简》【注释】〔二〕所言,"是以"应为错误重复。

"〔重积德。重积德,则亡〕",在本章中有五字至六字左右的残缺。参照《郭店楚简》【注释】〔二〕试补了八个字,除去重文符号则为补足五个字。

"积德"在《尚书·盘庚上》中有：

> 丕乃敢大言，汝有积德。

《荀子·劝学》中有：

> 积土成山，风雨兴焉。积水成渊，蛟龙生焉。积善成德，而神明自得，圣心备焉。

《荀子·儒效》中有：

> 故君子务修其内而让之于外，务积德于身而处之以遵道。……涂（途）之人百姓，积善而全尽谓之圣人。

《荀子·王制》中有：

> 虽庶人之子孙也，积文学，正身行，能属于礼义，则归之卿相士大夫。……君子者，礼义之始也。为之，贯之，积重之，致好之者，君子之始也。

《荀子·王霸》中有：

> 国者，天下之利用也，人主者，天下之利势也。得道以持之，则大安也，大荣也，积美之源也。……故与积礼义之君子为之则王，与端诚信全之士为之则霸，与权谋倾覆之人为之则亡。

《荀子·议兵》中有：

> 于是有能化善修身正行积礼义尊道德，百姓莫不贵敬，莫不亲誉，然后赏于是起矣。

《荀子·正论》中有：

> 天下无君，诸侯有能德明威积，海内之民莫不愿得以为

君师。

《荀子·礼论》中有：

> 故厚者,礼之积也。大者,礼之广也。

《荀子·性恶》中有：

> 今之人,化师法,积文学,道礼义者为君子。……圣人积思虑,习伪故,以生礼义而起法度。……今使涂(途)之人伏术为学,专心一志,思索孰察,加日县久,积善而不息,则通于神明,参于天地矣。故圣人者,人之所积而致也。

《荀子·宥坐》中有：

> 今夫子累德积义怀美,行之日久矣。

依据上述资料可以推论,本章的"积德",应是源于大量且独创性地使用了这种思想和表述的《荀子》。再者,《老子》中的"德"并非所谓的道德和伦理之意,而是作为终极性的本源性的"道"的作用、功能,所以,将其作为宾语而加上"重积"这样的动词,是与《老子》不相符的。因此有必要注意到,对《老子》而言,"重积德"的思想或许是外来的思想。

另外,《吕氏春秋·慎人》中有：

> 汤武修身,积善为义,以忧苦于民,人也。

《吕氏春秋·慎大》中有：

> 今赵氏之德行无所于积,一朝而两城下,亡其及我乎。

《吕氏春秋·开春》中有：

> 王者厚其德,积众善,而凤凰圣人皆来至矣。

《淮南子·地形》中有：

> 山为积德，川为积刑。高者为生，下者为死。

《淮南子·兵略》中有：

> 故良将之用兵也，常以积德击积怨，以积爱击积憎，何故而不胜。

《周易·坤卦·文言传》有：

> 积善之家，必有余庆。积不善之家，必有余殃。

《周易·小畜卦上九·象传》有：

> 既雨既处，德积载也。

《周易·系辞下传》中有：

> 善不积，不足以成名。恶不积，不足以灭身。

马王堆帛书《十六经·雌雄节》中有：

> 夫雄节而数得，是胃（谓）积英（殃）。凶忧重至，几于死亡。雌节而数亡，是胃（谓）积德。慎戒毋法，大禄将极。……故德积者昌，〔英（殃）〕积者亡。观其所积，乃知〔祸福〕之乡（向）。

上面所列举的语例都晚于《荀子》，应是在《荀子》的影响下写成的，未必是受《老子》的影响。

"曑备，是胃〔重积德〕。"在各种今本中均作"早服，谓之重积德"。但是"服"在想尔本系统中作"伏"；在《经典释文》王弼本中作"复"（与前面注【2】所见同）；马王堆《老子》甲本全部残缺，乙本作"蚤（早）服，是胃重积〔德〕"。

【4】〔重积德,则亡〕不克

"〔亡〕不克"是无往而不胜的意思。与今本《老子》(王弼本)的第三章:

> 为无为,则无不治。

第三十七章:

> 道常无为而无不为。

第四十八章:

> 无为而无不为。

这些语例含义相近(参见本书乙本第四十八章上段注【3】)。

"〔重积德,则亡〕不克。"在各种今本中基本作"重积德,则无不克"。也有若干文本"無"作"无";"克"在指归本、景龙写本、龙兴观碑、景福碑、河上公奈良本、道藏河上公本等文本中皆作"剋"。马王堆《老子》甲本此句全部残缺,乙本中作"重囗"。

第二号简

原文

不克■。〔亡(无)〕不〔克〕,则莫誓(知)亓(其)亙〈亟(极)〉【5】。莫誓(知)亓(其)亙〈亟(极)〉,可以又(有)陚(国)【6】。又(有)陚(国)之母,可以长〔雧(久)【7】。长雧(久),是胃(谓)深根固氐〕【8】。

白话译文

(无论遇到什么情况都能战无)不胜■。(如果无论遇到什么情况都能战无不胜的话,)那么其作用所及就可以无限扩展;如果能无限扩展的话,那么就可以拥有国家。

假如能拥有国家之"母"——道,则国家的永(续)也将成为可能。国家永续,可以称为在大地深深扎根。

注

【5】不克■。〔亡〕不〔克〕,则莫智亓亘

"克"字下面的部分,《郭店楚简》判读为重文符号,实际上,"图版"上只有"■"。另外,这个"■"符,在郭店《老子》中一般只出现于各章的末尾。乙本第五十九章的此处,在文章没有明显断句的地方被加入"■",可能是抄错了(参见甲本第十五章上段、中段的注【15】)。

"亘"乃是"亟"的错字。"亟"字正如《郭店楚简》【注释】〔三〕所言,是"极"的省字或假借字。

"莫𣉻亓亘",与今本《老子》(王弼本)第五十八章:

> 祸兮福之所倚,福兮祸之所伏。<u>孰知其极</u>,其无正。

在形式上是相同的含义,指事物没有穷尽,或没有局限、限制。朱谦之《老子校释》对此进行了多方考证,认为"此莫知其极,即莫知其所穷尽之义"。这种解释应当是正确的。但是,在内容上,应是指"治人事天"者的活动范围可以无限扩展。与《庄子·大宗师》:

> 凄然似秋,煖然似春。喜怒通四时,与物有宜,<u>而莫知其极</u>。

稍近,而与今本《老子》(王弼本)第二十八章:

> 知其白,守其黑,为天下式。为天下式,常德不忒,<u>复归于无极</u>。

则不同。

"〔亡〕不〔克〕,则莫𣉻亓亘。"各种今本皆作"无不克,则莫知其极"。但有若干文本将"無"写作"无"。"克"在景龙写本、龙兴

观碑、景福碑、河上公奈良本、道藏河上公本等本中均作"剋"。马王堆《老子》甲本此处全部残缺,乙本作"囗莫知亓(其)〔极〕"。

【6】莫簹丌亙,可以又陒

"陒"字正如《郭店楚简》所云,应为"国"的异体字。

"又陒"作为一个词语,在《论语·季氏》中有:

> 丘也,闻有国有家者,不患寡而患不均,不患贫而患不安。

《孟子·梁惠王下》中有:

> 以大事小者,乐天者也。以小事大者,畏天者也。乐天者保天下,畏天者保其国。

不过,此处的"有国",如高亨《老子正诂》也曾指出的那样,据前后的文意判断,正确的含义应是"有国之母",只是为完善修辞而采用了简略的表述而已。

"莫簹丌亙,可以又陒。"各种今本皆作"莫知其极,可以有国"。此句中间,范应元本有"则"字;"有"在指归本写作"为";经文的八字,马王堆《老子》甲本作"〔莫知亓(其)极〕,可以有国",乙本作"莫知亓〔极,可以〕有国"。

【7】又陒之母,可以长〔雧〕

这部分前后约有九字缺失,故补入了"〔雧。长雧,是胃深根固氐〕。"除重文符号外,为六个字,计入重文符号则补为九字。若按《郭店楚简》【注释】〔四〕,补入"〔久是谓深根固柢〕"七个字,则补充字数稍显不足。

"又(有)陒(国)之母",应按照小川环树《老子》、蜂屋邦夫《老子》所释,理解为"如果拥有国家之'母'(即'道')"。诸桥辙次《掌中　老子讲义》、木村英一和野村茂夫的《老子》、福永光司《老子》

下、金谷治《老子 无知无欲の劝め》等,都解释为"拥有国家的母亲(即'基础')",则文意不通。

"母"之语可见于今本《老子》(王弼本)以下篇章,第一章:

> 无名,天地之始。有名,<u>万物之母</u>。

第二十五章:

> 有物混成,先天地生。……可以为<u>天下母</u>。

第五十二章:

> 天下有始,以为<u>天下母</u>。<u>既得其母</u>,以知其子,既知其子,<u>复守其母</u>,没身<u>不殆</u>。

(参见本书甲本第二十五章注【4】。)最后的第五十二章的文例最有益于参考。

"可以长〔旧〕",于本书甲本第四十四章中既出(参见注【8】)。此句,先以持"又(有)"作为根本的"道""德"(也就是"母")可使个人身体得以长生的养生思想为基础,转而又变成以政治思想上的命题为主。即通过拥有"隁(国)之母"的"道""德",为政者就可以长久地保持国家的权力,甚至使国家本身长久存续。另外,关于此处补入的"〔旧〕"字,请参照本章下文注【9】。

"又隁之母,可以长〔旧〕。"各种今本皆作"有国之母,可以长久"。"有国"在景龙写本中没有,"长久"在次解本中作"久长"。马王堆《老子》甲本作"有国之母,可以长久",乙本作"有国之母,可〔以长〕久。"

【8】〔长旧,是胃深根固氐〕

"氐"(马王堆《老子》甲乙本的文字),依据《说文解字》"本也。从氏,下著一。一,地也"来解释最为踏实可靠。《古文四声韵》卷四中作为"古老子"出现了"蒂"字，或许郭店《老子》也应作"蒂"。但《说文解字》"蒂，瓜当也。从艹，带声"的解释，在意思上略有差异。

"深根固氏"在《庄子·缮性》中有：

> 不当时命而大穷乎天下，则深根宁极而待。此存身之道也。

《庄子·天下》篇中有：

> 以深为根，以约为纪。

另外，今本《老子》（王弼本）第五十四章有：

> 善建者不拔，善抱者不脱。

也属同样思想、同样意象（参照乙本第五十四章注【1】）。

"〔长旧，是胃深根固氏〕。"各种今本皆作"是谓深根固柢"，"是谓"在指归本、次解本中没有；敦煌李荣本、景龙写本、天宝神沙本作"是以"；"固"在开元廿六碑上作"故"；"柢"在指归本、想尔本系统、河上公本系统、玄宗本系统都作"蒂"；马王堆《老子》甲本作"是胃〔谓〕深楻〔根〕固氏〔柢〕"，乙本作"是胃〔深〕根固氏"。

第三号简

原文

长生旧（久）视之道也■【9】。

白话译文

这才是永葆生命之道啊。

注

【9】长生旧视之道也■

"旧"如《郭店楚简》所言，是"旧"的省字或异体字，"久"的假借字。前面二处缺字以"〔雈〕"补足，就是依据此说。"视"字，依据《郭店楚简》判读为"视"。

"长生久视"之语在《荀子·荣辱》中有：

> 孝悌原悫，鈎录疾力，以敦比其事业，以不敢怠傲，是庶人之所以取暖衣饱食，长生久视，以免于刑戮也。

《吕氏春秋·重己》中有：

> 世之人主贵人，无贤不肖，莫不欲长生久视，而日逆其生，欲之何益。

后者高诱注解作"视，活也"。"视"并非"看"，乃是"生存"的意思。可见"长生久视"原本是养生思想上的术语，郭店《老子》以此为基础，并将其含义改造成为政者长久保有国家权力，甚或国家自身的长久存续。

"长生雈视之道也"，各种今本皆作"长生久视之道"；"之道"在指归本中没有；马王堆《老子》甲本作"长〔生久视之〕道也"，乙本作"长生久视之道也"。

第四十八章 上段

第三号简

原文

学者日益，为道者日损【1】。损之或损，以至亡（无）为【2】

白话译文

修习学问者从外部不断增益伦理和知识等，而掌握道者却不断从自己的内部减除这些杂物。减之又减，最终得以达到没有任何人为造作的"无为"境地。

注

【1】学者日益，为道者日损

"学"，如《郭店楚简》所言，可判读为"学"字。

"学者日益"，即每日从外部摄取伦理和知识等充实自我的学问，即便在当时的儒家思想家中，这也是立足于性恶说的荀子学派的学问观。因此，可以将"为道者日损"视作反对这种学问观的思想。另外，以下所列举的日本各种入门书，对于"学者日益"句都没有读取出郭店《老子》对"学"的批判，此类解释有失允当，如诸桥辙次《掌中　老子讲义》、福永光司《老子》下、楠山春树《老子その人と思想》、小川环树《老子》、蜂屋邦夫《老子》。

再者，作为引用此处的文章，可以看到《庄子·知北游》中有：

> 故曰："为道者日损。损之又损之，以至于无为。无为而无不为也。"

《后汉书·范升列传》有：

> 老子曰："学道日损。"损犹约也。

"为"亦如《郭店楚简》所言，判读作"为"。关于"为道者"，《庄子·田子方》中有：

> 且万化而未始有极也。夫孰足以患心已。为道者解乎此。

"损"字，《郭店楚简》判读为"员"字。"员"之下有"大"字，所以理当判读为"损"字吧。

本书本章只有上段，没有下段。处于形成途中的古本《老子》第四十八章，应该就是这种仅有上段的文本。与上段"亡为"相同的内容，马王堆《老子》甲本、乙本以及各种今本的下段皆以不同词语即"无事"来表述，也暗示出本章的上段和下段原本就是来源不同的两篇文章。由此可以推论，本章的下段，即马王堆《老子》甲本的"〔将欲〕取天下也，恒〔无事。及亓（其）有事也，不足以取天下〕"的部分，是在郭店《老子》之后被附加进去的内容。

"学者日益，为道者日损。"各种今本皆作"为学日益，为道日损"。"学"在古本系统中作"学者"；"道"在古本系统中作"道者"；马王堆《老子》甲本作"为〔学者日益，闻道者日云（损）〕"，乙本作"为学者日益，闻道者日云"。马王堆乙本的"闻"字，或许是因为郭店《老子》本章的"为"字与"闻"字形相近而发生讹误。

【2】损之或损，以至亡为也

关于"或"，王引之《经传释词·弟三》中认为"或犹又也"，是"更""又"的意思。

"损之或损"，是将"学"的内容，即伦理、知识等加以反复的彻底的否定、排除。同样的语法在今本《老子》（王弼本）第一章中有：

> 玄之又玄，众妙之门。

《庄子·天地》中有：

> 深之又深，而能物焉，神之又神，而能精焉。

《庄子·达生》中有：

> 精而又精，反以相天。

《管子·心术下》中有：

> 故曰："思之，思之不得，鬼神教之。"非鬼神之力也，其精气之极也。

《管子·内业》中有：

> 思之思之，又重思之。思之而不通，鬼神将通之。非鬼
> 神之力也，精气之极也。

等等。因为这些都是同样的表述方式，因此《老子》第一章的"玄之又玄"，《庄子·天地》的"深之又深""神之又神"，都可以训读为"玄之，又玄之""深之，又深之""神之，又神之"。然而，仅以《老子》第一章为例，以下各种入门书均误训为"玄而又玄"。诸桥辙次《掌中　老子讲义》、木村英一和野村茂夫的《老子》、福永光司《老子》上、金谷治《老子　无知无欲の劝め》、楠山春树《老子入门》、小川环树《老子》、蜂屋邦夫《老子》、神塚淑子《〈老子〉——"道"への回归》（《书物诞生——あたらしい古典入门》，岩波书店，2009 年），都是如此。其结果导致了对《老子》第一章思想的误解。

"亡为"，是指没有任何人为的、造作的状态。在本章中，指的就是所追求的"道"。

顺便指出，《牟子理惑论》引用了这一句话：

> 老子曰："损之又损，以至于无为。"

"损之或损，以至亡为也。"各种今本皆作"损之又损，以至于无为"。然而，下面的"损"，在指归本、想尔本系统、古本系统、河上公本的一部分、玄宗本系统等文本中，皆作"损之"；"以"在指归本中没有；"於"在意林本中作"于"；"無"另有若干文本作"无"。马王堆《老子》甲本此处全部残缺，乙本作"云（损）之有（又）云（损），以至于无〔为〕"。

第四号简

原文

也。亡(无)为而亡(无)不为【3】。

白话译文

如果能达到无为之境界，就可以成就任何事情。

注

【3】亡为而亡不为

"亡为而亡不为"，是指实现任何事情的万能性。既是上文所力求的"道"的内容，也是体悟"道"并将"道"为我所有的圣人的能力。

本章的宗旨在于论述一种主体性论的伦理思想，就是说不断否定、去除"学"的内容，即否定来自外部思想的积累，其超越的结果，最终能使人成功地臻于"道"的境界，成为"亡(无)不为"的万能的存在。

同样的思想表述，在今本《老子》(王弼本)的第三十七章还有：

> 道常无为而无不为。

第三十八章：

> 上德无为而无以为，下德为之而有以为。

其他古典文献中，也可见于《庄子·至乐》：

> 天无为，以之清，地无为，以之宁。故两无为相合，万物皆化。芒乎芴乎，而无从出乎。芴乎芒乎，而无有象乎。万物职职，皆从无为殖。故曰："天地无为也，而无不为也。"人也孰能得无为哉。

《庄子·庚桑楚》中有：

> 此四六者，不荡胸中则正，正则静，静则明，明则虚，虚则<u>无为而无不为也</u>。

《庄子·则阳》中有：

> 四时殊气，天不赐，故岁成。五官殊职，君不私，故国治。文武，大人不赐，故德备。万物殊理，道不私，故无名。无名，故无为。<u>无为而无不为</u>。

《淮南子·原道》有：

> 是故圣人内修其本，而不外饰其末，保其精神，偃其智故，漠然<u>无为而无不为也</u>，澹然无治也而无不治也。所谓无为者，不先物为也。所谓无不为者，因物之所为也。所谓无治者，不易自然也。所谓无不治者，因物之相然也。

《文子·道原》有：

> 是故圣人内修其本，而不外饰其末，厉其精神，偃其知故，漠然<u>无为而无不为</u>，无治而无不治也。所谓无为者，不先物为也。无治者，不易自然也。无不治者，因物之相然也。

由此看来，在当时，这些是道家思想家们频繁使用的常套语句。

"亡为而亡不为"句，各种今本皆作"无为而无不为"。"无为"在指归本中没有；有若干文本将"無"写作"无"；"而"在想尔本系统中没有，古本系统作"则"；"不"在指归本作"以"，次解本作"所不"；马王堆《老子》甲乙本此句全缺。

第二十章　上段

第四号简

原文

　　鹭（绝）学亡（无）惪（忧）【1】。售（唯）与可（诃），相去几可（何）【2】。岂（美）与亚（恶），相去可（何）若【3】。

白话译文

　　抛去学问则烦恼全无。学习教会我们的肯定回答的声音——"是"，与发怒时的叱咤之声——"喂"，到底有什么区别？美好与丑陋之间，究竟有多远的距离？

注

　　【1】鹭学亡惪

　　"鹭"字，如《郭店楚简》所言，是"绝"字的异体字或假借字；"鹭学"，在今本《老子》（王弼本）第六十四章中有：

　　　　是以圣人欲不欲，不贵难得之货。学不学，复众人之所过。以辅万物之自然，而不敢为。

（参照本书甲本第六十四章下段注【11】，本书丙本第六十四章下段注【8】。）对于道家而言，所谓的"学"，如本章下面论述的那样，就是教诲人们"售（唯）与可（诃）""岂（美）与亚（恶）"的不同。与此相关联的思想表述还有《庄子·山木》：

　　　　孔子曰："敬闻命矣。"徐行，翔佯而归。绝学捐书。弟子无相于前，其爱益加进。

《文子·道原》：

　　多言数穷，不如守中。<u>绝学无忧</u>，绝圣弃智，民利百倍。

《后汉书·范升列传》：

　　老子又曰："<u>绝学无忧</u>"，绝末学也。

　　"慐"字，在本书甲本第五十五章上段、中段、下段中作为"嘾"或"嗄"的异体字已出现（参照注【7】）。此处则如《郭店楚简》所言，是"忧"的省字或异体字。

　　"銮学亡慐"这四个字，表面上与今本《老子》（王弼本）第十九章的：

　　绝圣弃智，民利百倍。绝仁弃义，民复孝慈。绝巧弃利，盗贼无有。

相类似。因此，曾有易顺鼎、马叙伦、蒋锡昌、李大防等主张：此句不应出现在第二十章的开头，而应置于第十九章的末尾。这些看法是没有理解本章的思想内容。由于将这四字置于第二十章上段开头的郭店《老子》的出土，确认了上述诸说的错误，使本悬案得以了结。这四个字应原本就属于第二十章，尽管表面上与第十九章的"绝圣弃智"等相类似，但是在内容上，与第十九章没有关系。不过，郭店《老子》第二十章仅有上段，没有下段。也就是说，尚处于形成过程中的古本《老子》第二十章，曾经是仅有上段的文本。据此可推论，下段部分或许是在郭店《老子》以后，在马王堆《老子》的形成过程中被附加进去的。

　　"銮学亡慐"，各种今本皆作"绝学无忧"；有若干文本将"無"作"无"；马王堆《老子》甲本全缺，乙本作"绝学无忧"。

【2】售与可,相去几可

"售(唯)"字,是对尊长的规范性的礼仪应答。上面的"可",是"诃"的省字或假借字。各种今本的"阿",刘师培《老子斠补》认为应作"诃",可解释为《说文解字》的"诃,大言而怒也"之意,即大声发怒。不过,这不是"诃"之误,而是"可"字的通假字,所以没有必要修改文字。下面的"可"是"何"的省字或假借字。

关于"售与可",虽然与此并不完全相同,但是,"唯"与"诺"的差异曾经在当时引起众多议论,这从郭店楚简《五行》、马王堆《五行》第二十二章的《经》《说》以及《礼记·曲礼上》诸篇可见一斑。

"相去几可",在《庄子·知北游》中有:

> 自本观之,生者喑醷物也。虽有寿夭,相去几何。须臾之说也。奚足以为尧桀之是非。

表达了与本章相同的思想。

"售与可,相去几可。"各种今本皆作"唯之与阿,相去几何"。所有的文本中"唯"字下面有"之"字;"阿"在想尔注本、天宝玉关本中皆作"何"。马王堆《老子》甲本作"唯与诃,其相去几何",乙本作"唯与呵(诃),元(其)相去几何"。

【3】岂与亚,相去可若

"岂"字,如《郭店楚简》所言,应是"微"字的组成部分,大概是"美"的异体字或假借字。"亚"字在本书甲本第二章中已出(参照第二章注【2】)。

力图将"美"与"恶"加以区分的,是当时以荀子为首的儒家的"正名"思想。以《老子》为首的当时的道家,却极力要在超越"美恶"差别之处寻求终极的本源的"道",故而对此持反对的态度。道家所提倡的是:人们所认定的"万物"之中的价值、事实、存在的差异,不过是人类虚妄的观念的产物,只有除去这一切的价值、事实、存在的差异,而被解构(deconstruction)后的整全的"玄同"才是真实的世界。

与此相关的文章还可见于今本《老子》(王弼本)第二章:

> 天下皆知美之为美,斯恶已。皆知善之为善,斯不善已。
>
> 故有无相生,难易相成,长短相较,高下相倾,音声相和,前后相随。

(参见本书甲本第二章注【1】、【2】。)

在《庄子·大宗师》中有:

> 与其誉尧而非桀也,不如两忘而化其道。

《庄子·胠箧》中有:

> 故天下……皆知非其所不善,而莫知非其所已善者。是以大乱。

《庄子·至乐》中有:

> 列士为天下见善矣,未足以活身。吾未知善之诚善邪,诚不善邪。

《庄子·外物》中有:

> 与其誉尧而非桀,不如两忘而闭其所誉。

"岂与亚,相去可若。"各种今本皆作"善之与恶,相去若何"。"善"在想尔本系统、道藏傅奕本均为"美";"可若"在王弼本作"若何";马王堆《老子》甲本作"美与恶,其相去何若",乙本作"美与亚(恶),亓(其)相去何若"。

第五号简

原文

人之所墨（畏），亦不可以不墨（畏）【4】。

白话译文

只是，人们所畏惧的事物，我也不能不畏惧。

注

【4】人之所墨，亦不可以不墨

"所"字下面附有重文符号。前面也出现过同样情况，似乎别有用意。"之所"乃是合文。"墨"字如《郭店楚简》所言，是"畏"的异体字。

马王堆《老子》乙本此章的文末虽然有"人"字，不过，或许这是因为马王堆乙本将郭店《老子》本章的下文（第十三章开头）的"人"字误植于此并流传下来的衍字。本章此处下面另有"‐"的符号，从文本形式也可看出，其显然并未与"人"字相连续。另外，从内容上来说，以上的文章（第二十章）与下文"人憄辱若缨"以下的文章（第十三章）不相关联。据此可以怀疑，马王堆乙本（甲本虽残缺过甚，无法断定，但恐怕情况相同）很可能直接目睹了本书郭店《老子》乙本。

这一句的意思是说，否定"学"的作者，作为取而代之的肯定的建议，是提倡遵从世间人们的判断。在今本《老子》（王弼本）第四十二章中有：

> 人之所教，我亦教之。

《荀子·不苟》有：

> 人之所恶者，吾亦恶之。

不过,即使一定要将今本《老子》(王弼本)第二十章看成是由上段与下段构成的一篇文章,以上的宗旨与下段中所表达的作者在"众人""俗人"中所感到的疏离感以及对他们的单纯而庸俗的生存方式的嘲讽,明显是不一致的。由此可见,本章的上段与下段,并非原来就是紧密结合为一体的文章的两个部分。

在其他文献中,引用了本句的还有《淮南子·道应》:

故老子曰:"<u>人之所畏,不可不畏也</u>。"

《文子·上仁》:

故曰:"<u>人之所畏,不可不畏也</u>。"

"人之所<u>墨</u>,亦不可以不<u>墨</u>。"在各种今本皆作"人之所畏,不可不畏"。马王堆《老子》甲本作"人之所〔畏〕,亦不〔可以不畏人〕",乙本作"人之所畏,亦不可以不畏人"。

第十三章

第五号简

原文

人<u>竉</u>(宠)辱若缨(撄),贵大患若身【1】。可(何)胃(谓)<u>竉</u>(宠)【2】

白话译文

人们每当得势受宠而出人头地或遭受耻辱而导致没落时,往往心神失据、喜忧交迭,将能否获得地位财产这类忧患看得和自己的身体一样重要。

"每当得势受宠而出人头地或遭受耻辱而导致没落时,往往心神失据、喜忧交迭",究竟指什么?

注

【1】人㝠辱若缨，贵大患若身

"人"是指世间之人，也就是《老子》中屡屡出现的"众人"。因而，由作者看来，后面的叙述是否定性的。

"㝠"字如《郭店楚简》所言，是"宠"的异体字。以下"㝠"亦同。"宠辱"主要是指臣下受到君主的宠爱，或者蒙受耻辱，也就是《荀子》所说的"荣辱"的意思，特指伴随政治地位的沉浮而来的世间的评价。

如下所示，《庄子·逍遥游》中所提到的宋荣子的荣辱论与郭店《老子》本章的思想非常相近：

> 而宋荣子犹然笑之。且举世而誉之，而不加劝。举世而非之，而不加沮。定乎内外之分，辩乎荣辱之竟（境）斯已矣。彼其于世，未数数然也。虽然，犹有未树也。

"缨"，在《郭店楚简》【注释】〔五〕中被释为"惊"的假借字，实属牵强；应视为"撄"的假借字，即《广雅·释诂三》中的"撄，乱也"之意。"若缨（撄）"，是批判性地描写因受到"㝠（宠）辱"而失去平静的样子，倘若解为"若惊"的意思，虽然《国语·楚语下》有如下内容：

> 夫阖庐……闻一善若惊，得一士若赏。

但是与《老子》本章没有关联吧。

"大患"，指向广义上地位、财产的获得等这些外在的价值。可参照《庄子·让王》：

> 越人三世弑其君。王子搜患之，逃乎丹穴。……越人薰之以艾，乘以王舆。王子搜援绥登车，仰天而呼曰：君乎，君

乎。独不可以舍我乎。王子搜非恶为君也，恶为君之患也。若王子搜者，可谓不以国伤生矣。此固越人之所欲得为君也。

如下所示，本章的主旨与今本《老子》（王弼本）第四十四章对身体、生命的重视相类似：

名与身孰亲，身与货孰多，得与亡孰病。是故甚爱必大费，多藏必厚亡。知足不辱，知止不殆，可以长久。

（可参照本书甲本第四十四章注【1】。）这是一种养生说，但是在这里却出现了以往道家养生说所没有的新见解（详后论）。

"人䆷辱若缨，贵大患若身"一句，在各种今本中皆作"宠辱若惊，贵大患若身"。马王堆《老子》甲本作"龙（宠）辱若惊，贵大梡（患）若身"，乙本作"弄（宠）辱若惊，贵大患若身"。

【2】可胃䆷辱

"可"，如《郭店楚简》所言，是"何"的省字或假借字。也见于本书甲本第五十七章（参照注【5】）。

"可胃䆷辱。䆷为下也"在各种今本中皆作"何谓宠辱若惊。宠为下"。"若惊"在想尔本系统、范应元本、河上公本系统、玄宗本系统皆无；"宠为下"在想尔注本作"为下"；在龙兴观碑、河上公敦煌本、河上公道藏本中作"辱为下"；景福碑则作"宠为上，辱为下"。马王堆《老子》甲本作"苛（何）胃（谓）龙（宠）辱若惊。龙之为下"，乙本作"何胃弄（宠）辱若惊。弄之为下也"。参照《郭店楚简》【注释】〔六〕。

第六号简

原文

辱。䆷（宠）为下也【3】，㝵（得）之若缨（撄），遊（失）之若缨（撄）

【4】,是胃(谓)䭿(宠)辱〔若〕缨(撄)【5】。〔可(何)胃(谓)贵大患〕
【6】

白话译文

所谓"宠辱",就是因得势受宠而功名成就,本是无聊之事,却得之
亦惶惶,失之亦惶惶,即这种每每因得宠或失宠而出现一喜一忧
的状态。

(所谓将地位、财产这种"大患")视同身体一般(重要,究竟是
指什么呢?)

注

【3】䭿为下也

"䭿为下也",本句若参照马王堆《老子》甲乙本,就会发现文
意到此并未终结,而是与下文相连的,即"宠原本属于卑下之类"
的意思。

【4】昱之若缨,遊之若缨

"昱之若缨,遊之若缨。"前后文章的旨趣是:与因为地位、财
产之类外部价值的得失而导致一喜一忧相比,应该更重视自己的
身体和生命这一最根本的前提。在此,已透露出一种主体论的伦
理思想,即不应为君主的"宠辱"所带来的世间评价所困扰,应保
持超然其外的姿态。这种主体论来自道家"万物齐同"的哲学
思想。

此句各种今本皆作"得之若惊,失之若惊"。马王堆《老子》甲
本作"得之若惊,失〔之〕若惊",乙本作"得之若惊,失之若惊"。

【5】是胃䭿辱〔若〕缨

"是胃䭿辱〔若〕缨",如《郭店楚简》【注释】〔七〕所言,"若"字
应是脱落了。各种今本皆作"是谓宠辱若惊";马王堆《老子》甲本
作"是胃(谓)龙(宠)辱若惊",乙本作"是胃弄(宠)辱若惊"。

【6】〔可胃贵大患〕若身

"〔可胃贵大患〕若身",大约五个缺字,参照《郭店楚简》【注释】〔九〕补足为"〔可胃贵大患〕"。

"〔可胃贵大患〕若身",在各种今本中皆作"何谓贵大患若身";马王堆《老子》甲本作"何胃(谓)贵大梡(患)若身",乙本作"何胃贵大患若身"。

第七号简

原文

若身。虗(吾)所以又(有)大患者,为虗(吾)又(有)身【7】。返(及)虗(吾)亡(无)身,或可(何)〔患【8】。故贵为身于〕

白话译文

〔究竟是指什么呢?〕归根结底,我之所以有大患,是因为我有身体。如果没有我的身体,则什么〔患〕都不复存在。

〔因此,〕与天下的统治相比,〔珍惜自己身体的人,〕

注

【7】虗所以又大患者,为虗又身

《牟子理惑论》引用了此句:

> 老子曰,吾所以有大患,以吾有身也。若吾无身,吾有何患。

可作参照。

"虗所以又大患者,为虗又身",在各种今本皆作"吾所以有大患者,为吾有身"。但是,"者"在想尔本系统、范应元本均无;"吾"在想尔注本、次解本均作"我"。马王堆《老子》甲本作"吾所以有大梡(患)者,为吾有身也",乙本作"吾所以有大患者,为吾有身也"。

【8】迟虘亡身,或可〔患〕

"迟",如《郭店楚简》所言,是"及"的异体字。据《经传释词·弟五》王念孙之说,为"及,犹若也"。

"或",是强调反语的副词。"可"字,《郭店楚简》作缺字处理,但在此判断为可以辨识的字。

以上两句,乃是为引出以下结论(倡导重视个人身体、生命的政治)而设置的修辞性的前言。其主旨如下:如果"我"没有身体、生命,就不会有任何忧患产生,但是,事实是"我"有身体、生命,所以,有各种忧患是当然的事情。正因此,人们才期待实现珍惜人身体、生命的政治。

"迟虘亡身,或可〔患〕。"在各种今本中,大致写作"及吾无身,吾有何患"。"及"在古本系统作"苟";"無"在一些文本中作"无";"患"在道藏傅奕本、敦煌河上公本、景福碑均作"患乎"。马王堆《老子》甲本作"及吾无身,有(又)何梡(患)",乙本作"及吾无身,有何患"。

第八号简

原文

为天下,若可以厇(托)天下矣【9】。悉(爱)以(为)身为天下,若可以迏(寄)天下矣■【10】。

白话译文

(所以,)较之天下的统治,(更珍惜自己的身体者,)方可委以天下。较之天下的统治,更爱护自己的身体者,才能托付天下■。

注

【9】〔故贵为身于〕为天下,若可以厇天下矣

"〔患。故贵为身于〕",这里有五到六个缺字,现参照马王堆

《老子》甲乙本、各种今本,加以补足。

上面"为身"的"为",乃是管理的意思,下文"以身"的"以"也是同样。"于"是表示比较的助词。采用"于,犹为也"这一解释的王念孙、王引之《经传释词·弟一》以及朱谦之《老子校释》的说法,由于马王堆《老子》甲乙本重复使用了"于"字与"为"字,因而被决定性地证明了是错误的。

"若"字,据王引之《经传释词·弟七》"若,犹则也",当训为"即"。"厇"字,如《郭店楚简》所言,是"托"的异体字。

其他古典文献中所见类似表述还有《庄子·在宥》:

> 故君子不得已而临莅天下,莫若无为。无为也而后安其性命之情。故贵以身于为天下,则可以托天下。爱以身于为天下,则可以寄天下。

《庄子·让王》中有:

> 夫天下,至重也。而不以害其生,又况他物乎。唯无以天下为者,可以托天下也。

《吕氏春秋·贵生》中有:

> 天下,重物也,而不以害其生,又况于它物乎。惟不以天下害其生者也,可以托天下。

《淮南子·道应》中有:

> 大王亶父可谓能保生矣。虽富贵,不以养伤身。虽贫贱,不以利累形。今受其先人之爵禄,则必重失之。生之所自来者久矣,而轻失之,岂不惑哉。故老子曰:贵以身为天下,焉可以托天下。爱以身为天下,焉可以寄天下矣。

《淮南子·诠言》中有：

> 故国以全为常，霸王其寄也。身以生为常，富贵其寄也。能不以天下伤其国，而不以国害其身者，焉可以托天下也。

《文子·上仁》中有：

> 老子曰：能尊生者，虽富贵不以养伤身，虽贫贱不以利累形。今受先祖之遗爵，必重失之，生之所由来久矣，而轻失之，岂不惑哉。故贵以身治天下，则可以寄天下。爱以身为天下，乃可以托天下。

本章的养生说，大致来看，其表述方式及思想与以上各文献基本相同。这些养生说的思想特征，一是效仿古代道家的养生说，将重视个人身体、生命与获得地位、财产，尤其是与获得"天下"的统治权尖锐对立起来；二是在此基础上，展开了一种反向论说式的论述，即这种重视个人养生的人物才适合掌握天下的政治。据此推导出的结论就是：统治"天下""国"的政治课题就在于重视万民的身体、生命，最合适推行这种政治的统治者必须自身就是重视养生者。这既是战国晚期以后产生于以《老子》为代表的道家的新型养生，同时也可以评价这种养生说为新开辟出来的具有民主性的政治思想（参见拙著《道家思想の新研究——〈庄子〉を中心として》第10章《"养生"の说と"游"の思想》）。

"〔故贵为身于〕为天下，若可以厇天下矣。"在各种今本中皆作"故贵以身为天下，若可寄天下"。上文的"以"在龙兴观碑中没有，"为"在想尔本系统中作"于"；上文的"天下"在次解本、古本系统、河上公本系统中均作"天下者"；"若"在次解本中没有，在古本系统、河上公本系统中作"则"；"可"在古本系统、河上公本系统中皆作"可以"；"寄"在想尔本系统、古本系统作"托"，在河上公本系统作"寄于";下文的"天下"在古本系统、广明碑中皆作"天下矣",而马王堆《老子》甲本作"故贵为身于为天下,若可以迋(托)天下矣",乙本作"故贵为身于为天下,若可槖(托)天下〔矣〕"。

【10】恁以身为天下,若可以迲天下矣■

"恁"字,如《郭店楚简》所言,即今"爱"字。在本书甲本第四十四章中已出(参照其注【4】)。第一个"以"字是"为"的假借字,"治理"之意。

"身"的下文,若按"于"字脱落来考虑,则前后的意思比较通顺。不过,如果没有"于"字,作为互相比较的句子,也是完全可以解释的。

"可"字,《郭店楚简》看作"何"的假借字,但是并不恰当。应与上文同样,如字解释。"迲"字或许是"寄"的假借字。

"恁以身为天下,若可以迲天下矣。"在各种今本中皆作"爱以身为天下,若可托天下"。"以"在河上公本系统中没有;"身"在河上公本系统中作"身以";上文的"天下"在次解本、龙兴观碑、道藏李荣本、古本系统、河上公本系统中均作"天下者";"若"在次解本中没有,在古本系统中作"则",在河上公本系统中作"乃";"可"在古本系统、河上公本系统中作"可以";"托"在想尔本系统、古本系统中作"寄",在河上公本系统中作"托于";下文的"天下"在古本系统中作"天下矣",在马王堆《老子》甲本中作"爱以身为天下,女(如)何(可)以寄天下矣",乙本作"爱以身为天下,女可以寄天下矣"。马王堆《老子》甲乙本的"女"字,为"如""若"的假借字,是"则"的意思。

另外,文章末的"■"在《郭店楚简》中被忽略。

第四十一章

第九号简

原文

上士昏（闻）道，董（勤）能行于丌（其）中【1】。中士昏（闻）道，若昏（闻）若亡（无）【2】。下士昏（闻）道，大芺（笑）之【3】。弗大

白话译文

上等人士闻道，经由努力可以践行其精髓；中等人士闻道，昏昏然无所领悟；下等人士闻道，会大加讽刺和嘲笑。如果不被他们嘲笑，

注

【1】上士昏道，董能行于丌中

"上士"与今本《老子》（王弼本）第十五章的"古之善为士者"，第六十八章的"善为士者不武"基本相同（参照本书甲本第十五章上段、中段注【2】）。按照"上士、中士、下士"的方式，将人和事物区分为"上""中""下"来加以说明的语例，在《庄子·盗跖》中有：

> 孔子曰：丘闻之，凡天下有三德。生而长大，美好无双，少长贵贱见而皆悦之，此上德也。知维天地，能辩诸物，此中德也。勇悍果敢，聚众率兵，此下德也。

《庄子·徐无鬼》中有：

> 尝语君吾相狗也。下之质，执饱而止。是狸德也。中之质，若视日。上之质，若亡其一。

"昏"字，如《郭店楚简》所言，上为"氏"，下为"日"。据滕壬生

《楚系简帛文字编》第849～850页的解释,"闻"字多写作左"昏"右"耳",故应是异体字或省字。

"昏(闻)道",在《论语·里仁》中有:

子曰,朝闻道,夕死可矣。

《庄子·大宗师》中有:

子之年长矣。而色若孺子,何也。曰:吾闻道矣。

《庄子·天运》中有:

孔子行年五十有一,而不闻道。

《庄子·秋水》中有:

野语有之,曰:闻道百,以为莫已若者,我之谓也。

《庄子·知北游》中有:

有问道而应之者,不知道也。虽问道者,亦未闻道。

《庄子·庚桑楚》中有:

全汝形,抱汝生,勿使汝思虑营营。勉闻道达耳矣。

以上均可参照。其他还有《孟子·滕文公上》等,乃是古代文献中随处可见的词语。

"堇"字,《郭店楚简》【注释】〔一〇〕所引裘锡圭提及的刘殿爵说,认为应读作"仅"。但是,本章主题在于论述"道"具有与世间的价值评价不同甚至相反的性质,主旨在于强调即便"上士"也需要"勤"才能够"行"道。由此可见,应按照各种今本那样,将"堇"字视作"勤"的假借字或省字,将"能"作如字解。"堇能行"在今本《老子》(王弼本)第三十三章中有:

　　　　知足者,富。<u>强行者</u>,有志。

可以参照。

　　"行于亓中"的"亓(其)中",在今本《老子》(王弼本)第二十一章中有:

　　　　道之为物,惟恍惟惚。惚兮恍兮,<u>其中有象</u>。恍兮惚兮,<u>其中有物</u>。窈兮冥兮,<u>其中有精</u>。其精甚真,<u>其中有信</u>。

　　可以考虑两个"其中"是有关联的,指的是"道"的核心,即"根本",亦即"最深层"的部分。这种情况下,将"堇能"解读为"勤而"或许更为恰当。

　　"上士昏(闻)道……不足以为道矣",作为上段,其旨趣似乎主要在于强调"道"所受到的来自世人的负面价值评价。此外,此处前后文章在《牟子理惑论》中有引用:

　　　　上士闻道,勤而行之。中士闻道,若存若亡。下士闻道,大而笑之。

　　"上士昏道,堇能行于亓中。"在各种今本中,皆作"上士闻道,勤而行之"。"勤"在天宝神沙本、范应元本中作"懃";"而"在敦煌李荣本、天宝神沙本、次解本中均作"能";"勤而"二字在道藏傅奕本中作"而勤";"之"在敦煌李荣本、天宝神沙本、开元廿六碑中没有。马王堆《老子》甲本全部缺失,在乙本中作"上〔士闻〕道,堇(勤)能行之"。

　　【2】中士昏道,若昏若亡

　　"亡"字,高亨《老子正诂》释为"忘",实为错解,应是"无"的意思。

　　"若昏若亡"在《庄子·则阳》中有:

知游心于无穷,而反在通达之国,若存若亡乎。

《管子·心术下》中有:

　　圣人之道,若存若亡。援而用之,殁世不亡。与时变而不化,应物而不移,日用之而不化。

可见"若昏若亡"是指"不确定""有无难定"的状态。

"中士昏道,若昏若亡。"在各种今本中皆作"中士闻道,若存若亡"。马王堆《老子》甲本全缺,乙本作"中士闻道,若存若亡"。

【3】下士昏道,大芺之

"大",俞樾《诸子平议》引用王念孙《读书杂志》之说,认为是"大而笑之,犹言迂而笑之也"。果然如此吗? 单纯地解释为"大大地"就可以吧?"芺"字如《郭店楚简》所言,是"笑"的异体字。

在《史记·酷吏列传》中有:

　　下士闻道,大笑之,非虚言也。

此处可与之相参照。

"下士昏道,大芺之。"在各种今本皆作"下士闻道,大笑"。"道"的下面,古本系统有"而"字。"笑"在敦煌李荣本、开元廿六碑中均作"唉"字;天宝神沙本、龙兴观碑、敦煌河上公本皆作"咲"。马王堆《老子》甲本全缺,乙本作"下士闻道,大笑之"。

第十号简

原文

芺(笑),不足以为道矣【4】。是以建言又(有)之【5】,明道女(如)孛(㬝),迟(夷)〔道女(如)类(纇),进〕【6】

白话译文

　　如果不被他们大加嘲笑,道就没有其自身的内涵和价值。

273

因此才有了如下的格言，真正的光明大道反而看似黑暗，平坦的〔道路反而看似坎坷，前进的〕道路反而看似倒退。

注

【4】弗大芙，不足以为道矣

"弗"字，只有马王堆《老子》乙本与本书郭店《老子》作"弗"，但是，与写作"不"相较，却更合乎古代汉语的语法。

"弗大芙，不足以为道矣。"在各种今本中皆作"不笑，不足以为道"。"笑"字，敦煌李荣本作"唉"，天宝神沙本、龙兴观碑、敦煌河上公本都作"咲"；"不笑"的下面，在严遵本老子义中有"之"字。马王堆《老子》甲本中，此处全部缺失，乙本作"弗笑，〔不足〕以为道"。

【5】是以建言又之

"建"字，河上公注为"建，设也"，王弼注为"建，犹立也"。今本《老子》（王弼本）第四十一章（本章）的下文中有：

> 建德若偷。

第五十四章中有：

> 善建者不拔，善抱者不脱。

与此处的"建"属同义（参见本章注【8】，本书乙本第五十四章注【1】）。

"建言"乃是被标举的语言，即格言的意思，或许实际上就是书名吧。《庄子·人间世》中有：

> 故法言曰：传其常情，无传其德言，则几乎全。……故法言曰：无迁令，无劝成。过度益也。迁令劝成殆事。美成在久，恶成不及改。可不慎与。

"建言"应即此段中的"法言"之类。奚侗《老子集解》,还援引了《鹖冠子·天权》的《逸言》、《鬼谷子·谋》的《阴言》、《汉书·艺文志》的《言阑言》,认为"建言,当是古载籍名"。

"是以建言又之",在各种今本中皆作"故建言有之";"故"在次解本、河上公敦煌本、景福碑、玄宗本系统没有,在严遵本老子义、敦煌李荣本、天宝神沙本中均为"是以";"之"的下面,在严遵本老子义、古本系统中有"曰"字。马王堆《老子》甲本此句全缺,乙本作"是以建言有之曰"。

【6】明道女孛,迟〔道女类,进〕道若退

"孛"字,《郭店楚简》【注释】〔一一〕引用《古文四声韵》卷四、卷五,认为与"悖"字同形,但是,此处应该是与"明"相反意思的"暗",所以应当如马王堆《老子》乙本注释〔七〕所言,是"曹"的假借字。《说文解字》中有"曹,目不明也。从目,弗声",即看不清楚,黑暗。

从"是以建言又(有)之"到"天象亡(无)垩(形)",作为中段,其主旨在于详述实质上为正面价值的"道"反而表面看上去像是负面价值。

"迟",如《郭店楚简》【注释】〔一二〕所言是"迟"字。不过,【注释】〔一二〕认为是《说文解字》所见"迟"字的"古文",但《说文解字》似乎并未言及"迟"的"古文"。也许是"夷"的假借字,为"平坦"之意。

"〔类〕",如《广雅·释言》"颣,节也"所言,指树节突出。即《说文解字》所见"颣,丝节也。从纟,颣声"之"颣"的假借字。抑或是朱谦之《老子校释》所解释的"不平之义",指凹凸明显。

第十号简以下的缺字,约有三个。今参照各种今本及马王堆《老子》甲乙本,补为"〔道女类,进〕"四字(参照《郭店楚简》【注释】

〔一二〕)。

以下的文章结构,分别以三句押一韵而形成一组:

> 明道女孛,迟〔道女类,进〕道若退。上德女浴,大白女辱,坒惠女不足。建惠女〔偷,质〕贞女愈,大方亡禺。大器曼成,大音祇圣,天象亡坓。

因此,应当如木村英一、野村茂夫《老子》、福永光司《老子》下、金谷治《老子 无知无欲のすすめ》那样,均以三句为一组。相反,诸桥辙次《掌中 老子の讲义》、楠山春树《老子の人と思想》、楠山春树《老子入门》、小川环树《老子》、蜂屋邦夫《老子》等,其断句都是错的。

“〔进〕道若退”,《后汉书·张平列传》:“虽老氏曲全,进道若退,然行亦以需”中有如下的注:

> 老子曰:⋯⋯又曰:夷道若类,进道若退。

这里遗留了与郭店《老子》同样的古老句顺。

“明道女孛,迟〔道女类,进〕道若退。”在各种今本中大体写作“明道若昧,进道若退,夷道若类”。“进道若退”在敦煌李荣本中没有;“类”在指归本、王弼本系统、范应元本、玄宗本系统等,皆作“颣”;道藏傅奕本中,“进道若退”与“夷道若类”两句呈相反顺序;换言之,道藏傅奕本亦残留了古老的句顺。马王堆《老子》甲本全缺,乙本作“明道若费(曹),进道如退,夷道如类”。

第十一号简

原文

道若退。上惪(德)女(如)浴(谷),大白女(如)辱,坒(广)惪(德)女(如)不足【7】。建惪(德)女(如)〔偷,质〕贞女(如)愈(渝)【8】,

白话译文

（前进的）道路看上去反而像倒退，最高的德行乍看却像低谷，真正的名誉乍看却像耻辱，广大的德行乍看却像有所不足，坚韧不拔的德行反而显得（随意，天然状态的）安定反倒看似容易变质，

注

【7】上惪女浴，大白女辱，惪女不足

"上惪（德）"，在今本《老子》（王弼本）第三十八章中有：

> 上德不德，是以有德。下德不失德，是以无德。上德无为而无以为，下德为之而有以为。

"女（如）浴（谷）"，在今本《老子》（王弼本）第十五章中有：

> 古之善为士者……旷兮其若谷。

"大白女辱"的"白"，是指伴随社会地位的上升而带有的荣誉光环。此句可参照《庄子·寓言》：

> 老子曰：而睢睢盱盱。而谁与居。大白若辱，盛德若不足。

《庄子·天下》：

> 老聃曰：知其雄，守其雌，为天下溪。知其白，守其辱，为天下谷。

"辱"的原义，同《说文解字》的"黷，握持垢也。从黑，卖声。易曰，再三黷"，《玉篇》的"黸，垢黑也"（参照范应元及朱谦之《老子校释》），以及《仪礼·士昏礼》的郑玄注"以白造缁曰辱也"等。实际的内容，如同今本《老子》（王弼本）第二十八章：

> 知其白，守其黑，为天下式。为天下式，常德不忒，复归

于无极。知其荣,守其辱,为天下谷。为天下谷,常德乃足,复归于朴。

"辱"是指因社会地位低下而来的耻辱。《老子》的"白辱",尽管在臧否评价上截然相反,但认为其语义与《荀子》的荣辱论属于同一时代的"荣辱",恐怕没有什么不妥。

"坕"字,如《郭店楚简》所言,为"广"的异体字。"广德"与"大德""盛德"词义略同。

"不足"一词,从今本《老子》(王弼本)第二十八章来看,应为"德行不足"之意:

> 知其荣,守其辱,为天下谷。为天下谷,常德乃足,复归于朴。

此外,《淮南子·说林》中有:

> 故大白如辱,大德如不足。

《文子·上德》中有:

> 故大白如辱,广德如不足。

《史记·老子韩非列传》中有:

> 良贾深藏若虚,君子盛德容貌若愚。

《列子·黄帝》中有:

> 老子曰:而睢睢,而盱盱。而谁与居。大白若辱,盛德若不足。

"上德女浴,大白女辱,坕德女不足。"在各种今本中皆作"上德若谷,大白若辱,广德若不足"。"谷"在天宝神沙本、次解本中作"俗";"辱"在古本系统中作"黷";"广"在指归本中作"盛";"不足"在严遵本老子义中作"濡"。另外,严遵本老子义中,"上德若谷"与"大白若辱"两句顺序相反。马王堆《老子》甲本此句全缺,乙本作"上德如浴(谷),大白如辱,广德如不足"。

【8】建憙女〔偷,质〕贞女愈

"建"字,俞樾《诸子平议》认为是"健"的假借字,解作"建德者偷,言刚健之德"。不过,此解有过度的儒家式解说的色彩,似不足取。此"建"字与上文"建言"的"建"似属同义,指建立、确立的意思。

"建憙"可与《庄子·山木》相参照:

> 南越有邑焉,<u>名为建德之国</u>。其民愚而朴,少私而寡欲,知作而不知藏,与而不求其报。不知义之所适,不知礼之所将,猖狂妄行,而蹈乎<u>大方</u>。其生可乐,其死可葬。

此处缺失二个字,现参照各种今本,补足为"〔偷,质〕"。《郭店楚简》【注释】〔一三〕的补足也出于同样判断。

"〔偷〕"字,据朱骏声《说文通训定声》、朱谦之《老子校释》所解,可以认为古时与"偷、媮、揄、输"曾通用,是"随便""姑且"的意思。《尔雅·释言》有"佻,偷也"。郭璞注为"谓苟且"。

"〔质〕"与"素朴"等近意。《吕氏春秋·知度》中有:

> 至治之世,其民不好空言虚辞,不好淫学流说,<u>贤不肖各反其质</u>。行其情不雕其素,蒙厚纯朴,以事其上。

"贞"字,朱谦之《老子校释》、刘师培《老子斠补》等皆认为是"德"的错字,由于郭店《老子》的出现,已确认上述观点是错误的;《郭店楚简》认为是"真"的假借字,此说亦留有疑问。或许应为"定"的意思。

"愈"并非"愉"字,结构是上"俞"下"心",应为"渝"的假借字。

《说文解字》有解：

> 渝，变污也。从水，俞声。一曰，渝水在辽西临渝，东出塞。

是"贞"的反义词。《庄子·天运》有"道不渝"之语。

"建惠女〔偷，质〕贞女愈"，在各种今本中大致写作"建德若偷，质真若渝"；"偷"字，道藏傅奕本作"媮"，范应元本作"输"，河上公本系统作"揄"；严遵本老子义中没有"建德若偷"之句；"真"在河上公本系统中作"直"；"渝"在敦煌李荣本中作"偷"，道藏傅奕本作"输"；马王堆《老子》甲本中全缺，乙本作"建德如□，质〔真如渝〕。"

第十二号简

原文

大方亡（无）禺（隅）【9】。大器曼（晚）成，大音祇（希）圣（声），天象亡（无）坓（形）【10】。道〔褎亡（无）〕名。夫唯道，善始且善成〕【11】。

白话译文

真正的方形没有锐角，至大的器物难以完成，至大的音声耳朵无法听取，天象没有固定的形状。

道（因其至大而无法命名。没有别的，正是这个"道"，完美地肇始事物，完美地成就事物）。

注

【9】大方亡禺

"方"，四角的意思。"大方"是"道"的比喻，抑或是"道"的一个性质，主要指"地道"。《庄子·秋水》中有：

> 吾非至于子之门则殆矣。吾长见笑于<u>大方之家</u>。

《庄子·山木》中有：

> 南越有邑焉，名为建德之国。……猖狂妄行，而<u>蹈乎大方</u>。

《庄子·徐无鬼》中有：

 ……知<u>大方</u>，知大信，知大定，至矣。……<u>大方</u>体之，大信稽之，大定持之。

《庄子·则阳》中有：

 或使莫为，在物一曲。夫胡为于<u>大方</u>。

《管子·心术下》中有：

 圣人之道，若存若亡。援而用之，殁世不亡。与时变而不化，应物而不移，日用之而不化。人能正静者，筋肕而骨强。能戴大圆者体乎<u>大方</u>。镜大清者视乎大明。

《管子·内业》中有：

 人能正静，皮肤裕宽，耳目聪明，筋信而骨强，乃能戴大圆，而履<u>大方</u>。鉴于大清，视于大明。

上述诸篇的用例可为参照。

 "禺"如《郭店楚简》所言，是"隅"的省字或假借字，角、隅之意；属于与"方"的语义相关联的词语。

 "大方亡禺"一句，文章脉络在此中顿。因为从押韵的特征来说，应该看出都是三句一组的。

 另外，"大〇无〇"这种表述，在今本《老子》(王弼本)第四十五章中有：

 <u>大成若缺</u>，其用不弊。<u>大盈若冲</u>，其用不穷。<u>大直若屈</u>，大巧若拙，大辩若讷。

《庄子·齐物论》中有：

 夫<u>大道不称，大辩不言，大仁不仁，大廉不嗛，大勇不忮</u>。

道昭而不道,言辩而不及,仁常而不成,廉清而不信,勇忮而不成。五者园而几向方矣。

《淮南子·诠言》中有:

大道无形,大仁无亲,大辩无声,大廉不嗛,大勇不矜。五者无弃,而几向方矣。(参见本书乙本第四十五章注【1】。)

各种今本皆作"大方无隅";有若干文本"無"作"无"。马王堆《老子》甲本此句全缺,乙本作"大方无禺(隅)"。

【10】大器曼成,大音祇圣,天象亡坓

"大器"是"道"的比喻,或是由"道"而造就的大器(例如"天下")之意。今本《老子》(王弼本)第二十八章:

朴散则为器,圣人用之,则为官长。

第二十九章:

天下神器,不可为也。

第六十七章:

不敢为天下先,故能成器长。

马王堆《老子》甲本第五十一章:

●道生之,而德畜之,物荆(形)之,而器成之。

《庄子·让王》:

天下大器也。

以上用例可为参照。

"曼"字,《郭店楚简》【注释】〔一四〕作为"晚"的假借字,似可取。【注释】〔一四〕引用裘锡圭之说,解为"慢"的省字或假借字。

此说可与《说文解字》如下解释相参照：

> 慢，惰也。从心，曼声。一曰，慢，不畏也。怠，慢也。从心，
> 台声。

"大音"乃是"道"的比喻。"祇"字未详。似乎是"龛"字；《郭店楚简》【注释】〔一五〕认为是"祇"字，意为"希"，不甚有说服力。在此只能权且采用此解。"希声"，指音极小。今本《老子》（王弼本）第十四章中有：

> 听之不闻，名曰希。

第二十三章中有：

> 希言，自然。

第四十三章中有：

> 不言之教，无为之益，天下希及之。

第七十章中有：

> 知我者希，则我者贵。

第七十四章：

> 夫代大匠斫者，希有不伤其手矣。

这些用例中，与本章意思相通的是第十四章和第二十三章。

"象"字与"形""状"几乎同义。"天象"是指天的形状，说到底，还是指"道"。"坓"字如《郭店楚简》所言，是"形"的异体字。

"天象亡坓"，今本《老子》（王弼本）第十四章中有：

> 是谓无状之状，无物之状，是谓惚恍。

第三十五章中有：

执<u>大象</u>，天下往。往而不害，安、平、太。

《庄子·齐物论》中有：

若有真宰，而特不得其朕。可行已信，而不见其形。有情而<u>无形</u>。

《庄子·大宗师》中有：

夫道，有情有信，无为<u>无形</u>。可传而不可受，可得而不可见。自本自根，未有天地，自古以固存。神鬼神帝，生天生地。

《庄子·刻意》中有：

精神四达并流，无所不极。上际于天，下蟠于地，化育万物，<u>不可为象</u>。

《庄子·至乐》中有：

天无为，以之清，地无为，以之宁。故两无为相合，万物皆化。芒乎芴乎，而无从出乎。芴乎芒乎，<u>而无有象乎</u>。万物职职，皆从无为殖。

《庄子·知北游》中有：

夫道窅然难言哉。……夫昭昭生于冥冥，有伦生于<u>无形</u>。精神生于道，形本生于精。而万物以形相生。

《庄子·知北游》中有：

又况夫体道者乎。视之<u>无形</u>，听之无声，于人之论者，谓之冥。冥所以论道，而非道也。

《庄子·天下》中有：

寂漠无形,变化无常。死与生与,天地并与,神明往与。芒乎何之,忽乎何适。万物毕罗,莫足以归。古之道术,有在于是者。

(以上可参照本书丙本第三十五章注【1】。)

以上三句还被引用于下面各文献,如《吕氏春秋·乐成》中有:

大智不形,大器晚成,大音希声。

《韩非子·喻老》中有:

庄王不为小善,故有大名。不蚤见示,故有大功。故曰:大器晚成,大音希声。

《后汉书·郎颛列传》中有:

老子曰,大音希声,大器晚成。

《魏志·崔琰传》中有:

此所谓大器晚成者也。

"大器曼成,大音祗圣,天象亡巠",各种今本皆作"大器晚成,大音希声,大象无形"。"希"在道藏傅奕本中作"稀";"無"有些文本作"无"。马王堆《老子》甲本全缺,乙本作"大器免(晚)成,大音希声,天象无荆(形)"。马王堆《老子》乙本的"天象",经由郭店《老子》的确认,知道并非笔误。

【11】道〔襄亡名。夫唯道,善始且善成。〕

"道"只见上半部分,下面缺失六到七个字。虽然未必收入第十二号简,但据马王堆《老子》甲乙本,权且将文字补入此处。

"襄"字为"褰"的异体字,"大""盛"之意。此处倘若不是

285

"褎",而是依据各种今本作"隐"字的话,则《庄子·缮性》中有:

> 道无以兴乎世,世无以兴乎道。虽圣人不在山林之中,其德隐矣。隐故不自隐。

但是,两者之间文意差异很大。

"亡(无)名",在今本《老子》(王弼本)第一章中有:

> 无名,天地之始。有名,万物之母。

第三十二章中有:

> 道常无名。

第三十七章中有:

> 化而欲作,吾将镇之以无名之朴。无名之朴,夫亦将无欲。

(参见本书甲本第三十二章注【1】,本书甲本第三十七章注【5】。)此外亦可参照《史记·老子韩非列传》:

> 老子修道德,其学以自隐无名为务。

"夫唯",在今本《老子》(王弼本)第二章中有:

> 夫唯弗居,是以不去。

第八章中有:

> 夫唯不争,故无尤。

第十五章中有:

> 夫唯不可识,故强为之容。……夫唯不盈,故能蔽不新成。

第二十二章中有：

夫<u>唯</u>不争，故天下莫能与之争。

第五十九章中有：

夫<u>唯</u>啬，是以早服。

第六十七章中有：

夫唯大，故似不肖。

第七十章中有：

夫<u>唯</u>无知，是以不我知。

第七十一章中有：

夫<u>唯</u>病病，是以不病。

第七十二章中有：

夫<u>唯</u>不厌（猒），是以不厌（猒）。

第七十五章中有：

夫<u>唯</u>无以生为者，是贤于贵生。

（参见本书甲本第二章注【16】，本书乙本第五十九章注【2】。）这是《老子》中频繁出现的具有特征性的语法，其下文多伴有"是以"或"故"之类词语。

"始"，在今本《老子》（王弼本）第一章中有：

无名，<u>万物之始</u>。

第五十二章中有：

<u>天下有始</u>，以为天下母。

可为参照。如果按照各种今本的"贷"字解,而不是"始"字的话,则《庄子·应帝王》中有:

> 明王之治,功盖天下而似不自己,<u>化贷万物</u>而民不恃。有莫举名,使物自喜,立乎不测,而游于无有者也。

"成",在今本《老子》(王弼本)第二章中有:

> 万物作焉而不辞,生而不有,为而不恃,<u>功成</u>而弗居。

第七章中有:

> 是以圣人……非以其无私邪,<u>故能成其私</u>。

第十七章中有:

> 悠兮其贵言,<u>功成事遂</u>,百姓皆谓我自然。

第三十四章中有:

> 万物恃之而生而不辞,功成不名有,衣养万物而不为主。……以其终不自为大,<u>故能成其大</u>。

第四十五章中有:

> <u>大成</u>若缺,其用不弊。

第四十七章中有:

> 是以圣人不行而知,不见而名,<u>不为而成</u>。

第五十一章中有:

> 道生之,德畜之,物形之,<u>势成之</u>。

第六十三章中有:

> 是以圣人终不为大,<u>故能成其大</u>。

第六十七章中有：

> 不敢为天下先，<u>故能成器长</u>。

第七十七章中有：

> 是以圣人为而不恃，<u>功成而不处</u>，其不欲见贤。

（参见本书甲本第二章注【15】，本书丙本第十七章注【8】，本书乙本第四十五章注【1】。）

"〔夫唯道，善始且善成〕。"若详述其内容，则可参照今本《老子》（王弼本）第五十一章：

> 道生之，德畜之，物形之，势成之。……故道生之德畜之，长之育之，亭之毒之，养之覆之。

"道〔褒亡（无）名。夫唯道，善始且善成〕。"下段的主旨似乎在于确认肇始"万物"并成就"万物"的"道"的主宰者能力这一点上。

"道〔褒亡名。夫唯道，善始且善成〕。"在各种今本皆作"道隐无名。夫唯道，善贷且成"。有若干文本将"無"作"无"；"唯"在古本系统中作"惟"；"贷"，严遵本老子义作"始"，"且"字，敦煌李荣本作"生"；"且"的下面，龙兴观碑、范应元本都有"善"；"成"在敦煌李荣本、龙兴观碑中没有。马王堆《老子》甲本作"〔道褒（褒）无名。夫唯〕道，善〔始且善成〕"，乙本作"道褒无名。夫唯道，善始且善成"。

第五十二章　中段

第十三号简

原文

闢亓（其）门，赛（塞）亓（其）逸（穴），终身不<u>盅</u>（救）【1】。启亓(其)逸(穴),赛(济)亓(其)事,终身不来■【2】。

白话译文

如果关闭耳目口鼻之窍,闭塞知觉大门,一生之间,就不会有辛劳而善终;如果打开耳目口鼻之窍,刻意进取功业,则一生之间,无法回归本原的自我■。

注

【1】阅亓门,赛亓逸,终身不孟。

"阅"字,在《郭店楚简》中被看作"闭"的通假字,应如字读解。《说文解字》解作"阅,闭门也。从门,必声"。

"门"字与下面的"逸(穴)",都是人体感觉器官的比喻。两者之间似乎没有特别加以区别。本章所论述的不是欲望的问题,而是认识、感觉的问题。这一点从有重复句的本书甲本第五十六章(下引)开头"眷(知)之者弗言,言之者弗眷(知)"(参见注【1】)的内容,就可以明显看出,其议论的乃是"眷(知)""言"的问题。但此处是否含有基于无欲或寡欲思想的养生说,则不清楚。

"赛"字,上为"门",中为"土",下为"贝"。如《郭店楚简》所言,判读作"赛",是"塞"的通假字。

"逸"在马王堆《老子》乙本为"挩";其注释〔一四〕引用《说文解字》段玉裁注,视作"穴"的假借字,应是妥当的。俞樾《诸子平议》、朱谦之《老子校释》的解说,虽然依据相异,但结论相同。奚侗《老子集解》引用了《周易·说卦传》的"兑为口"以及《淮南子·道应》:

> 王若欲久持之,则塞民于兑。

以及此处的许慎注:

> 兑,耳目鼻口也。老子曰,塞其兑也。

都与《庄子·应帝王》：

> 人皆有七窍，以视听食息，此独无有。尝试凿之。

之"窍"相类似。

"閟亓门，赛亓选。"在本书甲本第五十六章中，也以"閟（閟）亓（其）选（穴），赛（塞）亓（其）门"的形态重复出现（参见注【2】）。

"孟"字，从各种今本皆作"勤"这一点来看，或许是"敄"的假借字。《说文解字》有"敄，强也。从攵，矛声"。指"勉力而为"的意思，也有可能是"耗""耄"的假借字。

类似的句子或引用，也出现在如下文献中，如今本《老子》（王弼本）第五十六章中有：

> 塞其兑，闭其门。

《庄子·在宥》中有：

> 广成子……曰：善哉，问乎。来，吾语女至道。……无视无听，抱神以静，形将自正。必静必清，无劳女形，无摇女精，乃可以长生。目无所见，耳无所闻，心无所知，女神将守形，形乃长生。慎女内，闭女外，多知为败。

《淮南子·诠言》中有：

> 故广成子曰：慎守而内，周闭而外，多知为败。毋视毋听，抱神以静，形将自正。不得之己，而能知彼者，未之有也。故易曰：括囊，无咎无誉。

《淮南子·道应》中有：

> 故老子曰，塞其兑，闭其门，终身不勤。

（参见本书甲本第五十六章注【2】。）

"閟亓门，赛亓选，终身不孟。"各种今本皆作"塞其兑，闭其门,终身不勤"。但是"兑"在景福碑中作"锐";"勤"在天宝神沙本中作"懃"。马王堆《老子》甲本作"●塞亓(其)㙙(穴),闭亓门,终身不堇(勤)",乙本作"塞亓㙙(穴),闭亓门,冬(终)身不堇"。可参照《郭店楚简》【注释】〔一七〕。

【2】启亓逝,赛亓事,终身不来■

"启",在马王堆《老子》乙本、王弼本中皆作"开",这是为避西汉景帝"启"字的讳而遗留至今;"启"为本来所用文字,是"打开"的意思。

"赛"字,《郭店楚简》【注释】〔一九〕认为是《说文解字》的"寨,实也"或《广雅·释诂一》的"寨,安也"的假借字。不过,应训释为《尔雅·释言》的"济,成也"。即各种今本的"济"的假借字吧。《礼记·乐记》有:

> 分夹而进,事早济也,久立于缀,以待诸侯之至也。

就是"事"与"济"相结合的例子。"赛亓(其)事",是指通过人为、作为做成事情。

"来",在《郭店楚简》中判读为"逑"字,但是读为"来"也无妨(参见滕壬生《楚系简帛文字编》第 423 页)。朱骏声的《说文通训定声》就"来"字举例如下:

> 易咸:憧憧往来。虞注:之内为来。杂卦传:萃聚而升不来也。注:还也。诗采薇:我行不来。传:至也。笺:犹反也。左文七传:其谁来之。注:犹归也。庄廿七传:凡诸侯之女归宁曰来。隐元年注:来者,自外之文。

另外,《庄子·逍遥游》中有:

> 大而无当,往而不反。

《庄子·徐无鬼》中有:

　　驰其形性,潜之万物,<u>终身不反</u>。

《庄子·外物》中有:

　　夫流遁之志,决绝之行,噫,其非至知厚德之任与。<u>覆坠而不反</u>,火驰而不顾。

《庄子·天下》中有:

　　悲夫,百家<u>往而不反</u>,必不合矣。

《庄子·天下》中有:

　　惠施之才,骀荡而不得,<u>逐万物而不反</u>。是穷响以声,形与影竞走也。

"来"或许是上引文献中的含义。

　　引用此文的文献有《文子·上礼》:

　　故曰:<u>开其兑,济其事</u>,终身不救。

　　本章中段整体的主旨,在于论述如果人能够抑制心智而生存,则一生可以避免辛劳;如果劳心用智去作为,则一生无法回归本真。此文原本既不是阐述政治思想的文章,也不是谈论养生说的文章,似乎是上述这种可称为"反对人性异化论"的伦理思想的文章。

　　下面就本章构成进行说明。在马王堆《老子》甲本中,本章上段以"●天下有始,以为天下母"开始,中段以"●塞亓闷,闭亓门,终身不堇"开始,下段以"〔●见〕小曰〔明〕,守柔曰强"开始;并在每段的前头附加了"●"(下段残缺)。这个符号,表示下面会有章节或者段落的变化,这一点是具有重要含义的。在作为现存最古抄

293

本的郭店《老子》乙本中，上述的上段与下段均不存在，只有中段，即"閟亓门，赛亓逃，终身不孟。启亓逃，赛亓事，终身不来■。"据此，无须赘言，在呈现了原来文本状态的最古《老子》——郭店《老子》中，由上、中、下段构成的第五十二章，还没有被归纳处理为一章。不仅如此，上段和下段是否已经被写作完成尚属疑问。当然，到战国晚期至西汉初期的马王堆《老子》甲本阶段，上、中、下段三段确实已经被并列起来，一如今本（王弼本）那样，但是前后三段文章并不相连，被分属于不同的部分，还没有考虑到将三个部分合成一章。

"启亓逃，赛亓事，终身不来。"在各种今本中均作"开其兑，济其事，终身不救"。"兑"字在次解本中作"门"，景福碑作"锐"。在马王堆《老子》甲本中作"启亓（其）闷（穴），济亓（其）事，终身〔不来〕"，乙本作"启亓垙（穴），齐亓〔事，冬（终）身〕不棘（来）"。马王堆《老子》乙本的"棘"，在《说文解字》中解作"来……一麦二缝，象其芒束之形"。据段玉裁注"夆，束也"，应该判读为"来"字，而不是"棘"字。再者，《毛诗·小雅·出车》篇中，"牧、来、载、棘"为叶韵（朱骏声《说文通训定声》）。

第四十五章

第十三号简

原文

大成若【1】

白话译文

真正完成了的事物，看似有所欠缺，

注

【1】大成若

"大",与"上""至"相同,是表示最高级别的形容词。"大〇"这一表述,在今本《老子》(王弼本)第四十一章中有:

> 上德若谷,<u>大白若辱</u>,广德若不足。建德若偷,质真若渝,<u>大方无隅</u>。大器晚成,<u>大音希声</u>,<u>大象无形</u>。

《庄子·齐物论》中有:

> 夫<u>大道不称</u>,大辩不言,<u>大仁不仁</u>,<u>大廉不嗛</u>,<u>大勇不忮</u>。道昭而不道,言辩而不及,仁常而不成,廉清而不信,勇忮而不成。五者圆而几向方矣。

《淮南子·诠言》中有:

> <u>大道无形</u>,大仁无亲,大辩无声,<u>大廉不嗛</u>,<u>大勇不矜</u>。五者无弃,而几向方矣(参见本书乙本第四十一章注【9】)。

"大成"一语,在《庄子·山木》中有:

> 昔吾闻之<u>大成</u>之人曰:自伐者无功,功成者堕,名成者亏。孰能去功与名,而还与众人。

朱谦之《老子校释》认为可与下文的"大盈"相对比,指"大盛"的意思。下文也有"大成"重出,如果考虑到与之含义不同,或许可以取"大盛"之意。

"若夬"的"夬"字,与《庄子·齐物论》中的"毁"字大致相同(参见福永光司《老子》下),是"成"的相反概念吧:

> 其分也成也,<u>其成也毁也</u>。

但是,取"去除"之意也通顺(将在本章注【2】中详论)。

引用了此处文章的还有《韩诗外传》卷九：

老子曰：……大成若缺，其用不敝。大盈若冲，其用不穷。大直若诎，大辩若讷，大巧若拙，其用不屈。……

从"大成若夬，丌甬不幣"到"大植若屈■"，其主旨在于指出真正伟大的正面价值，却看似完全相反的卑微的负面价值，而这往往是"万物"的常态；这是反向论说式地申论看似负面价值的事物反而具有真正的正面价值。可以推想，此处应是为了其反向论说式的主张——即下文所说的为政者"清清（静）"这一看似卑小的负面价值，其实是"为天下定"这一真正伟大的价值——而埋下的伏笔。

"大成若夬"，在各种今本中均作"大成若缺"；"缺"字只在意林本写作"鈌"。在马王堆《老子》甲本中作"大成若缺"，乙本此句全缺。

第十四号简

原文

夬（缺），丌（其）甬（用）不幣（敝）【2】。大涅（盈）若中（盅），丌（其）甬（用）不穿（窘）【3】。大攷（巧）若仳（拙），大成若诎，大植（直）【4】

白话译文

看似有所欠缺，其作用却永不衰减；真正充实的事物，看似空虚，其功能却用之不竭。真正巧妙的技能，却看似笨拙；真正善飞凌厉者，却看似裹足不前；真正笔直的东西，却看似弯曲。

注

【2】夬，丌甬不幣

"夬"字，如《郭店楚简》所言，为"缺"的省字或假借字。"幣"，在《郭店楚简》【注释】〔二〇〕中，被认为是"敝"的异体字或假借

字,其含义是"破损""竭尽"。《淮南子·原道》高诱注有"敝,尽也"。今本《老子》(王弼本)第十五章中有:

夫唯不盈,<u>故能蔽不新成</u>。

第二十二章有:

<u>蔽则新</u>。

"丌甬不幣",其表述和含义都与下文的"丌甬不穷"大致相似。类同于今本《老子》(王弼本)第六章的"用之不勤"、第三十五章的"用之不足既"(参见本书丙本第三十五章注【7】)。

"丌甬不幣",在各种今本中皆作"其用不弊"。马王堆《老子》甲本作"亓用不幣(敝)",乙本此句全缺。

【3】大涅若中,丌甬不穷

"涅"字,在本书甲本第二章中已出(参见其注【8】),是"盈"的假借字,为"盈满"之意。

"中",在郭店《老子》的本书甲本第十六章上段已出(参见其注【2】)。为"盅"的省字或假借字。《说文解字》有:

盅,器虚也。从皿,中声。老子曰:道盅而用之。

指容器空虚或空的容器。

"穷",如《郭店楚简》【注释】〔二一〕所言,为《说文解字》所见"窘,迫也。从穴,君声"的异体字(参见许抗生《帛书老子注译与研究》(增订本),浙江人民出版社,1985年)。

"大涅若中,丌甬不穷。"在今本《老子》(王弼本)第四章中有:

道,冲而用之,<u>或不盈</u>。

第十五章有:

保此道者,<u>不欲盈</u>。

与之含义相似(参见本书甲本第十五章上、中段注【18】)。"丌甬不瞏"句,在今本《老子》(王弼本)第三十五章中有:

> 道之出口……用之不可既。

可以参照(参见本书丙本第三十五章注【7】)。

"大湿若中,丌甬不瞏。"在各种今本中皆作"大盈若冲,其用不穷"。"盈"在想尔本系统、古本系统、河上公敦煌本中均作"满"(为避西汉惠帝"盈"字之讳而改);"冲"在严遵本、敦煌李荣本、龙兴观碑、景福碑、河上公奈良本、开元廿七碑中均作"冲",古本系统作"盅"。马王堆《老子》甲本作"大盈若滢(盅),丌(其)用不鄗(窘)",乙本作"〔大〕盈如冲(盅),丌▯"。

【4】大攷若仳,大成若诎,大植

"攷",如《郭店楚简》所言,为"巧"的假借字,指"巧妙"。"仳"字,如《郭店楚简》所言,是"拙"的异体字或假借字,指"笨拙"。"大攷若仳"的用例如下:

《庄子·胠箧》中有:

> 故曰:大巧若拙。

《淮南子·道应》中有:

> 故老子曰:大直若屈,大巧若拙。

《牟子理惑论》中有:

> 老子……又曰:大辩若讷,大巧若拙。

"诎",即《说文解字》的"诎,诘诎也。一曰屈襞。从言,出声",或《尔雅·释诂》的"诎,屈也。诎,折也"之意,恐是其引申义"失败"吧。

"大成若诎"句,在各种今本以及马王堆《老子》甲乙本中均不见相同句子。马王堆《老子》甲本的"大赢如炳"句或许与此句相当。如果据此推论,马王堆本的"赢"字,如《说文解字》"赢,贾有余利也。从贝,赢声。"是"盈利"、"有余"的意思。马王堆本的"炳"字,为"黜"的假借字,是"去除""削减"之意吧。

"大植若屈",在今本《老子》(王弼本)第二十二章中有"枉则直"。"植",如《郭店楚简》所言,为"直"的异体字或假借字。"屈"字,在朱骏声《说文通训定声》中有"屈,叚借为诎,实为曲",是"弯曲"的意思。此句用例,《史记·刘敬叔孙通列传赞》中有:

> 大直若诎,道固委蛇,盖谓是乎。

《后汉书·荀爽列传论》有:

> 所谓大直若屈,道固逶迤也。

还可参见《荀子·天论》对老子的评论:

> 老子有见于诎(屈),无见于信(伸)。……有诎而无信,则贵贱不分。

就此句前后文而言,马王堆《老子》甲本的注释〔一一〕认为应视为四字四句,"大辩如讷"一句似有脱落之疑,恐怕不然。"大辩如讷",在郭店《老子》乙本及马王堆《老子》甲本中都没有,也许是古本《老子》原未含有,为后代所附加的。

"大攷若仙,大成若诎,大植若屈"一句,在各种今本中均作"大直若屈,大巧若拙,大辩若讷"。"屈"在古本系统中作"诎"。马王堆《老子》甲本作"大直如诎(屈),大巧如拙,大赢如炳(黜)",而乙本则作"☐巧若拙,〔大赢如〕绌(黜)"。如《郭店楚简》所言,各种今本与郭店《老子》三句的顺序各不相同。

第十五号简

原文

若屈■。杲（燥）剩（胜）苍（沧）【5】，青（静）剩（胜）然（热）【6】。清清（静），为天下定（正）【7】。

白话译文

真正笔直的东西，却看似弯曲■。

热能够战胜冷，但是，如果静下来，热也会被战胜。清静才可为天下之主。

注

【5】若屈■杲剩苍

"■"为断开此处上下文的标志符号。因而可以推测，郭店《老子》乙本或许没有将下文与上文看作同一的完整的篇章（第四十五章）。

"杲"字，如《郭店楚简》所言，是"燥"的省字或假借字。《说文解字》有"燥，干也。从火，杲声"。关于《毛诗·周南·汝坟》篇，《经典释文》有"楚人名火曰燥"之解，是"火"的意思，与下文的"然"类似。就是说，作者或许构想了"苍〈杲＝然〈青"这一优劣公式（参见朱谦之《老子校释》）。今本《老子》（王弼本）第二十六章的"重为轻根，静为躁君"句，在内容上似乎与之没有关系。

"剩"字，《郭店楚简》视作"胜"的假借字。"苍"字，如《郭店楚简》【注释】〔二三〕所言，是"沧"的假借字。《说文解字》有"沧，寒也。从冫，仓声"。另外，可见《荀子·正名》的用例，如：

疾养沧热。

自此以下的文章是一种政治思想的阐述，主张为政者应实行"清而（静）"的政治。即"杲（燥）"的政治，胜过"苍（沧）"的政治，而"青(静)"的政治又胜过"喿(燥)"的政治。因而,如果实行"清清(静)"的政治,就可成为天下之正长。

"喿勲苍",在各种今本中皆为"躁胜寒";"躁"在天宝神沙本、龙兴观碑、景福碑中均作"踩"字,或许是"燥"的异体字吧。马王堆《老子》甲本作"趮(燥)胜寒",乙本作"趮朕(胜)寒"。

【6】青勲然

"青"字,《郭店楚简》视作"清"的假借字,但是道家的古典文献中"静"字出现更多,应为"静"的假借字。"然"字,按《说文解字》"然,烧也"之意去理解似乎也无碍,但还是按照《郭店楚简》看作是"热"的假借字。

此句可参照《吕氏春秋·功名》:

　　大热在上,民清是走。

此外,与本章下段主旨类似的文章,还可参照《吕氏春秋·君守》:

　　天之大静,既静而又宁,可以为天下正。

"青勲然",各种今本皆作"静胜热";"静"在道藏傅奕本作"靖";"热"在河上公奈良本写作"爇"字。马王堆《老子》甲本作"靓(静)胜炅(热)",乙本残缺。

【7】清清,为天下定

"清清",实际是写作"清＝"。据此,《郭店楚简》【注释】〔二四〕引用裘锡圭的观点,认为或可判读为"清青"或"青清"。在此,如《郭店楚简》所言作"清清",上面的"清"如字,下面的"清"是"静"的假借字。

"清静"之语,在《庄子·在宥》中有:

> 必静必清，无劳女形，无摇女精，乃可以长生。

《史记·曹相国世家》中有：

> 盖公为言治道贵清静而民自定，推此类具言之。

《史记·老子韩非列传》中有：

> 李耳无为自化，清静自正。

《史记·汲黯列传》中有：

> 黯学黄老之言，治官理民好清静，择丞史而任之。

《汉书·曹参传》中有：

> 盖公为言治道贵清静而民自定，推此类具言之。

《文子·道德》中有：

> 无为者，守静也。守静故能为天下正。

"定"字，如《郭店楚简》【注释】〔二四〕所引裘锡圭的判读，为"正"的假借字。

"天下正"，同"天下长"，是天下的最高首长，即"天子"的意思；王念孙《读书杂志》中有出色的考证。其他文献的用例，可见今本《老子》（王弼本）第三十九章：

> 侯王得一，以为天下贞（正）。

（马王堆《老子》甲乙本皆作"天下正"，）《淮南子·说山》中有：

> 侯王宝之，为天下正。

今本《老子》（王弼本）中的类似表述，还有第二十二章"天下式"，第五十六章和第六十二章的"天下贵"，第七十八章的"天下之王"（参见本书甲本第五十六章注【9】）。

"清清,为天下定"一句,在各种今本皆作"清静,为天下正"。"清静"在严遵本写作"能静能清",道藏傅奕本作"清靖"。"为"在次解本作"能为",在龙兴观碑、古本系统、景福碑、河上公道藏本、开元廿七碑中均作"以为"。马王堆《老子》甲本作"请(清)靓(静),可以为天下正",乙本全句缺失。

第五十四章

第十五号简

原文

善建者不拔【1】,善休(保)者【2】

白话译文

牢固揳入的"道"无法拔出,牢固保持的"道",

注

【1】善建者不拔

"善",乃是表述"擅长""出色"的副词。在今本《老子》(王弼本)第十五章中有:

古之善为士者,微妙玄通,深不可识。

第二十七章有:

善行无辙迹,善言无瑕谪,善数不用筹策,善闭无关楗而不可开,善结无绳约而不可解。是以圣人常善救人,故无弃人。常善救物,故无弃物。

第六十八章有:

善为士者不武,善战者不怒,善胜敌者不与,善用人者为之下。是谓不争之德。（参见本书甲本第十五章上段、中段注【2】）。

"建"，在今本《老子》（王弼本）第四十一章中有：

> 故建言有之……建德若偷。

（参照本书乙本第四十一章注【5】。）动词"建"和"休（保）"的宾语是"道"，下文中多有"惪（德）"出现，就是由此缘故。《淮南子·主术》对此处作了引用：

> 是皆以利见制于人也。故善建者不拔，言建之无形也。

再有，《文子·上仁》也有用例：

> 夫以建而制于人者，不能治国。故善建者不拔，言建之无形也。

均可作为参照。此处的"无形"当然是指"道"。

"拔"字，如《郭店楚简》【注释】〔二五〕所言，为《古文四声韵》卷五的"古老子"的字形。"不拔"一词，在《周易·乾卦·文言传》中有：

> 确乎其不可拔，潜龙也。

"善建者不拔"，与今本《老子》（王弼本）第五十九章的"是谓深根固柢"属于相同的思想，相同的意象（参见本书乙本第五十九章注【8】）。

引用了此处的文献，还有《韩非子·解老》：

> 而今也玩好变之，外物引之，引之而往。故曰：拔。至圣人不然。一建其趋舍，虽见所好之物不能引。不能引之谓不拔。一于其情，虽有可欲之类，神不为动。神不为动之谓不

脱。为人子孙者,体此道,以守宗庙,宗庙不灭,之谓祭祀不绝。身以积精为德,家以资财为德,乡国天下,皆以民为德。今治身,而外物不能乱其精神。故曰:修之身,其德乃真。真者,德之固也。治家,无用之物不能动其计,则资有余。故曰:修之家,其德有余。治乡者行此节,则家之有余者益众。故曰:修之乡,其德乃长。治邦者行此节,则乡之有德者益众。故曰:修之邦,其德乃丰。莅天下者行此节,则民之生莫不受其泽。故曰:修之天下,其德乃普。修身者以此别君子小人;治乡治邦莅天下者,各以此科适观息耗,则万不失一。故曰:以身观身,以家观家,以乡观乡,以邦观邦,以天下观天下。吾奚以知天下之然也,以此。

《韩非子·喻老》中有:

> 故曰:善建不拔,善抱不脱,子孙以其祭祀世世不辍。

“善建者不拔”句,在各种今本均作“善建者不拔”;“者”在想尔本系统、道藏王弼本中都没有。马王堆《老子》甲本作“善建〔者不〕拔”,乙本作“善建者〔不拔〕”。

【2】善休者〔不兑〕

“休”,如《郭店楚简》【注释】〔二六〕所言,为“保”的省字。在此,是指保持“道”的意思。“兑”,为“脱”的省字或假借字,是“脱落”的意思。

“善休者不兑”句,在各种今本中均作“善抱者不脱”;“抱”在道藏傅奕本写作“裒”字;“者”在想尔本系统没有;“脱”在范应元本作“挩”。马王堆《老子》甲乙本皆缺失此句。

第十六号简

原文

不兑(脱)，子孙以丌(其)祭祀不屯(顿)【3】。攸(修)之身，丌(其)
惪(德)乃贞【4】。攸(修)之豪(家)，丌(其)惪(德)又(有)舍(余)
【5】。攸(修)

白话译文

不会脱落，这样创业的祖先将代代受到子孙们的祭奠而永世不
绝吧。

如果我身修得此"道"，其结果将是我身的安宁；如果一家修
得此"道"，其结果将是一家的富足；如果乡里修得此"道"，

注

【3】子孙以丌祭祀不屯

"子孙"二字，实际上是合文。

"以丌"，或可读作"以丌(其)"。因为以上三句不是同类型的
对仗文句，或许"丌"字是衍文吧。不过，《韩非子·喻老》中有
"其"(见上引)。

"屯"字，如《郭店楚简》【注释】〔二七〕所言，实际上，是楚系文
字"屯"的省字；《郭店楚简》【注释】〔二七〕用《说文解字》"屯，难
也"来解释，但是，与此处文义不相符合。【注释】〔二七〕引裘锡圭
认为是"乇"的字形。如果是"屯"字，其语义或如《战国策·秦策》
注"顿，罢也"，或如《文选》注"顿，犹舍也"，又或如张翰杂诗注的
"顿，犹止也"。

"子孙以丌祭祀不屯"一句，在章末可见"虚(吾)可(何)以莃
(知)天〔下之朕(然)哉，以此〕"之语，从其只强调"天下"这一点来
判断，也许还含有在"豪(家)"或"邦"的层面上宗庙祭祀永世不绝

之意,但其重点,可以认为仍然是在强调"天下"层面上创业祖先的祭祀将得永续。《春秋左氏传·定公四年》中有:

> 灭宗废祀,非孝也。

《孟子·离娄上》中有:

> 卿大夫不仁,不保宗庙。

排除儒家的"孝""仁"伦理,可以说是与之有类似之处的思想和表述。

"子孙以丌祭祀不屯"句,在各种今本中大体写作"子孙以祭祀不辍";"以"在严遵本、想尔本系统、古本系统、道藏河上公本、玄宗本系统等诸本中均无;"辍"在天宝神沙本中作"醊"。马王堆《老子》甲本作"子孙以祭祀〔不绝〕",乙本作"子孙以祭祀不绝"。

【4】攸之身,丌悳乃贞

"攸",如《郭店楚简》所言,为"修"的省字或假借字。

"之",泛指上文的全部内容,明确地说,就是指"道"。"丌(其)悳(德)",是指"道"的运行、机能、作用;应注意的是,而非指伦理、操守。

"贞",《郭店楚简》释为"真"的假借字,或许是"定"或"正"的意思吧;大概指身体的安宁。《庄子·骈拇》中有:

> 多方乎仁义而用之者,列于五臧哉,而非道德之正也。

《庄子·刻意》中有:

> 夫恬惔寂漠,虚无无为,此天地之平,而道德之质也。

如果是"真"的假借字,《庄子·应帝王》则有:

> 其知情信,其德甚真。

307

《庄子·渔父》中有：

> 孔子愀然曰，请问何谓真。客曰：<u>真者，精诚之至也</u>。不精不诚，不能动人。故强哭者，虽悲不哀。强怒者，虽严不威。强亲者，虽笑不和。真悲无声而哀，真怒未发而威，真亲未笑而和。真在内者，神动于外。是所以贵真也。

尤其是与《庄子·渔父》的"真"思想似乎更为相近，这样的话，就有将郭店《老子》的成书年代降至《渔父》篇成书年代之嫌。《庄子·让王》中有：

> 故曰：<u>道之真以治身</u>，其绪余以为国家。其土苴以治天下。

就是将同样的思想向养生说方向倾斜的文章。

"攸之身，丌惪乃贞"以下出现的道家的"道"——在多个阶段、多种场面，都是有效的，因此，在这个意义上，它是普遍的一般性的原理——这样的论述，在其他文献中，还可见于《庄子·天道》：

> 夫虚静恬淡，寂漠无为者，万物之本也。<u>明此以南乡，尧之为君也</u>。明此以北面，舜之为臣也。<u>以此处上</u>，帝王天子之德也。<u>以此处下</u>，玄圣素王之道也。<u>以此退居而闲游</u>，江海山林之士服。<u>以此进为而抚世</u>，则功大明显而天下一也。

本书本章的前半部分，可以推论，大致属于与此同时代的作品。

另外，如所周知，《礼记·大学》中有：

> <u>古之欲明明德于天下者，先治其国</u>。欲治其国者，先齐其家。欲齐其家者，先修其身。欲修其身者，先正其心。欲正其

心者,先诚其意。欲诚其意者,先致其知,致知在格物。物格而后知至,知至而后意诚,意诚而后心正,心正而后身修,<u>身修而后家齐,家齐而后国治,国治而后天下平。自天子以至于庶人,壹是皆以修身为本</u>。其本乱而末治者否矣,其所厚者薄,而其所薄者厚,未之有也。此谓知本,此谓知之至也。

这里描述了"修身→齐家→治国→平天下"之伦理、政治的模式。这种构想,将始自"修身"的四个阶段作有机地连续地展开。另一方面,作为对与《礼记·大学》类似思想模式加以批判的文章,有《管子·牧民》:

<u>以家为乡,乡不可为也。以乡为国,国不可为也。以国为天下,天下不可为也。以家为家,以乡为乡,以国为国,以天下为天下</u>。毋曰不同生,远者不听。毋曰不同乡,远者不行。毋曰不同国,远者不从。如地如天,何私何亲。如月如日,唯君之节。

本章的后半部分在《管子·牧民》的思想基础上,明确地对与《礼记·大学》相类似的思想提出相反的见解。

引用这一观点的文献有《淮南子·道应》:

故老子曰:<u>修之身,其德乃真</u>也。

以及《文子·微明》:

修之身,然后可以治民。居家理,然后可移于官长。故曰:<u>修之身,其德乃真。修之家,其德乃余。修之国,其德乃丰</u>。

"攸之身,丌德乃贞。"在各种今本中均作"修之于身,其德乃真"。"修"在若干文本中作"脩";"之"在景福碑中没有;"于"在想尔本系统、古本系统、玄宗本系统中均无;"其德乃真"在指归本中没有;"乃"字在想尔本系统作"能"。马王堆《老子》甲本全缺,乙本作"修之身,元(其)德乃真。"

【5】攸之<u>豪</u>,丌惪又舍

"豪"字,如《郭店楚简》所言,是"家"的异体字。"舍",在楚系文字中,其实际形态是上为"余"下为"口"的字;即"余"的异体字。

"攸之豪,丌惪又舍"的大意,是指在家庭层次修"道"的话,则"道"的作用可以达到使家庭财产丰富有余的程度。像这种言及财产"有余"的相关表述,还可见于今本《老子》(王弼本)第二十章:

> 众人皆<u>有余</u>。

第二十四章:

> 其在道也,曰<u>余食赘行</u>。

第五十三章:

> <u>财货有余</u>。

第七十七章:

> 天之道,其犹张弓与。高者抑之,下者举之。有余者损之,不足者补之。天之道,损有余而补不足。<u>人之道则不然,损不足以奉有余</u>。孰能有余以奉天下,唯有道者。

《庄子·天道》中有:

> 夫帝王之德……无为也,<u>则用天下而有余</u>。

《庄子·庚桑楚》中有:

> 今吾日计之而不足,<u>岁计之而有余</u>。

《庄子·盗跖》中有：

平为福。有余为害者，物莫不然，而财其甚者也。

《庄子·天下》中有：

人皆取实，己独取虚。无藏也，故有余。岿然而有余。

"攸之鬘，丌悳又舍。"在各种今本中皆作"修之于家，其德乃余"。"修"字，有若干文本写作"脩"；"之"字在景福碑中没有；"于"在想尔本系统、古本系统、玄宗本系统中皆无；"乃"在指归本、敦煌李荣本、次解本、龙兴观碑、河上公敦煌本、景福碑、河上公奈良本等诸本中均无，在天宝神沙本、开元廿六碑中作"能"。"余"之上，在严遵本、想尔本系统、河上公本系统、开元廿六碑中另有"有"字。马王堆《老子》甲本作"〔修之家，丌（其）德有〕余"，乙本作"修之家，丌德有余"。

第十七号简

原文

之向（乡），丌（其）悳（德）乃长【6】。攸（修）之邦，丌（其）悳（德）乃奉（丰）【7】。攸（修）之天下，〔丌（其）悳（德）乃愽（溥）【8】。以鬘（家）观〕

白话译文

如果乡里修得此"道"，则乡里可长保；如果国家修得此"道"，则国家变得富裕；如果天下修得此"道"，则〔统治能够普天下。

而后，在"家"的基准上，观"家"的状态，〕

注

【6】攸之向，丌悳乃长

"向"字，如《郭店楚简》【注释】〔二八〕援引的裘锡圭所详细论

311

述的那样,是"向"字,即"乡"的意思。

"长",是指可以长期统治"乡"。或可训释为"长",成为一乡之长的意思。"长"在今本《老子》(王弼本)第九章中有:

> 揣而锐之,<u>不可长保</u>。

第二十二章有:

> 不自矜故<u>长</u>。

第二十四章有:

> 自矜者<u>不长</u>。

第四十四章:

> 知足不辱,知止不殆,<u>可以长久</u>。

第五十九章:

> 有国之母,<u>可以长久</u>。是谓深根固柢。<u>长生久视之道</u>。

(参见本书甲本第九章注【3】,本书甲本第四十四章注【8】,本书乙本第五十九章注【7】。)

"攸之向,丌惪乃长。"在各种今本中皆作"修之于乡,其德乃长"。"修",有若干文献作"脩";"之"在景福碑没有;"于"在想尔本系统、古本系统、玄宗本系统中均无;"乃"在敦煌李荣本、天宝神沙本、次解本等本中均作"能"。马王堆《老子》甲本作"脩之〔乡,元(其)德乃长〕",乙本作"脩之乡,元德乃长"。

【7】攸之邦,丌惪乃奉

"奉"字,如《郭店楚简》所言,为"丰"的假借字,是指国家的富足,尤其是五谷的丰稔。在《管子·霸言》中有:

> 夫<u>丰国</u>之谓霸,兼正之国之谓王。

312

《管子·君臣上》中有：

> 民足于产，则国家丰矣。

《管子·君臣下》中有：

> 顺大臣以功，顺中民以行，顺小民以务，则国丰矣。

《淮南子·齐俗》中有：

> 夫民有余即让，不足则争。让则礼义生，争则暴乱起。扣门求水火，莫弗与者，所饶足也。林中不卖薪，湖上不鬻鱼，所有余也。故物丰则欲省，求瞻则争止。

"攸之邦，亓悳乃奉。"在各种今本中均作"修之于国，其德乃丰"。有若干文本"修"写作"脩"；"之"在景福碑中没有，"于"在想尔本系统、古本系统、玄宗本系统中均无；"国"在古本系统作"邦"；"乃"在想尔本系统作"能"。马王堆《老子》甲本全缺，乙本作"脩之国，亓（其）德乃夆（丰）"。

【8】攸之天下，〔亓悳乃博〕

"天下"下面约缺七个字。在此参照各种今本、马王堆《老子》甲乙本，补足为"〔亓悳乃博。以豕观〕"七个字。《郭店楚简》【注释】〔二九〕的补足亦同。"博"为"博"的异体字，是"广大""遍及"的意思。

论述理想的"天下"，即为政者的统治所及范围会无远弗届之思想的文章，还可见于《庄子·天道》：

> 夫帝王之德，以天地为宗，以道德为主，以无为为常。无为也，则用天下而有余。……故曰：帝王之德，配天地。此乘天地，驰万物，而用人群之道也。

本章以上内容主张的是：道家的同一个"道"在多个阶段、多种场合都是有效的,是一种具有普遍性的一般性的原理。本章以下内容主张的是:与之相反,也有在不同阶段、不同场合不能互用的"道",因而"道"也是具有特殊性的具体性的原理。从道家思想史的发展来说,前者为旧有的传统思想,而后者,不如说是新出现的思想。

"攸之天下,〔兀悳乃博〕。"在各种今本均作"修之于天下,其德乃普"。"修"有若干文本作"脩";"之"在景福碑中没有;"于"在想尔本系统、古本系统、玄宗本系统中均无;"乃"在想尔本系统(敦煌李荣本、天宝神沙本、次解本)中作"能";"普"在道藏傅奕本作"溥"。马王堆《老子》甲本此句全缺,乙本作"脩之天下,亓(其)德乃博(博)"。

第十八号简

原文

豪(家),以向(乡)观向(乡)【9】,以邦观邦,以天下观天下【10】。虘(吾)可(何)以智(知)天〔下之肰(然)哉,以此〕【11】。

白话译文

必须在"家"的基准上,观"家"的状态;在"乡里"这一基准上,观乡里的存在状态;在国家这一基准上,观国家的存在状态;在天下这一基准上,观天下的存在状态。如果问到我是如何得知关于天下的正确看法的,那就是上述的方法。

注

【9】〔以豪观〕豪,以向观向

"〔以豪观〕豪,以向观向"及以下文章,是说"身""家""乡""邦""天下"的性质(即"道")各有不同,因而,当有不同的对应方法。这样一来,严格地说,此句与本章的前半部分在主旨上出现了矛盾。或许是作者在转向《管子·牧民》一方的同时,着意使两者并立而后加以统一;再者,在"身""家""乡""邦""天下"的各基准(即各自的"道")中,其强调的重点是:治理"天下"应以"天下"的基准(即"道")为遵循的依据。关于这一点,请参照本章注【3】。

"〔以<u>豪</u>观〕<u>豪</u>,以向观向。"各种今本皆作"故以身观身,以家观家,以乡观乡"。敦煌李荣本中却没有关于"乡"的句子。马王堆《老子》甲本作"以身〔观〕身,以家观家,以乡观乡",乙本作"以身观身,以家观〔家〕"。也就是说,实际情况是郭店《老子》乙本没有关于"身"的句子,马王堆《老子》乙本没有关于"乡"的句子。这些原本应有的句子或许是误脱了。

【10】以邦观邦,以天下观天下

"以邦观邦,以天下观天下。"各种今本均作"以国观国,以天下观天下"。"国"在古本系统作"邦"。马王堆《老子》甲本作"以邦观邦,以天〔下〕观〔天下〕",乙本作"〔以国观〕国,以天下观天下。"

【11】<u>虗</u>可以<u>簹</u>天〔下之肰哉,以此〕

"天"的下面,大约缺五个字。今参照各种今本和马王堆《老子》乙本,补足"〔下之肰哉,以此〕"六个字(参照《郭店楚简》【注释】〔三〇〕)。或许应该补足"〔下肰哉,以此〕"这五个字。

"<u>虗</u>可以<u>簹</u>天〔下之肰哉,以此〕"一句,同类的表述还可见于今本《老子》(王弼本)第二十一章:

　　　自古及今,其名不去,以阅众甫。<u>吾何以知众甫之状哉,</u>以此。

第五十七章:

　　　以正治国,以奇用兵,以无事取天下。<u>吾何以知其然哉,</u>

<u>以此</u>。

（参照本书甲本第五十七章注【5】。）

"〔以此〕"是指上文所写的"以天下观天下"的方法。

"<u>虗</u>可以<u>簹</u>天〔下之肰哉，以此〕"，各种今本均作"吾何以知天下之然哉，以此"；"天下"在指归本作"其"；"之"在指归本、王弼本系统都没有；"哉"在想尔本系统、开元廿六碑皆无。马王堆《老子》甲本全句缺失，乙本作"吾何〔以〕知天下之然兹（哉），以〔此〕"。

第四编　郭店楚墓竹简《老子》丙本译注

第十七章

第一号简

原文

　　大上下聾(知)又(有)之【1】,亓(其)即(次)新(亲)誉之【2】,亓(其)既〈即(次)〉愚(畏)之【3】,亓(其)即(次)㸒(侮)之【4】。信不足,安(焉)【5】

白话译文

　　最理想的统治者,人民只知道有其君主存在;次之的统治者,是被人民爱戴赞誉的君主;再次之的统治者,是被人民畏惧的君主;最坏的统治者,是被人民蔑视羞辱的君主。统治者如果没有充分的诚信,就会失去人民的信任。

注

【1】大上下聾又之

　　"大上"是"最上、最善"的意思。如下所示有这样一些用例。

《礼记·曲礼上》中有：

> 太上贵德，其次务施报。

《春秋左氏传·僖公二十四年》有：

> 臣闻之：大上以德抚民，其次亲亲，以相及也。……大上有立德，其次有立功，其次有立言。

《吕氏春秋·论人》有：

> 太上反诸己，其次求诸人。

《吕氏春秋·禁塞》有：

> 凡救守者，太上以说，其次以兵。

《吕氏春秋·谨听》有：

> 太上知之，其次知其不知。

《吕氏春秋·遇合》有：

> 凡举人之本，太上以志，其次以事，其次以功。

《吕氏春秋·察微》有：

> 凡持国，太上知始，其次知终，其次知中。

《吕氏春秋·用民》有：

> 凡用民，太上以义，其次以赏罚。

《吕氏春秋·似顺》有：

> 人主，太上喜怒必循理，其次不循理，必数更，虽未至大贤，犹足以盖浊世矣。

《韩非子·说疑》有：

是故禁奸之法，<u>太上</u>禁其心，<u>其次</u>禁其言，<u>其次</u>禁其事。

《韩非子·忠孝》有：

天下<u>太上</u>之士，不可以赏劝也，天下<u>太下</u>之士，不可以刑禁也。

《淮南子·主术》有：

故<u>太上</u>神化，<u>其次</u>使不得为非，<u>其次</u>赏贤而罚暴。

《淮南子·缪称》有：

圣人在上，化育如神。<u>太上</u>曰：我其性与。<u>其次</u>曰：微彼，其如此乎。

《淮南子·泰族》有：

治身，<u>太上</u>养神，<u>其次</u>养形。治国，<u>太上</u>养化，<u>其次</u>正法。

朱谦之《老子校释》将这些文章皆视为历史论，其实并不是这样。这是一种构造论，与历史的时间毫无关联，论述的是统治者的优劣。

"大上下<u>曶</u>又之"，是说最理想的统治者，应是既不被人民赞誉、也不被人民畏惧、更不会受到蔑视的、仅仅其存在为人民所知道的君主。这就是所谓的"君临天下而不统治"类型的君主。本书本章所主张的正是这一思想，即以《老子》为代表的道家所标举的实行"无为"政治的君主才是最理想的统治者。

作为引文，《韩非子·难三》中有：

<u>太上下智有之</u>。此言太上之下民无说也，安取怀惠之民。

《淮南子·主术》有：

是故朝廷芜而无迹，田野辟而无草。<u>故太上下知有之</u>。

319

《文子·自然》有：

> 是故朝廷芜而无迹，田埜辟而无秽。故太上下知有之。

"大上下誓又之"，各种今本中皆作"太上下知有之"；马王堆《老子》甲本作"大上下知有之"，乙本作"大上下知又〔之〕"。

【2】丌即新誉之

"即"，如《郭店楚简》所言，是"次"的假借字。在郭店《五行》中，第十七章经文的"秘（稽）"，第十八章经文的"步〈寺〉"，都用作"次"的意思。"新"作为"亲"的假借字，在本书甲本第五十六章中已出（参照其注【6】）。

"丌即新誉之"，是指虽然次于最善的统治者，却是被人民爱戴和赞誉的君主。这样的君主大概属于儒家思想中的理想君主吧。

与此相关的思想表述还可见于《庄子·天运》：

> 至仁无亲。

《庄子·庚桑楚》：

> 故曰：至礼有不人，至乐不物，至知不谋，至仁无亲，至信辟金。

《庄子·至乐》：

> 故曰：至乐无乐，至誉无誉。

"丌即新誉之"，在各种今本均作"其次亲而誉之"；"而"在想尔本系统、范应元本、河上公治要本、河上公敦煌本、景福碑、玄宗本系统皆作"之"；此句在道藏傅奕本作"其次亲之，其次誉之"；"誉"在龙兴观碑作"豫"；在马王堆《老子》甲本作"其次亲誉之"，乙本作"亓（其）〔次〕亲誉之"。

【3】亓既〈即〉墨之

"既"如《郭店楚简》所言，乃是"即"的错讹；"即"是"次"的假借字。"墨"是"畏"的异体字。

"亓既墨之"，是说再下一等的统治者，就是被人民所畏惧的君主。这类大概属于法家理想中的君主吧。

此句主旨还可参见《论语·为政》：

> 子曰，道之以政，齐之以刑，民免而无耻。道之以德，齐之以礼，有耻且格。

《庄子·天道》：

> 三军五兵之运，德之末也。赏罚利害，五刑之辟，教之末也。礼法度数，刑名比详，治之末也。

"亓既墨之"，各种今本均作"其次畏之"；马王堆《老子》甲本作"其次畏之"，乙本作"亓(其)次畏之"。

【4】亓即乑之

"乑"，如《郭店楚简》【注释】〔一〕所言，乃是《古文四声韵》卷三的"古老子"中的"侮"的字形。

"亓即乑之"，是说最低等的统治者，就是被人民蔑视的君主。这大概是当时最常见的昏庸君主的真实样态吧。

"亓即乑之"，在各种今本中均作"其次侮之"，但是，想尔本系统、范应元本、玄宗本系统等皆没有"其次"二字。马王堆《老子》甲本作"其下母(侮)之"，乙本作"亓(其)下母之"。

【5】信不足，安

"信"，在楚系文字中，实际上是左边为"言"右边为"人"的字形。"安"是接续词"焉"的假借字；置于句首，意为"于是"，可训释为"即""于此"。关于《老子》各种今本的"焉"字，王念孙《读书杂志·余编》有出色的考证,马王堆《老子》甲本、乙本以及郭店《老子》出土后,再度证明了其论证的准确。

"信不足",是指上文所说的最低档次的统治者没有诚信。对于最为理想的道家的君主、次之的儒家的君主、再次之的法家的君主这三个等次的君主,作者似乎认为是有诚信的。

需要指出的是,此句在今本《老子》(王弼本)的第二十三章中,有类似的话再次出现:

> 信不足,焉有不信焉。

但是,在马王堆《老子》甲本、乙本的第二十三章中,却不含有此文;另外,本书郭店《老子》中本来就没有第二十三章,因此,古本《老子》原无与此重复之句也就明确了。

"信不足,安",在各种今本中皆作"信不足,焉"。"信"在道藏河上公本中误写作"有";"焉"在想尔本系统、玄宗本中皆无。马王堆《老子》甲本作"信不足,案(焉)",乙本作"信不足,安(焉)"。

第二号简

原文

又(有)不信【6】。猷(犹)虘(乎)丌(其)贵(遗)言也【7】,成事述(遂)社(功)【8】,而百省(姓)曰我自肰(然)也【9】。

白话译文

就会失去人民的信任。

如果能够像(最理想的统治者那样)以无所用心的状态,舍弃语言说教和发出政令,就可以功成业就;而人民会说:"这是靠我们自己的力量成功的。"

注

【6】又不信

"又不信"的主旨与《庄子·盗跖》中的

　　盍不为行。无行则不信，不信则不任，不任则不利。

几乎相同。即统治者如果缺少信实，就会失去人民的信任。今本《老子》（王弼本）第八十一章的"信言不美，美言不信"，可以与之相参照。

"又不信"，在各种今本皆作"有不信焉"；"焉"在想尔本系统、道藏傅奕本、河上公敦煌本、景福碑、玄宗本系统中均没有。马王堆《老子》甲本、乙本都作"有不信"。

【7】猷虘丌贵言也

以下的三句，都是描绘"大上"即理想统治者之形象的。

"猷虘丌"，在本书甲本第十五章上段、中段已出（参照注【7】）。"猷"，原本与"犹"是同一字。"猷（犹）虘（乎）"，在此是指"从容有余"的样子。

"贵"字，正如木村英一、野村茂夫的《老子》、福永光司的《老子·上》所云，乃是"遗"的省字或假借字，是"遗忘""抛弃"的意思。"贵言"大略等同于"不言""无言"，是包摄于"无为"之下的概念；而继之的下文，即"自肰（然）"之语，是为与之呼应而出现的（参见拙著《道家思想の新研究——《庄子》を中心として》第12章《圣人の"无为"と万物の"自然"》）。由此可见，《郭店楚简》在此处加入句号"。"是错误的。同样错误地在"悠兮其贵言"后面结句的，还有诸桥辙次《掌中 老子の讲义》、福永光司《老子·上》、蜂屋邦夫《老子》等著作；此外，还有将此句训释为"倘若悠然重视其言"的，如金谷治《老子 无知无欲のすすめ》、楠山春树《老子の人と思想》、楠山春树《老子入门》、小川环树《老子》、神塚淑子

《〈老子〉——"道"への回归》等。这些错误都是由于对《老子》"自然"思想没能理解而导致的。

今本《老子》（王弼本）中，"不言"之类的例子，还可见于第二章：

是以圣人处无为之事，<u>行不言之教</u>。万物作焉而不辞，生而不有，为而不恃，功成而弗居。

第二十三章：

<u>希言</u>，自然。

第四十三章：

<u>不言之教</u>，无为之益，天下希及之。

第五十六章：

<u>知者不言</u>，言者不知。

第七十三章：

天之道……<u>不言而善应</u>。

（参照本书甲本第二章注【12】，以及甲本第五十六章注【1】。）在这些"不言"的文例中，与本书本章同样主张"圣人之无为→万物之自然"这种因果关系的，是第二章和第二十三章。

"猷虖丌贵言也"，在各种今本（主要是王弼本系统）中，皆作"悠兮其贵言"；"悠"在想尔本系统、古本系统、河上公本系统、玄宗本系统中皆作"犹"，在道藏李荣本中作"由"；"兮"在想尔本系统、玄宗本系统皆无；"其"在道藏李荣本中没有；在古本系统中，"言"字下面有"哉"字。马王堆《老子》甲本作"〔猷（犹）呵（乎）〕其贵（遗）言也"，乙本作"猷呵元（其）贵言也"。

【8】成事述祇

"祇"字,如《郭店楚简》所言,是"功"的异体字。

"成事述祇"的主语,据本章的政治思想来看,应是"百省（姓）"。相关的思想表述还可见于今本《老子》(王弼本)第二章：

> 功成而弗居。

第九章：

> 功遂身退,天之道。

第三十四章：

> 功成不名有。

第七十七章：

> 功成而不处。

(参照本书甲本第二章注【15】,同甲本第九章注【6】。)此外,《鹖冠子·夜行》中有：

> 成功遂事,莫知其状。

《鹖冠子·泰录》中有：

> 象说名物,成功遂事,隐彰不相离,神圣之教也。

均可作为参照。

"成事述祇",各种今本(王弼本系统、古本系统、玄宗本系统)均作"功成事遂"；"功成"在想尔本系统、河上公本系统皆作"成功"；"事遂"在索洞玄书、天宝玉关本、次解本、河上公治要本、河上公敦煌本中都作"遂事"。马王堆《老子》甲本、乙本均作"成功遂事"(参照《郭店楚简》【注释】〔二〕)。

【9】而百省曰我自朕也

"省"字,《郭店楚简》判读为"眚"字,应还是"省"字。如《郭店楚简》所言,此字是"姓"的假借字。

"百省"的用例,可见今本《老子》(王弼本)第五章:

> 圣人不仁,以百姓为刍狗。

第四十九章:

> 圣人无常心,以百姓心为心。

"我",在福永光司《老子·上》中,被解读为"指此文的作者(即老子或老子式的无为的圣人)",木村英一、野村茂夫《老子》亦同样。但是,正如金谷治的《老子 无知无欲のすすめ》所批判的那样,此说并不正确。即以本书本章而言,也不是指的"大上"等理想的统治者,而是指"百省(姓)"。关于这个部分,许抗生《帛书老子注译与研究》(增订本)将其翻译为如下现代汉语:

> 功成了,事就了,而老百姓却说是他们自己成就的(与君主没有关系)。

这才是最准确的。参照拙著《道家思想の新研究——〈庄子〉を中心として》的第12章《圣人の"无为"と万物の"自然"》。

"自朕(然)",是"我们靠自己的力量完成,与统治者的恩惠毫无关系"的意思。此句也出现在今本《老子》的第二十三章、第二十五章、第五十一章、第六十四章中(参照本书甲本第二十五章注【15】,本书甲本第六十四章下段注【13】,本书丙本第六十四章下段注【10】)。

"而百省曰我自朕也"一句,各种今本皆作"百姓皆谓我自然"；"皆"在想尔本系统、玄宗本系统中没有；"谓"在古本系统作"曰"。马王堆《老子》甲本作"而百省（姓）胃（谓）我自然"，乙本作"而百姓胃（谓）我自然"。

第十八章

第二号简

原文

古（故）大【1】

白话译文

所以，正因为失去了绝对的道，

注

【1】古大

"古（故）大"以下，如《郭店楚简》的【说明】所言，相当于各种今本《老子》第十八章。但是，如果考虑到有"古（故）"字的存在，则本章原来与前面的第十七章并不分开，而应属于连续的一章。文章的开头有"故"字，这与马王堆《老子》甲本、乙本也相同，应该是古本《老子》原来的形态。

"大道"，即"绝对的道"的意思。还可见于今本《老子》（王弼本）第三十四章、第五十三章。

第三号简

原文

道㠪（废），安（焉）又（有）㲀（仁）义【2】。六新（亲）不和，安（焉）又（有）孝㤅（慈）【3】。邦豪（家）緍（昏）〔乱〕，安（焉）又（有）正臣■【4】。

白话译文

正因为失去了绝对的道,所以仁义等高尚的伦理才被热捧;正因为骨肉之间曾有的和睦消失了,孝行、慈爱等义务才成为强制性的要求;正因为国家秩序〔混乱了〕,所谓正直的臣子才作为模范人物被尊敬■。

注

【2】安又愚义

"安"字为接续词"焉"的假借字。与"焉"通假的"安"字,在本书甲本第三十二章(参照其注【9】)、本书甲本第二十五章(参照其注【13】)、本书丙本第十七章(参照其注【5】)皆已出。不过,最近出现了将"安"作为反语的疑问词,训释为"怎么能够"的新说,如丁原植《郭店竹简老子释析与研究》、谷中信一《郭店楚简〈老子〉及び"太一生水"から见た今本〈老子〉の成立》等。谷中信一将这部分训释为:"如果大道废止,那么究竟何处可求得仁义? 如果六亲失去了和睦,那么究竟何处可求得孝慈? 如果国家黑暗无道,那么究竟何处可求得正直正义的臣子?"并在此基础上,指出:

> 不是如今本那样,通过将"大道"定位于至高的地位,将"仁义"置于与之相对抗的另一端,以贬低其价值;而似乎是将"大道"作为"仁义"所以存在的依据来强调"大道"。从这个意义上来说,丙本绝没有贬低"仁义"。……因此,今本《老子》对"圣""知""仁""义"的否定态度,在郭店《老子》中还没有,而是在之后的思想界的儒道对立这一现实中产生出来的《老子》的一种演变。

但是从语法的角度来说,在郭店《老子》中,"安"字作为这种反语疑问词的用例并不存在。再者,从思想方面来看,将原本《老子》思想看作与儒教的"圣""知""仁""义"等不相矛盾不相对立，也是只看到事物表面的一种误解。

"烖"字，如《郭店楚简》所言，是"废"的省字或假借字。"又"字，《郭店楚简》判读为"有"字，但并不妥当。应作"又"字，是"有"的省字或假借字。《郭店楚简》后文中也有同样的错误，不再一一指出。

"悬"字，据《郭店楚简》【注释】〔三〕及其【注释】〔三〕所引裘锡圭有相关论述，可认为是"仁"的古文；也是郭店《五行》中频出的文字。

"古大道烖，安又悬义"的主旨指的是，因为本来是绝对的"大道"却被损坏，所以"悬（仁）义"之类道貌岸然的伦理才受到热捧。与今本《老子》（王弼本）第三十八章的：

　　　　故失道而后德，失德而后仁，失仁而后义，失义而后礼。

相近，但是作为表述更为类似的文章，在《庄子·马蹄》中有：

　　　　道德不废，安取仁义。性情不离，安用礼乐。五色不乱，孰为文采。五声不乱，孰应六律。夫残朴以为器，工匠之罪也。毁道德以为仁义，圣人之过也。

《淮南子·俶真》有：

　　　　是故道散而为德，德溢而为仁义，仁义立而道德废矣。

《淮南子·齐俗》篇有：

　　　　率性而行谓之道，得其天性谓之德。性失然后贵仁，道失然后贵义。是故仁义立而道德迁矣，礼乐饰则纯朴散矣。

"古大道烖，安又悬义"，各种今本均作"大道废，有仁义"。"废"的下面，在道藏傅奕本、广明碑中还有"焉"；"仁"在龙兴观碑作"人";"义"的下面,范应元本还有"焉"字。马王堆《老子》甲本作"故大道废,案(焉)有仁义",乙本作"故大道废,安(焉)有仁义"。

【3】六新不和,安又孝<u>垫</u>

"六新不和,安又孝<u>垫</u>"一句的上面,各种今本还有"慧智出,有大伪"。而马王堆《老子》甲本则有"知(智)快(慧)出,案(焉)有大伪(为)",乙本有"知慧出,安有〔大伪〕"。(参照《郭店楚简》【注释】〔四〕)。如果以郭店《老子》丙本并未含有此句为据来推断,此句应是原古本《老子》中所没有的,或许是在马王堆《老子》甲本、乙本的形成过程中被附加进去的。

在马王堆《老子》中,"知(智)快(慧)出,案(焉)有大伪(为)"(甲本)一句,因为已然成为第十八章中不可或缺的内容,所以必须理解为和上下三句是十分整合的。即:"知(智)快(慧)出"句,与"大道废""六亲不和""邦家缙(昏)乱"一样,必是具有负面价值的文意;"有大伪(为)",与"有仁义""有畜(孝)兹(慈)""有贞臣"同样,虽指出其具有常识意义上的正面价值,但文意中仍然包含着批判和讽刺。如此一来,前者当是道家对"知"的低评——亦即对"无知"的提倡浸透到社会中,并被常识化之后出现的产物吧。就后者而言,其"伪"字,不能解释为负面价值的"虚伪"之意,而应解释为《荀子》所倡导的"伪"——即纠正人性恶的"人为、作为"之意方为恰当(参照木村英一、野村茂夫《老子》)。将"伪"解释为"虚伪"的,可见于诸桥辙次《掌中 老子の讲义》、福永光司《老子·上》、金谷治《老子 无知无欲のすすめ》、楠山春树《老子入门》、小川环树《老子》、蜂屋邦夫《老子》、神塚淑子《〈老子〉——〈道〉への回归》等。实际上,"伪"字,作为文字乃是"为"的假借字,"有大伪(为)"之句,是对《荀子》"为"思想的批判和讽刺。

　　回顾上述几点可知,并未含有此句的本章的完成时期,大概是《荀子》思想虽然逐渐为世人所知并开始受到关注,但《老子》等诸子尚未受到其强烈影响之前的时代。再者,马王堆本、今本《老子》(王弼本)的"慧智出,有大伪"的大意,是指原来的无知、质朴之天性被忘记,因而"慧智"等小智才出现了,也因此,所谓伟大的人为(人的刻意的努力)这类道貌岸然的伦理就受到了热捧。

　　"六新"之语,在《吕氏春秋·论人》中有:

　　　　何谓六戚。父母、兄弟、妻子。

(可参考朱谦之《老子校释》。)

　　"孳"字,如《郭店楚简》【注释】〔五〕所言,是"慈"的异体字。今本《老子》(王弼本)的"孝慈"一语,亦出现于本书甲本第十九章(参照其注【6】)。

　　对于"孝""孳(慈)"同样的嘲讽,也见于下列诸篇,如《庄子·天地》:

　　　　天下均治而有虞氏治之邪,其乱而后治之与。……孝子操药以修慈父,其色燋然,圣人羞之。至德之世,不尚贤,不使能。上如标枝,民如野鹿。端正而不知以为义。相爱而不知以为仁,实而不知以为忠,当而不知以为信,蠢动而相使,不以为赐。

《庄子·天运》中有:

　　　　故曰:以敬孝易,以爱孝难。以爱孝易,而忘亲难。忘亲易,使亲忘我难。使亲忘我易,兼忘天下难。兼忘天下易,使天下兼忘我难。夫德,遗尧舜而不为也。利泽施于万世,天下莫知也。岂直太息而言仁孝乎哉。夫孝悌仁义,忠信贞廉,此皆自勉以役其德者也。<u>不足多也</u>。

《庄子·盗跖》:

<blockquote><u>尧不慈,舜不孝。</u></blockquote>

此句的主旨在于指出:因为骨肉亲人间本来具有的和睦亲爱之情消失了,"孝<u>望</u>(慈)"这类高调的伦理才被大加提倡。

"六新不和,安又孝<u>望</u>"一句,各种今本皆作"六亲不和,有孝慈"。在广明碑中,"和"的下面还有"焉";在范应元本中,则是"慈"的下面有"焉"字。马王堆《老子》甲本作"六亲不和,案(焉)〔有〕畜(孝)兹(慈)",乙本作"六亲不和,安(焉)又(有)孝兹"。

【4】邦<u>愬</u>緍〔乱〕,安又正臣■

"緍"字,如《郭店楚简》所言,是"昏"的假借字。《说文解字》有:

<blockquote>昏,日冥也。从日,氏省。氏者,下也。一曰,民声。</blockquote>

是"暗"的意思。

"〔乱〕"字,是依据各种今本、马王堆《老子》甲乙本作的补充(参照《郭店楚简》【注释】〔六〕)。"安"字,只能见到其下半部分。

"正臣",如字面意思,解作"正直的臣下"。

"邦<u>愬</u>緍〔乱〕,安又正臣。"在《庄子·渔父》中有:

<blockquote><u>廷无忠臣,国家昏乱。</u></blockquote>

在这里,已失去了《老子》本章所具有的批判、讽刺的味道。另外,《淮南子·道应》对此文作如下引用:

<blockquote>故老子曰:<u>国家昏乱,有忠臣</u>。</blockquote>

此句的主旨,是说国家失去了本来的秩序而变得"<u>緍</u>(昏)

〔乱〕",所以正义臣子之类的模范人物才被热捧。

"邦嫑缍〔乱〕,安又正臣"一句,各种今本均作"国家昏乱,有忠臣"。不过,"昏"在想尔注本、索洞玄书、道藏李荣本、道藏王弼本、浙江书局本、广明碑、河上公敦煌本注本均作"昬";"忠"在严遵本、古本系统都作"贞";"臣"的下面,范应元本中还有"焉"字。马王堆《老子》甲本作"邦家閔(昏)乱,案(焉)有贞臣",乙本作"国家閔乱,安(焉)有贞臣"。

"■",被《郭店楚简》忽略。

第三十五章

第四号简

原文

勢〈执〉大象,天下往【1】。往而不害,安、坪(平)、大(泰)【2】。乐与饵,悠(过)客止【3】。古(故)道〔之出言〕【4】,

白话译文

圣人紧紧把握伟大的"象"即"道"的话,天下的所有事物都会开始自动地运转。所有事物自动运转,就不会发生任何妨害,天下也就会变得无上的平静、和平、安泰。

音乐和食物会使旅行者喜悦驻足。源自"道"〔的词语〕,

注

【1】勢〈执〉大象,天下往。

"勢"字,如《郭店楚简》【注释】〔七〕所引裘锡圭之说,是"勢"字,而不是"执"字。或许是"执"的错字吧。如视为"执"字,则与今本《老子》(王弼本)第十四章中:

执古之道，以御今之有，能知古始，是谓道纪。

之句中的字义相同，有时用作将"道"把握在手的意思。"執〈执〉"的主语应是圣人或统治者。

"大象"，是指大"形"，亦即"道"。在今本《老子》（王弼本）第十四章中有：

是谓无状之状，无物之象，是谓恍惚。

第四十一章有：

大象无形。

（参照本书乙本第四十一章注【10】。）只是，此处的"道"，如下文所言，"古（故）道〔之出言〕，淡可（乎）丌（其）无味也。视之不足见，圣（听）之不足聖（闻），而不可既也■"。说的是"道"为人的感官所无法把握，但其功用却是用之不竭的。

"天下"，是指"天下"的"万物"或"百姓"。"天下往"，是说圣人牢牢地把握住"道"，"天下"的所有事物就会靠自己的力量运转起来。《庄子·天地》中有：

君子明于此十者，则韬乎其事心之大也，沛乎其为万物逝也。

描绘出在把握了"道"的"君子"之下，"万物"按着各自的方向运转、发展的状态。另外还可见于今本《老子》（王弼本）第二十五章：

有物混成，先天地生。……周行而不殆，可以为天下母。……大曰逝，逝曰远，远曰反。

（参照本书甲本第二十五章注【9】。）

"埶大象，天下往"一句，各种今本皆作"执大象，天下往"。但"象"的下面，古本系统中还有"者"字。马王堆《老子》甲本作"执大象，〔天下〕往"，乙本作"执大象，天下往"。

【2】往而不害，安、坪、大。

"往而不害"，是说"天下"的"万物"自动运转起来，并且不会发生任何妨害。

此处的"安"字，王引之《经传释词·弟二》解读为接续词，但因马王堆《老子》甲本、乙本均不是"案"，而是"安"，可见王引之的说法是不恰当的。可以按旧说，解作"安静"之意。"坪"，如《郭店楚简》所言，是"平"的假借字，即"平和、平治"的意思。"大"，是"泰"的假借字，"安泰"的意思。

"安、坪、大"这种三个形容词连用的现象，可参照《周易·坤卦六二》的爻辞"直、方、大。不习，无不利"。

"往而不害，安、坪、大。"各种今本均作"往而不害，安、平、太"。但"而"字在索洞玄书中没有；"太"字，想尔注本、道藏王弼本皆作"大"，次解本、道藏李荣本、古本系统、河上公道藏本、玄宗本系统均作"泰"。马王堆《老子》甲本、乙本都写作"往而不害，安、平、大（泰）"。

【3】乐与饵，怣客止

"乐与饵"，指音乐和食物，是从听觉和味觉两方面列举的人们认识外界事物之途径的通俗易懂的例子。今本《老子》（王弼本）第二十章中有：

众人熙熙，如享太牢，如春登台。
就是与之类似的想象。

"怣"字，如《郭店楚简》所言，是"过"的异体字。"怣客止"，指大众欢喜驻足于并非是"道"的音乐和食物前。今本《老子》（王弼本)第六十四章中有：

> 是以圣人欲不欲，不贵难得之货。学不学，<u>复众人之</u>
> <u>所过</u>。

(参照本书甲本第六十四章下段注【12】，本书丙本第六十四章下段注【8】，)就是描述大众对于"道"无视和忽略。

"乐与饵，<u>些</u>客止。"各种今本均作"乐与饵，过客止"，但"饵"字在想尔注本、天宝玉关本中皆作"珥"。马王堆《老子》甲本作"乐与饵，过格（客）止"，乙本作"乐与〔饵〕，过客止"。

【4】古道〔之出言〕

"道"下面缺字，约三个字。参照马王堆《老子》甲本、乙本而补足为"〔之出言〕"。请参照《郭店楚简》【注释】〔八〕。

"古（故）道〔之出言〕，淡可（呵）丌（其）无味也"一句，承接上文"乐与饵"（特别是"饵"），将"道"比为食物，以表达作者的思想。同时又导出下文，即"道"是感官所无法把握的。

"古道〔之出言〕"，是指源于"道"的言论，即用语言表达出的"道"。

"古道〔之出言〕"，在各种今本中均作"道之出口"，但"之"在想尔本系统中没有，"口"在想尔本系统、古本系统中都作"言"。马王堆《老子》甲本、乙本皆作"故道之出言也，曰"。关于"言"字，曾有东条一堂《老子王注标识》、陶鸿庆《读老子札记》等认为是"口"字的错讹，马王堆《老子》甲本、乙本的出土，确认了他们的见解是错误的。

第五号简

原文

淡可（乎）丌（其）无味也【5】。视之不足见，圣（听）之不足匬（闻）

【6】,而不可既也■【7】。

白话译文

淡而无味。道,聚精凝视而不可见,侧耳倾听而不可闻,但要是利用它的话,它的作用却是无穷无尽的■。

注

【5】淡可丌无味也

"可",乃是副词化的接尾词之一。如《郭店楚简》所言,是"呵"的省字或假借字,也是"乎"的假借字。"淡可(乎)",即没有味道,形容感官无法捕捉。今本《老子》(王弼本)第三十一章有:

不得已而用之,恬淡为上,胜而不美。

《庄子·应帝王》中有:

汝游心于淡。

《庄子·天道》有:

夫虚静恬淡,寂漠无为者,天地之平,而道德之至。……夫虚静恬淡,寂漠无为者,万物之本也。

《庄子·刻意》中有:

平易则恬淡矣。平易恬淡,则忧患不能久,邪气不能袭。……不与物交,淡之至也。……曰:纯粹而不杂,静一而不变,淡而无为,动而以天行。此养神之道也。

《庄子·山木》中有:

且君子之交淡若水,小人之交甘若醴。君子淡以亲,小人甘以绝。

(参照本书丙本第三十一章中段、下段注【4】。)

"无味",在今本《老子》(王弼本)第六十三章中有：

> 为无为，事无事，味无味。

《文子·道德》中有：

> 老子曰：若江海即是也。淡兮无味，用之不既，先小而后大。

(参照本书甲本第六十三章上段、下段注【1】。)与今本《老子》(王弼本)第十二章的

> 五味令人口爽。

正好成为反义语。

"淡可丌无味也"，各种今本皆作"淡乎其无味"；"乎"在想尔本系统中没有，古本系统、景福碑皆作"兮"；"其"在想尔本系统中没有，"無"在有些文本中作"无"。马王堆《老子》甲本作"谈（淡）呵（乎）其无味也"，乙本作"淡呵亓（其）无味也"。

【6】视之不足见，圣之不足𦖫。

"圣"，如《郭店楚简》所言，是"听"的假借字。"𦖫"字，亦如《郭店楚简》所言，是"闻"的异体字。本书乙本第四十一章有将"昏"读为"闻"的语例（参照其注【1】）。

"视之不足见，圣（听）之不足𦖫（闻）"，指"道"是不能通过人的感官来把握的。与此相类的文章还可见于以下各类文献，如今本《老子》(王弼本)第十四章：

> 视之不见，名曰夷。听之不闻，名曰希。搏之不得，名曰微。

《吕氏春秋·大乐》：

> 道也者，视之不见，听之不闻，不可为状。

《庄子·天运》：

　　曰：听之不闻其声，视之不见其形，充满天地，苞裹六极。

《淮南子·原道》：

　　是故视之不见其形，听之不闻其声，循之不得其身。

《淮南子·俶真》：

　　有无者，视之不见其形，听之不闻其声，扪之不可得也，望之不可极也。

《淮南子·道应》：

　　视之不见其形，听之不闻其声，搏之不可得，望之不可极也。

《文子·道原》：

　　一者……布德不溉，用之不勤，视之不见，听之不闻。

　　"视之不足见，圣之不足聑。"各种今本均作"视之不足见，听之不足闻"，但上下二个"之"字在想尔本系统中没有。马王堆《老子》甲本作"〔视之〕不足见也，听之不足闻也"，乙本作"视之不足见也，听之不足闻也"。

　　【7】而不可既也■

　　"而不可既也"句，如各种今本、马王堆《老子》甲乙本所示，在句首有"用之"二字更自然易懂；或许应视为误漏，加以补足为妥（参照《郭店楚简》【注释】〔九〕）。

　　关于"既"字，朱谦之《老子校释》引用《说文解字》、《玉篇》，解作"小食"之意，但此处应是《广雅·释诂一》"既，尽也"之意，即"用尽、穷尽"的意思。"而不可既也"，指"道"的作用无穷无尽。相关的表述还可见于今本《老子》（王弼本）第四章：

道,冲而用之,或不盈。

第六章:

绵绵若存,用之不勤。

第四十五章:

大成若缺,其用不弊。大盈若冲,其用不穷。

《庄子·天道》:

无为也,则用天下而有余。

(参照本书乙本第四十五章注【3】。)

此句在各种今本均作"用之不可既"。但"之"字在想尔本系统中没有;"可"在王弼本系统作"足";"既"在开元廿六碑没有。马王堆《老子》甲本、乙本都作"用之不可既也"。

"■"在《郭店楚简》中被忽略。

第三十一章　中段、下段

第六号简

原文

君子居则贵左,甬(用)兵则贵右【1】。古(故)曰:"兵者,〔非君子之器也【2】。"不〕

白话译文

把握了道的君子,在平素的生活中以左为尊,发动战争的时候以右为尊。因此说:"军队这种东西,〔不是君子所使用的工具〕。"在〔不〕得已而使用的时候,

注

【1】君子居则贵左,甬兵则贵右。

此句上面,在今本《老子》(王弼本)中,有如下语句:

> 夫佳兵者,不祥之器。物或恶之,故有道者不处。

而在马王堆《老子》甲本中有:

> 夫兵者,不祥之器〔也〕。物或恶之,故有欲者弗居。

乙本则有:

> 夫兵者,不祥之器也。物或亚(恶)〔之,故有欲者弗居〕。

这部分的内容,其第一句与下一句重复,第二句则与今本《老子》(王弼本)、马王堆《老子》第二十四章重复。根据以上的事实,考虑到郭店《老子》丙本中也没有此文,所以,这部分内容应是古本《老子》中原来所没有的,恐怕是郭店《老子》以后,至马王堆《老子》成书期间,于战国晚期乃至西汉初期被附加进去的。

“君子”之语,在各种今本《老子》中,是只出现在本章的词语(在马王堆《老子》甲乙本第二十六章中也有出现)。此处仍然是指悟“道”的人,但属于较之“圣人”还处在下位的得道者。这种词语含义与《老子》不相符合的表述,恐怕是从儒家那里新借用来的“外来语”吧。

“居”字有经营日常生活的意思,是“甬(用)兵”的反义语。

“君子居则贵左”,或许出于《老子》被抄写的楚地的风俗,因为与中原诸国的风俗不同,楚地“贵左”。可与《春秋左氏传·桓公八年》的“楚人尚左”相参照。

“甬(用)兵则贵右”句,从下文来看,是将战争时的排兵布阵、庆贺战争胜利的仪式看作“丧事”“丧丰(礼)”。

"君子居则贵左,甬兵则贵右"一句,各种今本均作"君子居则贵左,用兵则贵右"。马王堆《老子》甲本作"君子居则贵左,用兵则贵右",乙本作"〔君〕子居则贵左,用兵则贵右"。

【2】古曰:"兵者,〔非君子之器也〕。"

此句缺字,约缺六个字。《郭店楚简》【注释】〔一○〕认为,除去"不"字,或可加入"非君子之器也",或可加入"不祥之器也",尚难以定论。考虑到上文出现了"君子"一语,应是以此为视点的,故在此补为"〔非君子之器也〕"。

"器",在今本《老子》(王弼本)中,除本章外,也见于第十一章:

> 埏埴以为器,当其无,有器之用。

第二十八章:

> 朴散则为器,圣人用之,则为官长。

第二十九章:

> 天下神器,不可为也。

第三十六章:

> 鱼不可脱于渊,国之利器不可以示人。

第四十一章:

> 故建言有之……大器晚成,大音希声,大象无形。

第五十七章:

> 民多利器,国家滋昏。

第六十七章:

不敢为天下先,故能成器长。

第八十章:

小国寡民,使有什佰之器而不用,使民重死而不远徙。

(参照本书乙本第四十一章注【10】,同甲本第五十七章注【8】。)与本章关系最密切的是第二十八章、第六十七章。

此句的宗旨,在于指出武器、战争与《老子》式体道得道者所使用的工具是不相符的。下面的内容是《老子》中具有代表性的反战论之一(此外还可参照本书甲本第三十章上段、中段)。与此类似的表述还有《吕氏春秋·论威》:

凡兵,天下之凶器也。勇,天下之凶德也。举凶器,行凶德,犹不得已也。

《淮南子·道应》:

怒者,逆德也。兵者,凶器也。争者,人之所去也。

《汉书·严助传》:

此老子所谓师之所处,荆棘生之者也。兵者凶事,一方有急,四面皆从。

《盐铁论·论灾》:

文学曰:兵者,凶器也。甲坚兵利,为天下殃。

《新序·杂事》:

兵者,国之凶器也。

《文子·微明》:

师旅之后,必有凶年。故兵者,不祥之器也,非君子之宝也。

《文子·上仁》：

> 故曰：兵者，不祥之器。不得已而用之，杀伤人，胜而勿美。故曰：死地荆棘生焉。以哀悲泣之，以丧礼居之。是以君子务于道德，不重用兵也。

> 古曰："兵者，〔非君子之器也〕。"各种今本均作"兵者，不祥之器，非君子之器"。上面的"之"字，在想尔注本、天宝玉关本中没有。马王堆《老子》甲本作"故兵者，非君子之器也。〔兵者〕，不祥之器也"，乙本作"故兵者，非君子之器。兵者，不祥〔之〕器也"。

第七号简

原文

旻（得）已而甬（用）之【3】，铦（恬）繻（憎）为上，弗斀（美）也【4】。攷〈斀（美〉）之，是乐杀人【5】。夫乐〔杀人【6】，不〕

白话译文

〔不〕得已而使用的时候，冷静沉着且怀有畏惧地使用才是最高境界，不可美化它。如果美化它，那就是以杀人为快乐了。毕竟，以〔杀人〕为快乐的话，想要实现一己的大志于天下，那是完全〔没有希望的〕。

注

【3】〔不〕旻已而甬之

"〔不〕旻已而甬之"一句，是说武器、战争这样的手段，只能在不得已的状态下方可使用。

"〔不〕旻已"的用例，在今本《老子》（王弼本）第三十章中有：

> 善有果而已，不敢以取强。果而勿矜，果而勿伐，果而勿骄，果而不得已，果而勿强。

《庄子·人间世》中有：

无门无毒，一宅而寓于不得已，则几矣。

《庄子·人间世》中有：

为人臣子者，固有所不得已。……且夫乘物以游心，托不得已以养中，至矣。

《庄子·大宗师》中有：

崔乎其不得已乎。……以知为时者，不得已于事也。

《庄子·在宥》中有：

故君子不得已而临莅天下，莫若无为。

《庄子·刻意》中有：

不为福先，不为祸始。感而后应，迫而后动，不得已而后起。去知与故，循天之理。

《庄子·庚桑楚》中有：

动以不得已，之谓德。

《庄子·庚桑楚》中有：

有为也欲当，则缘于不得已。不得已之类，圣人之道。

《庄子·天下》有：

是故慎到弃知去己，而缘不得已，泠汰于物，以为道理。

"〔不〕导已而甬之"一句，各种今本皆作"不得已而用之"；马王堆《老子》甲本、乙本均作"不得已而用之"。

【4】铦纅为上，弗惉也

"铦"字,暂且据《郭店楚简》【注释】〔一一〕判读为此字,意为"恬"。不过,如依照【注释】〔一一〕所引裘锡圭之言,是否是"铦"字,还未确定。

"纊"字,虽然还不清楚,但参照各种今本,或许可以理解为"淡"之意。但是,纊【注释】〔一一〕所引裘锡圭说,认为不可能是"淡"的假借字。这里,把"纊"字视为《说文解字》"詟,失气言"所见"詟"的假借字,或视为《说文解字》"愶,惧也"所见"愶"的假借字。"铦(恬)纊(愶)为上"一句,大概是指进行战争时要冷静慎重,要秉持惧怕之心,方为最善。

"妝"字,《郭店楚简》中作"娍"字,不过,这个楚系文字实际上是左为"㫃",右为"女"的字。本书甲本第二章已出(参照其注【1】)。如《郭店楚简》【注释】〔一二〕所言,《说文解字》有"媄,色好也。从女,美声"。段玉裁注举出作"娍"的字为例证。"弗妝(美)也"一句,是说不要美化战争。

"铦纊为上,弗妝也。"各种今本均做作"恬淡为上,胜而不美"。"淡"在想尔注本、索洞玄书、天宝玉关本、龙兴观碑、河上公治要本、道藏河上公本都作"憺",《经典释文》王弼本、道藏王弼本、道藏傅奕本皆作"澹"。在"上"字的下面,想尔本系统、古本系统皆有"故"字。"胜而"二字在想尔本系统、古本系统中没有;"美"的下面,古系统有"也"字。马王堆《老子》甲本作"铦(恬)袭(愶)为上,勿美也",乙本作"铦愧(愶)为上,勿美也"。

【5】敨〈妝〉之,是乐杀人。

"敨"字据《郭店楚简》【注释】〔一二〕,为"敓"的讹体字。"杀"字,《郭店楚简》【注释】〔一三〕认为与《说文解字》的"杀"的古文形近,但是看上去并不甚近似。滕壬生《楚系简帛文字编》的二五八~二六〇页给出了更为近似的字形。

"敔之,是乐杀人"一句,各种今本均作"而美之者,是乐杀人"。"而"字在想尔系统、古本系统都作"若"。"之"在想尔注本、索洞玄书、天宝玉关本、次解本、道藏傅奕本均无;"者"在想尔注本、索洞玄书、天宝玉关本、次解本、古本系统皆无。再者,"而美之者"之下,想尔注本、索洞玄书、天宝玉关本、次解本皆有"必乐之",古本系统有"必乐之,乐之者"。另外,"乐"字乃想尔注本所无;"杀"在若干文本中作"煞"。马王堆《老子》甲乙本均作"若美之,是乐杀人也"。

【6】夫乐〔杀人〕

前后约缺三个字。今参照各种今本、马王堆《老子》甲乙本,试补足为"〔杀人,不〕"。或许如《郭店楚简》【注释】〔一四〕所言,应补足为四个字,即"〔杀人,不可〕"。

"夫乐〔杀人〕"句,各种今本均作"夫乐杀人者"。"乐"在道藏傅奕本中作"乐人"。"杀"有若干文本作"煞"。"人"在想尔本系统中没有。马王堆《老子》甲乙本皆作"夫乐杀人"。

第八号简

原文

以导(得)志于天下【7】。古(故)吉事上左,丧事上右【8】。是以卞(偏)牁(将)【9】

白话译文

想要将自己的大志实现于天下,(也是没有可能的。)

因此,喜庆的成人礼或婚礼是以左为贵的,而不吉祥的丧礼是以右为贵的。因为这个缘故,战场上要将副将布置于左边,

注

【7】〔不〕以导志于天下

"昆志"指在天下实现自己的大志。在《老子》这里,则是指成为能够在天下实现自己所得之"道"的帝王。"昆志"之语,还出现于下列文献中,如《孟子·滕文公下》:

> 居天下之广居,立天下之正位,行天下之大道。得志与民由之,不得志独行其道。

《孟子·离娄下》:

> 地之相去也,千有余里,世之相后也,千有余岁。得志行乎中国,若合符节。

《孟子·尽心上》:

> 古之人,得志泽加于民,不得志修身见于世。

《孟子·尽心下》:

> 堂高数仞,榱题数尺,我得志,弗为也。食前方丈,侍妾数百人,我得志,弗为也。般乐饮酒,驱骋田猎,后车千乘,我得志,弗为也。

《庄子·缮性》:

> 乐全,之谓得志。古之所谓得志者,非轩冕之谓也。谓其无以益其乐而已矣。今之所谓得志者,轩冕之谓也。

"〔不〕以昆志于天下"一句,各种今本均作"则不可以得志于天下矣";"则"在想尔本系统、古本系统、玄宗本系统都没有;"以"在想尔本系统、玄宗本系统中都没有;"志"在想尔本系统中作"意";"矣"在想尔本系统、玄宗本系统皆无。马王堆《老子》甲乙本均作"不可以得志于天下矣"。

【8】古吉事上左,丧事上右

"吉事"一词，乃是《礼记》中频出之语，"丧事"也在《礼记》中多见。两者同时出现的文章，如《曲礼上》：

> 丧事先远日，吉事先近日。

《礼记·檀弓上》：

> 丧事，欲其纵纵尔。吉事，欲其折折尔。故丧事虽遽，不陵节。吉事虽止，不急。

贾谊《新书·容经》中也有：

> 拜以磬折之容，吉事上左，凶事上右。

"上左""上右"，是指上位者列于左侧或列于右侧。与上文的"贵左""贵右"大致同义。"丧"字，如《郭店楚简》【注释】〔一五〕所言，乃是上面作"哭"，中作"叩"，下作"死"的文字。在下文中也有出现。

"古吉事上左，丧事上右。"各种今本均作"吉事尚左，凶事尚右"。在想尔本系统、古本系统、道藏河上公本的文首都有"故"字。两个"尚"字，在治要河上公本、景福碑都作"上"。"凶"在想尔本系统作"丧"。马王堆《老子》甲本作"是以吉事上左，丧事上右"，乙本作"是以吉事〔上左，丧事上右〕"。

【9】是以卞牁军居左

"卞"字如《郭店楚简》所言，是"偏"的假借字。"牁"字，在本书甲本第十五章上段、中段已出（参照其注【15】）。"卞（偏）牁（将）军"指的不是全军之将，而是一军之将吧。《史记·燕世家》中有：

> 自将偏军随之。

此外，《墨子·尚同中》中有：

左右<u>将军</u>大夫。

《墨子·非攻中》中有：

昔者晋有<u>六将军</u>，而智伯莫为强焉。

可为参照。

"是以卞<u>牄</u>军居左"一句，各种今本均作"偏将军居左"。想尔本系统、王弼本系统都在文首有"是以"。"居"在古本系统、河上公本系统、玄宗本系统皆作"处"。马王堆《老子》甲本作"是以便（偏）将军居左"，乙本作"是以偏将军居左"。

第九号简
原文
军居左，上<u>牄</u>（将）军居右【10】，言以丧丰（礼）居之也【11】。古（故）杀〔人众〕【12】

白话译文
战场上，副将军在左边布阵，上将军在右边布阵，意为遵照服丧的礼仪安排位置。因此，在战争中杀死（众多人）的时候，

注

【10】上牄军居右

"上将军"是指最高地位的将军。

"上<u>牄</u>军居右"一句，各种今本均作"上将军居右"。"居"在古本系统、河上公本系统、玄宗本系统皆作"处"。马王堆《老子》甲本作"上将军居右"，乙本作"而上将军居右"。

【11】言以丧丰居之也

"丰"字，如《郭店楚简》所言，乃是"礼"的省字或假借字。这种通假字在郭店《五行》中频出。

"言以丧丰（礼）居之也"一句，说的是按照丧礼仪式安排位

置。在实际的战场进行战争的时候,将军们也按此位置排列。

"言以丧丰居之也",各种今本均作"言以丧礼处之"。"言"在想尔注本、龙兴观碑、道藏李荣本均无;"言"字下面,古本系统有"居上势则"之句;"以丧礼处之"在想尔注本、龙兴观碑、道藏李荣本皆无。马王堆《老子》甲乙本都作"言以丧礼居之也"。

【12】古杀〔人众〕

"古杀"的下面大约缺失二个字。如《郭店楚简》【注释】〔一六〕所言,可以补上"〔人众〕"二字。

"古杀〔人众〕"一语,各种今本均作"杀人众多",有若干文本"杀"写作"煞"。"人"字下面,王弼本系统、景福碑都还有"之"字;"多"在王弼本系统中没有。马王堆《老子》甲本作"杀人众",乙本作"杀〔人众〕"。

第十号简

原文

则以衮(哀)悲位(莅)之【13】,战勦(胜),则以丧丰(礼)居之■【14】。

白话译文

怀着悲悯之心进行战后的处理,即使得到胜利,也要按照服丧的仪式来对待死者■。

注

【13】则以衮悲位之

"衮"字,据《郭店楚简》【注释】〔一七〕,判读为"哀"的异体字。"位"字,如《郭店楚简》所言,为"莅"的省字或假借字,是"置身现场"的意思。

"则以衮悲位之"一句,各种今本均作"以哀悲泣之"。古本系统的句首有"则"字。"哀悲"在想尔本系统、道藏王弼本、古本系统、河上公本系统、玄宗本系统都作"悲哀"。马王堆《老子》甲本作"以悲依（哀）立（莅）之"，乙本作"〔以悲依〕立〔之〕"。

【14】战勳，则以丧丰居之■

"勳"字在本书乙本第四十五章已出（参照其注【5】），是"胜"的假借字。

"则以丧丰（礼）居之"，是以上文的"言以丧丰（礼）居之也"为前提的，但意思有些许不同，是指"以丧礼对待"的意思。大概是就战争胜利后所举行的庆贺仪式而言的。

"战勳（胜），则以丧丰（礼）居之。"各种今本皆作"战胜，以丧礼处之"。"胜"字的下面，古本系统还有"者则"，河上公本系统、道藏玄宗本只有"者"字。"丧"在龙兴观碑误作"哀"。马王堆《老子》甲本作"战胜，以丧礼处之"，乙本作"〔战〕朕（胜），而以丧礼处之"。

"■"在《郭店楚简》中被忽略。

第六十四章　下段

第十一号简

原文

为之者败之，执之者逆（失）之【1】。圣人无为，古（故）无败也【2】。无执，古（故）〔无逆（失）也〕【3】。

白话译文

意图人为地去做事的人反而坏了那件事，意图抓住某样东西的人反而失去那样东西。因此，圣人不做人为之事，也就没有毁坏之事。不意图抓住什么，因此（也就没有失败之事）。

注

【1】为之者败之,执之者遊之

以下的文章,正如《郭店楚简》【注释】〔一八〕所言,在本书甲本第六十四章下段中有重复。只是,两种经文有若干不同。甲本第六十四章下段的内容如下所示:

> 为之者败之,执之者远〈遊(失)〉之。是以圣人亡(无)为,古(故)亡(无)败。亡(无)执,古(故)亡(无)遊(失)。临事之纪,斳(慎)冬(终)女(如)忌(始),此亡(无)败事矣。圣人谷(欲)不谷(欲),不贵难昙(得)之货。圣(学)不圣(学),遂(复)众之所垰(过)。是古(故)圣人能尃(辅)万勿(物)之自朕(然),而弗能为。

根据这些内容来判断,就可知在郭店《老子》的阶段,《老子》这部著作尚处在形成阶段之中(参照其注【1】、【5】)。

"为之者败之,执之者遊之"一句,本书甲本第六十四章下段写作"为之者败之,执之者远〈遊(失)〉之"(参照其注【2】)。

【2】圣人无为,古无败也

"圣人无为,古(故)无败也"一句,本书甲本第六十四章下段写作"是以圣人亡(无)为,古(故)亡(无)败"(参照其注【3】)。尽管意思完全相同,但可以看出在这个阶段经文还没有固定下来。

【3】无执,古〔无遊也〕

"古"字下面大约缺失三个字,今据《郭店楚简》【注释】〔一九〕补入。

"无执,古(故)〔无遊(失)也〕"一句,本书甲本第六十四章下段写作"亡(无)执,古(故)亡(无)遊(失)"(参照其注【4】)。

第十二号简

原文

訢(慎)终若词(始),则无败事喜(矣)【4】。人之败也,亘(恒)于丌(其)瘀(且)成也败之【5】。是以〔圣【6】

白话译文

所以,最终的阶段要给予和最初的阶段同样慎重的对待,这样,事情就不容易毁坏了吧。

世俗的人们在做事时,总是在即将完成时使其毁坏。因为是这样,所以(圣)人

注

【4】訢终若词,则无败事喜

"訢终若词"的上面,如《郭店楚简》【注释】〔二〇〕所言,在本书甲本第六十四章下段中还有"临事之纪"四个字。

"訢"字,《郭店楚简》释为"慎"的假借字。可以直接作"誓"字吧。"喜"字,如《郭店楚简》【注释】〔二一〕所言,判定为"喜"字,是"矣"的异体字或假借字。

关于这段话前后内容的主旨,本书甲本第六十四章下段作出的是肯定性的评价,即说到底,做事业的原则,是要将最终阶段与最初阶段同样地慎重对待,这样的话,就不会毁了这个事业。与此文相对,此处的丙本第六十四章下段却作出了否定性的评价,即:

所以,最终的阶段要给予和最初的阶段同样慎重的对待,这样,事情就不容易毁坏了吧。但是,世俗的人们在做事时,总是在即将完成时使其毁坏。

可见两者是背道而驰的。而且,丙本第六十四章下段的主旨与马王堆甲乙本和各种今本相近,可以推论,第六十四章的经文,

应形成于甲本第六十四章下段稍后的时期。

"<u>斳</u>终若词,则无败事喜。"本书甲本第六十四章下段中写作"临事之纪,<u>斳</u>(慎)冬(终)女(如)忑(始),此亡(无)败事矣"(参照其注【5】、【6】、【7】)。

【5】人之败也,亘于丌<u>虚</u>成也败之

"<u>虚</u>"字,如《郭店楚简》所言,是"且"的假借字。

此句的主旨,是说世间的人们常常在事情即将完成的最终阶段失败。

"人之败也,亘于丌<u>虚</u>成也败之。"在甲本第六十四章下段中并不存在,而只有"临事之纪"。然而,马王堆《老子》甲乙本中却都有此句。此处各种文本间的比较,甲本第六十四章下段注【5】已有论述(参照《郭店楚简》【注释】〔二二〕〔二三〕)。

【6】是以〔圣〕

"是以"的下面缺失一个字或两个字。今按照《郭店楚简》【注释】〔二四〕,并参照各种今本、马王堆《老子》甲本以及本书甲本第六十四章下段,补入"〔圣〕"字。

"是以"在本书甲本第六十四章下段中没有(参照其注【8】),但在马王堆《老子》甲本中有(乙本残缺)。

第十三号简

原文

人欲不欲,不贵戁(难)昙(得)之货【7】。學不學,遶(复)众之所迆(过)【8】。是以能补(辅)蘁(万)勿(物)【9】

白话译文

〔圣〕人以没有欲望作为自己的欲望,不看重那些珍贵的财货;以没有学问作为自己的学问,回到大众走过头的原点。结果,是虽

然能够辅助万物以自身力量来做事的自律性,但是,

注

【7】人欲不欲,不贵難旻之货

"是以〔圣〕人欲不欲,不贵難旻之货。"在甲本第六十四章下段中,写作"圣人谷(欲)不谷(欲),不贵难旻(得)之货"(参照其注【8】、【9】、【10】)。

【8】學不學,復众之所迪

"學"字,如《郭店楚简》【注释】〔二五〕所言,就是"学"字,与本书甲本第六十四章下段写作"孝(教)"的字不同(参照其注【11】)。由这点来推想,与各种今本相近的郭店《老子》丙本,与郭店《老子》甲本相比,应是后成的文本。

"之所",是合文。"迪"字,如《郭店楚简》所言,是"过"的假借字。

"學不學,復众之所迪"一句,在本书甲本第六十四章下段中,写作"圣不圣,復众之所佳"(参照其注【11】、【12】)。

【9】是以能桲蓳勿

"桲"字,如《郭店楚简》所言,是"辅"的假借字或异体字,是"辅助、协助"的意思,在郭店《大一生水》中频出。"蓳"字,如《郭店楚简》所言,是"万"的异体字。

"是以能桲蓳勿之自肰"一句,甲本第六十四章下段写作"是古(故)圣人能專(辅)万勿(物)之自肰(然)"(参照其注【13】)。通过两者的比较,可知"以"字在语法上作名词用,是"故"的意思。另外,甲本第六十四章下段中有"圣人",但是丙本中却没有。没有这一词语,作为修辞反而不累赘,故丙本作为文本更为干净合理。

第十四号简

原文

之自肰(然),而弗敢为■【10】。

白话译文

虽然能够辅助万物以自身力量来做事的自律性,但是,却不会刻意地掌控万物■。

注

【10】之自肰,而弗敢为■

"而弗敢为",在甲本第六十四章下段写作"而弗能为"(参照其注【14】)。含有"敢"字的丙本第六十四章下段,与马王堆《老子》甲乙本以及各种今本相同,可以推测较之甲本第六十四章下段,丙本成书更晚些。

"■"在《郭店楚简》中被忽略。

第五编　郭店楚墓竹简《老子》的主要思想

一　前言

郭店楚简《老子》甲本、乙本、丙本,共计三十一章(王弼本为八十一章),包含第六十四章下段的重复,总字数为 2 046 字(王弼本约 5 000 字),究竟表达了怎样的思想?

本编暂且割爱郭店《老子》三本所含有的旁枝末节的各种思想,而将其基础思想称为"主要思想"加以略述。

其主要思想为以下四点:

其一,陈述了"圣人""侯王"等为政者为了"取天下",成为"天下贵",进而很好地统治"邦""天下",必须采取怎样的态度和方略的政治思想。

其二,表达了一般人或为政者应该如何通过置身于"下、后""亡(无)为"这样的负面价值,反而转为"上、前""亡(无)不为"这样的正面价值,并以此为中心,追求如何在现实社会中生活下去的伦理思想。

其三,在上述的两点中,尤其强调了如下的养生思想,即:重视作为人生活之根本依据的身体的"身",把握终极性的根源性的实在——"道"及其作用"德",同时将被赋予的生命以其本真的状态充分地展现出来。

其四,将上述三点设定为根本的理论支撑,对于这个世界的"万物"的一般性普遍性的存在方式,以及主宰着"万物"的"道"与"德"的存在方式,进行了存在论性质的哲学思考。

下面将以郭店《老子》的甲、乙、丙三本为资料,对上述四点思想内容顺次加以阐明。在阐明过程中所持的方针是:对郭店《老子》所缺欠的文章,均不借助马王堆《老子》或各种今本作出补充,始终只以郭店《老子》的三本为经文,对这四点思想进行解析。

不过,这并不是因为笔者主张这四点思想的具体内容在马王堆《老子》甲本、乙本和各种今本《老子》中没有出现。郭店《老子》三本中四点思想的具体内容,既有与马王堆甲乙本及各种今本的内容相通或一致的部分,也有不相通和不一致的部分。如果想了解两者之间何处内容相通、何处相异,建议参照本书的第二编、第三编、第四编各自的对应之处。

本编的目的在于:将现存最古老的《老子》——郭店本所含有的主要思想,作为与原本《老子》最为接近的思想加以确认。

二　郭店楚墓竹简《老子》的政治思想

郭店《老子》所含有的政治思想中,宣扬"圣人""侯王"等为政者要以"取天下"并成为"天下之贵"的天子为目标的内容非常多。① 但是，其中也有以善于统治"邦""天下"为目标的内容。以下将分为四项进行考察。

1. 利用"无知""无为"来"取天下"

郭店《老子》中，多见反向论说式的、辩证法式的政治思想，即：提倡"圣人"等为政者通过将自身置于"亡（无）智（知）""亡（无）言""亡（无）事""清清（静）"等世间所谓的负面价值的立场上，反而能够转化成为正面价值的"为天下贵""为天下定（正）"，并成为"取天下"之人。

例如，甲本第六十六章中就有：

> 江湝（海）所以为百浴（谷）王，以亓（其）能为百浴（谷）下，是以能为百浴（谷）王。<u>圣人之才（在）民前也，以身后之。亓（其）才（在）民上也，以言下之。亓（其）才（在）民上也，民弗厚也。亓（其）才（在）民前也，民弗害（害）也。天下乐进（推）而弗詀（猒），以丌（其）不静（争）也，古（故）天下莫能与之静（争）。</u>

乙本第四十五章中则有：

> 大成（盛）若夬（缺），丌（其）甬（用）不弊（敝）。大涅（盈）若中（盅），丌（其）甬（用）不穷（窘）。大攷（巧）若伷（拙），大成若诎，大植（直）若屈■。枭（燥）勲（胜）苍（沧），青（静）勲（胜）然（热）。<u>清清（静），为天下定（正）。</u>

甲本第五十六章又有：

> <u>智（知）之者弗言，言之者弗智（知）。閟（阅）亓（其）逆</u>

(穴),赛(塞)亓(其)门,和亓(其)光,迵(通)亓(其)斩(尘),劏(剉)亓(其)纇(锐),解亓(其)纷。是胃(谓)玄同。古(故)不可旻(得)天〈而〉新(亲),亦不可旻(得)天〈而〉疋(疏)。不可旻(得)天〈而〉利,亦不可旻(得)天〈而〉害。不可旻(得)天〈而〉贵,亦可不可旻(得)天〈而〉戈(贱)。古(故)为天下贵■。

丙本第三十五章还有:

埶〈执〉大象,天下往。往而不害,安、坪(平)、大(泰)。乐与饵,悠(过)客止。古(故)道〔之出言〕,淡可(乎)亓(其)无味也。视之不足见,圣(听)之不足䎩(闻),而不可既也■。

甲本第五十七章亦有:

以正之(治)邦,以敧(奇)甬(用)兵,以亡(无)事取天下。虚(吾)可(何)以智(知)亓(其)肰(然)也。夫天多期(忌)韦(讳),天〈而〉民尔(弥)畔(贫)。民多利器,天〈而〉邦慈(滋)昏。人多智(智),天〈而〉敧(奇)勿(物)慈(滋)(起)。法勿(物)慈(滋)章(彰),覜(盗)恩(贼)多又(有)。是以圣人之言曰:"我无事,天〈而〉民自福(富)。我亡(无)为,天〈而〉民自蠱(为)。我好青(静),天〈而〉民自正。我谷(欲)不谷(欲),天〈而〉民自朴。"〴①

---

① 甲本第五十七章的后半部分所见"我无事→自福(富)","我亡(无)为→民自蠱(为)","我好青(静)→民自正","我谷(欲)不谷(欲)→民自朴",就是笔者所言的"圣人之无为→万物之自然"思想。以这种"无为→自然"为依据的政治思想,既是郭店《老子》政治思想的具体论点之一,更是被包含于更为广泛的一般理论,即本节所讨论"利用'无知''无为'来'取天下'"这个政治思想之中。详论在"二"之 2《利用"圣人之无为"通过"万物之自然"来"取天下"》中展开。关于《老子》《庄子》等道家的"自然"思想,请参照拙著《道家思想的新研究——〈庄子〉を中心として》第 12章《圣人の"无为"と万物の"自然"》。

在这些文章中,为政者将自身置于负面价值的立场,在甲本第六十六章中是"以身后之""以言下之",在甲本第五十六章中是"不言""不詧(知)";"閡(闷)亓(其)逫(穴),赛(塞)亓(其)门,和亓(其)光,迴(通)亓(其)斳(尘),劀(剉)亓(其)蠹(锐),解亓(其)纷"。在甲本第五十七章中则是"亡(无)事""无事""亡(无)为""好青(静)""谷(欲)不谷(欲)";在乙本第四十五章中,是"清清(静)";在丙本第三十五章中,则是指"埶〈执〉掌"淡可(乎)亓(其)无味也。视之不足见,圣(听)之不足䎹(闻),而不可既也"这一"大象",即"道"。如上面所列举的那样,阐释负面价值立场的语言虽各种各样,但若概而言之,可以表述为抽象的一语,即"亡(无)为"。

那么,为何为政者置身于"亡(无)为"这种负面价值的立场,反而能够转化为正面价值的"取天下"呢?其根本的原理可以通过以下三个类型中任意一个加以说明。A:通过存在于这个世界的"万物"的一般性的普遍性的存在方式来说明。B:通过主张为政者把握着主宰"万物"的"道""德"来说明。C:以"圣人之无为"为原因,"万物之自然"为结果来说明①。

首先,据 A 类型的观点来看,如果"万物"置身于负面价值的立场的话,就可转化为正面价值的立场,乃是一般性的普遍性的存在方式,当然"万物"之一的为政者也不能例外。在这个意义上,如本编序言已指出的那样,在《老子》中,有关"万物"的一般性、普遍性存在方式的存在论哲学扮演着重要的角色。

例如,甲本第六十六章中有:

> 江湆(海)所以为百浴(谷)王,以亓(其)能为百浴(谷)

---

① 参照本编之五《郭店楚墓竹简〈老子〉的哲学思想》对"三种类型"的分析。

下,是以能为百浴(谷)王。

即可看作是 A 类型的说明。但是,本章的后半部分中所论述的
"以身后之",所以能"才(在)民前","以言下之",所以能"才(在)
民上"的主张,与其说是基于上面 A 类型的说明,也许不如说是
世间的经验法则。乙本第四十五章中的

> 大成(盛)若夬(缺),丌(其)甬(用)不幣(敝)。大涅(盈)
> 若中(盅),丌(其)甬(用)不穷(窘)。大攷(巧)若仙(拙),大
> 成若诎,大植(直)若屈。

也是一面列举出"若夬(缺)""若中(盅)""若仙(拙)""若诎""若
屈"这类属于"万物"的看似卑小的负面价值,一面反向论说式地
主张这些行为反而有着真正伟大的正面价值,即"对于世界'万
物'的否定超越"(详见后论)。由此,可以说这一章的后半部分仍
是反向论说式地主张为政者的"清清(静)"看似负面价值,却可反
转成"为天下定(正)"的真正的正面价值。

其次,据 B 类型的观点来看,由于为政者置身于"亡(无)为"
的负面价值,进而通过把握"道""德",将其主宰性化为己有,反而
能够转变出君临"万物"的正面价值。在这个意义上说,仍然如同
本编序言所指出的那样,在《老子》中,有关主宰"万物"的"道"
"德"的存在论哲学具有重要的意义。

例如,甲本第五十六章:

> 智(知)之者弗言,言之者弗智(知)。閟(闷)丌(其)逃
> (穴),赛(塞)丌(其)门,和丌(其)光,迥(通)丌(其)新(尘),
> 剉(剉)丌(其)颒(锐),解丌(其)纷。是胃(谓)玄同。

这里所论述的,是一种神秘主义(mysticism)的哲学、伦理

思想。也就是说，人通过否定、摒弃自己的"智（知）""言"，闭塞"逸（穴）""门"这些感觉器官，即"亡（无）智（知）""亡（无）言"的负面价值，就会出现解构的、整全的、混沌的"玄同"世界，与此同时，他将自身也融合于这个世界中。所谓融合于"玄同"的世界，虽然没有明言，但不妨将"玄同"世界换言为"道"。正因为如此，本章的结尾才以"古（故）为天下贵"（此即实现"取天下"的正面价值）为结束语。再者，丙本第三十五章中有：

> 古（故）道〔之出言〕，淡可（乎）丌（其）无味也。视之不足见，圣（听）之不足䎽（闻），而不可既也。

这段文章也阐述了"道"这个东西不能以人的感觉来把握。此章上文的"大象"就是指这个"道"。所以，所谓"埶〈执〉大象，天下往。往而不害，安、坪（平）、大（泰）"。大致是说：

> 圣人如果能牢牢把握住伟大的"象"即"道"的话，天下所有的事物都会自发地运行起来；所有事物都自发地运行起来，却不发生任何障碍，结果天下就会变得无比的安静、和平、祥泰。

所谓以"亡（无）为"的方法（负面价值）①来"执道"的圣人的统治，就是使"天下"的所有事物、民众都生机旺盛地活动起来，而

---

① 一般来说，在道家思想中，把握"道"的方法，就是通过"不把握"反而能"把握"。即通过摒弃代表感觉、知觉的"知"来"知""道"，这才是所谓的"无知之知""不言之言"。这种"无知""不言"等的具体表现，有时被括地、抽象地称之为"无为"，这一情况请参阅拙著《道家思想の新研究——〈庄子〉を中心として》第 12 章《无为而无不为"というテーゼ》。

这就是获得了"取天下"的成功（正面价值）①。

最后，据 C 类型的观点来说，为政者如果能置身于"亡（无）为"的负面价值的立场来把握住"道""德"的话，就会因此而达到"万物""民众"自己积极主动地实现各种正面价值的目的。这种类型，虽然可以看做是 B 类型的一种变种，但是在郭店《老子》中有相当多的出现，所以在本编中，特别设定了第 2 节"利用'圣人之无为'通过'万物之自然'来'取天下'"，以便对此进行详细的探讨。翻检上文引用的甲本第五十七章，可以看到前半部分中有"以亡（无）事取天下"，虽然看似 B 类型，然而，详论其理论结构的后半部分，即：

> 是以圣人之言曰："我无事、天〈而〉民自福（富）。我亡（无）为、天〈而〉民自蠚（为）。我好青（静）、天〈而〉民自正。我谷（欲）不谷（欲）、天〈而〉民自朴。"

却是百分之百地以"圣人之无为→民之自然"的思想进行的说明。

2. 利用"圣人之无为"通过"万物之自然"来"取天下"

为政者如果能置身于"亡（无）为"的负面价值的立场来把握住"道""德"的话，自然就会因此而达到"万物""民众"自己积极

---

① 另外，甲本第六十三章上段、下段中有："为亡（无）为，事亡（无）事，未（味）亡（无）未（味）。大少（小）之多惕（易）必多蠚（难）。是以圣人猷（犹）蠚（难）之，古（故）终亡（无）蠚（难）。■"这段文字也与丙本第三十五章有相似之处，属于 B 类型。文中的"亡（无）未（味）"，是说"道"超越了人之感官的把握；"未（味）亡（无）未（味）"，是把握了这样的"道"的象征，是与"为亡（无）为，事亡（无）事"相并列的，把握"道"的广义上的行为之一。因此，本章整体所表达的旨趣是：对于"亡（无）为""亡（无）事""亡（无）未（味）"这些世间意义上的负面价值，要反而给予价值肯定，使其转变为正面价值，才是"道"的本来的姿态。在面对人生的各种"蠚（难）惕（易）"问题时，这种观点也是适用的，即通过置身于世间意义上的负面价值的"蠚（难）"，反而转变为正面价值的"惕（易）"。

主动地实现各种正面价值的目的,这种"无为→自然"的政治思想在郭店《老子》中是出现颇多、甚为显著的思想。并且,是以"道之无为→万物之自然"的存在论哲学以及"圣人之无为→万民之自然"的伦理思想为根本而加以倡导的。除了前文已论及的甲本第五十七章外,下面再列举数例以说明之。

例如,甲本第六十四章下段中有:

> 为之者败之,执之者远〈遊(失)〉之。是以**圣人亡(无)为,古(故)亡(无)败。亡(无)执,古(故)亡(无)遊(失)**。临事之纪,斬(慎)冬(终)女(如)忍(始),此亡(无)败事矣。**圣人谷(欲)不谷(欲),不贵难导(得)之货。孝(学)不孝(学),逴(復)众之所迲(过)**。是古(故)圣人能専(辅)万勿(物)之自肰(然),而弗能为。

丙本第六十四章下段中也有:

> 为之者败之,执之者遊(失)之。**圣人无为,古(故)无败也。无执,古(故)〔无遊(失)也〕**。斬(慎)终若词(始),则无败事喜(矣)。人之败也,亘(恒)于丌(其)敊(且)成也败之。**是以〔圣〕人欲不欲,不贵嬾(难)导(得)之货。学不学,逴(復)众之所迌(过)**。是以能桐(辅)蔂(万)勿(物)之自肰(然),而弗敢为■。

这些文字都是论说如果"圣人"置身于"谷(欲)不谷(欲)","孝(学)不孝(学)"的"亡(无)为""亡(无)执"的立场,就会受益于这种立场,进而实现"万勿(物)之自(然)"。这里所包含的理论,从形式上看,是认为作为主体的"圣人"倘若能够做到"亡(无)为"的话,其结果就带来作为客体的"万勿(物)"的"自肰(然)",即:主体"圣人"的"亡(无)为"→客体"万勿(物)"的"自肰(然)"这样一种主宰→被主宰的关系。

再有，甲本第三十七章的内容：

> 衍(道)亘(恒)亡(无)为也。侯王能守之，而万勿(物)酒(将)自愚(为)。愚(为)而雒(欲)复(作)，酒(将)贞(定)之以亡(无)名之䕞(朴)，夫亦酒(将)智(知)足。智(知)〔足〕以束(静)，万勿(物)酒(将)自定■。

也同样表达了"侯王之无为→万物之自然"这一思想。即"侯王"若能够遵"守"以"亘(恒)亡(无)为""智(知)〔足〕以束(静)"为内涵的"道"的话，以此为起因，自然会带来"万勿(物)"的"自愚(为)""自定"这一结果。所谓"万勿(物)"的"自愚(为)""自定"，是指其自发性和自律性，将这种"万物"的"自主"性的具体而多样的现象，用一个词加以总括并抽象，那就是"自然"①。另外，甲本第三十二章还有：

> 道亘(恒)亡(无)名。仆(朴)唯(虽)妻(细)，天陛(地)弗敢臣。侯王女(如)能兽(守)之，万勿(物)酒(将)自賓(宾)■。天陛(地)相会也，以逾(输)甘零(露)。民莫之命(令)，天〈而〉自均安(焉)。词(始)折(制)又(有)名。名亦既又(有)，夫亦酒(将)智(知)步(止)。智(知)步(止)所以不词(殆)。卑(譬)道之才(在)天下也，猷(犹)少(小)浴(谷)之与江海(海)■。

这也表达了完全相同的"侯王之无为→万物之自然"的思想，亦即"侯王"如果能遵守"亘(恒)亡(无)名"之"道"，以此为起因，

① 关于这一问题，可参照拙著《道家思想の新研究——〈庄子〉を中心として》第12章第4节之A《〈老子〉における主体の"无为"と客体の"自然"》。

就会带来"民""自宾(宾)""自均"的结果,最终实现"取天下"。丙本第十七章、第十八章①中也有:

> 大上下智(知)又(有)之,丌(其)即(次)新(亲)誉之,丌(其)既〈即(次)〉愳(畏)之,丌(其)即(次)㑞(侮)之。信不足,安(焉)又(有)不信。猷(犹)虖(乎)丌(其)贵(遗)言也,成事述(遂)社(功),而百省(姓)曰我自肰(然)也。古(故)大道㢱(废),安(焉)又(有)悬(仁)义。六新(亲)不和,安(焉)又(有)孝孠(慈)。邦㝅(家)緍(昏)〔乱〕,安(焉)又(有)正臣■。

此处仍是完全相同的"大上之无为→百姓之自然"的思想。即"大上"的为政者如果能施行"猷(犹)虖(乎)丌(其)贵(遗)言"的"无为"政治,以此为起因,出于"百省(姓)"的"自肰(然)",最终就会带来"成事述(遂)社(功)"的结果。

在今本(王弼本)《老子》中,"自然"这一词语出现在第十七章、第二十三章、第二十五章、第五十一章、第六十四章,共计五个篇章中。在郭店《老子》中,发掘出了其中的三章,即第十七章、第二十五章、第六十四章。丙本第十七章、第十八章与甲本、丙本第六十四章下段,此前已经讨论过,所以,只剩下的甲本第二十五章尚未讨论。其原文如下:

> 又(有)䁆(状)虫(蛲)成,先天陞(地)生。敚(寂)繆(穆)蜀(独)立不亥(改),可以为天下母。未智(知)亓(其)名,孠(字)之曰道。虚(吾)弜(强)为之名曰大。大曰澨,澨

---

① 丙本第十七章和丙本第十八章,本来是直接相连的同一章。关于这个问题,可参见本书第七编第四章之四之1《郭店楚简〈老子〉丙本第十七章与丙本第十八章》。

日远,远日反。天大,陛(地)大,道大,王亦大。国中又(有)
四大安(焉),王凥(处)一安(焉)。人法陛(地),陛(地)法天,
天法道,道法自肰(然)■。

本章中"自然"一词的语义以及使用了本词的思想,与此前已
经探讨过的相比,相当不同。所谓"自肰(然)"虽仍是指"万物"
(在本章中为"天下")之"自然",不过,其语义不仅仅是指"万物"
之"自主"性,也显示出其"自然而然"性。同时,这里描述的也是
类似于"圣人之无为→万物之自然"的因果关系。即:作为"人"之
代表的"王",如果以"天、陛(地)"为媒介,并置身于"道"的"自肰
(然)"的立场,那么,以此为起因,带来的结果就是"王"者充当了
"国中又(有)四大安(焉),王凥(处)一安(焉)"的伟大角色。然
而,尽管如此,本章"自然"的语义从"自主"逐渐转向"自然而然",
而且"王之无为"与"万物之自然"混淆不分,所以其形成的时代在
郭店《老子》中可能是最晚的吧。[①]

下面还有须加考察的资料。即甲本第二章的

天下皆簪(知)散(美)之为散(美)也,亚(恶)已。皆簪
(知)善,此丌(其)不善已。又(有)亡(无)之相生也,戁(难)
惖(易)之相成也,长耑(短)之相型(形)也,高下之相涅(盈)
也,音圣(声)之相和也,先后之相堕(随)也。是以圣人居亡
(无)为之事,行不言之孛(教)。万勿(物)㑈(作)而弗忶(治)
也,为而弗志(恃)也,成而弗居。天〈夫〉售(唯)弗居也,是以

<u>弗去也</u>■。

以及甲本第十六章上段的

> 至（致）虚亘〈亟（极）〉也，兽（守）中（盅）簹（笃）也，万勿（物）方（旁）复（作），居以须逡（复）也。天道员（贠）员（贠），各逡（复）亓（其）堇（根）■。

在甲本第二章的后半部分中，论述了如果"圣人"置自己于"亡（无）为、不言"的立场，这就会成为"万勿（物）"可"作"可"为"可"成"的起因；又因为"圣人"在不同阶段，守持"弗忍（治）""弗志（恃）""弗居"的这种"亡（无）为、不言"的立场，最终就会得到不"去"其为政者地位的如愿结果。此外，甲本第十六章上段则论述了主人公如果能够贯彻"至（致）虚""兽（守）中（盅）"，以此为因就会带来"万勿（物）""方（旁）复（作）"的良好结果。在以上两章中，虽然完全没有出现"万物之自然""百姓之自然"这样的表述，但是这其中所包含的政治思想，即与迄今为止所探讨的思想属于同样类型的，依据有着哲学根基的"圣人之亡（无）为"通过"万物之自然"来"取天下"的政治思想，是显而易见的。①

3. 利用"道""德"以治"国"治"天下"

在郭店《老子》的政治思想中，虽然为数不多，但也存在并未明言为政者必须以"取天下"成天子为目标，而只是以很好地统治"邦""天下"为目标的内容。

例如，甲本第十九章中有：

---

① 同样，在没有使用"自然""自○"等词语之处，在《老子》以及其他的道家系列的文献中，也存在着与以上所述相同的"自然之思想"。关于这个问题，可参见拙著《道家思想の新研究——〈庄子〉を中心として》第12章第4节之A《〈老子〉における主体の"无为"と客体の"自然"》。

　　　　巠（绝）䇅（智）弃䛟（辩），民利百伓（倍）。巠（绝）攷（巧）
弃利，覜（盗）恩（贼）亡（无）又（有）。巠（绝）愚（为）弃虑，民
复季〈孝〉子（慈）。三言以为貞（事）不足，或命（令）之或（有）
虗（乎）豆（续）。视（示）索（素）保㺇（朴），少厶（私）须
〈寡〉欲。

　　这段话的意思是，"民"无利益可享而处于贫困状态；社会上
盗贼丛生，治安险恶；"民"丧失了孝慈的家族伦理。本章将这三
点看作现代社会的重要问题，认为其原因在于为政者过于重视
"䇅（智）䛟（辩）""攷（巧）利""愚（为）虑"，作为解决这些社会问
题的方针对策，建议为政者自身要根绝这些导致社会矛盾的原
因，做到"巠（绝）（智）弃䛟（辩）""巠（绝）攷（巧）弃利""巠（绝）愚
（为）弃虑"。在本章结尾作为补足的话，也是为解决同样的社会
问题而提出的方法，提出为政者自己应该持"视（示）索（素）保㺇
（朴），少厶（私）须〈寡〉欲"的态度。就是说，本章也明显地表达了
《老子》所具有的特征性的思想——三种社会问题都可以从世间
正面的价值"䇅（智）䛟（辩）""攷（巧）利""愚（为）虑"中找出原
因，并提出反向论说式的、辩证法式的观点，即：通过根绝这些正
面价值而代之以负面价值的方法解决这些社会问题。可以想见，
这些负面价值的方案，如"巠（绝）（智）弃䛟（辩）""巠（绝）攷（巧）
弃利""巠（绝）愚（为）弃虑"，及其补充方案"视（示）索（素）保㺇
（朴），少厶（私）须〈寡〉欲"，大概都朝着对终极的根源性的实在即
"道"加以把握，及对"道"的作用即"德"加以把握的方向的吧。只
是，此处没有把主张明说到如下的程度，即：为政者可以通过置身
于这些负面价值的立场，反转为正面价值的"为天下贵"，进而"取
天下"。另外，此处似乎也没有包含"圣人之无为→民之自然"的

思想,即为政者通过置身于负面价值的立场,以此为原因,带来"民"的自发性自律性被调动发动起来的结果。

另外,在乙本第五十九章中有:

> 给(治)人事天,莫若啬。夫售(唯)啬,是以果(早)〔备(葡)〕。果(早)备(葡),是胃(谓)〔重积德。重积德,则亡(无)〕不克■。〔亡(无)〕不〔克〕,则莫智(知)丌(其)亘〈亟(极)〉。莫智(知)丌(其)亘〈亟(极)〉,可以又(有)蒇(国)。又(有)蒇(国)之母,可以长〔售(久)。长售(久),是胃(谓)深根固氐〕。长生售(久)视之道也■。

本章的主旨,正如开头所明言的那样,在于阐述"给(治)人事天"的统治国家之术。为了达到这一目的,本章向为政者提出建议:以"啬"(节约经费)而"果(早)备(葡)""道""重积德";并认为若果能实行这些措施,也就会"又(有)蒇(国)之母"了,对国家的统治地位以及国家本身的存续就"可以长售(久)"了。简要概括这些内容可知,虽然本章的主题是基于"道""德"的为政者的统治长久化,或者国家存续的长久化,但是,在此同时可以发现其鲜明的特征,即:这里所提出的政治思想上的命题,是以让个人身体生命得以长生的养生说为基础的,进而实现国家统治的长久化,国家存续的长久化。并且,无须赘论,铺垫于养生说和政治思想两者之根底的,就是"道""德"的哲学。

再来看乙本第五十四章:

> 善建者不拔,善休(保)者不兑(脱),子孙以丌(其)祭祀不屯(顿)。攸(修)之身,丌(其)惪(德)乃贞。攸(修)之家(家),丌(其)惪(德)又(有)舍(余)。攸(修)之向(乡),丌(其)惪(德)乃长。攸(修)之邦,丌(其)惪(德)乃奉(丰)。攸

（修）之天下，〔丌（其）悳（德）乃博（溥）。以豪（家）观〕豪（家），以向（乡）观向（乡），以邦观邦，以天下观天下。虖（吾）可（何）以智（知）天〔下之肰（然）哉，以此〕。

本章的主题也是通过把握"道"进而统治"天下"。开头处有"善建者不拔，善休（保）者不兑（脱）"，指的是"道"之"建者"、"道"之"休（保）者"。承此，本章的前半部分多有"悳（德）"出现，也证明了这一点。因为《老子》等道家文献中的"德"并非伦理、人格意义上的"德"，而是指"道"的作用和功能体现。

前半部分说的是：如能将"善建""善休（保）"之"道"恰当地应用于"身""豪（家）""向（乡）""邦""天下"的各个阶段，就可以在每个阶段上得到发挥有益作用的"德"。也因此，这个"道"就成为同样适用于各个阶段的一般性普遍性的原理。与此相对，后半部分则强调了各个阶段有着不能相互转用的各自的"道"，所以，各自的"道"，就是只能适用于某一个阶段的个别的具体的原理了。前半的"道"与后半的"道"这两者，乍一看，似乎正相反，致使《老子》的真义难以把握，然而，统一两者并非不可能。事实上，在稍后的时期（西汉时代初期），道家已构建出"道一理殊"之说，试图使两者统一。① 尽管在本章的阶段尚未开示使两者统一的理论构造，但从道家思想发展史来看，前半为自早期道家以后的传统的思想，与之相较，后半更具有新意。

综合以上来考虑，本章所主张的重点，虽然在于试图将前半与后半加以统一，但在后半特别强调的重点却是：

以天下观天下。虖（吾）可（何）以智（知）天〔下之肰（然）

---

① 关于这个问题，可参见拙著《道家思想の新研究——〈庄子〉を中心として》第 12 章第 5 节 B《"道"の形而下化に向かって》。

哉，以此〕。

就是说，可以认为其重点在于阐释统治"天下"应依据"天下"之"道"。文章开头的"子孙以丌（其）祭祀不屯（顿）"之句，与其说是"豪（家）""邦"层面的宗庙祭祀永续不绝之意，不如说指的是在"天下"层面上的创业祖先的祭祀永继不绝吧。

4. 对战争和战争政策之批判

在郭店《老子》中，包含有对于当代社会实际进行着的战争，以及发动战争者的思想的批判。虽然这也可以看作一种政治思想，但是《老子》对战争的批判的特征之一，是将批判的根据置于"道"的思想之上的。

例如，甲本第三十章上段、中段有：

> 以衍（道）差（佐）人宔（主）者，不谷（欲）以兵伹（强）于天下。善者果而已，不以取伹（强）。果而弗癹（伐），果而弗乔（骄），果而弗瑅（矜）。是胃（谓）果而不伹（强）。丌（其）事好。

刚阅读本章上段、中段时，首先会有种奇妙的感觉，即所谓"以衍（道）差（佐）人宔（主）者"——已然体悟"道"之后成为臣下而入仕的、"人宔（主）"的辅佐者的存在。之所以令人感到奇妙，是因为对于以《老子》为首的道家而言，从一开始，"道"这一终极的本源，就是包罗整个世界"万物"的实在，因此，"道"只有"圣人"、天子等最高的为政者才相称，辅佐他们的臣下是配不上的。《老子》此处出现这种臣下的理由，或许是因为在战国时代晚期的国家和社会现实中，确实出现了修得道家的"道"之后，进而成为臣下来辅佐"人宔（主）"统治的人；更或许与本章上段、中段的主题为批判战争这一点相关。《老子》要批判"战争"这一最极端的人为、作为时，仍然必须依据"道"的立场来展开批判，但是，如果再次让"圣人"登场，提倡将其作为得道者的存在方式而视为模范，对于"圣人"来说，就难免有主题上大材小用之感①。

本章上段、中段描写了"臣下"这个身份在下的"道"的体悟者对于"兵"（军事）的态度，论述了"不谷（欲）以兵怛（强）于天下"，主张不要让自己侍奉的"人（主）"对"天下"各国施加武力以逞"强"势的这样一种战争批判论。只是，还不能将这种战争批判论看作反战的思想。其理由如下文中所见"善者果而已，不以取怛（强）。果而弗发（伐），果而弗乔（骄），果而弗矜（矜）"那样，本章上段、中段虽然告诫"弗发（伐）""弗乔（骄）""弗矜（矜）"，但最终还是要追求将战争"丌（其）事"果断进行下去，并得到确实胜利的结果。

如上所述，既然郭店《老子》的政治思想是以"圣人""侯王"等为政者"取天下"而成天子为目的，就不能完全地反对战争、主张和平吧。尽管其中存在反对为政者以军事力量为背景所进行的"天下"规模的强权政治，也对战争施行者的"发（伐）""乔（骄）""矜（矜）"的心理提出了警告。

下面来看丙本第三十一章中段、下段：

> 君子居则贵左，甬（用）兵则贵右。古（故）曰："兵者，〔非君子之器也。"不〕导（得）已而甬（用）之，铦（恬）縪（憺）为上，弗蔜（美）也。敓〈蔜（美）〉之，是乐杀人。夫乐〔杀人，不〕以旻（得）志于天下。古（故）吉事上左，丧事上右。是以卞（偏）牲（将）军居左，上牲（将）军居右，言以丧丰（礼）居之也。古

---

① 这一点，与后论的丙本第三十一章中段、下段以同样的主题提出了"君子"一语，有一脉相通之处。

（故）杀〔人众〕，则以炁（哀）悲位（莅）之，战勎（胜），则以丧丰（礼）居之■。

本章中段、下段与上面探讨的甲本第三十章上段、中段不同，阐述了相当明确的战争反对论。不过，其主人公却与甲本第三十章上段、中段相同，不是"圣人"，而是"君子"。本段文字所包含的主旨，与甲本第三十章上段、中段的"差（佐）人宝（主）者"类似，也是身份在下的"道"的体悟者。

在此，首先宣称的是"兵者，非君子之器也"，明确了"兵"（军事、战争）作为《老子》水平的得道者"君子"使用的工具，是不相称的；据本章中段、下段来看，充其量只能是"不旻（得）已而甬（用）之"的事情。其理由在于作者的"敚〈獘（美）〉之，是乐杀人"的人道主义，但更根本的原因，是其认为"夫乐杀人，不以寻（得）志于天下"的现实主义。即规劝想要"以旻（得）志于天下"（成为天子，将自己的"志"贯彻于"天下"）的人，应尽可能避免为此目的而使用"兵"，和随之而来的"敚〈獘（美）〉之，是乐杀人"。包含了这些思想的本章中段、下段，可以看作是《老子》中具有代表性的战争反对论之一吧。

三　郭店楚墓竹简《老子》的伦理思想

此处的"伦理思想"，并不是狭义地指称如中国古代儒家、墨家所思考的那种，通过树立"仁""义"等德行来确定人际关系的规范，而是意在广义地指称关于人类生存于世所必要的生存方式的原理性思考。但依照郭店《老子》的实际情况展开讨论，其中完全有可能出现政治思想或养生思想等，所以本文将尽可能避免和上面的"二"及下面的"四"发生重复。

1. 利用"无知""无学"展开的否定超越

郭店《老子》特别在"知"的方面,不少文章都是主张人们"亡(无)𣉻(知)""亡(无)学""亡(无)言"的。

例如,甲本第五十六章的情况,已经在本编前面《利用"无知""无为"来"取天下"》一节中作了分析。不过,深入研读这段文字就知道,"圣人"并不是直接"为天下贵"的,在此之前,他已经通过否定、摒弃自己的"𣉻(知)""言",关闭感觉器官,将自身融入在此基础上出现的解构的、整全的、"玄同"的世界,然后,才有可能达到"不可㝵(得)天〈而〉新(亲),亦不可㝵(得)天〈而〉疋(疏)。不可㝵(得)天〈而〉利,亦不可㝵(得)天〈而〉害。不可㝵(得)天〈而〉贵,亦可不可㝵(得)天〈而〉戋(贱)"的境界。这种境地不被来自他者的"新(亲)疋(疏)""利害""贵戋(贱)"影响,而成为超越的、独立的、自由的存在。经由这个境界之后,他才最终成功地"为天下贵"了。就这样,在郭店《老子》中,得道者追求独立、自由的伦理思想与"为天下贵"的政治思想就密不可分地结合在一起了。

另外,也有与甲本第五十六章相类似的内容,如乙本第五十二章中段:

> 闷亓(其)门,赛(塞)亓(其)逸(穴),终身不柔(勤)。启亓(其)逸(穴),赛(济)亓(其)事,终身不来■。

这段文章也说的是通过闭塞自己的"门""逸(穴)"等感觉器官,通过彻底的"无知""无言",进而融入在此基础上出现的解构的、整全的、"玄同"的世界,是一种神秘主义(mysticism)的哲学。不过,此处却没有作为结果的"为天下贵"的政治思想,只可以看出主张"终身不盄(救)"的,可称之为"反对人类异化论"的伦理思想。

再有,乙本第四十八章上段:

> 学者日益,为道者日损。损之或损,以至亡(无)为也。亡(无)为而亡(无)不为。

本章上段首先反对修"学",即只是每日将外部的伦理和知识等吸收进来,而主张"为道";即每日从精神内部将这些可以视为杂物的东西清除出去。接下来,通过"损之或损,以至亡(无)为",论说了反复否定、清除外部伦理和知识的"为道"过程。之后在末尾描述了其结果,那就是"亡(无)为而亡(无)不为"。这就是修行后最终通过把握"道"而得到的结果。这样圣人就把"道"所具有的"亡(无)不为"(任何事情都可为)的万能性,作为自己的能力而加以拥有了。这也是一种主体性论的伦理思想,即将"学"的内容加以摒除的否定超越的结果,是最终可以成功地把握"道"。由此而言,以《老子》为首的道家文献中常见的这种"亡(无)不为"的万能性中,自然也就含有了"取天下",成为天子君临于世的能力。因此,以上的伦理思想同时也是政治思想。

对"学"的否定和排斥在乙本第二十章上段也有论述:

> 豎(绝)学亡(无)惪(忧)。售(唯)与可(诃),相去几可(何)。岂(美)与亚(恶),相去可(何)若。人之所墨(畏),亦不可以不纍(畏)。

对于郭店《老子》而言,所谓"学",就是告诉人们"售(唯)与可(诃)相去""岂(美)与亚(恶)相去"的道理;展开而言,就是教导人们"万物"中不可否认有着价值、事实、存在的差别。本章上段对此大声喝破,并疾呼"豎(绝)学亡(无)惪(忧)",与前面已经分析过的甲本第五十六章、乙本第五十二章中段一样，归根结底，这是要达到这一目的，即否认一切价值、事实、存在之间的差别，而进入解构的、整全的、"玄同"的世界。据此可以考虑，这里也包含着得道者追求独立、自由和反对人类异化的伦理思想。

2. 超越"美恶""善不善"的区别

对"叡（知）""学""言"加以否定、排斥，对于"亡（无）叡（知）""亡（无）学""亡（无）言"加以倡导，这些已经在前面《利用"无知""无为"来"取天下"》一节中进行了分析。在此，对构成其实际内容的"散（美）亚（恶）""善不善""又（有）亡（无）"等问题，即否定、排除"万物"中价值、事实、存在状态的一切差别的问题，展开讨论。实际上，这个问题在《利用"无知""无为"来"取天下"》一节中已有所言及，所以，此处的论述将尽量略去重复。

甲本第二章如下所示：

> 天下皆叡（知）散（美）之为散（美）也，亚（恶）已。皆叡（知）善，此丌（其）不善已。又（有）亡（无）之相生也，戁（难）悬（易）之相成也，长耑（短）之相型（形）也，高下之相涅（盈）也，音圣（声）之相和也，先后之相堕（随）也。是以圣人居亡（无）为之事，行不言之聖（教）。万勿（物）复（作）而弗忌（治）也，为而弗志（恃）也，成而弗居。天〈夫〉售（唯）弗居也，是以弗去也■。

其前半部分详细地阐述了所谓"散（美）亚（恶）""善不善""又（有）亡（无）""戁（难）悬（易）""长耑（短）""高下""音圣（声）""先后"等，"万勿（物）"中的一切价值、事实、存在状态的差异，都是人刻意作为的结果，是言论造成的结果，是"万勿（物）"自己本身的世界中原本不存在的。因而，"圣人"会将这些价值、事实、存在状态的一切差异,与作为其基础的作为和言论一起加以否定和祛除,即"是以圣人居亡(无)为之事,行不言之圣(教)"。结果其首先达到的境地是,如《利用"无知""无学"展开的否定超越》一节所确认的那样,是解构的、整全的、"玄同"的世界,换言之,也就是"道"。而且,这一点也成为后半部分政治思想的前提。

另外,乙本第二十章上段有:

> 豑(绝)学亡(无)惎(忧)。售(唯)与可(诃),相去几可(何)。岜(美)与亚(恶),相去可(何)若。人之所畏(畏),亦不可以不畏(畏)。

此处所谓"豑(绝)学"的内涵,就是指否定、祛除"售(唯)与可(诃)""岜(美)与亚(恶)"等的一切差别。而超越这些差别后所能到达的前方就是"玄同"的世界,也就是"道"。关于这些问题,第1节已经作了论述。

再来看乙本第十三章:

> 人蔥(宠)辱若缨(撄),贵大患若身。可(何)胃(谓)蔥(宠)辱。蔥(宠)为下也,导(得)之若缨(撄),遊(失)之若缨(撄),是胃(谓)蔥(宠)辱〔若〕缨(撄)。〔可(何)胃(谓)贵大患〕若身。虗(吾)所以又(有)大患者,为虗(吾)又(有)身。迖(及)虗(吾)亡(无)身,或可(何)〔患。故贵为身于〕为天下,若可以尻(托)天下矣。恶(爱)以(为)身〔于〕为天下,若可以达(寄)天下矣■。

本章整体的主题是养生说,重点则在后半部分。其前半部分为了推导出后半部分重视身体生命之"身"的观点,而批判性地描述了世上人们因为"蔥(宠)辱〔若〕缨(撄)"(当获得宠爱而出人头地、或当受到耻辱而走向没落时导致的一喜一忧)的无主体

性,即:

> 可(何)胃(谓)蘁(宠)辱。蘁(宠)为下也,旻(得)之若缨
> (撄),遊(失)之若缨(撄),是胃(谓)蘁(宠)辱〔若〕缨(撄)。

由此,我们可以看出本章的主体性论的伦理思想,即主张应
当抛弃世间所看重的君主的"蘁(宠)""辱"而超然独立。① 而且,
这种主体性论,也明显是以"玄同"的世界也就是"道"为基础的。

3. 对欲望追求之否定

以《老子》为首的道家提倡否定欲望,这是自古以来极为著名
的观点。郭店《老子》里也包含有这样的内容,在此,将其作为一
种伦理思想加以考察。

甲本第十九章有:

> 丝(绝)智(智)弃夋(辩),民利百伓(倍)。丝(绝)攷(巧)
> 弃利,覜(盗)悬(贼)亡(无)又(有)。丝(绝)愚(为)弃虑,民
> 复季〈孝〉子(慈)。三言以为卣(事)不足,或命(令)之或(有)
> 膚(乎)豆(续)。视(示)索(素)保莡(朴),少厶(私)须
> 〈寡〉欲。

这段内容已经在《利用"道""德"以治"国"治"天下"》一节中
进行了探讨。其文中一面肯定"民利百伓(倍)"的"利"追求,另一
方面又主张"弃利",对"利"加以否定,这一点究竟该如何解释呢?
笔者认为这两方面未必是矛盾的,因为可以考虑《老子》对于为政
者一方是否认其"利"的追求,而对于"民"一方则是肯定的。如果

---

① 《庄子·逍遥游》所介绍的宋荣子的荣辱论,与郭店《老子》本章的思想颇为相近。
"而宋荣子犹然笑之。且举世而誉之,而不加劝。举世而非之,而不加沮。定乎内
外之分,辩乎荣辱之竟(境)斯已矣。彼其于世,未数数然也。虽然,犹有未树也。"

将文章末尾"少厶(私)须〈寡〉欲"的寡欲说看作针对为政者一方提出的,就顺理成章了。

另外,甲本第四十六章中段、下段有:

> 皋莫厚虖(乎)甚欲,咎莫佥(憯)虖(乎)谷(欲)寻(得),化(祸)莫大虖(乎)不智(知)足。䇝(知)足之为足,此亘(恒)足矣。

本章中段、下段对于欲望追求的批判,乃是一种具有综合性、体系性特征的议论。第一句"皋莫厚虖(乎)甚欲"的议论,是将人类追求欲望的活动与违反国家法律而构成犯罪联系起来的视角;第二句"咎莫佥(憯)虖(乎)谷(欲)(得)"的议论,则是出于宗教的视角,认为违背"天""鬼神"之意而触犯宗教禁忌,就会得"咎"(《周易》中频出之语);第三句"化(祸)莫大虖(乎)不智(知)足",是从家庭、乡里的日常生活的角度,将多欲归结为会招致与人们祈求的幸福相反的灾祸("祸福"的"祸")的原因。由此,据本章中段、下段来看,人们对欲望的追求活动恰是人类社会中诸恶的根源之一,要解决这个问题,就只有像凭靠"䇝(知)足之为足,此亘(恒)足"那样,依靠这种"䇝(知)"的力量对欲望加以控制。

同样的内容在甲本第三十七章中是这样表述的:

> 𧗕(道)亘(恒)亡(无)为也。侯王能守之,而万勿(物)牁(将)自愚(为)。愚(为)而雔(欲)复(作),牁(将)贞(定)之以亡(无)名之蹼(朴),夫亦牁(将)智(知)足。智(知)〔足〕以束(静),万勿(物)牁(将)自定■。

其中的"䇝(知)〔足〕以束(静)",既是"侯王"所置身的负面价值立场,似乎也指的是他对于"万勿(物)"(人民)的欲望追求,希望依靠"䇝(知)"的力量加以控制。

再有,甲本第四十四章:

名与身管(孰)新(亲),身与货管(孰)多,貪(得)与貢(亡)管(孰)疠(病)。甚怸(爱)必大賚(费),厚(厚)赃(藏)必多貢(亡)。古(故)智(知)足不辱,智(知)止不怠(殆),可以长旧(久)■。

这也是依靠"智(知)"的力量对欲望追求加以否定的一章。首先,以"名与身管(孰)新(亲),身与货管(孰)多,貪(得)与貢(亡)管(孰)疠(病)"发问,然后,提醒人们,与名誉之心、财富之欲相比,身体才是最重要的;与财富的丧失相比,获得财富更为痛苦。最后,又以"古(故)智(知)足不辱,智(知)止不怠(殆),可以长旧(久)"作结论,呼吁必须通过"智(知)"的力量,将欲望追求限制于一定的范围内,从而懂得知足。从最后的句子"智(知)止不怠(殆),可以长旧(久)"来看,这种对欲望的控制有着更高的目的,那就是养生说。

4. 利用"无为"获取的人生成功

关于"圣人"通过置身于以"无为"为核心的负面价值,反而使得自己变成具有正面价值的"天下之贵",从而成为"取天下"者这一政治思想,已经在前面的《利用"无知""无为"来"取天下"》一节以及《利用"圣人之无为"通过"万物之自然"来"取天下"》一节中进行了讨论。但是,郭店《老子》所讨论的却并不是类似"取天下"这样的大问题,更多强调的是伦理思想,倡导为了在更切近现实的各种人生课题上取得成功,要将自身置于以"无为"为核心的负面价值上。

例如,甲本第十五章上段、中段中有:

长古之善为士者,必非(微)溺(妙)玄造,深不可志

（识）。是以为之颂。夜（豫）虗（乎）奴（如）冬涉川，猷（犹）虗（乎）兀（其）奴（如）愄（畏）四竖（邻），敢（俨）虗（乎）兀（其）奴（如）客，虗（涣）虗（乎）兀（其）奴（如）怿（释），屯虗（乎）兀（其）奴（如）朴，坉虗（乎）亓（其）奴（如）浊。竺（孰）能浊以束（静）者，牺（将）舍（徐）清■。竺（孰）能庀〈安〉以迬（逗）者，牺（将）舍（徐）生。保此衍（道）者，不谷（欲）坢（常）呈（盈）。

本章上段、中段作为一个整体，始终都在描写"长古之善为士者"，即"得道者"。这种描写几乎一以贯之的是其所具有的负面价值，其前半部分是这样描写的：

夜（豫）虗（乎）奴（如）冬涉川，猷（犹）虗（乎）兀（其）奴（如）愄（畏）四竖（邻），敢（俨）虗（乎）兀（其）奴（如）客，虗（涣）虗（乎）兀（其）奴（如）怿（释），屯虗（乎）兀（其）奴（如）朴，坉虗（乎）亓（其）奴（如）浊。

其后半部分描写的是：

竺（孰）能浊以束（静）者，牺（将）舍（徐）清■。竺（孰）能庀〈安〉以迬（逗）者，牺（将）舍（徐）生。

其中的后半部分，以疑问句的形式论述了"保此衍（道）者"是这样一种存在，即：虽然负载了"浊以束（静）"这样的负面价值，却反而产生了使万物万事"清"的正面价值；虽然承担了"庀〈安〉以迬（逗）"这样的负面价值，却反转为使万物万事"生"的正面价值。可以将此认定为《老子》所特有的否定的超越的伦理思想吧。而且，最后的"保此衍（道）者，不谷（欲）坢（常）呈（盈）"一句，虽然是说拥有"道"的人通常不会期望完满无缺的充实，但是其文势并未止于"不谷（欲）**曑**（常）呈（盈）"的负面价值，而是在言外留下了"恰恰因此，才能取得完满无缺的充实"，从而转向正面价值的余韵。

关于甲本第六十四章下段：

> 为之者败之，执之者远〈遊（失）〉之。是以圣人亡（无）为，古（故）亡（无）败。亡（无）执，古（故）亡（无）遊（失）。临事之纪，釿（慎）冬（终）女（如）忌（始），此亡（无）败事矣。圣人谷（欲）不谷（欲），不贵难导（得）之货。孝（学）不孝（学），遵（复）众之所**华**（过）。是古（故）圣人能尃（辅）万勿（物）之自肰（然），而弗能为。

与丙本第六十四章下段：

> 为之者败之，执之者遊（失）之。圣人无为，古（故）无败也。无执，古（故）〔无遊（失）也〕。釿（慎）终若词（始），则无败事喜（矣）。人之败也，亙（恒）于丌（其）虚（且）成也败之。是以〔圣〕人欲不欲，不贵戁（难）导（得）之货。学不学，遵（复）众之所**迡**（过）。是以能桰（辅）**墓**（万）勿（物）之自肰（然），而弗敢为■。

的后半部分，已经在前面的《利用"圣人之无为"通过"万物之自然"来"取天下"》一节中分析过。不过，其前半部分却没有议论"取天下"这样的不着边际的话题，而是倡导为了在更切近人生的各种问题上获得成功，应置身于"亡（无）为""亡（无）执"的负面价值。这一点可以从甲本的"临事之纪，釿（慎）冬（终）女（如）忌（始），此亡（无）败事矣"之语，以及丙本的"釿（慎）终若词（始），则无败事喜（矣）。人之败也，亙（恒）于丌（其）虚（且）成也败之"

之语明显地看出,因为这些内容都是祈愿人生的诸事都能成功的。① 后半只是将前半的一般性伦理思想的规模加以扩大,以至于用到了"取天下"的政治思想上。

此外,还有甲本第六十四章上段:

> 亓(其)安也,易𡊏(持)也。亓(其)未𣏾(兆)也,易慙(谋)也。亓(其)𦆀(脆)也,易畔(判)也。亓(其)几也,易戋(散)也。为之于亓(其)亡(无)又(有)也,絧(治)之于亓(其)未乱。合〔抱之木,生于毫〕末,九成之台,已(起)〔于赢(藁)土,百仁(仞)之高,台(始)于〕足下■。

这段文章可以认为本来与下段毫无关系,主张当事情尚处在"亡(无)又(有)"和"未乱"的萌芽状态时即加以"为""絧(治)",并且通过一点一点地积累这样的微小的努力,最后成就巨大的事业。这些并不是《老子》、道家所特有的"无为"思想,而是受到了荀子学派的影响而主张"人为""作为"的思想。

再如,甲本第六十三章:

> 为亡(无)为,事亡(无)事,未(味)亡(无)未(味)。大少(小)之多愚(易)必多戁(难)。是以圣人猷(犹)戁(难)之,古(故)终亡(无)戁(难)■。

这个内容,本书第 365 页注①中已有言及。其所谓"为亡(无)为,事亡(无)事,未(味)亡(无)未(味)"。就是把握"道"的广义上的行为之一。在此,还是在呼吁置身于"为亡(无)为""事亡

---

① 甲本、丙本第六十四章下段的"𧫠(慎)冬(终)女(如)忌(始),此亡(无)败事矣"是屡屡出现于中国古典文献中的句子,然而,与郭店《老子》两个本子最为相近的表述,就是《荀子·议兵》:"虑必先事而申之以敬,慎终如始,终始如一,夫是之谓大吉。凡百事之成也,必在敬之,其败也,必在慢之。"可作参照。

（无）事""未（味）亡（无）未（味）"这样的负面价值,反而能将其转变为正面价值,并以这种"道"的作用为立足点,将其应用于所面临的"戁（难）惖（易）"的伦理思想上的问题,即:如果立足于负面价值的"戁（难）之",反而会向正面价值的"终亡（无）戁（难）"转变。

5. 对柔弱之提倡与对坚强之否定

《老子》中含有对柔弱的提倡和对坚强的否定,是自古以来就是众所周知的事实。郭店《老子》在这一点上也没有不同。但是,这种思想是有两个背景的。将二者统合为一的过程,在郭店《老子》的阶段,似乎尚未十分熟练地进行。

其一,如甲本第五十五章上段、中段、下段有:

> 畲（含）悳（德）之厚者,比于赤子。蟲（蜁）蠆蟲它（蛇）弗董（螫）,攫鸟猷（猛）兽弗扣（搏）,骨溺（弱）董（筋）㳇（柔）天〈而〉捉固。未똙（知）牝戊（牡）之合㱃（朘）惹（怒）,精之至也。终日虖（号）天〈而〉不嚘（嗳）,和之至也。和曰뫅（常）,똙（知）和曰明,賹（益）生曰祥（妖）,心事（使）燸（气）曰膠（强）。勿（物）壯（壮）则老,是胃（谓）不道■。

这里有"骨溺（弱）董（筋）㳇（柔）"一句,肯定性地描写了"赤子"身体的"柔弱"。如果仅仅是身体的"柔弱",还要犹豫是否能称之为"柔弱的提倡"。但是,称之为"柔弱的提倡"也无妨吧。因为如文章开头所说,"畲（含）悳（德）之厚者,比于赤子","赤子"乃是深厚地悟得了"悳（德）"(即"道"的作用)者的比喻,此处所描写的不仅仅是身体的"柔弱"。

含有此句的本章上段、中段、下段,全篇都在阐述养生说,本章上段、中段、下段中的"柔弱"也都是以养生说为背景而加以倡导的。这就是本章上段、中段、下段"柔弱的提倡"的重要特征。而且,世界终极的根源的"道"与其作用的"悳(德)",是被置于其根基的最深处。

其二,甲本第四十章中有:

> 返(反)也者,道〔之〕僮(动)也。溺(弱)也者,道之甬(用)也。天下之勿(物),生于又(有),〔又(有)〕生于亡(无)■。

甲本第九章也有:

> 迖(持)天〈而〉涅(盈)之,不不若已。① 湍(揣)天〈而〉群(君)之,不可长保也。金玉涅(盈)室,莫能兽(守)也。贵福(富)〔而〕乔(骄),自遗咎也。攻(功)述(遂)身退,天之道也乙。

甲本第四十章的"溺(弱)"与上文的"返(反)"一样是"道"的性质之一,承载着世间意义上的负面价值。但这里作为前提,更是一种反向论说式的、辩证法式的逻辑,就是说正因为如此,反而能够转为相反的正面价值("正""强")。这就是本章中"提倡柔弱"的背景。另外,本章后半部分论述的是"天下之勿(物),生于又(有),又(有)生于亡(无)"。即由"亡(无)"而诞生"天下之勿(物)"的存在论或宇宙生成论。这种存在论或宇宙生成论的树立,与其反向论说式的、辩证法式的思想有着深刻的关联,这种思想就是将负面价值的"亡(无)"与"道"视为同一体,并在此基础上,认为负面价值反而能生出正面价值的"又(有)""天下之勿

---

① 译者注。这里原文作"不不若已",但作者认为应读为"不若其已"。参见本书第231—232页。

(物)"这样的实在。

在甲本第九章中,既没有"柔弱"一语,也无"坚强"一词。但是,本章对"羪(持)天〈而〉湮(盈)之""湍(揣)天〈而〉群(君)之""金玉湮(盈)室""贵福(富)而乔(骄)"等各种事象的总结,最终不是都落在"坚强"之处了吗? 认为这些事象"不若亓(其)已""不可长保也""莫能兽(守)也""自遗咎也",而均加以否定,本章这些内容恰恰是"否定坚强"的思想。在此贯穿着的正是认为世间意义上的负面价值可以反转为正面价值的,反向论说式的、辩证法式的逻辑。这就是本章"否定坚强"思想的背景。这种逻辑与上文已确认的甲本第四十章的逻辑,在语言表述上虽正反相对,在内容上完全相同。而且,据章末的"攻(功)述(遂)身退,天之道也"一句来看,在其根基的更深处,已设定着"攻(功)述(遂)→身退"的转化,即"正面价值→负面价值"的转化,乃是世界所有存在中毫无例外地贯穿着的法则——"天道"的思想。

四 郭店楚墓竹简《老子》的养生说

原来中国古代的养生说,并非《老子》及道家最先开辟出来的思想、技术,但是,这种学说却在战国后期以后的中国社会中,逐渐地盛行起来,以至于被《老子》和道家们所吸收。郭店《老子》中也出现了养生说,但有着其明确的特征。

1. 基于"道""德"之养生

郭店《老子》中的养生说,在数量上未必很多,但是,大体可以看出"道""德"的把握是与其养生说所希求的"长生久视"密切相关的。这就是《老子》养生说的鲜明特征之一。另外,其养生说还被定位为国家统治、国家存续的长久化这一政治思想的基础（乙本第五十九章），亦可谓《老子》养生说的另一特征吧。

例如，甲本第五十五章上段、中段、下段：

> 酓（含）惪（德）之厚者，比于赤子。蚰（蜂）蠆蟲它（蛇）弗董（螫），攫鸟歏（猛）兽弗扣（搏），骨溺（弱）堇（筋）求（柔）天〈而〉捉固。未智（知）牝戊（牡）之合亏（朘）惹（怒），精之至也。终日啻（号）天〈而〉不嗌（嚘），和之至也。和曰楘（常），智（知）和曰明，賹（益）生曰羕（祥），心事（使）燹（气）曰弜（强）。勿（物）壅（壮）则老，是胃（谓）不道■。

本章的上段、中段、下段已经在《对柔弱之提倡与对坚强之否定》一节中进行过探讨。本章上段、中段、下段的所有部分都是论述养生说的，据其所论可知，使养生成为可能的根本性的东西只能是加强"酓（含）惪（德）"。反之，使养生失败的根本原因，正如"賹（益）生曰羕（祥），心事（使）燹（气）曰弜（强）。勿（物）壅（壮）则老，是胃（谓）不道"所说，也是因为"賹（益）生""事（使）燹（气）"，人为地、刻意地造成"壅（壮）"所导致的。郭店《老子》将后者称为"不道"，此乃是本章首句"酓（含）惪（德）之厚者"的反义语。

还有甲本第四十四章：

> 名与身箮（孰）新（亲），身与货箮（孰）多，貣（得）与貨（亡）箮（孰）疒（病）。甚悉（爱）必大賷（费），厚（厚）赃（藏）必多貨（亡）。古（故）智（知）足不辱，智（知）止不怠（殆），可以长旧（久）■。

关于本章，已在《对欲望追求之否定》一节中作了分析。后半部分的"智（知）足不辱，智（知）止不怠（殆），可以长旧（久）"，就是以前半部分对欲望追求的否定为前提的养生说吧。只不过此处"道"和"德"都没有在词语表述中出现。

还有,乙本第五十九章:

> 给(治)人事天,莫若嗇。夫售(唯)嗇,是以暴(早)〔备(葿)〕。暴(早)备(葿),是胃(谓)〔重积德。重积德,则亡(无)〕不克■。〔亡(无)〕不〔克〕,则莫鬐(知)丌(其)亘〈亟(极)〉。莫鬐(知)丌(其)亘〈亟(极)〉,可以又(有)隒(国)。又(有)隒(国)之母,可以长〔售(久)。长售(久),是胃(谓)深根固氐〕。长生售(久)视之道也■。

关于本章,已经通过前面的《利用"道""德"以治"国"治"天下"》一节作了讨论。此处有一个显著的特征,即此处所提出的是政治思想上的命题,那就是以期望个人身体生命的长久这种养生说为基础,并使相应的国家统治、国家存续得以长久化。而且,铺垫于养生说和政治思想这两者根基之处的,正是"道""德"哲学。

2. 新型的养生

郭店《老子》中也有着与上述这种比较单纯的养生说不同的新型养生说,这种养生新说是否是《老子》首先提出的,尚不明确。不过,同样类型的养生说都是在战国晚期及之后形成的,所以郭店《老子》的新说也应考虑是形成于战国晚期以后吧。

先来看乙本第十三章:

> 人龍(宠)辱若缨(撄),贵大患若身。可(何)胃(谓)龍(宠)辱。龍(宠)为下也,昱(得)之若缨(撄),遊(失)之若缨(撄),是胃(谓)龍(宠)辱〔若缨(撄)。〕〔可(何)胃(谓)贵大患〕若身。虗(吾)所以又(有)大患者,为虗(吾)又(有)身。返(及)虗(吾)亡(无)身,或可(何)〔患。故贵为身于〕为天

下，若可以尼（托）天下矣。悉（爱）以（为）身〔于〕为天下，若可以达（寄）天下矣■。

关于本章，已经在《超越"美恶""善不善"的差别》一节中作过分析。本章全部内容的主题就是养生说，其重点则在后半部分。在这部分中含有以前道家所没有的新型养生说。

后半部分首先以"虚（吾）所以又（有）大患者，为虚（吾）又（有）身。迳（及）虚（吾）亡（无）身，或可（何）〔患〕"为导言，其实，这不过是为引起以下的养生新说而使用的修辞性文字。其旨趣在于强调：倘若没有我这个人的"身体"的话，也就不会有任何痛苦；但是，因为"身体"实际存在着，当然形形色色的痛苦也就随之而生，正因为如此，人们才期待实现珍惜人之"身体"的政治。接下来，最终论述了"贵为身于为天下，若可以尼（托）天下矣。悉（爱）以（为）身为天下，若可以达（寄）天下矣"的思想。

这种养生说的特征有二。其一，仿效此前的道家的养生说，将对个人身体、生命的重视与地位、财产的获得，尤其是"天下"的统治权的获得尖锐对立起来。其二，同时，在此基础上展开其反向论说式的观点，即：只有如此重视个人养生的人物，才堪当执掌天下政治之任。以此推论，等于说统治"天下"的政治课题，也就是重视万民的身体、生命；最适合施行此种政治的统治者自身也必是善于养生者。似乎可以作出这样评价，这种思想一方面是战国晚期以后，产生于郭店《老子》为首的道家中的新型养生说；同时，另一方面，这也是一种由养生说发展出的具有民主性的政治思想。

五　郭店楚墓竹简《老子》的哲学思想

郭店《老子》中所包含的哲学，从根本上成为支撑上述政治思想、伦理思想、养生说的基础。就其理论的支撑方式而言，可以粗分为以下的三类。[①]

A 类型，论述了世界一切存在（即"万物"）普遍性的存在方式，并力图将其置于政治思想、伦理思想、养生说的根基。B 类型，设定世界"万物"的终极根源为"道""德"，并将此置于政治思想、伦理思想、养生说的根基。C 类型，将世界"万物之自然"置于各种思想的根基，但试图以"道之无为"为原因，以"万物之自然"为结果，这也可以说是 B 类型的变种。

郭店《老子》中实际出现的三种表述方式，有时可以毫无区分地被视为同一的思想，也有很多时候三者虽有区别，但又难以区分地结合在一起。在此，为了方便起见，且作如下的区分来进行探讨。

1. 对于世界"万物"加以否定超越

在上面《郭店楚墓竹简〈老子〉的政治思想》以及《郭店楚墓竹简〈老子〉的伦理思想》两节中，我们已经指出，在郭店《老子》中多见这样的思想，即："圣人"置身于以"无为"为首的负面价值，反而获得了正面价值，从而能够"为天下贵"的政治思想。或者不讨论这些非同寻常的课题，而在各种更切近人生的问题上，主张通过置身于以"无为"为首的负面价值取得成功的伦理思想。而成为

---

① 参照本编《利用"无知""无为"来"取天下"》一节中对"三个类型"的分析。

这些政治思想、伦理思想之根基的哲学，是多种多样的，并非一种。

在此，先就“对于世界‘万物’加以否定超越”的哲学展开考察。这种哲学虽未明白说明世界的终极根源“道”及“道”之作用“德”，但通过“万物”的一般性的普遍性的存在方式，对它们的根源进行了说明。

例如，甲本第六十六章中有：

> 江海(海)所以为百浴(谷)王，以亓(其)能为百浴(谷)下，是以能为百浴(谷)王。圣人之才(在)民前也，以身后之。亓(其)才(在)民上也，以言下之。亓(其)才(在)民上也，民弗厚也。亓(其)才(在)民前也，民弗害(害)也。天下乐进(推)而弗詁(猒)，以亓(其)不静(争)也，古(故)天下莫能与之静(争)。

关于本章，已经在《利用“无知”“无为”来“取天下”》一节中作过讨论，并分析了本章开头的“江海(海)所以为百浴(谷)王，以亓(其)能为百浴(谷)下，是以能为百浴(谷)王”这段话，认为表述的正是“万物”一般性的、普遍性的存在方式之一。

再如，甲本第五十六章中有：

> 智(知)之者弗言，言之者弗智(知)。閔(闷)亓(其)逸(穴)，赛(塞)亓(其)门，和亓(其)光，迵(通)亓(其)新(尘)，副(剉)亓(其)𨮫(锐)，解亓(其)纷。是胃(谓)玄同。古(故)不可得(得)天〈而〉新(亲)，亦不可得(得)天〈而〉疋(疏)。不可得(得)天〈而〉利，亦不可得(得)天〈而〉害。不可得(得)天〈而〉贵，亦可不可得(得)天〈而〉戋(贱)。古(故)为天下贵■。

关于本章,《利用"无知""无为"来"取天下"》以及《利用"无知""无学"展开的否定超越》两节也都作过阐述。从否定、摒弃"知""言"出发,使自身融入解构的、"玄同"的世界,最后以"为天下贵"作结的政治思想和伦理思想,其思想基础,仍然是"对于世界'万物'加以否定超越"的理论。①

此外,乙本第四十五章中有:

> 大成若夬(缺),丌(其)甬(用)不幣(敝)。大涅(盈)若中(盅),丌(其)甬(用)不穷(窘)。大攷(巧)若仳(拙),大成若诎,大植(直)若屈■。桑(燥)勲(胜)苍(沧),青(静)勲(胜)然(热)。清清(静),为天下定(正)。

关于本章,曾在《利用"无知""无为"来"取天下"》一节中作过考察。成为其后半部分"清清(静),为天下定(正)"之政治思想根基的存在论哲学,就是其前半部分的

> 大成若夬(缺),丌(其)甬(用)不幣(敝)。大涅(盈)若中(盅),丌(其)甬(用)不穷(窘)。大攷(巧)若仳(拙),大成若诎,大植(直)若屈■

2. 主宰着"万物"的"道""德"

郭店《老子》的哲学思想中,有相当多的内容承认作为世界的终极根源"道",及其"道"之作用"德"发挥的无所不能的能力在主宰着"万物",并在此基础上,以这样的存在论哲学为根本,进而倡

---

① 另外,乙本第五十二章中段有:"闵亓(其)门,赛(塞)亓(其)逸(穴),终身不孟(敄)。启亓(其)逸(穴),赛(济)亓(其)事,终身不来■。"也可以与甲本第五十六章作同样考虑吧。

导前面所分析过的政治思想、伦理思想、养生说。当然,这种"道→万物"的主宰关系,在道家的哲学中,是早就存在的古老思想,《老子》有时只是形式上作了提倡。《老子》的新哲学是在内容上形成一种放弃"道→万物"主宰关系的"自然思想"。关于这种"自然思想",将在后面加以考察。在此,首先来分析一下认为"道""德"主宰着"万物"的哲学。

在甲本第十五章上段、中段有:

> 长古之善为士者,必非(微)溺(妙)玄造,深不可志(识)。是以为之颂。夜(豫)虘(乎)奴(如)冬涉川,猷(犹)虘(乎)亓(其)奴(如)愳(畏)四邻,敢(俨)虘(乎)亓(其)奴(如)客,臦(涣)虘(乎)亓(其)奴(如)怿(释),屯虘(乎)亓(其)奴(如)朴,坉虘(乎)亓(其)奴(如)浊。竺(孰)能浊以朿(静)者,牆(将)舍(徐)清■。竺(孰)能庀〈安〉以迬(逗)者,牆(将)舍(徐)生。保此衍(道)者,不谷(欲)敚(常)呈(盈)。

关于本章,已在前面的《利用"无为"获取的人生成功》一节中进行了探讨。可以发现在本章伦理思想的根基之处,在内容上存在一种"自然思想",而在形式上,则是以"此衍(道)"使这一伦理思想成为可能。

另外,甲本第十六章上段有:

> 至(致)虚亘〈亟(极)〉也,兽(守)中(盅)篤(笃)也,万勿(物)方(旁)复(作),居以须迿(复)也。天道员(赑)员(赑),各迿(复)亓(其)董(根)■。

本章也曾在《利用"圣人无为"通过"万物之自然"来"取天下"》一节中作过讨论。可以看出,其政治思想的根本在于内容上含有"自然思想"，但在形式上，如"天道员（龐）员（龐），各逡（复）元（其）董（根）"所述，似乎是认为"天道"主宰着"万勿（物）"的一切运行。①

还有，乙本第四十八章上段中有：

> 学者日益，为道者日损。损之或损，以至亡（无）为也。亡（无）为而亡（无）不为。

关于本章，已经在《利用"无知""无学"展开的否定超越》一节中加以了考察。圣人之所以最终能够达到"亡（无）为而亡（无）不为"这样的全知全能的境界，无外乎是其"为道"的结果，其根底之处就存在着以"道"为"万物"之主宰者的哲学。

还有乙本第五十四章：

> 善建者不拔，善休（保）者不兑（脱），子孙以丌（其）祭祀不屯（顿）。攸（修）之身，丌（其）惪（德）乃贞。攸（修）之豪（家），丌（其）惪（德）又（有）舍（余）。攸（修）之向（乡），丌（其）惪（德）乃长。攸（修）之邦，丌（其）惪（德）乃奉（丰）。攸（修）之天下，〔丌（其）惪（德）乃博（溥）。以豪（家）观〕豪（家），以向（乡）观向（乡），以邦观邦，以天下观天下。虗（吾）可（何）以智（知）天〔下之肰（然）哉，以此〕。

这一章也在《利用"道""德"以治"国"治"天下"》一节中讨论

---

① 有时"天之道"也与"天道"一起被并列置于政治思想、伦理思想的根基处。例如，甲本第九章："盅（持）天〈而〉涅（盈）之，不若〔丌（其）已。湍（揣）天〈而〉群（君）之，不可长保也。金玉涅（盈）室，莫能兽（守）也。贵福（富）〔而〕乔（骄），自遗咎也。攻（功）述（遂）身退，天之道也。"关于本章，已经在《对柔弱之提倡与对坚强之否定》一节中作过讨论。这里所包含的伦理思想，也同"攻（功）述（遂）身退，天之道也"一样，是将"天之道"这一哲学作为其根本的。

过。其前半部分，论述了"善建""善保"之"道"在"身""壑（家）""向（乡）""邦""天下"的各个阶段，分别发挥着有益的作用，那就是"德"。但是，本章的重点则在于其后半部分，更加强调了统治"天下"应以"天下"之"道"。无论如何，本章的"道"都可以定位为修治"身""壑（家）""向（乡）""邦""天下"这种伦理思想、政治思想之根基的存在论原理。

另外，丙本第三十五章中有：

> 埶〈执〉大象，天下往。往而不害，安、坪（平）、大（泰）。乐与饵，悠（过）客止。古（故）道〔之出言〕，淡可（乎）亓（其）无味也。视之不足见，圣（听）之不足貹（闻），而不可既也■。

关于本章，已在前面的《利用"无知""无为"来"取天下"》一节中作了分析。其所谓的"大象"就是指"道"，其内容如"道之出言，淡可（乎）亓（其）无味也。视之不足见，圣（听）之不足貹（闻），而不可既也"所述，"道"是人的感觉难以把握的，其功用是无穷无尽的。鉴于上述，再考虑文首的"埶〈执〉大象，天下往。往而不害，安、坪（平）、大（泰）"。可以说，其含义必然可以作如下理解：

> 圣人如果紧紧把握伟大的"象"，即"道"而不离，天下的所有事物就都会自发地启动。所有的事物都开始自发启动后，就不会发生任何障碍，天下就会变得无比的安静、平和、祥泰。

可见，"道"才是能够实现"天下"之"安、坪（平）、大（泰）"之政治思想的根本性哲学。

在丙本第十七章、第十八章中还有：

大上下簹（知）又（有）之，丌（其）即（次）新（亲）誉之，丌（其）既〈即（次）〉愳（畏）之，丌（其）即（次）柔（侮）之。信不足，安（焉）又（有）不信。猷（犹）虗（乎）丌（其）贵（遗）言也，成事述（遂）玏（功），而百省（姓）曰我自狀（然）也。<u>古（故）大道癹（废），安（焉）又（有）悬（仁）义。六新（亲）不和，安（焉）又（有）孝孿（慈）。邦蒙（家）緍（昏）〔乱〕，安（焉）又（有）正臣</u>■。

关于本章也已经在《利用“圣人无为”通过“万物之自然”来“取天下”》一节中探讨过。其后半部分的“大道癹（废），安（焉）又（有）悬（仁）义。六新（亲）不和，安（焉）又（有）孝孿（慈）。邦蒙（家）緍（昏）〔乱〕，安（焉）又（有）正臣”，乃是一段嘲讽性的、反向论说式的议论，即“大道”正是为“悬（仁）义”“孝孿（慈）”“正臣”尚未出现之前的家庭、国家创造出理想状态的东西。从这种嘲讽性的、反向论说式的意味上讲，“大道”就是被置于伦理思想、政治思想之根基处的。

需要补充的是，在郭店《老子》中也存在着不同于上述的内容，即“道”未必被定位为政治思想、伦理思想、养生说的根基，而仅仅是一般意义上的“道”“德”哲学。例如，甲本第五章中段中有：

天陛（地）之勿（间），丌（其）猷（犹）囤（橐）籥（龠）与。虗而不屈（竭），蓮（动）而愈出■。

这里的“天陛（地）之勿（间）”，指的是夹在“天”和“陛（地）”之间的、大体可以想象的最大空间，是“万物”所存在的世界、宇宙。从其内部“虗而不屈（竭），蓮（动）而愈出”这种“万物”生成的运行活动来看，此处的“天陛（地）之勿（间）”大致与“道”相当。

因此,本章中段虽然是对"道"生成"万物"的无穷性及其多产性的哲学描述,但是,与政治思想、伦理思想和养生说似乎并无关联。

再者,甲本第四十章中有:

> 返(反)也者,道〔之〕僮(动)也。溺(弱)也者,道之甬(用)也。天下之勿(物),生于又(有),〔又(有)〕生于亡(无)■。

关于本章,已经在《对柔弱之提倡与对坚强之否定》一节中作过探讨。其后半部分是存在论或宇宙生成论,认为"亡(无)"即"道"生出"又(有)"或"天下之勿(物)",不过,与政治思想、伦理思想、养生说的关系并不明确。

还可举乙本第四十一章:

> 上士昏(闻)道,董(勤)能行于丌(其)中。中士昏(闻)道,若昏(闻)若亡(无)。下士昏(闻)道,大芺(笑)之。弗大芺(笑),不足以为道矣。是以建言又(有)之:"明道女(如)孛(費),迟(夷)〔道女(如)类(纇),进〕道若退。上惪(德)女(如)浴(谷),大白女(如)辱,坓(广)惪(德)女(如)不足。建惪(德)女(如)〔偷,质〕贞女(如)愈(渝),大方亡(无)禺(隅)。大器曼(晚)成,大音衹(希)圣(声),天象亡(无)坓(形)。"道〔褒亡(无)名。夫唯道,善始且善成〕。

这一章文字都是对"道"的论述。首先,如上段"上士昏(闻)道,董(勤)能行于丌(其)中。中士昏(闻)道,若昏(闻)若亡(无)。下士昏(闻)道,大芺(笑)之。弗大芺(笑),不足以为道矣"所示,强调"道"是被世间看作负面价值的东西。其次,中段详论了本当为正面价值的"道""德"反而被看作负面价值的现象:

是以建言又（有）之："明道女（如）孛（费），迟（夷）〔道女（如）类（纇），进〕道若退。上惠（德）女（如）浴（谷），大白女（如）辱，坒（广）惠（德）女（如）不足。建惪（德）女（如）〔偷，质〕贞女（如）愈（渝），大方亡（无）禺（隅）。大器曼（晚）成，大音祗（希）圣（声），天象亡（无）坓（形）。"

最后，在下段得出了"道褒亡（无）名。夫唯道，善始且善成"的结论，认为"道"具有使"万物"得以启动、得以完成之主宰能力。从内容上看，成为其最核心重点的，似乎是下段关于"道"的存在论哲学论述。但是，此处似乎仍然与政治思想、伦理思想、养生说没有关系。

3. 将"万物之自然"置于根基

以"道之无为"为原因，以"万物之自然"为结果的思想，有时被置于政治思想、伦理思想的根基。这是《老子》中出现的新的哲学，在郭店《老子》中，在形式上当然也还残存着过去的、旧的"道→万物"的主宰关系，但在内容上更多的是舍弃了"道→万物"主宰关系的"万物之自然"的思想。这里将对"万物之自然"这种可以视为各种思想之基础的哲学进行讨论。

例如，甲本第六十四章下段有：

为之者败之，执之者远〈逜（失）〉之。是以圣人亡（无）为，古（故）亡（无）败。亡（无）执，古（故）亡（无）逜（失）。临事之纪，訢（慎）冬（终）女（如）忌（始），此亡（无）败事矣。圣人谷（欲）不谷（欲），不贵难导（得）之货。孝（学）不孝（学），迮（复）众之所华（过）。是古（故）圣人能尃（辅）万勿（物）之自肰（然），而弗能为。

丙本第六十四章下段中也有：

为之者败之,执之者遊(失)之。圣人无为,古(故)无败也。无执,古(故)〔无遊(失)也〕。訢(慎)终若词(始),则无败事喜(矣)。人之败也,亘(恒)于亓(其)鼓(且)成也败之。是以〔圣〕人欲不欲,不贵鸏(难)导(得)之货。学不学,遉(复)众之所逃(过)。是以能桮(辅)鑷(万)勿(物)之自肰(然),而弗敢为■。

关于第六十四章下段,已经在《利用"圣人无为"通过"万物之自然"来"取天下"》一节中有过论述。此处所含有的"圣人之无为→万物之自然"的政治思想,如前所述,从形式上看,是将"圣人"的主宰→"万勿(物)"的被主宰这一逻辑视为思想的根基。但是,因为"圣人"是"无为"的,所以,在内容上几乎并不具有主宰者的性质。果若如此,倒不如作出新的认识,即正是"万物之自然"作为基础性的存在论哲学支撑了这种政治思想。

再如甲本第三十七章:

衍(道)亘(恒)亡(无)为也。侯王能守之,而万勿(物)酒(将)自愿(为)。愿(为)而雒(欲)复(作),酒(将)贞(定)之以亡(无)名之鑷(朴),夫亦酒(将)智(知)足。智(知)〔足〕以束(静),万勿(物)酒(将)自定■。

关于本章,在《利用"圣人无为"通过"万物之自然"来"取天下"》和《对欲望追求之否定》两节中探讨过。此处仍然可以看到这样的政治思想,即:如果"侯王"能够把握"衍(道)"而"亡(无)为",那么"万勿(物)酒(将)自愿(为)"与"万勿(物)酒(将)自定","侯王"就能够"取天下"。从其思想基础来看,存在形式上"侯王"主宰→"万勿(物)"被主宰的逻辑。但是,此处的"侯王"在内容上几乎不具有主宰者性质,倒不如做出新的认识,即正是"万物之自然”作为基础性的哲学支撑了这种政治思想。①

还有甲本第二章：

> 天下皆智（知）散（美）之为散（美）也，亚（恶）已。皆智
> （知）善，此丌（其）不善已。又（有）亡（无）之相生也，戁（难）
> 恳（易）之相成也，长耑（短）之相型（形）也，高下之相涅（盈）
> 也，音圣（声）之相和也，先后之相堕（随）也。是以圣人居亡
> （无）为之事，行不言之季（教）。万勿（物）复（作）而弗恳（治）
> 也，为而弗志（恃）也，成而弗居。天〈夫〉售（唯）弗居也，是以
> 弗去也■。

关于本章，也在《利用“圣人无为”通过“万物之自然”来“取天下”》和《超越“美恶”“善不善”的区别》两节中曾经讨论过。此处含有“圣人之无为、不言→万物之自然”的逻辑，虽然确实没有提出“自然”一词，但仍然可以视为将“万物之自然”作为一般性、普遍性存在状态置于其政治思想之根基的存在论哲学的一种。

---

① 与甲本第三十七章的思想和表述相似的文章见于甲本第三十二章：“道亘（恒）亡（无）名。仆（朴）唯（虽）妻（细），天陛（地）弗敢臣。侯王女（如）能兽（守）之，万勿（物）陋（将）自宾（宾）■。天（地）相会也，以逾（输）甘雱（露）。民莫之命（令），天〈而〉自均安（焉）。词（始）折（制）又（有）名。名亦既又（有），夫亦陋（将）智（知）步（止）。智（知）步（止）所以不词（殆）。卑（譬）道之才（在）天下也，猷（犹）少（小）浴（谷）之与江淆（海）■。”这一章，也已在《利用“圣人无为”通过“万物之自然”来“取天下”》一节中作过探讨。就是说，“侯王”如果能遵守“亡（无）名”之“道”，就会因此进而出现“万勿（物）陋（将）自宾（宾）”和“民莫之命（令），天〈而〉自均”的结果，“侯王”也就能“取天下”了。在这种政治思想的背后存在着“万物之自然”的哲学，这一点与甲本第三十七章完全相同。不过，文末所谓“卑（譬）道之才（在）天下也，猷（犹）少（小）浴（谷）之与江淆（海）”的部分，却是甲本第三十七章中所没有、本章独有的哲学。这句用“小谷”汇成“江海”作为比喻，以论述“道”如何生成“天下”之万物。但是，如果以本章“万物之自然”之思想为前提加以思考的话，就会发现这里“道”的主宰性似乎减弱了，而“万物”的自发性自律性加强了，因此，反而使人感觉这里倾向于“流溢论”（Emanationslehre），即如同“江海”生成于“小谷”那样，“天下”之万物是由“道”生出的。

再者,甲本第二十五章中有:

又(有)瓶(状)虫(蚰)成,先天陛(地)生。敓(寂)繆(穆)蜀(独)立不亥(改),可以为天下母。未智(知)亓(其)名,孚(字)之曰道。虗(吾)弜(强)为之名曰大。大曰澨,澨曰远,远曰反。天大,陛(地)大,道大,王亦大。国中又(有)四大安(焉),王凥(处)一安(焉)。人法陛(地),陛(地)法天,天法道,道法自肰(然)■。

对于本章,通过《利用"圣人无为"通过"万物之自然"来"取天下"》一节已经进行过探讨。这里,虽然在形式上将以"陛(地)""天"为媒介的"道"的哲学,置于以"王者"为人类之最的政治思想的根基之处,但是在内容上却融入了"道法自肰(然)"这一"万物之自然"的思想。

六 结语

通过以上内容,本编对郭店楚墓竹简《老子》三个本子所内含的主要思想,分别以政治思想、伦理思想、养生说、哲学思想这四个方面为焦点进行了探讨。

在此似没有再重复概述内容的必要。对我来说,虽然与各种思想相关的、希望唤起的重要论点还有很多,但这里一概从略了。只是,在剖析了上述主要思想之余,不禁有二三感想,现简略记述于下。

一、郭店《老子》的政治思想,与其他的伦理思想、养生说等相比较,数量最多。而且,其政治思想的内容,虽然采取了通过否定世间意义的正面价值而跨越到它的对立面这种反向论说式的、辩证法式的方法,但是,多数情况下是以"为天下贵""为天下定(正)"进而"取天下"为根本目的的。可以考虑根据这样的政治思想内容,来推测原本《老子》成书情况,关于这个问题,请参照本书第七编之"二"《原本〈老子〉的成书》。郭店《老子》反映了天下统一前夜的社会状况。此乃本书非常显著的特征,但是,这点一直以来似乎并未得到关注。

二、关于《老子》的伦理思想,一直被理解为"保身之道""处世之法"①、"处世术"②。不过,这些词语乃是一种贬义语,作为把握《老子》中所含有的伦理思想的语言表述、思想框架,是不恰当的。这种语言表述从一开始,就使人感到以贬低为前提,即把《老子》的伦理思想看作充其量不过是一种处世的小智慧。

然而,《老子》中所蕴含的伦理思想是,作为人只要生存于这个世上都必需的、关于生存方式的原理性思考。其实际表达的是,人们可置身于"下、后""无为"等负面价值,反而可以转向"上、前""无不为"等的正面价值,可以此为中心,追究在现实社会中如何生存的问题。而且,《老子》把这种对于人的生存方式的追究,与关于"万物"存在于世界的普遍性一般性的状态以及主宰"万物"的"道""德"的存在方式的思索,即存在论性质的思索(即哲学)同时推进而深化。必须认识到,这种哲学本质上不同于只限于一时一地的、老奸巨猾的应变之术。据此,笔者将这样的思想称为"伦理思想",并作出了若干探讨。

三、就郭店《老子》的养生说而言,与其他的政治思想、伦理

---

① 以"保身之道""处世之法"这类词语来把握《老子》伦理思想者,见于津田左右吉《道家の思想とその展开》(《津田左右吉全集》第十三卷,岩波书店,1964 年)第二篇第一章《老子の思想》。在此章中,津田左右吉首先提出设问:"我们首先必须思考《老子》一书究竟在说什么?"而后自答:"显而易见,不过是在喋喋不休地反复论说治天下之术和处世之法。"即他认为《老子》中所阐述的只不过是"治天下之术"和"处世之法"。

② 使用了"处世术"一语的,是武内义雄《中国思想史》(《武内义雄全集》第八卷"思想史篇"一,角川书店,1978 年)第五章之一《老子》。

思想、哲学思想相比,在数量上不为多。之所以今本(王弼本)《老子》令人感到比较多,大概是因为随着之后的道家思想的发展,马王堆本、各种今本等充实了养生说的内容。郭店《老子》养生说还有另外的特征,例如,以个人身体生命的长久这一养生说为铺垫,在此基础上提出了将国家统治、国家存续长久化的政治思想上的命题(乙本第五十九章),或者认为统治"天下"的政治课题不外乎重视万民的身体、生命,意欲将养生说加入到政治思想中(乙本第十三章)等,诸如此类,使养生说浸透于政治思想之中。

四、关于郭店《老子》的哲学思想,过去甚至有种粗暴的观点,认为《老子》中没有哲学。[①] 但是,通过本编的论述已然确认,在郭店《老子》的政治思想、伦理思想、养生说的根基处,支撑着这些思想的哲学始终存在着。其主要内容为:第一,存在论——这是阐述存在于这个世界的"万物"的一般性的、普遍性的存在方式的哲学,即主张"万物"置身于负面价值,反而能够转变为正面价值(或反之),才是其一般性的普遍性的存在方式。第二,存在论以及主体性论,将"道"和"德"设定于"万物"的终极根源,认为是它们发挥无所不能的能力,并主宰着"万物"的存在论,以及强调人可以通过立足于"无为"等的负面价值,以获得"道"和"德"之万能性的主体性论。第三,"自然"的思想,主张"圣人"通过置身于"无为"等负面价值来把握"道"和"德",以此为因,就会带来"万物"自发地自律地(即"自然")实现各种正面价值这一结果。

以上的哲学思想在多数情况下,是以人对世界的终极根源

---

① 关于这个问题,请参见拙论《津田左右吉〈道家の思想とその展開〉——未熟な時代における私の格斗》,神户大学中文研究会编:《未名》第 27 号,2009 年 3 月。

"道"及其作用"德"的把握为必需的条件。因此,在郭店《老子》中,关于"道"和"德"的阐明之处相当多。① 其中有一种特别引人注目的哲学,即甲本第五十六章的"玄同"。这种哲学阐述的是一种 mysticism(神秘主义),人通过闭塞自身的"穴""门"等感觉器官,做到彻底的"无知""无言",就会出现消失了一切价值、事实、存在之差异的、被解构的、整全的"玄同"世界,而自身也会与这个"玄同"相融合。包含类似哲学的文章,在郭店《老子》中,还可见于甲本第二章、乙本第四十八章上段、乙本第二十章上段、乙本第十三章、乙本第五十二章中段。而且,郭店《老子》中的这种哲学,与《庄子·齐物论》中"万物齐同"的哲学是完全相同的,②可以认为,这是具有独创性的《庄子》"万物齐同"哲学被引入了郭店《老子》中,并被继承下来。换言之,郭店《老子》因为是成书于较早的战国晚期的文本之一,所以才能这样较好地保存更为早期的战国中期《庄子》之"万物齐同"。

---

① 谷中信一在《郭店楚简〈老子〉及び'太一生水'から见た今本〈老子〉の成立》的第一部第二章之(3)中,主张"郭店《老子》中对于'德'的概念很少积极言及;而且关于'道'的哲学性思考也显得贫乏"。然而,这是基础性事实认定上的错误。

② 有关《庄子·齐物论》中"万物齐同"哲学内容的分析及其成书年代的推定,请参照拙著《道家思想の新研究——〈庄子〉を中心として》(前揭)第5章《"万物齐同"の哲学》。

第六编 郭店楚墓竹简《老子》各章的上中下段

——从《老子》文本形成史的角度出发

一 前言

　　荆门市博物馆《郭店楚墓竹简》所收《老子》甲本、乙本、丙本的一些篇章，不见整章，只有"上段、中段、下段"的一部分，这样的篇章总共有十四处，①本编将按"上段、中段、下段"的处理方式，对这十四处全部作出探讨。

　　郭店楚简《老子》的甲本、乙本、丙本三种，②是现存《老子》抄本中最古老的文本，因而是最有可能接近《老子》原本的文本。但

---

① 请参照本书第一编《二、关于章与段》的注①。
② 本来不光是甲本、乙本、丙本，连和丙本有着同样文本形态、同样抄写字体、以及类似思想的《大一生水》，也应看作是郭店《老子》之一部分，一起放入讨论之范围，但如果这样做的话，问题会变得过于复杂，所以这里的讨论范围，暂定为甲本、乙本、丙本。关于这个问题，请参照本书《前言》之《一、郭店楚墓竹简的发掘、组成与〈老子〉的书名》及其注①②③。

它在文本特征上，如内容、形式上，相当多的地方与《老子》各今本，①与和《老子》各今本密切相关的马王堆帛书《老子》甲本、乙本在许多地方显出不同。不同之一就是《老子》各章的"上中下段"问题。就是说，马王堆《老子》甲本、乙本和今本（王弼本）《老子》各章的"上中下段"完全具备，郭店《老子》甲本、乙本、丙本则不同，有些篇章只具"中段、下段"而缺"上段"，有些只具"上段、中段"缺"下段"，即只出现"上中下段"中的一部分，这是需要讨论的问题。

至今为止尚无一部论著真正讨论这个问题。至今为止相关的论著中虽多少涉及该问题，但无一例外地设置了这样一个不可动摇的前提，即各章之"上中下段"完全具备的《老子》已于春秋时代末期至战国时代中期成书，所以没有一部论著尝试讨论这个有可能解开《老子》文本形成过程的重大问题。那些涉及该问题的论著，关于郭店《老子》之不完整是这样解释的。或说郭店《老子》因为抄写于远离中原地区的偏僻南国楚国，所以无法将完整版《老子》完善地抄下来，或说这个文本是完整版的节略版，其制作有着特定的目的，所以形成现在的内容和形式，或说完整版《老子》因为盗掘等原因，导致许多地方出现残缺、散佚，使我们只能看到这个不完整的本子，甚至有人说，是抄写者的学问低下，理解《老子》思想有困难，所以造成了这种不完整的格局。

笔者以为，上述说明不论何种，其立论依据均极薄弱，具有下列各种缺陷，如与至今为止所公认的中国古代思想史、学术史上各种事实不合，或其思考过程有不清晰处，缺乏说服力，难以被受

① 作为本编立论和比较之依据，各种今本原则上只举王弼本为代表。因为如将《老子》各种今本一一举出，会流于烦琐。

过知识训练的读者接受，只是那些论著作者自由奔放的即兴而发而已。

本编在解答上述郭店《老子》各章之"上中下段"问题时，立足于这样一个学术态度，即不以老子及《老子》已有的既存的知识（亦即固有观念）为依据作外在的说明，而是尽可能把一切既存的知识当作一张白纸，弃之不用，从内在的角度，紧密结合每个地方的文章表达方式及思想内容加以探讨。

这是因为，只有成功地做到这一点，才有可能把握郭店《老子》自身实存的固有的内容、性质、构造，进而才有可能说明郭店《老子》在《老子》文本形成史上所占据的地位和意义。

通过上述的分析和说明，我们期待能因此解答《老子》文本形成过程这一重大的问题，虽然目前为止对于这一重大问题，本书已经作了讨论，但本编从不同角度，虽然不是全面的而是部分的，试图解答这一大问题。

首先，对郭店《老子》甲乙丙本各章上中下段的出现情况，简单地作个介绍。①

第一，郭店《老子》甲本出现顺序如下：

第十九章→第六十六章→第四十六章中段、下段（缺上段）→第三十章上段、中段（缺下段）→第十五章上段、中段（缺下段）→第六十四章下段（缺上段）→第三十七章→第六十三章上段、下段（缺中段）→第二章→第三十二章。

第二十五章→第五章中段（缺上段、下段）。

第十六章上段（缺下段）。

① 这一介绍，因为行文的必要，会与本书第一编《二 关于章与段》有重复。关于其根据、背景及注意点，可以参照本书第一编《二 关于章与段》的注①。

第六十四章上段(缺下段)→第五十六章→第五十七章。

第五十五章上中下段(缺最下段)→第四十四章→第四十章→第九章。

第二,郭店《老子》乙本出现顺序如下:

第五十九章→第四十八章上段(缺下段)→第二十章上段(缺下段)→第十三章。

第四十一章。

第五十二章中段(缺上段、下段)→第四十五章→第五十四章。

第三,郭店《老子》丙本出现顺序如下:

第十七章→第十八章。

第三十五章→第三十一章中段、下段(缺上段)。

第六十四章下段(缺上段)。

这其中没有类似"中段、下段(缺上段)"这类括弧内附记的地方,如"第十九章""第六十六章"等,意味着该章基本上和今本(王弼本)一样,是完整无缺的。

接下来,本编以今本(王弼本)《老子》经文的构成为基准,将郭店《老子》与之对比,把相异之处大致分为缺上段各章、缺中段各章、缺下段各章三个大块,讨论郭店《老子》作为文本的存在方式。包括重复在内共计为十四处。郭店《老子》的本来面貌应该不是如此单纯,而是更为复杂微妙,但本编为方便起见,根据上述所分三大块展开讨论。

本文在讨论时所采用的主要方法是,将郭店《老子》甲乙丙三本与马王堆《老子》甲本、乙本及今本(王弼本),从形式和内容两个方面作出比较和对照。马王堆《老子》甲本、乙本的概况,可参本书第七编之《处于形成阶段的马王堆汉墓帛书〈老子〉》。关于王弼的《老子注》及所用《老子》文本,自古以来就提出过许多问题,因笔者并未作过特别详细的研究,本编暂时认可它为王弼(226—249 年)生活于其中的曹魏时期的《老子》经文和注释,文本使用岛邦男《老子校正》所收的《王本校正》、波多野太郎《老子道德经研究》所收的《老子王注校正》、楼宇烈《王弼集校释》上册所收的《老子道德经注》。

二　缺乏上段之各章的研究

1. 甲本第四十六章

郭店《老子》甲本第四十六章,虽具中段和下段,但缺上段。其第四十六章内容如下所示:

> 辠莫厚虗(乎)甚欲,咎莫佥(憯)虗(乎)谷(欲)旱(得),化(祸)莫大虗(乎)不簹(知)足。簹(知)足之为足,此亘(恒)足矣。

马王堆《老子》甲本全文如下所示:

> ●天下有道,〔却〕走马以粪。天下无道,戎马生于郊。
> ●罪莫大于可欲,礈(祸)莫大于不知足,咎莫憯于欲得。〔故知足之足〕,恒足矣。

马王堆乙本全文如下所示:

> 〔天下有〕道,却走马〔以〕粪。无道,戎马生于郊。罪莫大可欲,祸〔莫大于不知足,咎莫憯于欲得。故知足之足,恒〕

足矣。

王弼本如下所示：

天下有道，却走马以粪。天下无道，戎马生于郊。祸莫大于不知足，咎莫大于欲得。故知足之足，常足矣。

在此，首先从形式上作相互间的比较和对照。郭店甲本第四十六章这段文字的末尾，不像郭店《老子》其他各章末尾有"■"符，这是个例外。在末尾"矣"字后面取而代之的是"－"符。笔者认为"－"符之意义与其他章末的"■"符相同，或者说就是"■"符的误抄。①

马王堆甲本，在上段的开头和中下段的开头都加有一个"●"的符号。这个符号的设置反映出抄写者对文章的段落和区间有着清醒的意识，笔者怀疑在西汉初期的马王堆甲本那里，第四十六章之"上中下段"是一个完整部分（即一个篇章）之考虑尚未产生。把第四十六章分作上段和中下段两个部分之马王堆甲本，显然承继的是不包括上段、只抄写了中下段的更古的郭店《老子》甲本（或类似的文本）。但从马王堆乙本开始，中下段开头处的"●"符消失了。所以，可以说马王堆乙本要比甲本更接近今本（王弼本）。

值得一提的是，被认为是采用了战国时代末期《老子》文本的《韩非子·解老》篇，有第四十六章之上段和中段却无下段，被认为是采用了西汉时代初期《老子》文本的《喻老》篇，第四十六章之上中下段是齐全的。此外，通过第四十六章中段以下内容

① 郭店《老子》篇章末尾所加"－"符之意义可等同于章末"■"符。这方面的例子除了二之"1. 甲本第四十六章"，还可举三之"2. 甲本第三十章"，四之"4. 乙本第四十八章"，四之"5. 乙本第二十章"。

●罪莫大于可欲,<u>㕙</u>(祸)莫大于不知足,咎莫憯于欲得。
(马王堆甲本)

中所见"罪、<u>㕙</u>(祸)、咎""大、大、憯""欲、足、得"等关键词可以看出,《韩非子》的《解老》篇、《喻老》篇,马王堆甲本、乙本的用词随着时代的推移而有变化,《老子》文本变迁的过程,是后代在前代的基础上一步步完善化,逐步修饰、雕琢的过程,关于这个问题,拙著《道家思想の新研究——〈庄子〉を中心にして》第二章第5节《B〈老子〉甲本から乙本への发展》,有比较详细的考察,可以参照。①

接下来作内容上的探讨。从探讨的结果看,很难说上段与中段、下段有密切的关联。因为马王堆甲本、乙本和今本(王弼本)上段的思想表现如下:

●天下有道之时代,善跑的马被用于耕田,天下无道之时代,军马被陈列于都城的近郊。(马王堆甲本)

其内容是主张反战的,与此相对,仅由中段、下段构成的郭店甲本的思想表现如下:

没有比贪得无厌的欲望更大的罪恶,没有比不断追求的物欲更痛的灾祸,没有比不知足更大的不幸。因此,知足非常重要,知道满足者的满足,是永远不变的满足。

其内容是谴责对欲望的追求,故两者间,至少从表面上看没有任何关联。如尝试考察《韩非子·解老》篇所见上段与中段之

---

① 其他,还可以参照拙著《老庄思想》改订版之《3、新たに出土した马王堆帛书〈老子〉及其注(8)、(9),及拙著《〈庄子〉——"道"的思想及其演变》之第Ⅰ部第二章第5节《新出土的马王堆汉墓帛书〈老子〉》及其注释(41)(42)。

间的关联,可以看出上段的解说阐明的是反对君主主导的战争,对君主欲望追求方面的批判并不强烈,而中段的解说虽批判了君主和民众对欲望的追求,却不反对君主主导的战争,可见两者之间的关系甚为稀薄。但到了《喻老》篇的解说,上述两个要素已紧密地合为一体了。

这样看来,《韩非子·解老》篇上段和中段被并列在一起,只是偶然的现象,如同更早的郭店《老子》甲本那样,本来两者之间并无任何的关联,到了后代,即马王堆乙本及《韩非子·喻老》篇的阶段,两者才被紧密结合(即合为一章)的吧。此外,《韩诗外传》卷九也引用了《老子》第四十六章,那里只有中段、下段,而无上段。这个资料或许也可证明上段与中下段本来是分开的。

2. 甲本第六十四章与丙本第六十四章

郭店《老子》甲本第六十四章与丙本第六十四章虽都具下段,但都缺上段。这部分的讨论,在本书第一编之《三　第六十四章的上段与下段》中已经展开,这里从略。可以参照。

3. 甲本第五章

郭店《老子》甲本第五章虽具中段,但缺上段与下段。其第五章之内容如下所示:

> 天陸(地)之勿(间),丌(其)獣(犹)囤(橐)簹(籥)与。虚而不屈(竭),蓮(动)而愈出■。

马王堆《老子》甲本如下所示:

> 天地不仁,以万物为刍狗。声(圣)人不仁,以百省(姓)〔为刍〕狗。天地〔之〕间,〔其〕犹橐籥舆(与)。虚而不淈(屈),蹱(动)而俞(愈)出。多闻数穷,不若守于中(盅)。

马王堆乙本如下所示：

> 天地不仁,以万物为刍狗。耵(圣)人不仁,〔以〕百姓为
> 刍狗。天地之间,亓(其)猷(犹)橐籥舆(与)。虚而不湄
> (屈),动而俞(愈)出。多闻数穷,不若守于中(盅)。

王弼本如下所示：

> 天地不仁,以万物为刍狗。圣人不仁,以百姓为刍狗。
> 天地之间,其犹橐籥乎。虚而不屈,动而愈出。多言数穷,不
> 如守中。

首先从形式上来作比较、对照,马王堆甲本的这一段,完全看
不到"●"符,但可以看到多处表示句读之钩号。但要把钩号与钩
号之间的文章看作一篇完整的文章(一个篇章)显然是相当困难
的。还必须注意这一事实,马王堆乙本这一段文章的前与后,显
然应该分章的地方不仅没有钩号,也没有"●"符。因此,通过以
上分析,除确认郭店甲本末尾有着标志文章区间的"■"符以外,
没有得到更多的成果。

接着从内容上对以上各例展开分析,笔者以为,很难说第五
章上段、中段、下段有着密切关联。这是因为,上段以反向言说之
方式提出的政治思想是,"天地"对应"万物"的方法,与只能通行
于人类社会的"仁"等狭隘的儒家伦理相悖,"声(圣)人"对应"百
省(姓)"的方法,也应该以"天地"为范本,超越"仁"等儒教伦理。
在此,试将马王堆甲本这段文字释成白话：

> 天地因为无情无慈悲,所以把万物看作是草做的玩具一
> 样的东西。同样的圣人也因为无情无慈悲,所以把人民(看
> 作是草)做的玩具一样的东西。

中段描述了这样一种思想,被"天"与"地"包围着的巨大空间,正因为是非实有的、是虚无的,所以反而有生成的功能,这是关于"道"之本体论的富有启发性的描述。译成白话文即是:

> 天与地之间,不正恰似一个风箱么。虽然虚无,但作用却无穷尽,愈动就愈不停地有万物生成出来。

下段之思想说的是,较之摄取更多的知识来充实自己,还不如守"中(盅)"的好,因而这是劝人取"中(盅)"的处世之术。译成白话文即是:

> 摄取更多的知识来充实自己的人,必然走向窘迫。不如取守"中(盅)"的态度。

这样看来,可以说上段、中段、下段,各用不同的语汇组成不同的文章,在不同的场合叙述不同领域的思想内容。强而言之,考虑到中段的"虚"与下段的"中(盅)"都在讲虚无之德,或许两者间多多少少有点关联。(正因为下段对中段的意思从某个方向作了限定,所以下段应该是在郭店《老子》甲本之后被附加上去的东西吧。)

然而,上段和中段以及下段间,只不过是用"天地"一个共通的词汇才好不容易联系起来,思想上彼此几乎没有任何的关联。所以,郭店甲本第五章,出现只具中段缺上段、下段的形态是十分正常的,可以说这才是《老子》本来的面貌。从郭店甲本到马王堆甲乙本成书为止的过程中,很可能上段与下段的文章是新写出来或从什么地方搜求出来,被插入中段前后的吧。

要指出的是,如调查《老子》第五章被引用的情况,可以确认在战国、秦、西汉诸文献中,第五章虽然既不大也不长,但全文引用却一处也没有。例如《淮南子·道应》篇只引了下段,却未引中段、上段。还有,成书年代不明的《文子·自然》篇中仅引了上段并予以解说,《文子·道原》篇中仅引了下段并予以解说,这样看来,似乎第五章上段、中段、下段各自阐述的,的确是相互不同的思想。

4. 乙本第五十二章

郭店《老子》乙本第五十二章,只具中段,缺上段和下段。第五十二章的内容如下所示:

> 闷亓(其)门,赛(塞)亓(其)逆(穴),终身不孟(敄)。启亓(其)逆(穴),赛(济)亓(其)事,终身不来。■

马王堆《老子》甲本全文如下所示:

> ●天下有始,以为天下母。恩(既)得亓(其)母,以知亓(其)〔子,恩(既)得亓(其)子〕,复守亓(其)母,没身不殆。●塞亓(其)闷(穴),闭亓(其)门,终身不董(勤)。启亓(其)闷(穴),济亓(其)事,终身〔不来。●见〕小曰〔明〕,守柔曰强。用亓(其)光,复归亓(其)明,毋遗身央(殃),是胃(谓)袭常。

马王堆乙本全文如下所示:

> 天下有始,以为天下母。既得亓(其)母,以知亓(其)子,既知亓(其)子,复守亓(其)母,没身不怡(殆)。塞亓(其)(穴),闭亓(其)门,冬(终)身不董(勤)。开亓(其)垅(穴),齐(济)亓(其)〔事,冬(终)身〕不来。见小曰明,守〔柔曰〕强,用〔亓(其)光,复归亓(其)明,无〕遗身央(殃),是胃(谓)〔袭〕常。

王弼本全文如下所示:

　　　天下有始，以为天下母。既得其母，以知其子。既知其
　　子，复守其母，没身不殆。塞其兑，闭其门，终身不勤。开其
　　兑，济其事，终身不救。见小曰明，守柔曰强。用其光，复归
　　其明，无遗身殃，是为习常。

　　先从形式上作相互比较和对照。马王堆甲本上段的开头与
中段的开头都各有一个"●"符。中段末尾与下段开头的"〔不来。
●见〕"，虽然原本残缺不见，但从缺字数计算当为三至四字，所以
该处原本存在"●"符的可能性相当大。要是这样，在西汉初期马
王堆甲本那里，第五十二章"上中下段"是一完整篇章之意识就尚
未产生。同时，可以说将第五十二章上段、中段、下段分成三节看
待的马王堆甲本的设置，显示出它来自不含上段下段只有中段的
古本郭店《老子》乙本（或类似的文本）。再看马王堆乙本，中段开
头与下段开头的"●"符消失了。因此可以说马王堆乙本较之甲
本要更接近今本（王弼本）。

　　还有，马王堆甲本上段使用了"没身"的词汇，到了中段虽然
是同样的意思，但词汇变成了"终身"（二例）。马王堆甲本在语言
使用上表现出的这种龃龉，也充分证明了马王堆甲本中"上中下
段"尚未形成一个完整篇章之事实。① 这一事实又反映了没有
"没身"，因而不存在龃龉，仅仅只有郭店乙本中段单独存在的现
象是《老子》的本来面目。这是因为，以上所见马王堆甲本文本方
面的形态，正反映出它与郭店乙本之间的关系。——在马王堆甲
本那里，虽然上段带有"没身"词汇的文章被新写或从什么地方被

---

① 不清楚马王堆乙本中之"上中下段"是否可以看作一个完整篇章，但在那之后，《老
子》作为经典其权威性日益增强，因此对这类龃龉有敏感反应并加以修正的道家思
想家或抄写者的修订活动完全消失，结果，这类龃龉被今本（王弼本）《老子》完全接
受下来。

搜求出来,并被放到与中段前后相连的位置,但中段开头(及下段开头)被加上"●"符之事实,说明尚未到达"上中下段"被看作同一篇章的地步。

其次从内容上展开讨论。显然无法把上段、中段、下段看作密切相关的完整的篇章。这是因为,上段思想表明的是,把握住了"天下""万物"之"母"的"道",就知道了"子"一方的"万物"的形态;获得了"子"一方的"万物"的形态,就能进而守住"母"一方的"道",这样就一生都不会遇到危险。因此,这一段既重视把握"道",也重视"知""万物"。在此,试为马王堆甲本作白话译文:

> ●天下之万物有其始。可以称其为天下万物发生之母。把握住了"母"一方的"道",就知道了〔"子"一方的"万物"的形态〕,把握住了〔"子"一方的"万物"的形态〕,就能进而守住"母"一方的"道"之立场,这样就一生都不会遇到危险。

然而,中段思想说的是关于"无知"的哲学,人类如果"闷"上"赛(塞)"住其"门"、"逃(穴)"等感觉、知觉器官,①即抑"知"而生的话,就会一生没有苦劳顺利过去,反之"启"其"逃(穴)",利用"知"来"赛(济)""事"即有所作为的话,则一生都回复不了本真的自我。在此,试为郭店乙本作白话译文:

> 如果闭上耳目口鼻之门,塞住知觉之通道,则一生都没

---

① "门"与"逃(穴)",都是人类感觉器官的比喻。郭店乙本、马王堆甲本、乙本、今本(王弼本)所见《老子》第五十二章讨论的都不是欲望的问题,而是感觉、认识的问题。这一点,从有着重复句子的第五十六章开头"訒(知)之者弗言,言之者弗訒(知)"(郭店《老子》甲本)这句话中也能看清楚。关于这个问题,请参照本书第三编《第五十二章中段》。

有烦劳之事。但如果打开耳目口鼻之门，有所作为地去做许多事情，则一生都回复不了本真的自我。■

下段思想反映的是，如果人能运用凭通常耳目就能获取的智慧之"光"，能"复归"与生俱有的、可以把握"道"的、真实的认识——"明"的话，那么其自身就不会受到灾"央（殃）"，下段探究的是"袭常"即参入恒常不变之"道"的方法。在此，试为马王堆甲本下段作白话译文：

〔●〕能〔看清〕微小之物者称为〔明知〕，能连续保持柔弱者称为强韧。如能运用与生俱来的智慧之光，复归体道的明知，身上的灾祸就会全部消除，此之谓参入恒常不变之道。

这样看来，上段、中段、下段，各用不同的词汇组成不同的文章，在不同的场合叙述不同领域的思想内容。尤其是要求"闵、赛（塞）"感觉、知觉的器官，劝人"无知"的中段的思想，和对于"知""天下""万物"形态之行为加以肯定的上段的思想，以及对将普通耳目所获取知慧之"光"加以运"用"表示认可的下段的思想，根本是无法调和的，这是无可争议的吧。

要指出的是，引用并解说第五十二章的《韩非子·喻老》篇，只引用了下段的一部分"见小曰明"，未见上段和中段。《淮南子·道应》篇虽然分别在三处引用解说了中段的"塞其兑，闭其门，终身不勤"，下段的"见小曰明"及"用其光，复归其明也"，但彼此之间并无任何的关联。以上资料或许也有助于证明上中下三段本是分开来的这一事实。

5. 丙本第三十一章

郭店《老子》丙本第三十一章，有中段与下段，缺上段。其内容如下所示：

> 君子居则贵左，甬（用）兵则贵右。古（故）曰："兵者,〔不
> 祥之器也。不〕昱（得）已而甬（用）之，铦（恬）纕（憎）为上，弗
> 散〈美〉也。敁〈美〉之，是乐杀人。夫乐〔杀人，不〕以昱（得）
> 志于天下。古（故）吉事上左，丧事上右。是以卞（偏）痩
> （将）军居左，上痩（将）军居右，言以丧丰（礼）居之也。古
> （故）杀〔人众〕，则以衾（哀）悲位（莅）之，战勳（胜），则以丧丰
> （礼）居之。■

马王堆《老子》甲本如下所示：

> 夫兵者，不祥之器〔也〕。物或恶之，故有欲者弗居。君子
> 居则贵左，用兵则贵右。故兵者，非君子之器也。〔兵者,〕不
> 祥之器也。不得已而用之，铦（恬）袭（憎）为上，勿美也。若美
> 之，是乐杀人也。夫乐杀人，不可以得志于天下矣。是以吉事上
> 左，丧事上右。是以便（偏）将军居左，上将军居右，言以丧礼居
> 之也。杀人众，以悲依（哀）立（莅）之。战胜，以丧礼处之。

马王堆乙本如下所示：

> 夫兵者，不祥之器也。物或亚（恶）〔之，故有欲者弗居。
> 君〕子居则贵左，用兵则贵右。故兵者，非君子之器。兵者，
> 不祥〔之〕器也。不得已而用之，铦（恬）懂（憎）为上，勿美也。
> 若美之，是乐杀人也。夫乐杀人，不可以得志于天下矣。是
> 以吉事〔上左，丧事上右〕。是以偏将军居左，而上将军居右。
> 言以丧礼居之也。杀〔人众，以悲依（哀）〕立（莅）〔之。战〕朕
> （胜），而以丧礼处之。

王弼本如下所示：

　　　　夫佳兵者，不祥之器。物或恶之，故有道者不处。君子
居则贵左，用兵则贵右。兵者，不祥之器，非君子之器。不得
已而用之，恬淡为上，胜而不美。而美之者，是乐杀人。夫乐
杀人者，则不可以得志于天下矣。吉事尚左，凶事尚右。偏
将军居左，上将军居右，言以丧礼处之。杀人之众，以哀悲泣
之。战胜，以丧礼处之。

　　首先从形式上来看，马王堆甲本的这一段，完全不见"●"符，
在句读处虽然作为替代加有几个钩号，但要把它看作是一个大的
完整的段落（一个篇章）相当困难。马王堆乙本的这一段，虽然在
与本章相区分的前章末尾加有钩号，但"●"符在该段前后一个都
未找到。因此，通过以上对比，除确认郭店丙本末尾有着标志篇
章区间的"■"符以外，没有更多的成果。

　　接下来从内容上展开分析，上段的思想，显然与中段、下段
的思想有着密切关联。如果是这样，是否可以认为，上段的文
章在郭店丙本以前已经写定，丙本中没有出现只不过是偶然现
象呢？笔者不这样认为。这是因为，上中下段完整的马王堆甲
本、乙本、今本（王弼本），上段的"夫兵者，不祥之器也"与中段
的"兵者，不祥之器也"都是重复的，可以推测至少其中有一处
是后代追加上去的。那就有必要考虑，重复了的上段的"夫兵
者，不祥之器也"与中段"兵者，不祥之器也"中，有一方是后代
追加上去的，从更早的郭店丙本中段中已见"兵者，〔不祥之器
也〕"[1]来看，只能认为马王堆甲本、乙本、今本（王弼本）上段的
"夫兵者，不祥之器也"才是后代追加上去的。到马王堆甲本成书

――――――――――

[1]　本书第四编《第三十一章中段、下段》，曾将此处缺字补为"〔非君子之器也。不〕"七
　　字。但该处缺字数合计只有六字，所以也存在补为"〔不祥之器也。不〕"的可能性。

为止的过程中,恐怕不仅"夫兵者,不祥之器〔也〕"一句,"物或恶之,故有欲者弗居"一句也是为配合前一句撰述出来,或从什么地方搜求出来的吧。

要指出的是,如调查《老子》第三十一章被引用的情况,战国、秦、西汉诸文献中,可以确认引用上段的一处也没有。《文子》中,《微明》篇有对中段"兵者,不祥之器也,非君子之宝也"之引用与解说,《上仁》篇中有对中段与下段之"兵者,不祥之器也。不得已而用之,胜而勿美。……以哀悲泣之,以丧礼居之"的零星解说,但没有仅引用、解说上段的情况。由此看来,第三十一章上段确实是马王堆甲本以后被追加到古经文上去的,但可能由于前述的原因,这方面情况并未受到重视。

三　缺乏中段之各章的研究

1. 甲本第六十三章

郭店《老子》甲本第六十三章虽具上段和下段,但缺中段。第六十三章的内容如下:

> 为亡(无)为,事亡(无)事,未(味)亡(无)未(味)。大少(小)之多惕(易)必多鏨(难)。是以圣人猷(犹)鏨(难)之,古(故)终亡(无)鏨(难)。■

马王堆《老子》甲本如下所示:

> ●为无为,事无事,味无未(味)。大小多少,<u>报怨以德。图难乎〔亓(其)易也,为大乎亓(其)细也。天下之难作于易,天下之大作于细。是以圣人冬(终)不为大,故能〔成亓(其)大。夫轻若(诺)必寡信,多易〕必多难。是〔以圣人〕猷</u>

（犹）难之，故终于无难。

马王堆乙本如下所示：

> 为无为，〔事无事，味无味。大小多少，报怨以德。图难
> 乎亓（其）易也，为大〕乎亓（其）细也。天下之〔难作于〕易，天
> 下之大〔作于细。是以耵（圣）人终不为大，故能成亓（其）
> 大〕。夫轻若（诺）〔必寡〕信，多易必多难。是以耵（圣）人〔犹
> 难〕之，故〔终于无难〕。

王弼本如下所示：

> 为无为，事无事，味无味。大小多少，报怨以德。图难于
> 其易，为大于其细。天下难事必作于易，天下大事必作于细。
> 是以圣人终不为大，故能成其大。夫轻诺必寡信，多易必多
> 难。是以圣人犹难之，故终无难矣。

首先从形式上对以上诸例加以分析。马王堆甲本除开头外，其余地方未见"●"符，句读处也有一些钩号存在，但据此判断这段文章是完整的（一个篇章）还有困难。而马王堆乙本这段前后，因残缺过甚，无法得知确切的情况，但钩号及"●"符好像都未加上去。因此，通过以上的分析，除确认郭店甲本末尾有着表示篇章区间的"■"符外，并无大的成果。

其次作内容上的分析。上段与下段有着直接联系的郭店甲本，确实可以看作是密切相关的一段完整的文章，但是由上中下段组成的马王堆甲本、乙本、今本（王弼本），因为在上段与下段间混入了中段，这种完整性被破坏了。——上段、下段的思想，即"为无为，事无事，味无未（味）"之反向论说式的辩证法的态度，与以儒家为代表的人间常识不同，是立足于"道"的行动与处世方

式。从其论述看,对"大少(小)"所有的事态,如"多"以为"惖(易)"而看轻的话,必然会陷于许"多"的困"戁(难)"之中。所以,"圣人"会将事态朝"戁(难)"的方向去考虑。正因为如此,只有"圣人"最后不会陷入困"戁(难)"中。必须承认的是这些内容自始至终都是整合的,有着逻辑一贯性。

然而,中段的思想说的是对于"怨"要用"德"去对应,①"难"的事要从简"易"的萌芽阶段就考虑,"大"事要从"细"小之事做起。这是因为,天下的"难"事都最初产源于"易"事,天下的"大"事都最初产源于"细"小之事。所以"圣人"最终不使事情成为"大"事,又正因为如此,"圣人"能成就"大"事。而轻率的承诺必然导致"寡信"。从这些论述看,中段的主张变成,尽管大事是由早期阶段简易的、细小的事情积累而成,但目标必定在于最终阶段那些既"难"又"大"的事业的完成。这一主张,明显是立足于战国末期儒家之代表荀子的"积微"的思想。所以上段与下段中包含的关于"惖(易)""戁(难)"的反向论说式的辩证法思想在此消失了,中段取而代之的是关于"难""易"的人间常识论。就是说,上段与下段在展开"多惖(易)→多戁(难)""戁(难)之→亡(无)戁(难)"之图式的基础上,劝人要立足于"戁(难)之"的立场。相反,中段在展开"易→难""细→大"之图式的基础上,劝人要立足于"易、细"②的立场。兼容两者的马王堆甲本、乙本、今本(王弼

① 关于"报怨以德",《论语》的《宪问》篇中有:"或曰:以德报怨,何如?子曰:何以报德。以直报怨,以德报德。"因为这里的"以德报怨"与马王堆《老子》的"报怨以德"文句相同,其"或曰"指的当是马王堆《老子》等文本,因此《论语》的《宪问》篇该处句子当出现在马王堆《老子》等文本之后(出现时期不可能在战国中期以前)。因而孔子所否定的"报怨以德",也和上文之"为无为,事无事,味无未(味)"一样,站在与世间常识相反的"道"之立场上。

② 马王堆甲本、乙本的"圣人冬(终)不为大"不用说就是"圣人冬(终)为细"的意思。

本),在思想内容上,因为上段、下段与中段方向正好相反,特别是中段与下段相互矛盾,所以导致了相当的混乱,这是谁都能看出来的吧。

基于上述的原因,郭店甲本第六十三章只具上段、下段,欠缺中段之形态就是理所当然的,不得不认为这才是《老子》的本来面貌。可能是在从郭店甲本到马王堆甲本、乙本之演变过程中,受当时(战国最晚期)儒家代表荀子有关"积微"思想之压倒性影响,中段的文章被撰述或被从什么地方搜求出来,然后勉强插入到了上段和下段之间吧。①

要指出的是,如调查《老子》第六十三章被引用的情况,战国、秦、西汉以后的各种文献中,仅引用上段之一部分的,有《文子》的《道原》篇、贾谊《新书》的《退让》篇、刘向《新序》的《杂事篇》四,但这些都是超短文句的引用,没有太大参考价值。仅引中段的是《韩非子·喻老》篇,其中有"天下之难事必作于易,天下之大事必作于细""图难于其易也,为大于其细也",同书《难三》篇有"图难者于其所易也,为大者于其所细也"。根据这些资料,可以确认的是,中段的文章有别于上段、下段,是后代才撰述出来的,所以即使到了《韩非子》两篇的阶段,第六十三章经文的形态依然不是很稳定。

2. 甲本第三十章

郭店《老子》甲本第三十章虽具上段,但缺中段之一部分和下

---

① 如果根据以上情况展开推测,郭店《老子》甲本的成书年代及抄写年代,当为荀子思想渐为世人所知而且开始受人重视,但《老子》等诸子还未受到其压倒性影响的时代(战国末期)。这方面情况可参照本书第一编之《三　第六十四章的上段与下段》及其注③。还有,关于荀子"积微"思想,可参照池田知久监修《郭店楚简の研究(二)》所载拙文《郭店楚简〈忠信之道〉译注》。

段。第三十章的内容如下：

> 以衍（道）差（佐）人宝（主）者，不谷（欲）以兵㤼（强）于
> 天下。善者果而已，不以取㤼（强）。果而弗癹（伐），果而弗
> 乔（骄），果而弗矜（矜）。是胃（谓）果而不㤼（强）。亓（其）
> 事好。

马王堆《老子》甲本如下所示：

> 以道佐人主，不以兵强〔于〕天下，〔亓（其）〕事好还。师
> 之〕所居，楚朸（棘）生之。善者果而已矣，毋以取强焉。果而
> 毋騳（骄），果而勿矜，果而〔勿伐〕，果而毋得已居，是胃（谓）
> 〔果〕而不强。物壮而老，是胃（谓）之不道。不道蚤（早）已。

马王堆乙本如下所示：

> 以道佐人主者，不以兵强天下，亓（其）〔事好还。师之所
> 居，楚〕棘生之。善者果而已矣，毋以取强焉。果而毋骄，果
> 而勿矜，果〔而勿〕伐，果而毋得已居，是胃（谓）果而〔不〕强。
> 物壮而老，是胃（谓）不道。不道蚤（早）已。

王弼本如下所示：

> 以道佐人主者，不以兵强天下。其事好还，师之所处，荆
> 棘生焉。大军之后，必有凶年。善有果而已，不敢以取强。
> 果而勿矜，果而勿伐，果而勿骄，果而不得已，果而勿强。物
> 壮则老，是谓不道。不道早已。

首先从形式上对以上诸例加以分析。郭店甲本第三十章该
文的末尾，意外地不像郭店《老子》其他各章章末常见的那样带有
"■"符。取而代之的是，末尾"好"字下加有一"–"符。这个地方
虽说显然文章已告终结，但其下文是如文物本《郭店楚简》【注释】

〔一七〕所说的那样，仅夺一"还"字呢，还是有更长的夺文呢，现已不明。在此，先将"－"符看作与章末"■"符意义相同或者看作是其误抄，然后展开以下的考察。

马王堆甲本该处完全未见"●"符，句读处虽有一些钩号存在，但据此判断这段文章是大的完整的篇章还有困难。而马王堆乙本这段前后，虽在分章处及同一篇章内部有一些钩号，但"●"符却一个也没有。因此，以上的分析并未能提供什么实质性的结果。

其次，就内容展开分析。中段缺一部分的郭店甲本，对"人宝（主）"及辅"差（佐）"者用"兵"即军事力量的使用并未加以否定，如同下文中对"善"战者所作描述那样，倒不如说对战争中的"果"敢、"果"断作了肯定。否定的只不过是对"天下"举"兵"时所取"强"之态度，即对"戋（伐）"、对"乔（骄）"、对"矜（矜）"表示了否定。

但是，马王堆甲本、乙本中，中段的一部分是"〔师之〕所居，楚朸（棘）生之"。据此给人以全面否定军事力量之行使的印象。同样位置今本（王弼本）作"师之所处，荆棘生焉。大军之后，必有凶年"。因为后者更强化了对军事力量使用之否定，所以毋庸置疑处在马王堆甲本、乙本的延长线上，是汉代以后追加上去的内容。这种强烈否定军事力量使用的思想，与郭店甲本上段及中段后半部分的思想十分不协调，说它并非《老子》本来面目也无妨。——"〔师之〕所居，楚朸（棘）生之"一文，恐怕也是从郭店甲本向马王堆甲本、乙本演变过程中，被撰述或被从什么地方搜求出来，作为中段之一部分插入进去的吧。《吕氏春秋·应同》篇中有"师之所处，必生棘楚"。但《吕氏春秋》这段与《老子》并无任何的关系，也未包含"大军之后，必有凶年"一句。此外，在《汉书·严助传》的

"淮南王安上书云"中有相关内容：

> 此老子所谓师之所处,荆棘生之者也。……臣闻军旅之
> 后,必有凶年。

其后半部分"军旅之后,必有凶年"。不清楚是否引自《老子》,即便是引自《老子》,也可看出西汉武帝时期《老子》的经文同王弼本之间还是有着若干距离的。[①]

再看马王堆甲本、乙本、今本(王弼本)的下段有郭店甲本所缺的"物壮而老,是胃(谓)之不道。不道蚤(早)已"。缺了这句话的郭店甲本是《老子》第三十章的原貌呢,还是有这句话的马王堆甲本以下各本是《老子》第三十章的原貌呢? 这句话其实在《老子》第五十五章上、中、下段也有重复。郭店《老子》甲本是这样写的:

> 含(含)悳(德)之厚者,比于赤子。蠆(蜴)蠆蟲它(蛇)弗
> 蓳(蠚),攫鸟猷(猛)兽弗扣(搏),骨溺(弱)堇(筋)逑(柔)天
> 〈而〉捉固。未智(知)牝戊(牡)之合朒(胘)惹(怒),精之至
> 也。终日虗(呼)天〈而〉不慐(嚘),和之至也。和曰槑(常),
> 智(知)和曰明。賹(益)生曰羕(妖),心事(使)燰(气)曰弜
> (强)。勿(物)壅(壮)则老,是胃(谓)不道。■

马王堆《老子》甲本作:

> 〔含德〕之厚〔者〕,比于赤子。逢(蜂)俴(虿)螝(虺)地
> (蛇)弗螫,攫鸟猛兽弗搏,骨弱筋柔而握固。未知牝牡〔之

[①] 《汉书·魏相丙吉传》也有"军旅之后,必有凶年"。此处也无法证明引用的是《老子》,假设它是引自《老子》,那说明连西汉宣帝时期的《老子》都还和王弼本有若干距离。

会〕而朘〔怒〕，精〔之〕至也。终日号而不犮（嗄），和之至也。和曰常，知和曰明。益生曰祥，心使气曰强。〔物壮〕即老，胃（谓）之不道。不〔道〕蚤（早）〔已〕。

马王堆乙本作：

　　含德之厚者，比于赤子。蠭（蜂）疠（虿）虫（虺）蛇弗赫（螫），据鸟孟（猛）兽弗捕（搏），骨筋弱柔而握固。未知牝牡之会而朘怒，精之至也。冬（终）日号而不嚘，和〔之至也。和曰〕常，知和曰明。益生〔曰〕祥（妖），心使气曰强。物〔壮〕则老，胃（谓）之不道。不道蚤（早）〔已〕。

王弼本作：

　　含德之厚者，比于赤子。蜂虿虺蛇不螫，猛兽不据，攫鸟不搏。骨弱筋柔而握固，未知牝牡之合而全作，精之至也。终日号而不嗄，和之至也。知和曰常，知常曰明。益生曰祥，心使气曰强。物壮则老，谓之不道。不道早已。

由此可知，除了"不〔道〕蚤（早）〔已〕"，"勿（物）臸（壮）则老，是胃（谓）不道"一句，郭店甲本、马王堆甲本、乙本、今本（王弼本）都包含在内。说来第五十五章整个一章讲的都是"养生"思想，所以其末尾加入以"养生"思想为内容的"勿（物）臸（壮）则老，是胃（谓）不道"之格言作结论，一点没有不协调感，与前后文十分吻合。但第三十章上段、中段因为说的是军事思想或政治思想，在其下段加上这句话，就显得有若干不协调感产生，警句、格言失去了其具体性，有变成抽象的不明确之物的危险。如果是这样的话，第五十五章上、中、下段末尾有"勿（物）臸（壮）则老，是胃（谓）不道"，第三十章下段没有"物壮而老，是胃（谓）之不道。不道蚤(早)已",两章之间没有重复之形态,才是《老子》的本来面目,第三十章下段重复的句子被追加的时间,也当在从郭店甲本向马王堆甲本、乙本演变的过程之中吧。

四　缺乏下段之各章的研究

1. 甲本第十五章

郭店《老子》甲本第十五章,虽具上段和中段,但缺下段。第十五章的内容如下:

> 长古之善为士者,必非(微)溺(妙)玄造,深不可志(识)。是以为之颂,夜(豫)虗(乎)奴(如)冬涉川,猷(犹)虗(乎)丌(其)奴(如)愚(畏)四竖(邻),敢(俨)虗(乎)丌(其)奴(如)客,虪(涣)虗(乎)丌(其)奴(如)怿(释),屯虗(乎)丌(其)奴(如)樸,地虗(乎)丌(其)奴(如)浊。■竺(孰)能浊以束(静)者,牅(将)舍(徐)清。竺(孰)能庀〈安〉以迬(逯)者,牅(将)舍(徐)生。保此衍(道)者,不谷(欲)尚(常)呈(盈)。

马王堆《老子》甲本如下所示:

> 〔古之善为道者,微眇(妙)玄达,〕深不可志(识)。夫唯不可志(识),故强为之容。曰:与呵(乎)其若冬〔涉水,犹呵(乎)丌(其)若〕畏四〔竖(邻),严(俨)〕呵(乎)其若客,涣呵(乎)其若淩(凌)泽(释),□(敦)呵(乎)其若楃(朴),湷〔呵(乎)丌(其)若浊,漎呵(乎)丌(其)〕若浴(谷)。浊而情(静)之余(徐)清,女(安)以动之余(徐)生。葆(保)此道,不欲盈。<u>夫唯不欲〔盈,是以能斃(敝)而不〕成。</u>

马王堆乙本如下所示:

古之善为道者，微眇（妙）玄达，深不可志（识）。夫唯不可志（识），故强为之容。曰：与呵（乎）亓（其）若冬涉水，猷（犹）呵（乎）亓（其）若畏四咎（邻），严（俨）呵（乎）亓（其）若客，涣呵（乎）亓（其）若淩（凌）泽（释），沌（敦）呵（乎）亓（其）若樸，涽呵（乎）亓（其）若浊，湛呵（乎）亓（其）若浴（谷）。浊而静之徐清，女（安）以重（动）之徐生。葆（保）此道〔者，不〕欲盈。<u>是以能嫳（敝）而不成。</u>

王弼本如下所示：

古之善为士者，微妙玄通，深不可识。夫唯不可识，故强为之容。豫焉若冬涉川，犹兮若畏四邻，俨兮其若客，涣兮若冰之将释，敦兮其若朴，旷兮其若谷，混兮其若浊。孰能浊以静之徐清，孰能安以久动之徐生。<u>保此道者，不欲盈。夫唯不盈，故能蔽不新成。</u>

首先从形式上对上述例文展开分析。郭店甲本第十五章这段文字，在文章当中明显不该分节的地方加上了"■"符，相反，在显然应该分章的末尾，却不像郭店《老子》其他各章章末常常出现的那样加上"■"符。[①] 马王堆甲本这一段完全没有"●"符，句读处虽然有一些钩号，但由此把这段文章看作一个完整的部分（一个篇章）是有困难的。而马王堆乙本这段前后，在分章处及其他的地方既无钩号也无"●"符。因此，以上的分析并未能提供什么实质性的结果。

其次从内容上展开讨论。郭店甲本虽缺下段，只有上段与中

---

① 如果准确地加以叙述，"■"符正好处在编线痕迹的位置，所以有"■"因此而残缺的可能性。

段,但无疑已构成具有内在紧密关联的一个完整的篇章,相反,在上段、中段的后面加上下段的马王堆甲本、乙本、今本(王弼本),却因为下段有着新的思想内容,而破坏了内在的完整感。——即郭店甲本上段、中段先说"长古之善为士者","必非(微)溺(妙)玄造,深不可志(识)"。然后说假如为之描述姿容、形态,则有"夜(豫)虐(乎)奴(如)冬涉川"等连续出现的六个文句。① 在姿容、形态之特征后面,是下面这段话:

> 竺(孰)能浊以束(静)者,牁(将)舍(徐)清。竺(孰)能尼〈安〉以迬(逗)者,牁(将)舍(徐)生。保此衍(道)者,不谷(欲)曑(常)呈(盈)。

就是说"长古之善为士者",从世俗常识的眼光看,得到的是负面的价值评价即"浊以束(静)者""尼〈安〉以迬(逗)者"。但正因为如此,反而如

> 牁(将)舍(徐)清。……牁(将)舍(徐)生。

所示,从真实的绝对的"此衍(道)"之立场得到正面的价值评价即"清""生"之结果。所以,"保此衍(道)者"不取人世间一般认可的正面价值即"曑(常)呈(盈)"之姿态、容貌。以上是郭店甲本上段、中段的内容。可以确认这些内容在上段与中段的范围之内,贯穿了《老子》特有的反向论说式的辩证法逻辑,是有着内在一贯性的完整的篇章。

然而,马王堆甲本、乙本、今本(王弼本)下段说的是:

> 正因为不期待(充实),(所以即便失败了也不再)有新的

---

① 《老子》第十五章的经文,郭店甲本、马王堆甲本、乙本、今本(王弼本)相互间差异甚大。具体在何处、有怎样的差异,请参照本书第二编《第十五章上段、中段》。

成功。(马王堆甲本)

哪怕是真实的绝对的"葆(保)此道者",也无法根据反向论说式的辩证法的逻辑,从"不欲盈"的负面的价值转向正面的价值,最终只能终结于"〔能竖(敝)而不〕成"之负面的价值。包含下段的马王堆甲本、乙本、今本(王弼本)的思想内容,因为在方向上上段、中段与下段正好相反,结果招致相当大的混乱。正因为如此,郭店甲本第十五章仅具上段、中段缺乏下段的形态就只能看作是《老子》的本来面目。很可能在郭店甲本向马王堆甲本、乙本演变的过程中,下段被撰述或被从什么地方搜求出来,然后勉强插入到了上段和中段之后吧。①

要指出的是,如调查《老子》第十五章被引用的情况,《淮南子·道应》篇中,有"故老子曰","服此道者不欲盈。夫唯不盈,是以能弊而不新成"。所以,好像到《淮南子》成书的西汉武帝时期初年时,马王堆甲本、乙本下段已经作为经文固定下来了。此外,《文子·九守》篇也有"服此道者不欲盈。夫唯不盈,是以弊不新成"。

2. 甲本第十六章

郭店《老子》甲本第十六章虽具上段,但缺下段。第十六章的内容如下:

> 至虚亘〈亟(极)〉也,兽(守)中(盅)箮(笃)也,万勿(物)
> 方(旁)复(作),居以须逯(复)也。天道员(贙)员(贙),各逯

---

① 与这里的情况相似,在郭店甲本阶段依然可见前后整合的反向论说式的辩证法思想,到了马王堆甲本、乙本、今本(王弼本)的阶段,因为加入了性质完全不同的文章,使思想变得混乱的例子,在其他地方也能看到。请参照本编之三之《1. 甲本第六十三章》。

（复）亓（其）堇（根）。■

马王堆《老子》甲本如下所示：

> 至（致）虚极也，守情（静）表〈裻（笃）〉也，万物旁（并）作，
> 吾以观其复也。天〈夫〉物云（蕓）云（蕓），各复归于其〔根。
> 曰情（静）〕，情（静）是胃（谓）复命。复命，常也。知常，明也。
> 不知常，巿（妄）。巿（妄）作凶（凶）。知常容，容乃公，公乃王，
> 王乃天，天乃道。〔道乃久，〕沕（没）身不怠（殆）。

马王堆乙本如下所示：

> 至（致）虚极也，守情（静）督（笃）也，万物旁（并）作，吾以
> 观亓（其）复也。天〈夫〉物祅（蕓）祅（蕓），各复归于亓（其）
> 根。曰静，静是胃（谓）复命。复命，常也。知常，明也。不知
> 常，芒（妄）。芒（妄）作凶。知常容，容乃公，公乃王，〔王乃〕
> 天，天乃道。道乃〔久〕，没身不殆。

王弼本如下所示：

> 致虚极，守静笃，万物并作，吾以观复。夫物芸芸，各复
> 归其根。归根曰静，是谓复命。复命曰常，知常曰明，不知
> 常，妄作凶。知常容，容乃公，公乃王，王乃天，天乃道。道乃
> 久，没身不殆。

首先从形式上对以上例文展开讨论。马王堆甲本该处，既没
有"●"符，也没有表示句读的钩号。马王堆乙本这段前后，同样
既没有"●"符，也没有表示句读的钩号。因此，根据以上分析除
可以确认郭店甲本末尾存有表示篇章完结、区间的"■"符外，几
乎得不到什么成果。

其次从内容上展开讨论。仅有上段的郭店甲本说的是，主人

公（在此假定为“吾”）如果能彻底保持“虚”“中（盅）”之态度，就能到达这样一个理想世界，即“万勿（物）”回复到本来之状态，在一个广大的范围内既兴起，又“各”自“遉（复）”归到“根”源之“道”。主体的“吾”如能置身于作为原因的“无为”〔“虚”“中（盅）”与之相当〕之立场，就会引出客体“万物”回复“自然”〔“方（旁）复（作）”“遉（复）堇（根）”与之相当〕的结果，可以说这就是《老子》中常常登场的“无为”→“自然”思想中的一种。①

马王堆甲本、乙本、今本（王弼本）中包含的下段的思想，虽说未必明了，但也与上段相同，以“无为”→“自然”及“复归”的思想为中心。就是说，因主人公“吾”取“〔情（静）〕”〔马王堆甲本、乙本上段的“虚”“情（静）”与之相当〕的态度，“万物”得以采取“复命”之行动（马王堆甲本、乙本上段的“各复归于其〔根〕”与之相当），“吾”有必要“明”知（马王堆甲本、乙本上段的“吾以观其复也”与之相当）由“道”支持着的“万物”的恒“常”不变性。如果“吾”“明”知“万物”“复命”之恒“常”不变性，那就有可能渐次按“明→容→公→王→天→道”的顺序步步升级，最终甚至可以把握“道”，其结果是，“吾”“身”得以长“久”，甚至实现“沕（没）身不怠（殆）”之“养生”思想上的理想。

如果上段和下段的思想内容确如上述，那或许可以认为两者的关联是比较密切的。但是，如果认为《老子》本来就具备上段和下段，两者一开始就是相互关联的，按这一设想去解读问题的话，

① 关于以《老子》为代表的道家“自然”思想，可以参照拙著《道家思想の新研究——〈庄子〉を中心として》。由笔者完成的论著有：《中国思想史における“自然”の诞生》（东大中国学会《中国—社会と文化》第8号，1993年6月）；《圣人の“无为”と万物の“自然”——新たな思想の展开》（收入拙著《老庄思想》改订版之13）；《圣人的“无为”与万物的“自然”》（收入拙著《〈庄子〉——“道”的思想及其演变》之第Ⅲ部第十二章）。

我们立即就会遇到许多问题。在此,选取其中两个问题加以讨论。

第一,马王堆甲本、乙本、今本(王弼本)下段"〔曰情(静)〕,情(静)是胃(谓)复命"中的"〔情(静)〕",得自于前文的"天〈夫〉物云(芸)云(芸),各复归于其〔根〕"。而在上段中,"天〈夫〉物云(芸)云(芸),各复归于其〔根〕"是"至(致)虚极也,守情(静)表(笃)也"即"虚""情(静)"的结果,这样的话,下段的"〔情(静)〕",与上段的"虚""情(静)"就不在同一层次,而处于更高的阶段。然而,在上段与下段间设定这种立体的二重的层次,使第十六章整体的思想内容过于复杂化,完全是太不合理了。将两者视为本来在同一层次,重复的是几乎相同的内容,将下段文章看作是被撰述或被从什么地方搜求出来的,到西汉初期为止的时期内被插入进去的想法,才更自然更合理吧。

第二,上段所提出的目标是"万物旁(并)作……天〈夫〉物云(芸)云(芸),各复归于其〔根〕",而下段的目标则是,"〔道乃久〕,沕(没)身不怠(殆)"。显然两者的目标互相差异存在龃龉。前者指的是相当大范围的兴起即包括"百姓"在内的"万勿(物)"等所有存在的、全人类的"复归",后者则强调的是通过把握"道"来实现的、以个人为主的"沕(没)身不怠(殆)"之"养生"。这种情况依然可以作如下解释,即同一篇章中,并非一开始就存在差异和龃龉,"无为"→"自然"思想的目标,在战国末期的原本《老子》即郭店甲本中指的只是"万物"的"复归",到了西汉初期,与新时代、新社会的要求相应,马王堆甲本、乙本不得不强调个人的"养生",以此为背景,下段的文章才被撰述或被从什么地方搜求出来,这样的想法是不是更自然更合理呢?

不过,与马王堆甲本、乙本、今本(王弼本)下段中所包含的

"复命,常也。知常,明也"二句所类似的话,在整章都讲"养生"思想的第五十五章上段、中段、下段中也能看到。① 那个地方郭店甲本作"和曰景(常),智(知)和曰明"。马王堆甲本作"和曰常,知和曰明",马王堆乙本作"〔和曰〕常,知和曰明"。今本(王弼本)作"知和曰常,知常曰明"。因此不能说郭店甲本中没有"养生"思想。但笔者想强调的是较之战国末期,西汉初期更重视个人"养生"之事实。

要指出的是,如调查《老子》第十六章的引用情况,《淮南子·道应》引用并解说了"致虚极,守静笃,万物并作,吾以观其复也"。《文子·道原》也引用并解说了"至虚极也,守静笃也,万物并作,吾以观其复"。这些引用的都是上段,找不到下段之引用。

3. 甲本第五十五章

郭店《老子》甲本第五十五章虽具上段、中段和下段,但缺最下一段。郭店甲本、马王堆甲本、乙本、今本(王弼本)的内容,已经在本编之三之《2. 甲本第三十章》中有引述,故不再全文重复。如仅引下段及最下段,郭店《老子》甲本如下所示:

勿(物)壐(壮)则老,是胃(谓)不道。■

马王堆《老子》甲本如下所示:

〔物壮〕即老,胃(谓)之不道。不〔道蚤〕(早)〔已〕。

马王堆乙本如下所示:

物〔壮〕则老,胃(谓)之不道。不道蚤(早)〔已〕。

_____

① 请参照本编之三之《2. 甲本第三十章》。

王弼本如下所示：

> 物壮则老，谓之不道。<u>不道早已。</u>

首先从形式上对以上文例展开讨论。马王堆甲本第五十五章，完全未见"●"符，句读处也有一些钩号存在，但据此判断这段文章是完整的篇章还有困难。而马王堆乙本第五十五章，句读处虽有一二钩号存在，但"●"符也不存在。因此，通过以上的分析，除确认郭店甲本末尾有着表示篇章区间的"■"符外，并无大的成果。

其次从内容上展开讨论。说马王堆甲本、乙本、王弼本最下段的"不〔道〕蚤（早）〔已〕"与其上文有密切关联恐也无妨。那么，这种形态是否就是《老子》的本来面目呢？究竟是还是不是，笔者以为很难断言。故推测，同到目前为止所讨论的其他各章一样，如郭店甲本没有最下一段，以及其末尾有"■"符之现象，那么郭店甲本才反映着《老子》的本来面目。

4. 乙本第四十八章

郭店《老子》乙本第四十八章，虽具上段，但缺下段。第四十八章的内容如下：

> 学者日益，为道者日损。损之或损，以至亡（无）为也。亡（无）为而亡（无）不为。

马王堆《老子》甲本如下所示：

> 为〔学者日益，闻道者日云（损）。云（损）之有（又）云（损），以至于无为。无为而无不为。<u>将欲〕取天下也，恒〔无事。及元（其）有事也，不足以取天下〕。</u>

马王堆乙本如下所示：

> 为学者日益，闻道者日云（损），云（损）之有（又）云（损），

以至于无〔为〕。无为而无不为。将欲〕取天下也,恒无事。及亓(其)有事也,〔不〕足以取天〔下矣〕。

王弼本如下所示:

为学日益,为道日损。损之又损,以至于无为,无为而无不为。取天下,常以无事。及其有事,不足以取天下。

首先从形式上对以上文例展开讨论。郭店乙本第四十八章这段的末尾,未见郭店《老子》其他篇章章末常见的"■"符,是个例外。取而代之的是,末尾"为"字下有一"‐"符。笔者以为"‐"符的意义与章末"■"符相同或者说就是"■"符的误抄。

马王堆甲本该处因残缺过甚,完全不清楚"●"符以及表示句读的钩号是否存在。而马王堆乙本该段前后,好像"●"符以及表示句读的钩号都未见到。因此,通过以上的分析,除确认郭店乙本末尾有着表示篇章完结、区间的"‐"符外,并无大的成果。

其次从内容上展开讨论。仅有上段的郭店乙本思想可表述如下:

为学者每天都从外界不停地获得知识,而为道者每天都从内心把杂物除去。不停地去除杂物,最终就达到了没有一切人为的无为境地。如能达到无为的境地就没有做不到的事了。

马王堆甲本、乙本、今本(王弼本)所见下段的思想可表述如下:

〔想要〕获得天下,就得常常〔无为。如果实施人为,就得不到天下〕。

将后者的"取天下",看作上段"无不为"之事例,这种解释是成立的,所以把上段和下段看作有密切关系也无妨。如果这样的话,是不是可以说下段在郭店乙本以前就已出现,郭店乙本中不见下段只是偶然现象而已呢?笔者以为不可以。这是因为,郭店乙本、马王堆甲本、乙本、今本(王弼本)的上段,虽然都使用"亡(无)为"之用语,但到了马王堆甲本、乙本、今本(王弼本)之下段,尽管意义相同,用语却变成了"〔无事〕"。到马王堆甲本、乙本以后出现的言语表达上的这些龃龉,正好为我们提供了见证《老子》经文形成史的最好资料。即第四十八章上段和下段两者,本来是分别写成的,只是到了某一时期(即到西汉初期为止)才发生关联,构成为同一个篇章。因此只能认为不包含"〔无事〕"的、没有龃龉的、郭店乙本上段的单独存在才是《老子》的本来面目。

此外,说到与下段"取天下"有关的言语表达,马王堆《老子》甲本第二十九章中有:

> 将欲<u>取天下</u>而为之,吾见其弗〔得已。夫天下,神〕器也,<u>非可为者也</u>。为者败之,执者失之。(乙本也大致相同)

郭店《老子》甲本第五十七章中有:

> 以正之(治)邦,以<u>戋</u>(奇)甬(用)兵,<u>以亡(无)事取天下</u>。

马王堆《老子》甲本第五十七章中有:

> ●以正之邦,以畸用兵,<u>以无事取天下</u>。(乙本也大致相同)

因此,郭店《老子》仅甲本第五十七章中可见"亡(无)事"一词,而马王堆《老子》甲本、乙本中,第二十九章中有"无为",第四十八章、第五十七章中有"无事",两种用法是混同的。

要指出的是,如调查《老子》第四十八章的引用情况,战国、秦、西汉各种文献中,全文引用的一处也没有,《庄子·知北游》篇

"黄帝曰"中有冠以"故曰"的引用：

> 为道者日损。损之又损之，以至于无为。无为而无不
> 为也。

从其仅引上段，未一同引用下段的情况推测，它引用的就是郭店乙本第四十八章或者同类的原本《老子》吧。此外，《文子·自然》中有冠以"老子曰"的引用：

> 古之善为君者法江海，江海无为以成其大，窊下以成其广，故能长久。为天下溪谷，其德乃足。无为故能取百川，不求故能得，不行故能至。是以<u>取天下而无事</u>。

这里有"取天下而无事"，故其引用的当是上段、下段完整的《老子》第四十八章的下段。

5. 乙本第二十章

郭店《老子》乙本第二十章虽具上段，但缺下段。对于此章的讨论，已经在本书第一编之四之《第二十章上段和第十三章的连续与断绝》中完成，可以参照，这里省略。

五　结语

1. 郭店楚墓竹简《老子》是最古的文本

在前文中，笔者探讨了郭店《老子》三种文本各章中"上中下段"只出现一部分的"上中下段"问题。郭店《老子》甲乙丙三种文本中，合计有十二章十四处可以作为问题讨论。笔者从形式和内容两个方面将其同马王堆《老子》甲本、乙本及今本（王弼本）《老子》对应场所对照起来进行了分析。

其结果是判明了以下事实。即《老子》各章"上中下段"并不完全具备的郭店《老子》三个本子最接近原本《老子》,它体现着内部不怎么存在矛盾与龃龉的历史上几乎最早问世的古本《老子》的本来面目,但同时因为其文本尚处形成阶段,故文本的形态还很不稳定。相反,马王堆《老子》甲本、乙本、今本(王弼本)作为完整的本子,反映的是到西汉初期为止或者在那之后,通过新的撰述或者加入新搜求的内容而形成的《老子》,因而其中虽然有内部的矛盾和龃龉,作为文本却是时代越晚越一步步趋向稳定。

这一事实,通过形式上的比较即可获得证明的资料是:在"二"中讨论的"甲本第四十六章""甲本第六十四章与丙本第六十四章""乙本第五十二章"以及在"四"中讨论的"乙本第二十章"。通过内容上的比较可获证明的资料是,在"二"中讨论的"甲本第四十六章""甲本第六十四章与丙本第六十四章""甲本第五章""乙本第五十二章""丙本第三十一章";在"三"中讨论的"甲本第六十三章""甲本第三十章";在"四"中讨论的"甲本第十五章""甲本第十六章""乙本第四十八章""乙本第二十章"。不论形式还是内容都难证明的资料只有在"四"中讨论的"甲本第五十五章"一处。

2. 设想的三种可能性

换一个角度来讨论这一问题。假定现在有两种文本,它们有着相同的文章表达方式和相同的思想内容。——一种文本(假称其为 A 本)的语言表达稚拙、素朴,短文居多,全文中不见重复,思想大致是具象的,内部不含异质的成分,不仅存在逻辑上的整合性而且首尾一致,内容简单、纯粹。另一文本(假称其为 B 本)的语言表达洗练、雕琢,时有长文出现,全文中有若干重复,思想比较抽象，内部包含有异质的成分，逻辑上有龃龉和矛盾，内容较为复杂，涉及面广。那么，A本和B本，究竟哪个先出哪个后出，究竟是谁影响谁呢？

关于这个问题的解答，可以想象出以下三种类型。第一，A本先出，是施加影响的文本，B本后出，是受到影响的文本。第二，A本后出，是受到影响的文本，B本先出，是施加影响的文本。第三，A本和B本相互谁也没有影响谁，同一时代并行存在着好几个不同的文本。历史上曾经有过的文本的实际情况，不用说一定更复杂更微妙，三个种类可以想象的相互关系极多，这是正常的。但是即便制定了更复杂更微妙的实验假说，如果对于讨论的进展没有帮助，无法得出结论的话就没有意义，笔者认为，上述三种类型的假说已经是必要和充分的，而且也是最为现实的。

那么，郭店《老子》三个本子和马王堆《老子》甲本、乙本以及今本（王弼本），孰先孰后，谁影响谁呢？笔者已经在本编提出答案，即第一种设想，即郭店《老子》三个本子先出，是施加影响的本子，马王堆《老子》甲本、乙本及今本（王弼本）后出，是接受影响的文本。话虽这么说，但第二种设想与第三种设想就果真不能成立么？

第二种设想，即郭店《老子》三个本子后出，马王堆《老子》甲本、乙本及今本（王弼本）先出现，是施加影响的文本，是目前以中国为首，在世界学界最为流行的学说。这一设想作为问题来考察，其意义不用说仅在成书年代的讨论方面，而完全不在抄写年代的讨论方面。

根据这一设想，马王堆甲本、乙本及今本（王弼本）等《老子》，至少其原型，从春秋末期到战国中期的时间内作为"五千言"已经先行成立，在其影响下，郭店《老子》三个本子才告成书或者说被抄写。但这显然是无法成立的。这方面的根据甚多，不胜枚举，在此仅举两点。

第一，马王堆甲本、乙本及今本（王弼本）等《老子》，如本编之三之《1. 甲本第六十三章》所指出的那样，受到了战国最晚期荀子的"积微"思想的压倒性影响。同时，如本编之二之《2. 甲本第六十四章与丙本第六十四章》所指出的那样，即便不是压倒性的影响，郭店《老子》也受到了荀子"积微"思想的影响。如果超越本文所讨论的十二章范围调查、考察《老子》整体，可以从马王堆甲本、乙本及今本（王弼本）《老子》中找出更多的受荀子各种思想影响的地方，甚至有批判荀子各种思想的地方。顺便指出，除了本编所指出的地方之外，笔者曾经指出若干事实，证明马王堆甲本、乙本及今本（王弼本）《老子》中有受荀子各种思想影响的地方，甚至还有批判荀子各种思想的地方。①

因此，如果以荀子的思想作为判断的基准，那就可以得出如下的结论：郭店《老子》三个本子是荀子思想渐渐为世人所知的战

---

① 参见拙著《老庄思想》改订版之《"10、"仁孝"の否定（3）——"性"における"天"と"人"》及其注（10）、《13、"自然"ということばの出现》之注（4）；拙著《〈庄子〉——"道"の思想及其演变》之第Ⅲ部第九章第3节《"仁孝"の职权恢复》及其注释（43）、第十二章第2节第1项《"自然"出现的状况和性质》之注释（42）。在达成了上述的结论之后，可以说，郭店《老子》的研究过程，使得笔者就马王堆甲本、乙本、今本（王弼本）《老子》形成于荀子各种思想基础之上的观点，有了更多的举证并补充了自己的见解。拙著《郭店楚简老子研究》中所作新的补充，指出马王堆甲本、乙本、今本（王弼本）形成于荀子思想基础上的事实，在以下几个地方：《老子》第十八章（参照第一编之《五 第十八章所见一句话的追加》及其注10，还有第四编《第十八章》及其注3）；第十九章（参照第二编《第十九章》及其注5）；第二十五章（参照第二编《第二十五章》及其注12）；第六十四章（参照第二编《第六十四章上段》及其注8）；第五十九章（参照第三编《第五十九章》及其注3）；第四十八章（参照第三编《第四十八章上段》及其注1）；第二十章（参照第三编《第二十章上段》及其注3）。此外，在最近出版的《老子》（"马王堆出土文献译注丛书"，东方书店，2006年）中，也再次确认了这一事实并追加若干例证。

国末期以后成书或者抄写的文本，①马王堆《老子》甲本、乙本更在其后，是到了荀子各种思想已经有非常广泛的传播，给各个方面都施加了压倒性影响的战国最末期以后，在郭店《老子》三个本子基础之上成书或者抄写的文本。因此，认为郭店楚简下葬年代在战国中期的通说，明显和这个判断发生矛盾，对于笔者来说，只能认为这个通说里面包含着一些根本性的错误。

第二，如本书第一编之《四　第二十章上段和第十三章的连续与断绝》所指出的那样，作为显示郭店《老子》与马王堆《老子》有着直接继承关系的明证，马王堆乙本②是在郭店乙本基础上形成的，而且有误抄郭店乙本的地方。两者的关系，如果根据通说的设想，就要接受这样的说法。即先有马王堆乙本第十三章的"弄（宠）辱若惊，贵大患若身……"与第二十章的"人之所畏，亦不可以不畏人……"这两段不同位置的文章（包括语法上的错误也在内）并对后来本子产生影响，而郭店乙本第二十章上段末尾与第十三章开头之"人之所墨（畏），亦不可以不墨（畏）。－人愳（宠）辱若缨（撄），贵大患若身"（纠正了语法上之错误）作为接受影响的一方，是后来将两者并到一处抄写出来的东西。

然而，这一认定有着极其不合理的地方，要想成立是几乎完全不可能的。这是因为，如果承认从马王堆乙本到郭店乙本有着上述内容的变化，那和马王堆乙本一样，郭店乙本也应该将两章分置别处，郭店乙本把二十章上段与第十三章两章并到一处抄写

---

① 为慎重起见，这里再加一句话。笔者认为，郭店《老子》三个本子只能看作是战国晚期的文本，那时虽然荀子各种思想逐渐为世人所知而且开始受到瞩目，但还没有广泛传播并给各个方面施加压倒性影响，这时郭店《老子》作为《老子》文本在历史上几乎首次开始成书，之后渐渐累积文章，并形成后世的样子。

② 马王堆甲本因残缺过甚而无法断定，但恐怕与马王堆乙本一样。请参考本书第15页。

就没有任何意义,只有"人"字从第二十章移到第十三章还有点意义。但是,上述变化中有意义的处置不会只有这一点吧,将原本分置两处的两个篇章,特意作那样的处理不会没有道理的吧。——其实,两者的关系只能是从郭店《老子》到马王堆《老子》,无法作相反方向的判断。

根据以上两点,不能不认为第二个设想是不能成立的。

第三个设想,郭店《老子》三个本子和马王堆《老子》甲本、乙本及今本(王弼本),主要在战国中期前后的一段时期内,同时并存,相互谁也没有影响谁。为了考证这一设想是否成立,有必要将郭店《老子》三个本子的经文,同马王堆两个本子、以王弼本为首的各种今本、以《韩非子》的《解老》篇、《喻老》篇为代表的众多引文所反映经文进行比较,哪是相同的哪是相异的,将经文一字一句作具体的全面的比较,以阐明郭店《老子》在《老子》文本形成历史中所占据的地位和意义。然而,这项工作在本编中既无法进行也不适合进行。

笔者曾从事这项阐明的工作,就郭店《老子》而言,主要体现在本书第二编、第三编、第四编,就马王堆《老子》而言,主要体现在拙著《老子》("马王堆出土文献译注丛书")一书中。在此可以阐述结论之一:郭店《老子》三个本子,虽然无论在内容、还是在形式上,有相当多处与马王堆甲本、乙本及今本(王弼本)等有差异,但它并非是《老子》文本形成史上,与其他诸本无关的特殊的文本,必须确认的是,它是《老子》文本形成史上有决定性作用的正宗文本之一,以马王堆两个本子为代表,以后的各文本均以之为基础受到过其影响。所以,从郭店《老子》三个本子之总体情况来看,第三种设想,也是难以成立的。

可能有些重复,这里再出示一个具体研究的结果。前文论及第二种设想时说道,作为郭店《老子》与马王堆《老子》有着直接关系的证明材料,马王堆乙本有一处以郭店乙本为基础,却误抄后者,即郭店乙本第二十章上段的末尾与第十三章开头之接续处。根据上文的分析,我们是否可以推测,马王堆乙本直接目睹过郭店乙本(或者与之类似的文本),而且更动了后者经文的文字。

根据以上对第二、第三种设想的考察,笔者认为,马王堆两个文本、王弼本等《老子》或者至少其原型,在春秋末期至战国中期,作为"五千言"已经先行成书,受其影响郭店《老子》三个本子才成书或被抄写,这一当今主流说法,以及郭店《老子》三个本子与马王堆两个本子、今本(王弼本)等《老子》,在战国中期前后之时期内,并无相互的影响,同时并行分别存在之见解,都是无法成立的。所以,正确的见解只能是第一种吧。即郭店《老子》三个本子先行成书、抄写在前,并影响到其他文本,是今天所能看到的最早的本子,马王堆两个本子、今本(王弼本)《老子》都是在其之后,受其影响成书的文本。

第七编　郭店楚墓竹简《老子》对于儒学的批判

一　前言

　　与《老子》相关的学问，例如哲学研究、思想史研究、古代史学、楚地域史研究、古文字学、音韵学、方言研究等等，以这些学问为基础的多种多样的研究，在 20 世纪 70 年代以后，因为马王堆《老子》及郭店《老子》的出土与公布而取得飞跃性的发展。这是由于战国时代晚期至西汉时代初期成书的马王堆《老子》甲本、乙本，以及战国时代晚期成书的郭店《老子》甲本、乙本、丙本，不像各种今本增加了后世的修饰。研究这些文本，确有可能接近古本《老子》本来的面貌。通过这些文本的研究，有可能改正和弥补由以往各种今本及其研究造成的对《老子》思想的误解、偏向以及空白、疑问。① 这确实值得庆贺。

---

① 如下所示，笔者所著与郭店《老子》相关书籍有:《郭店楚简老子研究》(东京大学文学部中国思想文化学研究室发行,1999 年);与马王堆《老子》相关书籍有:《老子》(马王堆出土文献译注丛书,东方书店,2006 年)。

然而,令人遗憾的是,由于学界近年来对马王堆《老子》及郭店《老子》不恰当的使用,错误的解释也不在少数。这种错误解释典型例子之一,就是以下的学说:在郭店《老子》这一古本《老子》阶段,尚未发生针对儒家的批判,或者说针对儒家的批判虽然已经发生,但还没有像今本《老子》那样强烈。

第七编的主要目的在于阐明,在现存最早的《老子》即郭店《老子》中,尚未包含针对儒家的批判,或者说虽已包含但还没有那么强烈,是错误的见解。在对此错误见解作出批判分析基础上,阐明郭店《老子》所包含的强烈的儒家批判。①

郭店《老子》中的儒家批判,实际上有多种形态的展开,本编就郭店丙本第十八章关于"仁义"的批判作比较详细的探讨。这是因为,古本《老子》中不存在儒家批判的错误观点,正是以郭店丙本第十八章关于"仁义"的批判等为主要根据的。

二　原本《老子》的成书

1.《史记·老子韩非列传》的问题点

(1)《史记·老子韩非列传》的问题点

《史记·老子韩非列传》自古以来就是特别有名的文献,因为其中包含着非常重大、非常多的问题,所以我们不能单纯地、轻易地相信。下面,对此略作陈述。

第一,事实上,最早写出完整老子传记的司马迁自身,对于老子究竟是谁并无确信。《史记·老子韩非列传》并列记载了老子

---

① 以出土资料为基础的近年研究中,笔者认为存在着不得不引起警惕的倾向。详参笔者为郭店楚简研究会编《楚地出土资料と中国古代文化》(汲古书院,2002 年)所写前言。

是老聃、是老莱子、是周太史儋这样三种说法。

第二，老子年龄被设定为"百有六十余岁"或"二百余岁"，这显然是不合理的，而且，这也使《老子韩非列传》内部产生自我矛盾。

第三，如果考察司马迁在写作列传时所使用的材料，可以发现大多采用的是道家系统各种文献中比较新的、形成于战国晚期至西汉初期的内容，而没有采用早期的、形成于战国中期至战国后期的内容。

第四，既然老子被设定为是早于儒家鼻祖孔子的前辈人物，那理所当然被描画成作为道家鼻祖开创道家思想的人。但是，如果不限于《史记·老子韩非列传》的世界，转而广为注意春秋时代至西汉初期的各种文献，"以老子为鼻祖从他那里发源的道家（或道德家）之思想学派"这一概念，也绝非春秋、战国时代道家当时的历史事实。这一说法，始于也曾任太史令一职的司马迁父亲司马谈（前140—前110年在职），数十年后才由司马迁正式地加以倡导，这之前甚至直到西汉初期为止，完全不见踪影，所以完全是一种新的说法。因此，"老子"这个说法的产生应该放在春秋战国时代诸子百家都已开花结果之后，到了西汉武帝时期，知识分子为了整理先秦道家的各种思想，需要一个道具才制造出来的，我认为这样把握比较合适。

（2）关于《史记·老子韩非列传》的结论

总括以上的观点可以推出这样的结论：如果依据《史记·老子韩非列传》，作为道家思想家以及《老子》作者的老子，虽然有三位有力的候选人，但无法确定谁是老子，而且不论确定哪一位，其人物的真实性都存疑。笔者私下臆测，"老子"这个词，或许可以理解为上述三人之外再加老龙吉、老成子等的集合，在道家系统理想人物意义上是一个集合名词吧。

由此可见，《史记·老子韩非列传》中老子出生地、姓名、职业、活动年代、子孙谱系等具体记述，也完全不足以征信。尤其老子活动年代早于春秋时代的孔子，或者与孔子同时的描述，终究难以成为历史的事实。这些反而是道家系统的思想家们在战国晚期至西汉初期大量制造出来的虚构故事，因此就这些材料来把握老子的话，不如将其视为战国晚期至西汉初期以后时代文化背景下产生的人物更好。至于"以老子为鼻祖从他那里发源的道家这一学派"之概念，毋庸置疑并非春秋、战国时代的历史事实，到西汉初期也尚未出现，是到了西汉武帝时期为对各种思想作出整理而使用的全新的说法。

因此，被描画为道家鼻祖的老子，应该视为反映着西汉武帝时期以后时代文化背景的人物。如果为了说得更明白易懂而作极其简单的概括，那么老子就是战国晚期至西汉初期的人，他成为道家鼻祖是在西汉的武帝时期。

(3) 从"道家"概念形成史看《老子》

现在所讨论的老子形象产生的时代变迁过程，实际上正是道家系统各种思想被逐渐整理，向着"道家"逐渐演进过程的体现之一。①

之所以这么说，是因为有这样一个实际的情况，即战国中期以"道"这一终极根源的实在为思考中心，道家系统的人物、书籍、

---

① 关于这部分内容的详细论述，可以参考以下拙著：《老庄思想》之 4《"黄老"から"老庄"を经て"道家"へ》；《〈庄子〉——"道"的思想及其演变》之第 I 部第三章《概括庄子各种概念的演变——从"黄老"经"老庄"到"道家"》；《道家思想の新研究——〈庄子〉を中心として》之第 3 章《"黄老"から"老庄"を经て"道家"へ》；《道家思想の新研究——以〈庄子〉为中心》上之第三章《经由从"黄老"到"老庄"走向"道家"》。

思想等诞生出来之后,就分散存在于全天下,相互之间并没有清晰的连续性与关联性。但是,到了战国晚期以后,使用"黄老""老庄""道家""老庄申韩"等概念对道家系统的人物、书籍、思想进行反复分类重组的结果是,以老子为中心的组合终于抑制压倒了其他的组合,以"老子为鼻祖为源头的道家思想学派"的概念得以形成,以后一直沿用定型,这就是道家各种思想在学问上得到整理的历史事实。

对这一思想变迁起到直接促进作用的,是诸子百家学派对立日益激化的趋势,但其背景则是秦汉统一帝国形成之际历史社会的剧烈变动。

2. 战国时代晚期编纂的《老子》①

(1)《荀子》《吕氏春秋》所见的《老子》

老子这一人物及其思想在思想界广为人知,是进入战国晚期的事,这一点同属道家的庄子也一样。然而,《老子》的编纂在战国晚期至西汉初期,和《庄子》不同。《老子》编纂处于《庄子》某些部分成书之后、《庄子》整体编纂完成之前,是在一个比较短的时间内完成的。

老子这一人物及其思想,在战国初期至西汉初期的《墨子》及战国中期完成的《孟子》中尚未出现。除《庄子》外,现存各种文献中最早提及老子这一人物及其思想的是《荀子》和《吕氏春秋》。

《荀子》在《天论》篇中提到"老子"的名字,显然知道老子这一

---

① 本节所论述内容的详细情况,可以参考以下拙著:《老庄思想》之3《战国末期における〈老子〉の編纂》;《〈庄子〉——"道"的思想及其演变》之第Ⅰ部第二章第4节《战国末期〈老子〉的编纂》;《〈老子〉之解説(その二)之一《戦国時代末期における〈老子〉の編纂》;《道家思想の新研究——〈庄子〉を中心として》第2章第4节《战国末期に編纂された〈老子〉》;《道家思想的新研究——以〈庄子〉为中心》上册第二章第四节《战国末期编纂的〈老子〉》。

人物及其思想。此外《荀子》书中散见着隐约受到道家系统各种思想影响的文句与观念。可见，不管是否老子这个人物，当时荀子对于道家系统人物及思想已经产生是不会怀疑的。但是，《荀子》中对于《老子》的引用一条也没看到，所以可以判断作为今本（王弼本）原型的《老子》尚未编纂出来。

再来看《吕氏春秋》，谈到老子这一人物及其思想的地方增多了，总计达到五条。《吕氏春秋》中还可以看到"老聃""老耽"的名字。但是，《吕氏春秋》中可以明确证明引自《老子》的例子一条也没有，所以即便到了这个阶段，原本《老子》也还没有编纂出来。虽然这么说，《吕氏春秋》中即使没有说就是老子或《老子》之言，但和今本《老子》一致或者说类似的文句是非常多见的。

根据以上各种事实加以推测，《吕氏春秋》编纂之时（前239年或前235年），有很多道家系统的思想家在活动，有很多反映道家系统思想的书籍被撰写，这些书籍已经相当接近《老子》的编纂，就差最后一步了。就是说，几乎已经到达从道家系统思想类书籍转为《老子》编纂的临界点。

（2）《韩非子》所见的《老子》

降至《韩非子》，《老子》的编纂大致已经完成。重要的是，《韩非子》中含有以专门解释《老子》为目的的《解老》《喻老》二篇。这是历史上首次出现的《老子》注书，总计引用了《老子》中二十一条文句，逐条地作出解释。《解老》《喻老》二篇外，《韩非子》也明确提及"老聃""老子"，引用了三条《老子》的文句。因此，无疑此时《老子》的编纂已经大致完成了。

然而，以上各篇今天已经判明并非韩非（前280—前233年）自著，而是成于韩非稍后的后学之手，在可以确认为是韩非自著的《孤愤》《说难》《奸劫弑臣》《五蠹》《显学》等篇中,老子这一人物及其思想全然未见。因此,我们最终推测《老子》一书编纂于韩非卒后的战国最晚期至西汉初期。《解老》《喻老》篇所使用的《老子》,或许是刚编纂完成的、刚刚出炉的文本。

笔者在此使用了"《老子》的编纂大致完成"的说法。但是如果把《解老》《喻老》篇所使用的《老子》经文和马王堆《老子》、今本(王弼本)《老子》作出比较,可知两者间仍然存在着若干距离和差异。因此,应该说《老子》的编纂在这一阶段尚未完了,依然处于编纂过程之中。

(3)《庄子》所见的《老子》

《庄子》是各种文献中提及老子这一人物及其思想最多的文献。《庄子》中记载的很多话,虽然没有明言是老子或《老子》之言,但和今本(王弼本)《老子》一致或类似。如果从推测《老子》编纂的角度来分析,这些老子或《老子》之言大体属于这样一种状况,即类似于《吕氏春秋》之上再加《韩非子》。也就是说,《庄子》文章的成书要早于《老子》的编纂,提供了《老子》所吸收的材料。此外,《庄子》有些文章的形成和《老子》的编纂大致同时并行,就与《老子》之先后关系、影响关系而言,很难作出决定性的结论。另外,《庄子》有些文章形成于《老子》编纂大致完成之后,受到了《老子》的强烈影响。为何会出现这样的状况?因为《庄子》不是一个思想家或少数思想家在一时间或短时间撰写出来的文献,而是多位道家系统思想家在战国中期至西汉武帝时期约两百年间,相继撰写而成的一种全集。

《庄子》中有"老聃""老子"出现的老子故事总计为十七条,这些故事也可以分为先于《老子》编纂、与《老子》编纂相并行和在《老子》之后并受到其影响三种情况。

3. 处于形成阶段的马王堆汉墓帛书《老子》①

（1）马王堆帛书《老子》的出土

1973 年,湖南省长沙市郊外马王堆西汉时代墓葬(三号墓)出土了大量的帛书、竹简,其中有两种《老子》文本,那就是马王堆《老子》甲本和乙本。墓主人是长沙国丞相<u>軑</u>侯利苍的儿子,判断其下葬年代为汉文帝前元十二年(前 168 年)。

甲本用介于篆文和隶书间的字体墨书于纵向约 24 厘米的帛上。就其体裁而言,未见附载《老子》或《道德经》之类的书名,也没有作“一章”“二章”……“八十一章”的分章,更未见“体道”“养身”等章名。大约 5 400 字的整体被大致分成两个部分,但也没有分别冠以“德经”“道经”这样的名称,显得十分古朴。

关于其抄写年代究竟为何时的问题,从其所使用的字体看,属于秦始皇统一文字后,从篆文向隶书逐渐变化的过渡期字体;从避皇帝讳的文字看,虽然没有避开西汉惠帝刘盈的“盈”、高后吕雉的“雉”、文帝刘恒的“恒”等,但避开了高祖刘邦的“邦”并改为“国”字。根据这两个现象,可以推测可能抄写于惠帝时期(前194—前 188 年)或吕后时期(前 187—前 180 年)。

乙本使用隶书字体墨书于纵向约 48 厘米的帛上。其体裁和甲本一样,不存在《老子》及《道德经》等书名,不存在“一章”“二章”……“八十一章”的分章,不存在“体道”“养身”等章名。但和

---

① 本节所论述内容的详细情况,可以参考以下拙著:《老庄思想》之 3《新たに出土した马王堆帛书〈老子〉》;《〈庄子〉——“道”的思想及其演变》第Ⅰ部第二章第 5 节《新出土马王堆汉墓帛书〈老子〉》;《老子》之解说(その二)之二《马王堆汉墓帛书〈老子〉甲本、乙本の体裁と抄写年代など》以及之三《马王堆汉墓帛书〈老子〉甲本、乙本より诸本へ》;《道家思想の新研究——〈庄子〉を中心として》第 2 章第 5 节《马王堆帛书〈老子〉の出土》;《道家思想的新研究——以〈庄子〉为中心》上第二章第五节《马王堆帛书〈老子〉的出土》。

甲本不同的是，整体被分成两大部分的末尾，分别记载了"德　三千卌一""道　二千四百廿六"这样的篇名和字数。

关于乙本的抄写年代，从其所使用的字体看，属于已经到了非常考究时期的漂亮隶书；从避皇帝讳的文字看，虽然避开了高祖"邦"字，却均未避开惠帝"盈"以下各人。根据这两点可以推测可能抄写于文帝时期（前 179—前 157 年）初年，前 168 年之前。

(2) 马王堆帛书《老子》的系统

大体上讲，马王堆《老子》甲本和乙本，属于同一系统的文本，虽然确实存在甲本早乙本晚的差异。从《韩非子》的《解老》《喻老》所使用最早的《老子》到马王堆《老子》的抄写时代为止，其间仅仅间隔了三十年到五十年，但如果比较《解老》《喻老》所见《老子》和马王堆《老子》，两者既有共同之处也有不同之处。

共同之处在于两者的结构都是与"德经"相当部分在前，而与"道经"相当部分在后。最初的《老子》文本无疑是以《解老》《喻老》所见《老子》的顺序排列文章的。此外，与今本相比，《解老》《喻老》所见《老子》的经文和马王堆《老子》的经文有着更为亲近的关系。可以检证这一点的例子相当多。

不同之处在于，马王堆《老子》舍去了一些《解老》《喻老》所见《老子》的文章，大量追加、补充了《解老》《喻老》所见《老子》中没有的文章，而且对文章自身作了相当多的添加、修正，使其变成相当整齐的文章。

(3) 马王堆帛书《老子》的甲本与乙本

马王堆《老子》甲本和乙本虽然属于同一系统的文本，因为抄写年代相隔约二十年，因此可以认为是沿甲本→乙本方向发展的。

第一，甲本的文本虽然整体可以分为两大部分，但尚未冠以任何名称。与之相比,乙本的两大部分被分别冠以"德""道"的名称。《道德经》这个名称,可能在这个时期已经有了胚胎。

第二,甲本抄写于纵向约 24 厘米的帛上。与之相比,乙本抄写于纵向约 48 厘米的帛上。这虽然不是文本内容的发展,但可以说在甲本阶段,《老子》还只不过被视为一般的文献,而到了乙本的阶段,已经被视为经典文献了。之所以这样说,是因为东汉王充(约 27—100 年)在《论衡·谢短》篇中写道:

> 彼人曰:二尺四寸,圣人文语。朝夕讲习,义类所及,故可务知。汉事未载于经,名为尺籍短书。比于小道,其能知,非儒者之贵也。

在《论衡·书解》篇中写道:

> 知屋漏者在宇下,知政失者在草野,知经误者在诸子。诸子尺书,文明实是。

可见,汉代书籍用的木简、竹简有长短两种尺度,长简为汉尺二尺四寸,用于书写经典,短简为一尺乃至一尺二寸,用于书写诸子。与此大致对应,帛书也分全幅与半幅两种尺度,全幅帛上书写的文献是受到重视的著作,相反半幅帛上书写的文献则是一般的读物。因此,通过甲乙本可以看出这样一条发展路线,即从黄老思想尚未盛行之前作为一般读物的甲本,发展到黄老思想相当盛行的时代作为经典读物的乙本。

第三,对于甲本的文章,乙本加以修正、润色,变得更为完善的地方也不少。

第四,再来看看马王堆《老子》后世的文本情况。《庄子·天下》所见《老子》是晚马王堆乙本二三十年的文本,比今本(王弼本)要更接近马王堆本。但当时也存在着不同于马王堆本系统及今本(王弼本)系统的各种文本,《天下》篇所见的就是这类文本。因此我们不能仅仅以为《老子》文本只有马王堆本和今本(王弼本)。之后,司马迁看到的是比马王堆乙本晚七八十年的文本。《史记·老子韩非列传》记载:

> 于是老子迺著书上下篇,言道德之意五千余言而去。

到马王堆甲本、乙本才开始得到认可的《老子》整体分为两大部分的处置,这里也得到维持,被名为"上下篇"。乙本开始分别赋予名称"德"和"道",这里用"道德之意"加以表示。这样看来,在这个阶段把"德""道"颠倒过来变成"道经"和"德经",即和今本(王弼本)相同顺序、配列的《道德经》也许已经形成了。此外,从乙本开始计算的"德 三千卌一""道 二千四百廿六"即总字数约5 400字,这里也未加变更而成了"五千余言"。就这样,在排除了数量不少的、不同系统的各类文本之后,马王堆甲本、乙本对各种今本的形成发挥了直接的影响。

依据上述的分析,如果我们作出极为简洁的把握,那么,不妨说马王堆《老子》就是今本(王弼本)《老子》的直接原型。

4. 最古的文本:郭店楚墓竹简《老子》①

(1) 郭店楚简《老子》甲本、乙本、丙本——最古的《老子》文本

1998年,今天我们所能看到的最古的《老子》出版问世了,那

---

① 本节所论述内容的详细情况,可以参考以下拙著:《郭店楚简老子研究》第一编《形成途上にある最古のテキストとしての郭店楚墓竹简〈老子〉》;《老子》解说(その二)之附论《郭店楚墓竹简〈老子〉三本の新たな出土》;《池田知久简帛研究论集》所收《郭店楚简〈老子〉各章の上中下段——从〈老子〉文本形成史的角度出发》;《道家思想の新研究——〈庄子〉を中心として》第2章第6节《郭店楚简〈老子〉の新たな登场》;《道家思想的新研究——以〈庄子〉为中心》上第二章第六节《郭店楚简〈老子〉的新登场》。

就是《郭店楚墓竹简》所收的郭店《老子》甲本、乙本、丙本。关于郭店《老子》的基本情况，本书在《前言》之《郭店楚墓竹简的发掘、组成与〈老子〉的书名》一节中已经作了阐述。这里，只对最低限度的必要问题作极为简单的介绍。

郭店《老子》这三个文本，无疑是今天我们所能看到的最古的《老子》抄写本，因此也是距离原本《老子》最近的文本。

这三个文本均用战国时代楚系文字加以墨书。竹简的长度，甲本约 32 厘米，乙本约 30 厘米，丙本约 26 厘米，这三者间长短的差异，并不意味着就是前面介绍的汉代书籍用木简、竹简、帛书所认可的长短两种尺度。

就这三个文本的体裁而言，未见附载有《老子》或《道德经》等书名，也没有看到将整体分成两大部分，分别给予"德经""道经"的名称。也不存在"一章""二章"……"八十一章"的分章，不存在"体道""养身"等章名。而且，各章没有像马王堆《老子》及今本《老子》顺序的那样，按"一章""二章""三章"……来加以排列，各章的内容构成也不像马王堆本及今本（王弼本）那样是完备具足的（这一点本书第一编已经阐述），所以是最为古朴的文本。

郭店《老子》三本所包含的章（以王弼本为基准）及其排列顺序，本书第一编之《二　关于章与段》中的"各章的出现情况"作了说明，可以参照。

整体而言，郭店《老子》三个文本中出现的章，相当于《老子》八十一章中的三十一章（仅第六十四章下段一处重复出现），三个文本合计字数为 2 046 字。因此相当于今本（王弼本）约五分之二。

上面介绍的郭店《老子》三个文本，就笔者迄今为止所作研究来说,可以导出以下的结论:郭店《老子》三个文本,其各章的上段、中段、下段尚未完备具足,这反映出这个历史上几乎最早问世的古《老子》,其内部还不太有矛盾及龃龉的本来面貌。同时,作为一个文本而言,这也是尚在形成途中的、还相当不稳定的、内容最接近原本的《老子》。相比而言,各段已经完备的马王堆本、今本(王弼本),反映出到西汉初期为止或者在那之后,又有新的文章被撰写出来被搜求出来后形成的《老子》面貌,因此,这一时代的《老子》其内部虽然存在矛盾及龃龉,但在文本上却一步步稳定下来。

(2) 郭店楚简《老子》成书于战国晚期

郭店楚墓究竟是何时下葬的? 关于这个问题,中国学者已有见解,在当今世界学界,公元前 300 年前后下葬说是最为流行的。

然而,笔者对此见解从根本上抱有疑问。之所以如此,是因为笔者曾对《郭店楚简》中所收《穷达以时》这篇文献作过具体的、详尽的研究,[①]而从《穷达以时》中,可以发现《荀子·天论》篇"天人之分"思想的由来。笔者的研究方法是,将《穷达以时》思想内容及其文章表达,和与之有密切关联的各种文献——《荀子·天论》《吕氏春秋·慎人》《荀子·宥坐》《韩诗外传》卷七、《说苑·杂言》《孔子家语·在厄》等——进行比较、对照。结果,我认为必须推定出与上述流行观点完全不同的郭店

---

① 关于《穷达以时》具体详细的研究情况,可以参照以下拙论:《郭店楚简〈穷达以时〉の研究》(池田知久监修《郭店楚简の思想史の研究》第三卷,东京大学郭店楚简研究会编,2000 年 1 月);《郭店楚简〈穷达以时〉之研究》(上、下),《古今论衡》第 4、第 5 期,台湾"中央研究院"历史语言研究所发行,2000 年 6 月、12 月);《郭店楚简〈穷达以时〉研究》,收入《池田知久简帛研究论集》。

楚墓下葬年代,那就是下葬年代为战国晚期,大约在前265年前后至前255年稍后吧。

如果允许对郭店楚墓的下葬年代作以上的推断,那么,郭店《老子》三个文本成书年代或抄写年代的下限设定于战国晚期,即前265年前后至前255年稍后就不是荒唐无稽的,由此,首先可以确认郭店《老子》三个本子中有继承荀子思想的地方,再进一步,对于郭店《老子》思想内容的整体,也有可能作更为合理的解释与正确的分析了。

三　郭店楚墓竹简《老子》对于儒学的批判

如本书在《前言》介绍的那样,郭店楚简《老子》倡导了一些新的说法,但实际上此书从很多侧面展开的是儒学批判。本章在此指出其中二三重要的侧面。

1. 郭店楚墓竹简《老子》对于"圣人""君子"的批判

(1) 郭店楚简《老子》对于"圣人"的批判

郭店《老子》把自己设计的理想的人物类型称为"圣人",有不少文章描绘其理想的存在方式。此外,偶尔也称其为"君子"。

例如,甲本第六十四章下段有:

> 是以圣人亡(无)为,古(故)亡(无)败。亡(无)执,古(故)亡(无)遊(失)。……圣人谷(欲)不谷(欲),不贵难导(得)之货。孝(学)不孝(学),逛(復)众之所坒(过)。是古(故)圣人能尃(辅)万勿(物)之自肰(然),而弗能为。

这是将自己理想的人物称为"圣人",刻画其属性为"亡(无)为""亡(无)执""谷(欲)不谷(欲)""孝(学)不孝(学)""能尃(辅)万

勿(物)之自肰(然),而弗能为"①。丙本第六十四章下段也有:

> 圣人无为,古(故)无败也。无执,古(故)〔无遊(失)
> 也〕。……是以〔圣〕人欲不欲,不贵戁(难)导(得)之货。学
> 不学,逡(复)众之所迏(过)。是以能楠(辅)蓳(万)勿(物)
> 之自肰(然),而弗敢为■。

这是几乎相同的文章。这些地方对于"圣人"的描写,把"圣人"主要看作是"无为""无欲""无学"的存在,不用说,这些都是《老子》独特思想的体现。

然而,在《老子》进入思想界之前,论及理想人物——"圣人"最多的不用说是儒家。例如,《论语·雍也》篇说:

> 子贡曰:如有博施于民,而能济众,何如? 可谓仁乎? 子
> 曰:何事于仁,必也圣乎。尧舜其犹病诸。夫仁者己欲立而
> 立人,己欲达而达人。能近取譬,可谓仁之方也已。

《论语·述而》篇说:

> 子曰:若圣与仁,则吾岂敢。抑为之不厌,诲人不倦,则
> 可谓云尔已矣。公西华曰:正唯弟子不能学也。

可见以孔子为代表的儒家,在中国思想史上,最早对他们自己的"圣人"像作了最多的阐述。针对这些已经出现的儒家的"圣人"像,《老子》重新提出了完全不同的、独特的"圣人"像。因此,这件事情本身,只能看作是明确的儒家批判中的"圣人"批判。不仅如

---

① 下面对郭店《老子》各章的分析,可详参以下拙著的各个章节:《郭店楚简老子研究》第二编《郭店楚墓竹简〈老子〉甲本注解》、第三编《郭店楚墓竹简〈老子〉乙本注解》、第四编《郭店楚墓竹简〈老子〉丙本注解》;本书第二编《郭店楚墓竹简〈老子〉甲本译注》、第三编《郭店楚墓竹简〈老子〉乙本译注》、第四编《郭店楚墓竹简〈老子〉丙本译注》。

此，如果更为具体地考察儒家的"圣人"像，例如，不管是上引的《论语·雍也》篇还是上引的《论语·述而》篇，其"圣人"如"博施于民，而能济众""为之不厌"所示都是一心致力于"为"的人，如"己欲立而立人，己欲达而达人"所示是有"欲"的人，如"诲人不倦"所示是对于他人勤于"教"勤于"学"的人。由此出发考虑的话，那么谁都能明白，《老子》中以"无为""无欲""无学"为宗旨的"圣人"，正是出于对儒家以"有为""有欲""有学"为宗旨的"圣人"加以批判的意图而重新提倡出来的吧。

郭店《老子》甲本第二章中有：

> 是以圣人居亡(无)为之事，行不言之孝(教)。

郭店《老子》甲本第五十七章中有：

> 是以圣人之言曰：我无事，天〈而〉民自褔(富)。我亡(无)为，天〈而〉民自蠱(为)。我好青(静)，天〈而〉民自正。我谷(欲)不谷(欲)，天〈而〉民自朴乙。

这些文章也可视为出于同样的立场吧。

此外，《论语·卫灵公》篇中有：

> 子曰：无为而治者，其舜也与。夫何为哉，恭己正南面而已矣。

这是《论语》中唯一的"无为"之"圣人"，这应该是战国晚期以后，受《老子》之"圣人"像广为流传状况之影响，儒家从《老子》等文献中借来的东西，而非儒家自孔子以来所秉持的本来的思想。①

---

① 对《论语·卫灵公》篇引文的分析，可以参照津田左右吉《论语と孔子の思想》(《津田左右吉全集》第十四卷，岩波书店，1964年)第四篇第一章《论语の内容における孟子の时代より后の分子》。

（2）郭店楚简《老子》对于"君子"的批判

郭店《老子》中有时也把自家的理想人物称为"君子"。例如，丙本第三十一章中段、下段中有：

> 君子居则贵左，甬（用）兵则贵右。古（故）曰：兵者，〔非
> 君子之器也。不〕导（得）已而甬（用）之，铦（恬）繲（憺）为上，
> 弗赘（美）也。

这个"君子"在郭店《老子》以及各种今本中仅见于本章（马王堆《老子》甲本、乙本中也见于第二十六章）。这个"君子"可以作为"道"的体得者来看待，虽然较"圣人"下一个层次，但也可以齐准于"圣人"。然而，"君子"这个词里面已经包含了伦理的意涵，最多使用这个词也还是儒家。因此，《老子》在此重新塑造出与儒家全然不同的"君子"像，这件事情本身就是明确的儒家批判中的"君子"批判。《论语》中出现的具有总括意义的"君子"像，见于《公冶长》篇：

> 子谓子产。有君子之道四焉。其行己也恭，其事上也敬，其养民也惠，其使民也义。

《泰伯》篇：

> 曾子有疾，孟敬子问之。曾子言曰：鸟之将死，其鸣也哀。人之将死，其言也善。君子所贵乎道者三。动容貌，斯远暴慢矣。正颜色，斯近信矣。出辞气，斯远鄙倍矣。笾豆之事，则有司存。

《颜渊》篇：

> 司马牛问君子。子曰：君子不忧不惧。曰：不忧不惧，斯谓之君子矣乎。子曰：内省不疚，夫何忧何惧。

《宪问》篇：

> 子曰:君子道者三,我无能焉。仁者不忧,知者不惑,勇
> 者不惧。子贡曰:夫子自道也。

《宪问》篇:

> 子路问君子。子曰:修己以敬。曰:如斯而已乎。曰:修
> 己以安人。曰:如斯而已乎。曰:修己以安百姓。修己以安
> 百姓,尧舜其犹病诸。

郭店《老子》中的"君子",深明战争的实质,采取积极反战的
态度,显然和《论语》各篇的"君子"完全不同。《卫灵公》篇说:

> 卫灵公问阵于孔子。孔子对曰:俎豆之事,则尝闻之矣。
> 军旅之事,未之学也。明日遂行。

我想,将此文当作"君子"论来读也是可以的,而郭店《老子》的"君
子",和《卫灵公》篇对"军旅之事"沉默不语的"君子"正好完全
相反。

(3) 郭店楚简《老子》甲本第十九章的"绝智弃辩"

大家都知道,《老子》第十九章开头,各种今本均作:

> 绝圣弃智,民利百倍。

马王堆甲本作:

> 绝声(圣)弃知(智),民利百负(倍)。

马王堆乙本作:

> 绝耴(圣)弃知,而民利百倍。

这两个本子基本上和今本相同。然而,郭店甲本开头作:

> 𢎵(绝)智(智)弃乏(辩),民利百怀(倍)。

这里出现的批判对象并不是"圣"。因此近年来以此事实作为依据之一,出现了一种新的说法,即郭店《老子》等古《老子》原来并没有对于"圣人"甚至对于儒家的批判,或者说这种批判不强。例如,谷中信一《郭店楚简〈老子〉及び〈太一生水〉から见た今本〈老子〉の成立》、楠山春树《老子の人と思想》,就提倡这样的观点。但是如果基于上述事实加以考察,就知道这样的新说只看到事情的表面,是一种不恰当的解释。

2. 郭店楚墓竹简《老子》对于"不知足"的批判

(1) 郭店楚简《老子》对于"不知足"的批判以及对于"知足"的提倡

郭店《老子》关注人类所持的欲望,对于人类追求欲望的行动,认为虽在一定范围内可以满足,但必须停止这样的行动,这类主张显然极多。郭店《老子》提出批判"不智(知)足"并提倡"智(知)足",对于"甚欲""谷(欲)曼(得)"的批判以及对于"寡欲""欲不欲"的提倡,还有对于"智(知)步(止)""智(知)止"的提倡,也都可以看作几乎相同的思想。

甲本第四十六章中段、下段中有:

罪莫厚虐(乎)甚欲,咎莫僉(憯)虐(乎)谷(欲)曼(得),化(祸)莫大虐(乎)不智(知)足。智(知)足之为足,此亘(恒)足矣。

甲本第三十七章中有:

衍(道)亘(恒)亡(无)为也。侯王能守之,而万勿(物)牾(将)自愚(为)。……夫亦牾(将)智(知)足。智(知)〔足〕以束(静),万勿(物)牾(将)自定■。

甲本第四十四章中有:

468

> 名与身箸（孰）新（亲），身与货箸（孰）多，頁（得）与頁（亡）
> 箸（孰）疠（病）。甚悉（爱）必大贾（费），厚（厚）赃（藏）必多
> 頁（亡）。古（故）<u>智（知）足不辱</u>，<u>智（知）止不怠（殆）</u>，<u>可以长旧</u>
> <u>（久）</u>■。

这些文章批判"不<u>智</u>（知）足"提倡"<u>智</u>（知）足"的目的，在于"万勿（物）<u>迪</u>（将）自定"的政治目标（甲本第三十七章）、"可以长旧（久）"的养生目标（甲本第四十四章）等，虽各有不同，但无疑是郭店《老子》所具有的显著思想。

然而，"不<u>智</u>（知）足"这个词和《荀子·荣辱》篇以下这段话处于正好相反的方向，是相互对立的。

> 人之情，食欲有刍豢，衣欲有文绣，行欲有舆马，又欲夫余财蓄积之富也。<u>然而穷年累世不知足，是人之情也</u>。

《荀子·荣辱》篇把永远"不知足"这个人类多面向的欲望追求，视为"人之情"即生而有之的人"性"，以此作为所有问题的出发点，面向其社会思想的构筑。在此意义上讲，人类具有永远"不知足"的多面向欲望追求的思想，在荀子整体思想中是根本性的不可欠缺的要素。① 与之相反，郭店《老子》各章指出，"不<u>智</u>（知）足"的欲望追求反而才是人类最大的不幸，试图凭借"<u>智</u>（知）足"的智

---

① 关于《荀子》以欲望论为中心的性恶说，可以参考笔者以下拙论：《〈荀子〉の性恶说——その本质と机能——》（上、下）（《高知大国文》第 2 号、第 3 号，高知大学国语国文学会发行，1971 年 8 月、1972 年 8 月）；《上海楚简〈孔子诗论〉に现れた"豊（礼）"の问题——关雎篇评论における人间の欲望を规制 するものとしての"豊（礼）"——》（《东方学》第 108 辑，东方学会，2004 年 1 月）；《上海楚简〈孔子诗论〉中出现的"豊（礼）"的问题——以关雎篇中所见节制人欲的"豊（礼）"为中心》（曹峰译，"RETHINKING CONFUCIANISM"，Selected Papers from the Third International Conference on Excavated Chinese Manuscripts，Mount Holyoke College，April 2004，Edit. by WEN XING，Trinity University，San Antonio，Texas，U. S. A. ，2006.

慧力量,达成永远满"足"的状态,这正是对抗荀子的思想,让人感觉不到《老子》一方会先提出来。基于这样的考虑,我认为《老子》各章所见对"不舝(知)足"的批判,出现于《荀子》欲望论产生之后,将其当作了批判的靶子。

顺便指出,可以作为参照的是,《荀子·正论》篇中载有批判寡欲说的文章,但其批判的对象只有子宋子,老子、庄子都没有成为其批判对象。此外,《荀子》中谈及欲望论的地方,无论是《天论》篇还是《解蔽》篇,都仅仅只针对宋子,老子、庄子在其欲望论中还是一个字也没有提到。如果荀子知道老子、庄子的"无欲"说,那不应该不论及吧。

此外,前239年至前235年编纂的《吕氏春秋·为欲》篇中记载有荀子或者其周边的人(即荀子学派)从肯定欲望的立场出发,主要对庄子"无欲"说加以批判的文章:

> 使民无欲,上虽贤犹不能用。夫无欲者,其视为天子也与为舆隶同,其视有天下也与无立锥之地同,其视为彭祖也与为殇子同。天子至贵也,天下至富也,彭祖至寿也。诚无欲,则是三者不足以劝。舆隶至贱也,无立锥之地至贫也,殇子至夭也。诚无欲,则是三者不足以禁。会有一欲,则北至大夏,南至北户,西至三危,东至扶木,不敢乱矣。犯白刃,冒流矢,趣水火,不敢却也。晨寤兴,务耕疾庸,樸为烦辱,不敢休矣。故人之欲多者,其可得用亦多。人之欲少者,其得用亦少。无欲者,不可得用也。人之欲虽多,而上无以令之,人虽得其欲,人犹不可用也。令人得欲之道,不可不审矣。

可见,荀子学派在了解老子及庄子"无欲"学说基础之上,对其加以批判,好像还要更晚一些。

（2）郭店楚简《老子》对于"甚欲""欲得"的批判

如前所引,甲本第四十六章中段、下段中有:

> 辠莫厚虘(乎)甚欲,咎莫僉(憯)虘(乎)谷(欲)㝵(得),
> 化(祸)莫大虘(乎)不耤(知)足。耤(知)足之为足,此亘(恒)
> 足矣。

这里第一句的"辠(罪)",把人类追求欲望的活动,从和违反国家法律的犯罪活动联系起来的角度出发加以讨论,第二句的"咎"(这是《周易》常见的词汇),从和违背"天""鬼神"的意愿、触犯宗教的禁忌因而得咎的角度出发加以讨论。第三句的"化(祸)"("祸福"的"祸"),从家庭、乡里的日常生活中谁都祈愿幸福,相反却导向灾祸的角度出发加以讨论,合起来看,这段话是一种综合的欲望批判论。

把人类社会各种恶的根源求之于人类追求欲望的活动,这种思想和当时儒家的思想,特别是荀子把人类欲望追求定位成社会发展基本能源的思想,形成尖锐的对立。要注意的是荀子的欲望论主要只和上引第一句有关,而郭店《老子》本章欲望批判的视野则投向更为广阔的问题域。《老子》与《荀子》之间,就这方面的思想而言,其先后、影响关系,未必一定是《老子》→《荀子》,根据章节的不同,《荀子》→《老子》的场合也是可以考虑的,本章就属于后者,也就是属于一种儒家批判,特别是荀子的欲望论批判。

（3）郭店楚简《老子》对"寡欲""欲不欲"的提倡

甲本第十九章中有:

> 三言以为𦒜(事)不足,或命(令)之或(有)虘(乎)豆
> (续)。视(示)索(素)保婞(朴),少厶(私)须〈寡〉欲。

三件事说的是人享受不到利益反而处于贫困;世上盗贼丛生治安恶劣;孝慈这种家族伦理开始丧失。本章将以上三者视为现代社会的重要问题,认为其原因在于统治者重视"𣉦(智)𠭯(辩)""攷(巧)利""𢝊(为)虑"所致,提出要解决这些社会问题就得放弃"𣉦(智)𠭯(辩)""攷(巧)利""𢝊(为)虑"。本章末尾所作这些补充提案,也同样是为解决社会问题而提出的方法,其中之一就是要求统治者必须"须〈寡〉欲"。

此外,甲本第六十四章下段中有:

> 圣人谷(欲)不谷(欲),不贵难导(得)之货。斈(学)不斈(学),逡(復)众之所迖(过)。是古(故)圣人能尃(辅)万勿(物)之自肰(然),而弗能为。

这一章说的是,为了"事"无失败,成功地"取天下",必须采取反向的学说,即"谷(欲)不谷(欲)""斈(学)不斈(学)""弗能为",也就是"无欲""无学""无为"的方法。丙本第六十四章下段有:

> 是以〔圣〕人欲不欲,不贵𡠗(难)导(得)之货。学不学,逡(复)众之所迖(过)。是以能𣏃(辅)𡃐(万)勿(物)之自肰(然),而弗敢为■。

这里也有几乎相同的文章。

另外,甲本第五十七章中有:

> 以正之(治)邦,以敧(奇)甬(用)兵,以亡(无)事取天下。……是以圣人之言曰:我无事,天〈而〉民自福(富)。我亡(无)为,天〈而〉民自蠢(为)。我好青(静),天〈而〉民自正。我谷(欲)不谷(欲),天〈而〉民自朴〢。

这一章说的是,应该放弃正道、奇策,而用"亡(无)事"即"无为"的方法"取天下"。① 同样的倡言,在章末的"圣人之言"中又被重复,如果"圣人"能够"无事""亡(无)为""好青(静)""谷(欲)不谷(欲)"的话,那么结果就会导致"民"的"自福(富)""自蟲(为)""自正""自朴"。② 后者才是"圣人""取天下"之后的状态。因此,"谷(欲)不谷(欲)"就被定位成"圣人""取天下"的方法之一。

由此可以明白,郭店《老子》所见"寡欲"、"欲不欲",都要放在《老子》政治思想整体中基础、根底的位置。而《荀子》的欲望论,虽然对于"欲"的评价和《老子》正好相反,但也同样是处在《荀子》政治思想整体中基础、根底的位置。两者间的先后、影响关系,究竟是《老子》→《荀子》? 还是相反《荀子》→《老子》? 确实是个难题,但大体来说都是几乎相同时代的产物,两种思想间毫无疑问存在尖锐的对立。

(4) 郭店楚简《老子》对于"知止"的提倡

甲本第三十二章中有:

> 道亘(恒)亡(无)名。……侯王女(如)能兽(守)之,万勿(物)牆(将)自宾(宾)■。……词(始)折(制)又(有)名。名亦既又(有),夫亦牆(将)智(知)步(止)。智(知)步(止)所以不词(殆)。卑(譬)道之才(在)天下也,猷(犹)少(小)

---

①《老子》的"无为"和"无事"意义几乎相同,这一点本编之三之《郭店楚墓竹简〈老子〉对于"为""事"的批判》有详论。

② 以《老子》为首的道家倡导的"自然"思想及其历史演变,可以参照以下拙著:《老庄思想》之《圣人的"无为"与万物的"自然"——新的思想展开》;《〈庄子〉——"道"的思想及其演变》第Ⅲ部第十二章《圣人之"无为"和万物之"自然"》;《道家思想的新研究——〈庄子〉为中心として》第12章《圣人の"无为"と万物の"自然"》;《道家思想的新研究——以〈庄子〉为中心》下册第十二章《圣人的"无为"和万物的"自然"》。

浴（谷）之与江洍（海）■。

此外，甲本第四十四章中有：

> 名与身箸（孰）新（亲），身与货箸（孰）多，貢（得）与貢（亡）
> 箸（孰）疠（病）。甚悉（爱）必大賢（费），囘（厚）赃（藏）必多
> 貢（亡）。古（故）智（知）足不辱，智（知）止不怠（殆），可以长
> 旧（久）■。

"智（知）步（止）""智（知）止"这些话，表示追求欲望的行动中，到了一定范围就满足，然后就停止行动，可以说和上述的"智（知）足"意思几乎相同。第三十二章是这样展开的，由于"侯王"对追求万物之欲望有"智（知）步（止）"的行动，导致了"不词（殆）"的结果，这个"不词（殆）"不仅有使"侯王"保持长生不老的养生学说之意义，也理当包含着使统治者的地位得以长久保持的政治思想的意义。如果这一想法成立，那么第四十四章也一样，通过"智（知）止"能够导致"不怠（殆），可以长旧（久）"的结果，我们推测这里的"不怠（殆），可以长旧（久）"不仅具有养生学说之意义，也包含着政治思想的意义。

3. 郭店楚墓竹简《老子》对于"学"的批判

郭店《老子》中几处文章包含着对于同时代"学"加以批判的内容。

（1）郭店楚简《老子》对于"学不学"的提倡

甲本第六十四章下段中有：

> 圣人谷（欲）不谷（欲），不贵难昱（得）之货。孝（学）不孝
> （学），逥（复）众之所𣶒（过）。是古（故）圣人能専（辅）万
> 勿（物）之自朕（然），而弗能为。

丙本第六十四章下段中有：

> 是以〔圣〕人欲不欲，不贵戁（难）旱（得）之货。<u>学不学，</u>
> <u>遑（复）众之所迡（过）</u>。是以能植（辅）蘁（万）勿（物）之自肰
> （然），而弗敢为■。

这些"圣（学）不圣（学）""学不学"，和"无学"没有什么两样，都是
对"学"的批判或是对于"无学"的提倡。因为所谓"不学"就是"众
之所迡（过）"，相反所谓"学"就是"众之所止"，所以本章对于
"学"的批判，也就是对与世间之"学"性质相反的"道"之修得的
提倡。

那么，先秦时代对于"学"推广到"众之所止"程度的学派是哪
一家呢？那只有儒家。如《论语·学而》篇云：

> 子曰：<u>学而时习之，不亦说乎</u>。有朋自远方来，不亦乐
> 乎。人不知而不愠，不亦君子乎。

《论语·阳货》篇云：

> 子曰：由也女闻六言六蔽矣乎。对曰：未也。居，吾语
> 女。<u>好仁不好学，其蔽也愚。好知不好学，其蔽也荡。好信</u>
> <u>不好学，其蔽也贼。好直不好学，其蔽也绞。好勇不好学，其</u>
> <u>蔽也乱。好刚不好学，其蔽也狂</u>。

此外，《荀子·劝学》篇云：

> 君子曰：<u>学不可以已</u>。……故木受绳则直，金就砺则利，
> 君子博学而日参省乎己，则知明而行无过矣。故不登高山，
> 不知天之高也。不临深溪，不知地之厚也。不闻先王之遗
> 言，不知学问之大也。<u>干越夷貉之子，生而同声，长而异俗，</u>
> <u>教使之然也</u>。

因此,郭店《老子》甲本、丙本第六十四章下段对于具有形而上学意义的"**季**(学)不**季**(学)""学不学"的提倡,也意味着对于此前儒家形而下学意义的"学"做出批判。

(2) 郭店楚简《老子》对于"学"的批判

乙本第四十八章上段中有:

> 学者日益,为道者日损。损之或损,以至亡(无)为也。亡(无)为而亡(无)不为。

这里所描画的"学者日益"的学问观,也就是每天从外部摄取伦理与知识以丰富自己的学问观,在那个时代的儒家思想家中,①也特指站在性恶论立场上的荀子学问观。《荀子·劝学》篇云:

> 吾尝终日而思矣,不如须臾之所学也。吾尝跂而望矣,不如登高之博见也。登高而招,臂非加长也,而见者远。顺风而呼,声非加疾也,而闻者彰。假舆马者,非利足也,而致千里。假舟楫者,非能水也,而绝江河。君子生非异也,善假于物也。

可见荀子学问观之类型,是从外部"假"借本来自己内部所不具备的东西。与之相反,持性善说立场的孟子,在《孟子·告子上》篇中倡导说:

> 孟子曰:仁人心也,义人路也。舍其路而不由,放其心而不知求,哀哉。人有鸡犬放,则知求之。有放心而不知求。

---

① 《老子》第四十八章所批判的学问观,特指儒家的学问观,关于这一点,金谷治《老子无知无欲のすすめ》已有指出。

学问之道无他，求其放心而已矣。

可见孟子学问观之类型，是取回本来自己内部已经完备具足的"心"，并复归于"心"。不用说，这和"学者日益"的学问观性质上完全不同。因此，"学者日益，为道者日损"一文，一方面针对荀子形而下意义上的"学"做出批判，另一方面，与之相反，致力于心之虚无，提倡自家形而上意义上的"为道"学说，这样的解说我认为是恰当的。

还有，以下所举各种日本的入门书籍，都不把"学者日益"一句看作《老子》对于"学"的批判，我觉得这种解释是不正确的。如诸桥辙次《掌中　老子の讲义》；福永光司《老子》下；楠山春树《老子の人と思想》；小川环树《老子》；蜂屋邦夫《老子》。

（3）郭店楚简《老子》对于"绝学"的提倡

乙本第二十章上段中有：

鱻（绝）学亡（无）慂（忧）。售（唯）与可（诃），相去几可（何）。峛（美）与亚（恶），相去可（何）若。人之所墨（畏），亦不可以不墨（畏）。

如这段话所示，对于《老子》来说，所谓"学"，就是教会人知道"售（唯）与可（诃）"之相异，以及"峛（美）与亚（恶）"的区别（"峛（美）与亚（恶）"的区别后文论述）。"售（唯）"指的是对于上级做出的符合礼节的回答。第一个"可"字，是"诃"的省字或假借字，即大声地表达愤怒。关于"售（唯）与可（诃）"，虽然与之并不完全相同，我们从郭店《五行》以及马王堆《五行》第二十二章经文、说文，《礼记》的《曲礼上》篇、《玉藻》篇等文献可以了解到，"唯"与"诺"的差异在当时有过频繁的论述。

这里对马王堆《五行》第二十二章作出考察。① 这一章的经文有：

> 〔●〕耳目鼻口手足六者，心之役也。心曰唯，莫敢不
> 〔唯〕。〔心曰若（诺），莫〕敢不〔若（诺）。心〕曰进，莫敢不进。
> 〔心曰退，莫敢不退。心曰深，莫敢不深。〕心曰浅，莫敢不浅。

"唯"字，对于《礼记·曲礼上》篇"必慎唯诺"，《经典释文》云："唯，应辞也。"可见是应答之词。"若"字是"诺"的假借字或者省字。《广雅·释诂》云："唯、诺，应也。"这里也说是应答之词。关于"唯"和"诺"的差异，《礼记·玉藻》篇中有：

> 父命呼，唯而不诺。手执业则投之，食在口则吐之，走而
> 不趋。

可见，"唯"要比"诺"更为恭敬。此外《礼记·曲礼上》篇也有：

> 父召无诺，先生召无诺，唯而起。

对此郑玄的解释是："应辞。唯恭于诺。"《五行》第二十二章经文前半部分的意思，第二十二章说文有如下说明：

> 心曰虽（唯），莫敢不虽（唯），心曰虽（唯），〔耳目〕鼻口
> 手足音声懇（貌）色皆虽（唯）。是莫敢不虽（唯）也。若（诺）
> 亦然。

---

① 关于马王堆《五行》第二十二章经文、说文的详细分析，可以参照以下拙著：《马王堆汉墓帛书五行篇研究》（汲古书院，1993 年）第二部之《第二十二章经》以及《第二十二章说》；《马王堆汉墓帛书五行研究》（王启发译，中国社会科学出版社，2005 年）第二部之《第二十二章经》以及《第二十二章说》。此外对于郭店《五行》整体的综合性研究论文，可以参照以下拙论：《郭店楚简〈五行〉の研究》（池田知久监修《郭店楚简の思想史的研究》第 2 卷，东京大学郭店楚简研究会编，1999 年 12 月）；《郭店楚简〈五行〉研究》（曹峰译，《中国哲学》第 21 辑，辽宁教育出版社，2000 年 1 月）；《郭店楚简〈五行〉研究》（曹峰译，武汉大学《国际简帛研讨会论文集》，2000 年 5 月）。

这是说，人体之"耳目鼻口手足"对于"心"所下"唯""若（诺）"的命令，不敢违逆，忠实执行。

第二十二章经文中"进、退"部分的意思，第二十二章说文解释为"进亦然，退亦然"，即"耳目鼻口手足"忠实执行"心"所下"进""退"的命令。因为前后文"唯、若（诺）"和"深、浅"都同"礼"的法则有关，因此这里的"进、退"也不是一般意义上的"进退"，而理当看作"礼"的法则。《论语·子张》篇中有：

> 子夏之门人小子，当洒扫应对进退则可矣。

《礼记·曲礼上》篇中有：

> 遭先生于道，趋而进，正立拱手。先生与之言则对，不与之言则趋而退。

《五行》的进退无疑就是这样的"进、退"。

关于第二十二章经文"深、浅"的部分，第二十二章说文云：

> 心曰深，〔莫〕敢不深。心曰浅，莫敢不浅。深者，甚也。浅者，不甚也。深浅有道矣。故父譁（呼），口〔含〕食则堵（吐）之，手执〔业〕则投〔之〕，虽（唯）而不若（诺），走而不趋。是莫敢不深也。于兄则不如是亓（其）甚也。是莫敢不浅也。

可见，对于"父"之"礼"的法则"甚"，叫作"深"，对于"兄"之"礼"的法则"不甚"，叫做"浅"。这个部分的文意是，对于"心"作出的或"深"或"浅"的关乎"礼"之法则的命令，"耳目鼻口手足"都忠实地加以执行。

如果基于以上的论述，不得不认为郭店《老子》乙本第二十章上段的"（绝）学"，主要是针对当时儒家"礼学"等的批判。

顺便指出，"䆃（绝）学亡（无）慐（忧）"这四个字，表面上和今本《老子》第十九章以下的话：

> 绝圣弃智，民利百倍。绝仁弃义，民复孝慈。绝巧弃利，
> 盗贼无有。

相类似。因为，曾有易顺鼎、马叙伦、蒋锡昌、李大防等人主张，这
四个字不应该放在第二十章的开头，而应该放在第十九章的末
尾，但这四字郭店《老子》就是置于第二十章上段的开头，郭店《老
子》的出土证明了这些说法确实是错误的，这个悬案终于可以解
决了。这四个字原来就属于第二十章，尽管表面上和第十九章的
"绝圣弃智"等类似，但在内容上和第十九章没有关系。但是郭店
《老子》第二十章仅存上段，没有下段。尚处形成途中的古《老子》
第二十章，就是这种只有上段的文本。下段部分是在郭店《老子》
以后，马王堆《老子》形成过程中附加进去的吧。

（4）郭店楚简《老子》对于"智""虑"的批判

基于以上的分析，可以推测，郭店《老子》中所包含的对于
"䈭（智）""虑"的批判，也主要是以儒家观点为批判靶子的。如
前面所引用过的那样，甲本第十九章中有：

> 㠯（绝）䈭（智）弃弁（辩），民利百怀（倍）。㠯（绝）攻（巧）
> 弃利，朓（盗）惥（贼）亡（无）又（有）。㠯（绝）愚（为）弃虑，民
> 复季〈孝〉子（慈）。

此外，甲本第五十六章中有：

> 䈭（知）之者弗言，言之者弗䈭（知）。閟（闭）亓（其）逆
> （穴），赛（塞）亓（其）门，和亓（其）光，週（通）亓（其）斳（尘），
> 劃（剉）亓（其）䤶（锐），解亓（其）纷。是胃（谓）玄同。

这不单纯是对"䈭（智）"的批判，几乎同样可以看作是对儒家的

批判。还有,甲本第五十七章中有:

> 以正之(治)邦,以载(奇)甬(用)兵,以亡(无)事取天下。虐(吾)可(何)以智(知)亓(其)肰(然)也。夫天多期(忌)韦(讳),天〈而〉民尔(弥)畔(贫)。民多利器,天〈而〉邦慈(滋)昏。人多智(智),天〈而〉载(奇)勿(物)慈(滋)记(起)。法勿(物)慈(滋)章(彰),眺(盗)恳(贼)多又(有)。

这些也和上述"学"的问题几乎相同,将其视为主要针对儒家"智(智)""虑"的批判应无问题,这里不再展开详细的论述。

4. 郭店楚墓竹简《老子》对于"为""事"的批判

(1) 郭店楚简《老子》对于"为"的批判以及对于"无为"的提倡

众所周知,不仅限于郭店楚简,《老子》中批判人"为"、倡扬"无为"的文章极为多见。这些批判是否都是针对儒家"为"的思想而作出的批判,我计划在别的场合作出详论,但《老子》对于"为"的批判以及对于"无为"的提倡,和同时代儒家荀子致力于人为、作为的思想形成尖锐对立,这是没有争议的事实。例如,《荀子·劝学》篇中有:

> 学恶乎始,恶乎终? 曰:其数则始乎诵经,终乎读礼,其义则始乎为士,终乎为圣人,真积力久则入,学至乎没而后止也。故学数有终,若其义则不可须臾舍也。为之人也,舍之禽兽也。

《荀子·修身》篇中有:

> 故跬步而不休,跛鳖千里。累土而不辍,丘山崇成。厌其源,开其渎,江河可竭。一进一退,一左一右,六骥不致。

彼人之才性之相县也,岂若跛鳖之与六骥足哉。然而跛鳖致之,六骥不致,是无他故焉,或为之或不为尔。道虽迩,不行不至,事虽小,不为不成。其为人也多暇日者,其出入不远矣。

《荀子·性恶》篇中有:

> 人之性恶,其善者伪也。今人之性,生而有好利焉。顺是,故争夺生而辞让亡焉。生而有疾恶焉。顺是,故残贼生而忠信亡焉。生而有耳目之欲,有好声色焉。顺是,故淫乱生而礼义文理亡焉。然则从人之性,顺人之情,必出于争夺,合于犯分乱理而归于暴。故必将有师法之化,礼义之道,然后出于辞让,合于文理,而归于治。用此观之,然则人之性恶明矣,其善者伪也。

《性恶》篇所谓"其善者伪也",说的是人类的善是"人为"(努力)的结果,而不是"虚伪"的"伪"。① 这一点,通过《正名》篇对于"伪"的以下定义,也可以得到证明。

> 散名之在人者,生之所以然者,谓之性。……心虑而能为之动,谓之伪。虑积焉能习焉而后成,谓之伪。……是散名之在人者也,是后王之成名也。

以下,作为参考资料,列举郭店《老子》中对于"为"加以批判、对于"无为"加以提倡的内容。如甲本第十九章中有:

> 巹(绝)智(智)弃覍(辩),民利百伓(倍)。巹(绝)攷(巧)弃利,覜(盗)忎(贼)亡(无)又(有)。巹(绝)悬(为)弃虑,民

---

① 关于《荀子·性恶》篇"其善者伪也"的"伪"之含义以及性恶说的主旨,可以参照内山俊彦《荀子》(讲谈社,1999 年)Ⅱ章之"性恶善伪"。

复季〈孝〉子(慈)。

甲本第六十四章下段中有：

> 为之者败之，执之者远〈遊〈失〉〉之。是以圣人亡(无)为，古(故)亡(无)败。亡(无)执，古(故)亡(无)遊(失)……圣人谷(欲)不谷(欲)，不贵难旻(得)之货。季(学)不季(学)，遑(复)众之所甦(过)。是古(故)圣人能尃(辅)万勿(物)之自朕(然)，而弗能为。

甲本第三十七章中有：

> 衍(道)亘(恒)亡(无)为也。侯王能守之，而万勿(物)牌(将)自愿(为)。……簹(知)〔足〕以朿(静)，万勿(物)牌(将)自定■。

甲本第六十三章中有：

> 为亡(无)为，事亡(无)事，未(味)亡(无)未(味)。

甲本第二章中有：

> 天下皆簹(知)敚(美)之为敚(美)也，亚(恶)已。皆簹(知)善，此丌(其)不善已。又(有)亡(无)之相生也，戁(难)嚐(易)之相成也，长耑(短)之相型(形)也，高下之相涅(盈)也，音圣(声)之相和也，先后之相堕(随)也。是以圣人居亡(无)为之事，行不言之季(教)。

甲本第五十七章中有：

> 是以圣人之言曰：我无事，天〈而〉民自福(富)。我亡(无)为，天〈而〉民自蠡(为)。我好青(静)，天〈而〉民自正。我谷(欲)不谷(欲)，天〈而〉民自朴ㄟ。

乙本第四十八章上段中有：

> 学者日益，为道者日损。损之或损，<u>以至亡（无）为也。</u>
> <u>亡（无）为而亡（无）不为</u>。

丙本第六十四章下段中有：

> 为之者败之，执之者<u>遊</u>（失）之。<u>圣人无为，古（故）无</u>
> <u>败也。无执，古（故）〔无遊（失）也〕</u>。……是以〔圣〕人欲
> 不欲，不贵<u>戁</u>（难）<u>导</u>（得）之货。学不学，<u>遉</u>（复）众之所<u>迡</u>
> （过）。是以能<u>桶</u>（辅）<u>蘁</u>（万）<u>勿</u>（物）之自<u>肰</u>（然），<u>而弗</u>
> <u>敢为</u>■。

(2) 郭店楚简《老子》对于"事"的批判和对"无事"的提倡

郭店《老子》与提倡"无为"相并行也提倡"无事"。例如，甲本
第六十三章有：

> 为亡（无）为，<u>事亡（无）事</u>，未（味）亡（无）未（味）。

甲本第五十七章中有：

> 以正之（治）邦，以<u>戟</u>（奇）<u>甬</u>（用）兵，<u>以亡（无）事取天</u>
> <u>下</u>。……是以圣人之言曰，我无事，天〈而〉民自<u>福</u>（富）。我
> 亡（无）为，天〈而〉民自<u>蟲</u>（为）。我好青（静），天〈而〉民自正。
> 我谷（欲）不谷（欲），天〈而〉民自朴⁊。

乙本第五十二章中段中有：

> 闷亓（其）门，赛（塞）亓（其）<u>遂</u>（穴），终身不<u>孟</u>（敄）。启
> 亓（其）<u>遂</u>（穴），赛（济）亓（其）事，终身不来■。

这些"无事"的含义，诸桥辙次《掌中　老子の讲义》一书就今
本第四十八章的"无事"作了如下的注：

　　　　所谓"无事"，既是无必为之事的意思，同时也是无事太平的意思。与之相对，所谓"有事"，既是有必为之事的意思，同时也表示有战争的乱世。

此外，木村英一、野村茂夫《老子》、福永光司《老子》下、小川环树《老子》也作了相近的解释。然而，如金谷治《老子　无知无欲のすすめ》、神塚淑子《〈老子〉——"道"への回归》所言，"无事"和"无为"意义几乎相同。楠山春树《老子入门》对今本第五十七章的"无事"作了如下的说明：

　　　　所谓"无事"，和"无为"之语形成对照，"无为"包括了心之作用方式，是一种广义，而"无事"仅指具体的行为。

这难道不是受日语"事"字义的影响而作的望文生义的解释吗。如果参照上引《荀子·正名》篇"正利而为，谓之事。正义而为，谓之行。"就可以知道"事"目的指向"利"等东西的获得、实现，是一种目的意识更强的"为"。顺便指出，郭店《老子》甲本第二章可见"亡(无)为之事"的话，这也证明"为"与"事"几乎意义相同。因此，对于"事"的批判以及对于"无事"的提倡，基本上可以和上文《郭店楚简〈老子〉对于"为"的批判以及对于"无为"的提倡》作同样的考虑。

　　通过以上论证可知，郭店《老子》实际上有很多对于"为""事"的批判。因为这些对"为""事"的批判，是对"为""事"的一概否定，因此不得不说其包含的范围相当广泛。在对"为""事"的一概否定中，包含着对范围小于"为""事"的"仁义"的否定，应该是理所当然的事。如后文会详细论证的那样，近年来出现一些新说，认为郭店《老子》中，对于"仁义"的否定尚未出现，或者对于"仁义"的否定还不像后世那么强烈。然而，这些新说完全没有成立

的余地,这仅仅从郭店《老子》对"为""事"的批判出发加以考虑,
就已经非常清楚了。

(3) 郭店楚简《老子》所见荀子"积微"思想的影响

然而,郭店《老子》中,和上述对"为""事"加以批判不同,也呈
现出对"为""事"加以肯定的面貌。如甲本第六十四章上段有:

> 亓(其)安也,易枈(持)也。亓(其)未菜(兆)也,易愳
> (谋)也。亓(其)霝(脆)也,易畔(判)也。亓(其)几也,易後
> (散)也。为之于亓(其)亡(无)又(有)也,絧(治)之于亓(其)
> 未乱。合〔抱之木,生于毫〕末,九成之台,已(起)〔于嬴(蘽)
> 土,百仁(仞)之高,台(始)于〕足下■。

此章的主旨是,事物如果尚处于"未菜(兆)""几"的萌芽状态,那
还容易处理,所以必须在"亡(无)又(有)""未乱"的萌芽状态有所
"为"。从这样的场合开始,一点点积累微小努力,最后就能成就
巨大的事业。这正是对"为""事"的肯定。

与本章"为之于亓(其)亡(无)又(有)也,絧(治)之于亓(其)
未乱"两句类似的话,也见于《尚书·周官》篇:

> 制治于未乱,保邦于未危。

《战国策》楚策一:

> 苏秦为赵合从,说楚威王曰:……臣闻治之其未乱,为之
> 其未有也。患至而后忧之,则无及已。

(《史记·苏秦列传》也有几乎相同的话,)因此难以看作《老子》固
有思想的体现。恐怕民间流传的是原型,《老子》是借用吧。然
而,关于《尚书·周官》,大田方《老子全解》、王鸣盛《尚书后案》却
说是《尚书·周官》篇引用了《老子》此章。此外,贾谊《新书·审

微》篇中有：

> 老聃曰：为之于未有，治之于未乱。管仲曰：备患于未形，上也。

《吴志·孙策传》注中有：

> 可谓为之于其未有，治之于其未乱者也。

不用说这是《老子》此章的引用。

再来看"合〔抱之木，生于毫〕末，九成之台，己(起)〔于羸(蔂)土，百仁(仞)之高，台(始)于〕足下■"。与之类似的文章见于《论语·子罕》篇：

> 子曰：譬如为山，未成一篑，止吾止也。譬如平地，虽覆一篑，进吾往也。

《淮南子·说山》篇：

> 先针而后缕，可以成帷。先缕而后针，不可以成衣。针成幕，蔂成城。事之成败，必由小生。言有渐也。

《文子·道德》篇：

> 十围之木，始于把。百仞之台，始于下。此天之道也。

但是，我们认为这是以战国晚期儒家之代表荀子"积微"（一点点积累微小的努力，成就巨大的事业）思想为基础的，并将其包容到了自家的思想体系之中。之所以这么说，是因为这种"积微"的思想，在先秦诸子中其他儒家那里也看不到，是根植于性恶学说的荀子独有的思想。在此举出《荀子》中主要的资料。例如，《劝学》篇中有：

> 积土成山，风雨兴焉。积水成渊，蛟龙生焉。积善成德，

而神明自得,圣心备焉。故不积跬步,无以至千里。不积小流,无以成江海。骐骥一跃,不能十步。驽马十驾,则亦及之。功在不舍。

《劝学》篇中还有:

昔者瓠巴鼓瑟,而流鱼出听,伯牙鼓琴,而六马仰秣。故声无小而不闻,行无隐而不形,玉在山而草木润,渊生珠而崖不枯。为善积邪,安有不闻者乎。

《修身》篇中有:

故跬步而不休,跛鳖千里。累土而不辍,丘山崇成。厌其源,开其渎,江河可竭。一进一退,一左一右,六骥不致。彼人之才性之相县也,岂若跛鳖之与六骥足哉。然而跛鳖致之,六骥不致,是无他故焉,或为之或不为尔。道虽迩,不行不至,事虽小,不为不成。其为人也多暇日者,其出入不远矣。

《儒效》篇中有:

性也者,吾所不能为也,然而可化也。情〈积〉也者,非吾所有也,然而可为也。注错习俗,所以化性也。并一而不二,所以成积也。习俗移志,安久移质。并一而不二,则通于神明,参于天地矣。故积土而为山,积水而为海。旦暮积谓之岁,至高谓之天,至下谓之地,宇中六指谓之极。涂之人百姓,积善而全尽,谓之圣人。彼求之而后得,为之而后成,积之而后高,尽之而后圣。故圣人也者,人之所积也。人积耨耕而为农夫,积斲削而为工匠,积反货而为商贾,积礼义而为君子。工匠之子莫不继事,而都国之民安习其服。居楚而楚，居越而越，居夏而夏，是非天性也，积靡使然也。故人知谨注错，慎习俗，大积靡，则为君子矣。纵情性而不足问学，则为小人矣。

《强国》篇有：

> 积微，月不胜日，时不胜月，岁不胜时。凡人好敖慢小事，大事至然后兴之务之。如是则常不胜夫敦比于小事者矣。是何也。则小事之至也数，其县日也博，其为积也大。大事之至也希，其县日也浅，其为积也小。故善日者王，善时者霸，补漏者危，大荒者亡。故王者敬日，霸者敬时，仅存之国危而后戚之，亡国至亡而后知亡，至死而后知死。亡国之祸败，不可胜悔也。霸者之善箸焉，可以时托〈记〉也。王者之功名，不可胜日志也。财物货宝，以大为重。政教功名反是，能积微者速成。诗曰：德辖如毛，民鲜克举之，此之谓也。

《性恶》篇有：

> 塗之人可以为禹，曷谓也。……今使涂之人者，以其可以知之质，可以能之具，本夫仁义之可知之理，可能之具，然则其可以为禹明矣。今使途之人，伏术为学，专心一志，思索孰察，加日县久，积善而不息，则通于神明，参于天地矣。故圣人者，人之所积而致也。

《大略》篇有：

> 雨小汉故潜。夫尽小者大，积微者著，德至者色泽洽，行尽而声问远。小人不诚于内，而求之于外。

等等，不胜枚举。

这样看来，说郭店《老子》甲本第六十四章上段存在着受荀子"积微"思想影响的部分，是不能否定的。但这样一来，就产生了两三个新的问题。下面对此作一简略的考察。

第一，甲本第六十四章上段对"为""事"加以肯定的"积微"思想，和前述对于"为""事"的批判，在性质上显然是自相矛盾的。该如何考虑这个矛盾，这就是新产生的问题。笔者虽然不能不承认两者间存在矛盾，但是否可以这样去解释，即便郭店楚简是最古的《老子》，但也不是一人一时之作而是多人多时之作，较早时代撰写的、否定"为""事"的《老子》本来的文章，和较新时代加入的其他人撰写的肯定"为""事"的"积微"文章，几个部分虽然成书年代不同，但错位叠加在了一起。

第二，如果上述推测成立，那么，郭店《老子》最终的成书年代，就和《荀子》同时代或者比《荀子》稍晚。日本对于《荀子》研究取得很大成果的内山俊彦在其《荀子》一书中，对荀子生平及事迹的轮廓作出了以下的描述。[1] 荀子，公元前 314 年左右生于赵国，公元前 265 年前后即齐襄王（前 284 至前 265 年在位）的末年或王建（前 264 至前 220 年在位）的初年，荀子五十岁时来到了齐国。在齐国都临淄的稷下，曾三度被推为祭酒，大约有十年左右时间在齐国度过。然而，好像遭遇到不得不去国的命运，公元前 255 年，亦即楚考烈王（前 263 至前 238 年在位）八年，荀子离开齐国到了楚国，不久被春申君任命为兰陵令。然后，在距考烈王死去的前 238 年不远的某一年，荀子死于兰陵。如果以此为依据，笔者推测，荀子生活于齐国公元前 265 年至前 255 年约十年间，在临淄稷下撰写郭店《老子》的道家思想家们和荀子有过接

---

[1] 参照内山俊彦《荀子》I 章之 2《战国最后的儒家——荀子の生涯》。

触，或许受到了荀子"积微"思想的影响。

第三，如果像甲本第六十四章上段那样，在郭店《老子》中，存在着受到荀子肯定"为""事"之"积微"思想影响的部分，那么前面讲到的否定"为""事"的"无为""无事"的思想中，是不是也存在着反驳荀子提倡人为、作为的思想，将其作为批判对象而成书的部分呢？郭店《老子》对于荀子作为思想的态度，就是这样交错着否定与肯定、批判与摄取，但现实绝不是那么简单，而是呈现出相当复杂的状态。关于这个问题，我准备在别的场合再作详细的讨论。

5. 郭店楚墓竹简《老子》对于"美""善"的批判

(1) 郭店楚简《老子》对于"美""善"的批判

郭店《老子》有着这样的思想，即把作为价值概念的"美"和"恶"（丑）、"善"和"不善"（恶）等区别相对化，试图从整体上对价值概念加以克服和否定，在"美、恶"的彼岸、在"善、不善"的彼岸，确立起真实的价值（即"道"）。例如，甲本第二章中有：

> 天下皆督（知）敩（美）之为敩（美）也，亚（恶）已。皆督（知）善，此丌（其）不善已。又（有）亡（无）之相生也，戁（难）
> 昜（易）之相成也，长耑（短）之相型（形）也，高下之相涅（盈）
> 也，音圣（声）之相和也，先后之相堕（随）也。是以圣人居亡（无）为之事，行不言之圣（教）。

这段话首先论述，人类的"敩（美）"这种价值判断，也许实际上正相反，就是"亚（恶）"，人类的"善"这种价值判断，也许实际上正相反，就是"不善"，因而是极不确定的。同样，"又（有）"和"亡（无）"这种相互规定、同时发生的存在判断，也是人类作为、言论的产物，"万勿（物）"这种自在的世界本身，完全就不存在，进而"戁

（难）"和"惕（易）"、"长"和"峕（短）"、"高"和"下"、"音"和"圣
（声）"、"先"和"后"等事实判断,也都完全不存在于"万勿（物）"自
在的世界本身,人类却针对"万勿（物）",从方方面面玩弄其作为
和言论,因此,这不过是一些相互规定的、同时发生的标签而已。
这些内容所涉及的存在判断和事实判断的相对化及其否定与克
服,这里不作讨论。但是,如果说到"美、恶""善、不善"等价值判
断的相对化及其否定与克服,主要批判的对象,当指的是儒学
"美""善"等价值概念的狭隘。

因为,对当时作为伦理价值概念的"美""善",给予最热心阐
述者,无疑就是儒家。例如,《论语·里仁》篇中有：

> 子曰：里仁为美。择不处仁,焉得知。

《论语·颜渊》篇中有：

> 子曰：君子成人之美,不成人之恶。小人反是。

《论语·述而》篇中有：

> 子曰：圣人吾不得而见之矣。得见君子者,斯可矣。子
> 曰：善人吾不得而见之矣。得见有恒者,斯可矣。亡而为有,
> 虚而为盈,约而为泰,难乎有恒矣。

《孟子·尽心下》篇中有：

> （浩生不害曰）：何谓善,何谓信？曰：可欲,之谓善。有
> 诸己,之谓信。充实,之谓美。充实而有光辉,之谓大。大而
> 化之,之谓圣。圣而不可知之,之谓神。

《孟子·告子上》篇中有：

> 孟子曰：水信无分于东西,无分于上下乎。人性之善也,

犹水之就下也。人无有不善，水无有不下。今夫水搏而跃
之，可使过颡。激而行之，可使在山。是岂水之性哉，其势则
然也。人之可使为不善，其性亦犹是也。

《荀子·不苟》篇中有：

君子崇人之德，扬人之美，非谄谀也。正义直指，举人之
过，非毁疵也。言己之光美，拟于舜禹，参于天地，非夸诞也。

《荀子·性恶》篇中有：

孟子曰：今人之性善，将皆失丧其性，故恶也。曰：若是
则过矣。今人之性，生而离其朴，离其资，必失而丧之。用此
观之，然则人之性恶明矣。所谓性善者，不离其朴而美之，不
离其资而利之也。使夫资朴之于美，心意之于善，若夫可以
见之明不离目，可以听之聪不离耳，故曰目明而耳聪也。今
人之性，饥而欲饱，寒而欲暖，劳而欲休，此人之情性也。今
人饥，见长而不敢先食者，将有所让也。劳而不敢求息者，将
有所代也。夫子之让乎父，弟之让乎兄，子之代乎父，弟之代
乎兄，此二行者，皆反于性而悖于情也。然而孝子之道，礼义
之文理也。故顺情性，则不辞让矣。辞让，则悖于情性矣。
用此观之，然则人之性恶明矣，其善者伪也。

《荀子·性恶》篇中有：

尧问于舜曰：人情何如？舜对曰：人情甚不美，又何问
焉。妻子具而孝衰于亲，嗜欲得而信衰于友，爵禄盈而忠衰
于君。人之情乎，人之情乎，甚不美，又何问焉。唯贤者为
不然。

可见，儒家留下了大量阐说"美""善"的文章，这些"美""善"对于

各种儒家伦理思想来说,都属于根本的、最为重要的价值观念。郭店《老子》甲本第二章,正是以儒学的"美""善"作为批判的目标。

此外,乙本第二十章上段,如前文所引用过的那样,有以下这样一段话。

> 甗(绝)学亡(无)惪(忧)。隹(唯)与可(诃),相去几可(何)。兊(美)与亚(恶),相去可(何)若。人之所墨(畏),亦不可以不墨(畏)。

在前文中,我已指出这段文章所见"甗(绝)学"是对当时儒家"礼学"等的批判,我认为其中对于"兊(美)"和"亚(恶)"的论述,也同样是试图对当时儒家价值判断加以相对化,甚至是否定和克服。这段文章末尾有"人之所墨(畏),亦不可以不墨(畏)"。从中可以看出,对"学"这种通过"学习"获得的"知"加以否定的老子提出了新的方案,那就是作为替代的肯定之物,只要依从社会上的人朴素的判断就可以了。

这里,再作一点补充性的说明。因为"美""善"是比较大的、总括性的伦理概念,因此甲本第二章和乙本第二十章上段所见对"美""善"的批判,非常有助于我们想象,对于"仁义"这种更小的具体的伦理概念,郭店《老子》是如何评价的? 如后面所详细论述的那样,近年,在学界出现了主张郭店《老子》中还没有出现对"仁义"的否定,或者说那种否定不如后世那么强烈之新说。然而,这种新说毫无成立之余地,我们只要仅仅基于郭店《老子》对"美""善"之批判来加以考察,不就已经非常明了了吗?

(2)郭店楚简《老子》对"美""善"加以批判之理论的由来

甲本第二章所见的,将价值判断相对化并予以否定和克服,将存在判断相对化并予以否定和克服,将事实判断相对化并予以否定和克服,这一系列对"知"加以批判的理论,来自比郭店《老子》更早的、形成于战国中期(前 300 年左右)早期道家之手的《庄子·齐物论》篇,即其中南郭子綦和颜成子游的问答。①

南郭子綦和颜成子游问答所展开者,全部都是对真实之"道"加以探求的思索。从其思索展开过程的整体来看,可以说问答的作者采用的是一种批判主义的方法。就是说,问答的作者作出第一批判的对象,是与"小成""荣华"相伴随的"爱"等感情判断,这在作者看来是最为下等的判断。将其加以否定和克服之后,如下文所示:

> 故有儒墨之是非。以是其所非,而非其所是。

作者作出第二批判的对象是儒家和墨家围绕"是非"展开的价值判断,这在作者看来是倒数第二等的低劣判断。将其加以否定和克服之后,作者作出第三批判的对象,主要是各家围绕"彼是"展开的事实判断,这在作者看来是倒数第三等的低劣判断。在完成第三批判之后出现的"知"及其以此"知"描画的世界,只能是作者自身的"一之有"即"万物齐同"。然而,作者提出,连这种第四等的、自身的"万物齐同"也是不够充分的,要加以否定和克服。从"今且有言于此"到"无适焉。因是已"的一个段落,是其第四批判,由此作者最终到达了"一之无",最终确立了"道"。

如以上简略说明的那样,问答之作者的最终目的在于"道"的

---

① 关于本项内容的详细论述,可以参照以下拙著:《老庄思想》之 6"'万物齐同'的哲学";《〈庄子〉——"道"的思想及其演变》第Ⅱ部第五章"'万物齐同'的哲学";《道家思想の新研究——〈庄子〉を中心として》第 5 章"'万物齐同'の哲学";《道家思想的新研究——以〈庄子〉为中心》上第五章"'万物齐同'的哲学"。

确立,然而,到达其最终目的的思索整体中,对于价值判断的批判几乎处于最下面的位置。其批判的对象也明确表明是"儒墨"。可以确认,这段问答所描写的战国中期,墨家作为"显学"依然存在并活跃,因此问答中提到的"儒墨",如其文字所示,指的是儒家的价值判断和墨家的价值判断两者。但是,郭店《老子》被撰写的战国晚期,墨家因为集团三分,导致主导权的争夺,因此他们对中国社会的影响力已几乎不存。即便从这一情况作出推测,也不能不认为,甲本第二章对"美""善"之相对化及其否定和克服,是以当时的主要思想即儒学思想为批判对象的吧。

6. 郭店楚墓竹简《老子》对于《礼记·大学》"八条目"的批判

(1) 郭店楚简《老子》对于《礼记·大学》"八条目"的批判

郭店《老子》乙本第五十四章有以下内容:

> 善建者不拔,善休(保)者不兑(脱),子孙以丌(其)祭祀不屯(顿)。攸(修)之身,丌(其)惪(德)乃贞。攸(修)之豪(家),丌(其)惪(德)又(有)舍(余)。攸(修)之向(乡),丌(其)惪(德)乃长。攸(修)之邦,丌(其)惪(德)乃奉(丰)。攸(修)之天下,〔丌(其)惪(德)乃博(溥)。以豪(家)观〕豪(家),以向(乡)观向(乡),以邦观邦,以天下观天下。虘(吾)可(何)以智(知)天〔下之肰(然)哉,以此〕。

这段文章的前半部分,论述了如果将"善建""善休(保)"的《老子》的"道",适用于"身""豪(家)""向(乡)""邦""天下"各个不同层次不同阶段,那么,每个层次每个阶段都能够获得有益的成果。因此,这里的"道"就是在每个层次每个阶段都能够共同适用的、普遍的一般的原理。相反,后半部分论述的是,这种"道"在各个层次各个阶段是不能相互转用的。因此,不同的"道"只能适用于一个层次一个阶段，是一种个别的具体的原理。

前半部分"道"的普遍性一般性和后半部分"道"的个别性具体性，这两者的统一、整合并非不可能，实际上，在稍后的时代（西汉初期），道家创立了"道一理殊"说，以力图将此两者统一、整合起来，这种思想可以看作是宋学"理一分殊"说的先驱形态。① 但是，在郭店《老子》乙本第五十四章中，将两者统一、整合起来之逻辑尚未展开。从道家思想史的发展来看，前半部分是初期道家以来的传统的思想，而后半部分则有其新意。不用说，即便在后半部分中，本章的重点也是下面这句话：

> 以天下观天下。虐（吾）可（何）以智（知）天〔下之肰（然）哉，以此〕。

就是说，在治理"天下"时，必须依据"天下"的"道"，这是本章的重点。

如果以上说法成立，那么，本章之主张的重点就具备了这样的性质，即和《礼记·大学》篇所谓大学的"八条目"思想正好形成对立。众所周知，《礼记·大学》篇有以下内容：

> 古之欲明明德于天下者，先治其国。欲治其国者，先齐其家。欲齐其家者，先修其身。欲修其身者，先正其心。欲正其心者，先诚其意。欲诚其意者，先致其知，致知在格物。物格而后知至，知至而后意诚，意诚而后心正，心正而后身修，身修而后家齐，家齐而后国治，国治而后天下平。自天子以至于庶人，壹是皆以修身为本。其本乱而末治者否矣，其所厚者

---

① 这方面的详细论述，可参照以下两部拙著：《道家思想的新研究——〈庄子〉为中心として》第12章第5节 B 之 a"'道理'概念の形成"；《道家思想的新研究——以〈庄子〉为中心》下第十二章第5节 B 之 a"'道理'概念的形成"。

薄,而其所薄者厚,未之有也。此谓知本,此谓知之至也。

呈现出"修身→齐家→治国→平天下"的道德、政治图式,其构想在于,四阶段都是从"修身"出发,表现为有机连接、发展。依据这个图式,"自天子以至于庶人",即对于所有人来讲,"修身"之"道"和"平天下"之"道"本质上没有什么不同,而且"修身"为"本","平天下"为"末",因此为了实现"平天下"的目标,其"道"只能是先"修身",而不可能是其他行为。这样,郭店《老子》本章和《礼记·大学》篇的"八条目"处于正好相反的立场。

问题在于两者的先后关系、影响关系究竟如何呢?关于《礼记·大学》篇的作者及其形成,虽然存在各种各样传统的说法,但依据有力的证据来确定事实极为困难。因此,本文不准备讨论这个问题。[①] 不过,和《礼记·大学》篇所见"修身→齐家→治国→平天下"道德的、政治图式相类似者,自孔子、孟子以来,一直为儒家所论述。例如,《论语·学而》篇中有:

> 有子曰:其为人也,孝弟而好犯上者,鲜矣。不好犯上而好作乱者,未之有也。君子务本,本立而道生。孝弟也者,其为仁之本与。

《论语·为政》篇中有:

> 或谓孔子曰:子奚不为政? 子曰:书云:孝乎惟孝,友于

[①] 津田左右吉:《儒学の研究》三(收入《津田左右吉全集》第十八卷,岩波书店,1965年)第四篇《大学》の致知格物指出:"因为《中庸》和《乐记》是西汉后半期或者晚期的作品,从这个观点出发,《大学》也只能视为这一时期的作品。"另外,武内义雄《儒学の伦理》(收入《武内义雄全集》第二卷《儒学篇》一,角川书店,1978年)第二章之三"大学の道"指出:"归根到底,可以说《大学》是汉代之作更接近于事实。"如果再举后期的研究,还有板野长八《儒教成立史の研究》(岩波书店,1995年)第六章第三节之(一)《〈大学〉篇作成の时期》,板野基本上赞成武内的见解。

兄弟，施于有政。是亦为政，奚其为为政。

《孟子·离娄上》篇中有：

> 孟子曰：人有恒言，皆曰：天下国家。天下之本在国，国之本在家，家之本在身。

《荀子·君道》篇中有：

> 请问为国。曰：闻修身，未尝闻为国也。君者仪也，仪正而景正。君者盘也，盘圆而水圆。君者盂也，盂方而水方。君射则臣决。楚庄王好细腰，故朝有饿人。故曰：闻修身，未尝闻为国也。

《荀子·宥坐》篇中有：

> 孔子为鲁司寇，有父子讼者，孔子拘之，三月不别。其父请止，孔子舍之。季孙闻之不说曰，是老也欺予，语予曰：为国家必以孝。今杀一人，以戮不孝，又舍之。

《孝经·孝治章》中有：

> 子曰：昔者明王之以孝治天下也，不敢遗小国之臣，而况于公侯伯子男乎。故得万国之欢心，以事其先王。治国者不敢侮于鳏寡，而况于士民乎。故得百姓之欢心，以事其先君。治家者不敢失于臣妾，而况于妻子乎。故得人之欢心，以事其亲。夫然，故生则亲安之，祭则鬼享之，是以天下和平，灾害不生，祸乱不作。故明王之以孝治天下也如此。《诗》云：有觉德行，四国顺之。

《孝经·广扬名章》中有：

> 子曰：君子之事亲孝，故忠可移于君。事兄悌，故顺可移于

长。居家理,故治可移于官。是以行成于内,而名立于后世矣。

除上引诸篇外,具有相同思想的文章不胜枚举。因此,即便《礼记·大学》篇是西汉后期成书的文献,类似思想早在春秋晚期即已出现,以后无疑成为儒家的传统。郭店《老子》乙本第五十四章后半部分,即便不是对《大学》图式的直接批判,毋庸置疑也是对春秋晚期以后成为儒家传统的类似思想之批判。

(2) 郭店楚简《老子》与《管子·牧民》篇的关系

然而,《管子·牧民》篇中有以下内容:

> 以家为乡,乡不可为也。以乡为国,国不可为也。以国为天下,天下不可为也。以家为家,以乡为乡,以国为国,以天下为天下。毋曰不同生,远者不听。毋曰不同乡,远者不行。毋曰不同国,远者不从。如地如天,何私何亲。如月如日,唯君之节。

这段文章熟知和《礼记·大学》篇相类似的、"修身→齐家→治国→平天下"的道德、政治图式,在此基础上,指出了其容易导致的缺陷和最终的失败,同时,和郭店《老子》一样提倡了"以家为家,以乡为乡,以国为国,以天下为天下"的伦理、政治方法。儒家图式容易导致的缺陷和最终的失败如下所示——在"以家为乡"时,因为"家"的原理容易排除"不同生"者,因此有着"远者不听"的缺陷,因此最终招致"乡不可为也"的失败。同样,在"以乡为国"时,因为"乡"的原理容易排除"不同乡"者,因此有着"远者不行"的缺陷,因此最终招致"国不可为也"的失败。同样,在"以国为天下"时,因为"国"的原理容易排除"不同国"者,因此有着"远者不从"的缺陷,因此最终招致"天下不可为也"的失败。我认为可以这样理解,这依然是针对春秋晚期以来,儒家所一直坚持的,以血缘主义、地缘主义为基础的"*Gemeinschaft*"①道德、政治发展图式,所作出的激烈批判,即这种图式是与现实不相吻合的。

关于《管子·牧民》篇的作者及其成书,不用说,并非管仲著于春秋初期,但要对这个问题作实证的研究则极为困难。本文引用在《管子》研究方面有卓越成就的金谷治《管子の研究》(岩波书店,1987年)的见解,并暂从其说。其书终章之第二节《〈管子〉诸篇の思想史的展开》之(一)有以下结论:

> 《牧民》第一,作于战国中期偏早。尤其是最前面的国颂章等,可以上溯到战国初期或更古,是较早时代传承下来的资料。虽然有一部分是新增加的,但这是全篇中最早的,其政治思想可视为全篇之中心。

另外,如下所示,其第三章《〈经言〉诸篇の吟味》中,关于这段和《老子》第五十四章类似文章的形成,指出其有可能早于《老子》的成书:

> 虽然是和《老子》相类似的句子,但未必能够确定是《老子》之书形成以后的引用,由此可见,它也反映出各学派形成以前思想未分化的状况吧。

将郭店《老子》乙本第五十四章和《管子·牧民》篇和《礼记·大学》篇(及其类似思想)三者加以比较、对照,可以看出,在内容上,最为单纯的文献是《礼记·大学》篇(及其类似思想),最为复杂的文献是郭店《老子》乙本第五十四章,《管子·牧民》篇处于两者的中间。因此,如果基于思想发展脉络的自然性来考虑,我认为可以作这样的总结,最初出现的是《礼记·大学》篇(及其类似思想),

---

① 德语"Gemeinschaft",日语译为"共同社会"。这是德国社会学者 Toenies 在 *Gemeinschaft und Gesellschaft*(1887)中使用的词汇。

针对这一儒学图式,其次出现的《管子•牧民》篇从重视现实立场给予了批判,最后,郭店《老子》乙本第五十四章虽然站位于《管子•牧民》篇一侧,但是从道家的立场意图对两者予以了统合。

7. 郭店楚墓竹简《老子》对于"孝慈"的批判

如下所示,郭店《老子》中存在对于"季〈孝〉子〈慈〉"的肯定,如甲本第十九章中有:

> 坓(绝)䇂(智)弃㝵(辩),民利百怀(倍)。坓(绝)攷(巧)弃利,覜(盗)惻(贼)亡(无)又(有)。坓(绝)愚(为)弃虑,民复季〈孝〉子〈慈〉。

而丙本第十八章中存在对于"孝㝎(慈)"的否定:

> 古(故)大道癹(废),安(焉)又(有)悳(仁)义。六新(亲)不和,安(焉)又(有)孝㝎(慈)。邦愹(家)緍(昏)〔乱〕,安(焉)又(有)正臣■。

郭店《老子》对于"孝慈"这种儒家伦理的评价,从较早的丙本第十八章的否定,演变到较新的甲本第十九章的肯定,这里有着历史的展开。关于这个主题笔者已经作过详细的讨论。① 在此从略。

---

① 这方面的详细讨论,请参照以下拙著:《〈老子〉の二种类の"孝"と郭店楚简〈语丛〉の"孝"》,郭店楚简研究会编:《楚地出土资料と中国古代文化》;《〈老子〉の二重の"孝"と郭店楚简〈语丛〉の"孝"》(韩文,李承律译,成均馆大学校儒教文化研究所编:《儒教文化研究》第四辑,2002 年 8 月);Ikeda Tomohisa:"The evolution of the concept of filial piety(xiao)in the Laozi, the Zhuangzi, and the Guodian bamboo text Yucong", Alan K. L. Chan and Sor-hoon Tan edited "Filial Piety in Chinese Thought and History", pp. 12‐28, Routledge Curzon, London and New York, 2004.《〈老子〉的二种"孝"和郭店楚简〈语丛〉的"孝"》,曹峰译,《池田知久简帛研究论集》;《道家思想の新研究——〈庄子〉を中心として》之附录 2《〈老子〉に现れる二种类の"孝"——郭店楚简〈语丛〉の"孝"との关联において》。

四　郭店楚墓竹简《老子》对于"仁义"的批判

近年来出现了一种新说，即认为在郭店《老子》等古《老子》中，并未出现对"仁义"的否定，或者否定亦没有后世那样强烈。此种新说是基于丙本第十八章的如下内容而得出的：

> 古（故）大道發（废），安（焉）又（有）愳（仁）义。六新（亲）不和，安（焉）又（有）孝莝（慈）。邦叆（家）緍（昏）〔乱〕，安（焉）又（有）正臣■。

因此，以下针对丙本第十八章的内容，笔者将略加详细地分析。

1. 郭店楚墓竹简《老子》丙本第十七章与丙本第十八章

以上所言及的新说的提出者，在中国为数不少，在此仅以丁原植的《郭店竹简老子释析与研究》和日本谷中信一的《郭店楚简〈老子〉及び〈太一生水〉から見た今本〈老子〉の成立》为例，对两者的见解进行批评式的探讨。

对丙本第十八章的训读，①大多数日本学者是一致的，笔者亦无不同。现将其译为白话文：

> 就这样，因为失去了绝对的道，所以仁义等高洁的伦理才被热捧；因为亲人之间泯灭了和，所以才要求履行孝道、慈爱等义务；因为国家（秩序混乱），所以正直正义的臣下等优秀人物才特别受到尊重■。

然而，近年在日本，如谷中信一则按照丁原植对"安"字的解

---

① 译者按，原文中这里有日文"训读"，这是日本人对于中国古典作品的特殊读法，这里略去不译。下面还会出现"训读"一词，不再出注说明。

释（详后），对这一部分作了不同的训读，现也将其译为白话文：

> 如果大道废止，那么究竟何处可求得仁义？ 如果六亲失
> 去了和睦，那么究竟何处可求得孝慈？ 如果国家黑暗无道，
> 那么究竟何处可求得正直正义的臣子？

如下所示，他进而又提出了一种解释：

> 我们只能作这样的解释，在今本那里，"大道"被置于
> 相当高的位置，"仁义"被置于相对立的一面，是为了要贬
> 低"仁义"。郭店丙本则不同，只能看作是为了抬高作为
> "仁义"之存在根据的"大道"。这样一来，可见丙本决不是
> 像今本那样从根本上来否定"仁义"的。……由此可以推
> 论，如今本《老子》那样，把"圣""知""仁""义"作为具体的
> 矛头指向加以特定后，再加以否定的态度，在郭店《老子》
> 中尚未确立。所以可以认为，今本《老子》这种尖锐的儒家
> 批判，乃是其后来的思想界出现的儒道对立的尖锐化这一
> 现实造成的变化。①

丁原植和谷中信一主张这种新说的最大语言学根据，在于将
丙本第十八章的"安"字作为反语的疑问词，训释为"焉""何"（即
"怎么""为什么"）。可是，此"安"字在本来同属一章的丙本第十
七章中，以完全相同的用法出现，所以，在此也就有必要阐明丙本
第十七章与第十八章的联系。

　　(1) 郭店楚简《老子》丙本第十七章与第十八章原本是一章

　　郭店《老子》丙本第十八章以"古(故)"字冠于章首开启下文。

---

① 参照谷中信一：《郭店楚简〈老子〉及び〈太一生水〉から见た今本〈老子〉の成立》第
　一部第二章之(4)《郭店老子には'仁、义、圣、智'に对する极端なまでの否定的态
　度が见られない》。

不过,古今东西,以"古(故)"字开始的文章,从道理上来说,原本就是不应当有的。何况,在丙本中,第十七章和第十八章不仅是并置的,而且紧接着前面的丙本第十七章的末尾处,也没有标记文章结束、终止的"■"等符号,可以为此判断的正确提供依据。所以说,"古(故)"以下的丙本第十八章,本来就是与丙本第十七章直接相连的同一章;况且,郭店《老子》丙本第十七章与第十八章原本是一章这一观点,如今已然成为定论。①

马王堆《老子》在这一点上也是一样的,甲本、乙本都在第十八章的开头被冠以了"故"字。所以,在马王堆《老子》乙本之前的古《老子》中,第十七章和第十八章也是被作为同一章来对待的。② 然而,到了今本(王弼本),"古"或"故"字被删削,第十八章变为独立的一章,从第十七章中分割出来了。我们必须注意,不能以见惯这种今本《老子》的眼光,错误地对待原来的早期的郭店《老子》、马王堆《老子》。

郭店《老子》丙本第十七章如下所示:

> 大上下蓉(知)又(有)之,丌(其)即(次)新(亲)誉之,丌(其)既〈即(次)〉愳(畏)之,丌(其)即(次)乏(侮)之。信不足,安(焉)又(有)不信。獣(犹)虗(乎)丌(其)贵(遗)言也,成事述(遂)社(功),而百省(姓)曰我自肰(然)也。

如果译成白话文,如下所示:

---

① 参照丁四新:《郭店楚竹书〈老子〉校注》(武汉大学出版社,2010 年)之《楚竹书老子丙编》中《"太上下知有之"》章。

②《老子》第十七章和第十八章本来是不可分割的、应作为一个整体的文章对待的观点,通过马王堆《老子》的研究,大约二十年前就已基本成为定论。关于这一问题可参吴福相:《帛书老子校释》之《十八章》,台湾"中国文化学院"中国文学研究所硕士论文,1979 年;拙著《老子》之《老子(甲本)》之《道经、第十八章》。郭店《老子》丙本的出现再次证明了这一观点之正确。

　　最理想的统治者，就是人民仅仅知道有一个君主存在。次善的统治者，则是被人民爱戴的君主。再次的统治者，就是被人民畏惧的君主。最坏的统治者，是被人民蔑视的君主。统治者没有充分的诚信，就会被人民不信任。（如最理想的统治者那样）能够无所关心而放弃说教，就可以成就事业、建立功绩；人民会自认为这种成功是靠自己的力量完成的。

第十七章和第十八章，在内容上是紧密相连的一章。因为第十七章的所谓"大上下智（知）又（有）之"的统治者，通过"猷（犹）虐（乎）丌（其）贵（遗）言也"的政治方法，可以很好地得到"成事述（遂）杠（功）"的成果，就是如第十八章所述的"大道"尚未"癹（废）"、"六新（亲）"仍很"和"、"邦豪（家）"还没"缗（昏）〔乱〕"的社会中的理想政治状态。然而，及至第十七章所述的"丌（其）即（次）……丌（其）既〈即（次）〉……丌（其）即（次）……"这样的低水平的统治者不断出现，第十八章所示的"大道"已经"癹（废）"了，"六新（亲）"也"不和"了，"邦豪（家）"也"缗（昏）〔乱〕"了，曾经的理想政治状况也就变质了。所以，在现实社会中，出于弥补上述缺失的必要，第十八章"悬（仁）义""孝莝（慈）""正臣"那样的替代物就被制造出来，并出现对此热捧的现象。这就是这段话的大致趣旨。

　　果然如此的话，第十七章和第十八章则不仅在内容上，而且在语言学上也很有必要进行充分的整合性解读。

　　（2）郭店楚简《老子》丙本第十七章的"安"与第十八章的"安"

　　上文已提到，丁原植和谷中信一新说的最大语言学根据，在于对丙本第十八章中出现的"安"的解释。不过，这个"安"字，如下所示，也以同样的用法出现在同一章的第十七章中：

> 信不足，安（焉）又（有）不信。

此句主要是针对最坏的统治者"丌（其）即（次）㑯（侮）之"所加以的解释，说的是，如果没有充分的诚信，就会受到人民的怀疑。这个"安"字在第十八章中也有：

> 古（故）大道發（廢），安（焉）又（有）㥚（仁）义。六新（亲）
> 不和，安（焉）又（有）孝㜭（慈）。邦䆞（家）緍（昏）〔乱〕，安
> （焉）又（有）正臣■。

很明显与上例第十七章的"安"字是完全相同的语法。

那么，第十七章的"安"究竟可否作为反语"焉""何"来解读呢？倘若勉强可解的话，也可以读为："如果统治者的诚信不足，怎么能够受到人民的信任？"就是说，只能释为被人民充分"信"任。然而，即便是这种牵强附会的解释，也无法将文意解通。

关于第十七章的解读方法，谷中信一置之不问，没有任何说法；而丁原植则作出了以下的解释：

> 但简文"安"字，也可能表示一种疑问的语气，意谓："哪里"。（参阅下文分析）"信"，此处指"人君的诰令"与"下民的信服"的关系。此句意谓："信"的问题得不到充分的处置（指"信不足"），哪里还能（指"安"）靠着缺乏"信"的措施（指"有不信"）？

但是，这样的解释就把所要讨论句子的前半部分"信不足"的内容与后半部分"安（焉）又（有）不信"看成了相同的意思，即"同句反复"。这样的解读法，整个句子则完全不知所云了。所以，将第十

七章的"安"解读为反语疑问词的丁原植的观点是无法成立的。此句的正确解读应该是:前半的"信不足"是指统治者的"信",即"信实""诚实"不充分的话;而后半的"安(焉)又(有)不信"则是指其结果,即人民不再"信"统治者。除此还可能有另外的解释吗?①

接下来,再来看马王堆《老子》第十七章、第十八章,甲本作:

> 信不足,案有不信。……故大道废,案有仁义。知快出,案有大伪。六亲不和,案〔有〕畜兹。邦家閡乱,案有贞臣。

乙本作:

> 信不足,安有不信。……故大道废,安有仁义。知慧出,安有〔大伪〕。六亲不和,安又孝兹。国家閡乱,安有贞臣。

甲本以"案"字统一,乙本以"安"字统一,与郭店《老子》之间在文意上完全相同。

关于甲本的"案"字,《马王堆汉墓帛书》〔壹〕(文物出版社,1980年)的注〔三一〕如下所示:

> 案,乙本作安。通行本此处多作"信不足焉,有不信焉"。安、案与焉,音近义通,作"于是"解,或误以焉为句尾语词,属之上句,遂并下句增一焉字。

可见,是将"案"视为一种接续词。这种解释基于王念孙《读书杂志》余编(上卷《老子》)以及王引之《经传释词》第二,不仅适用于今本、马王堆《老子》,同样用之于郭店《老子》也是妥当的,这应是

---

① 参照丁四新:《郭店楚竹书〈老子〉校注》之《楚竹书老子丙编》之《"太上下知有之"》章。

确乎不争的定说。①

　　顺便指出，若细查郭店《老子》甲本、乙本、丙本就会发现，使用"安"字的地方此外还有甲本第三十二章中的"民莫之命（令），天〈而〉自均安（焉）"，甲本第二十五章中的"国中又（有）四大安（焉），王尻（处）一安（焉）"共出现了三例"安"字，但都是句末的语气词"焉"的假借字，却没有一例如丁原植和谷中信一所主张的那样的作为反语疑问词的"安""案""焉"。

2. 郭店楚墓竹简《老子》丙本第十八章的思想内容和反向论说式表述

　　（1）郭店楚简《老子》丙本第十八章的思想内容和反向论说式表述

　　接下来，从思想和表述上考察丙本第十八章的话，也会发现丁原植、谷中信一的新说怎样解释都不成立。谷中信一对第十八章的白话翻译如下所示：

> 　　如果废除大道，究竟向何处求得仁义？如果六亲不睦，究竟向何处求得孝慈？如果国家昏暗无道，究竟向何处求得正臣？

　　倘若这样解释，就是说本章将"迲（仁）义""孝孯（慈）""正臣"，作为正面价值的东西加以肯定性评价，以此为根据和前提，以之认定战国晚期的现实社会是一个并未"大道发（废）"，仍然"六新（亲）和"，也没有"邦豪（家）緍（昏）〔乱〕"的社会。但是，这样的见解是与郭店《老子》各章思想内容完全不一致的、荒唐无稽

_____

① 高明：《帛书老子校注》（中华书局，1996 年）之《道经校注》十七详论了与此相同的见解。

的谬见,没有再作论驳的必要。当时生活在战乱频仍时代的老子,可能是如此木然迟钝的人士吗? 谷中信一以及楠山春树《老子入门》,主张郭店《老子》第十八章的内容不是"要彻底否定特定学派"的儒家批判,①而是立足于更广更高立场的文明批判。但是,如此木然迟钝的文明批判是绝然不会有的。

而且,如果对丙本第十八章作这样解读的话,针对"虔(仁)义""孝孳(慈)""正臣"这些被通常社会作为正面价值予以肯定评价的各种现象,《老子》表达出来的一流地(随处可见的)强烈嘲讽和反向论说式表述风格,就会消失殆尽。上引丙本第十七章中有:

> 大上下曾(知)又(有)之,丌(其)即(次)新(亲)誉之,丌(其)既〈即(次)〉悤(畏)之,丌(其)即(次)柔(侮)之。

"大上下智(知)又(有)之"正相当于以《老子》为代表的道家所倡扬的实施"无为"的政治统治者;"丌(其)即(次)新(亲)誉之"正相当于被人民所"新(亲)誉"的成为儒家理想的统治者;"丌(其)既〈即(次)〉悤(畏)之"正相当于被人民所"悤(畏)"惧的法家所倡扬的统治者,"丌(其)即(次)柔(侮)之"正相当于被人民"柔(侮)"蔑的最低层次的平庸的统治者。在包括"大上"的道家类型统治者在内、及其以下儒家类型、法家类型、昏庸类型的统治者的描写中,体现出《老子》一流的强烈嘲讽或反向式论说,然而,关于丙本第十八章的丁原植、谷中信一的新说,却使同为一章中的内容,竟变得如此旨趣相左。

---

① 这是谷中信一:《郭店楚简〈老子〉及び〈太一生水〉から见た今本〈老子〉の成立》第一部第二章之(4)《郭店老子には'仁、义、圣、智'に对する极端なまでの否定の态度が见られない》中的论述。

（2）道家文献中与《老子》第十八章同类的思想表述

在道家文献中存在很多极其类似的思想表述,像丙本第十八章这样对于"悥(仁)义""孝塾(慈)""正臣"等儒家主要伦理作出嘲讽和方向式论说,从根本上讲属于对儒家之批判。很多情况是,这些批判与丙本第十八章同样,都是基于一种异化论或退步史观来进行的。

首先,在马王堆《老子》甲本第三十八章中有：

> 失道而后德,失德而后仁,失仁而后义,〔失义而后礼。夫礼者,忠信之泊(薄)也〕,而乱之首也。〔前识者,〕道之华也,而愚之首也。是以大丈夫居亓(其)厚,而不居亓(其)泊(薄)。居亓(其)实,〔而〕不居亓(其)华。故去皮(彼)取此。①

这里的"失道而后德……而愚之首也"。论述的是,因为"道"的丧失才出现了"德"作为其替代,正如以下"道→德→仁→义→礼、前识"所示,由于异化或历史退步的加剧,现代已经到了"乱、愚"的地步。其趣旨和表述方式(嘲讽和反向式论说)与上述的郭店《老子》丙本第十八章可以说极其相近。

再有可以举出《庄子·知北游》篇中作为黄帝的言论：

> 黄帝曰：……故曰：失道而后德,失德而后仁,失仁而后义,失义而后礼。礼者,道之华,而乱之首也。

从并无"〔前识者〕,道之华也,而愚之首也"之句这一点来看,《庄

---

① 乙本第三十八章也是与此基本相同的文章。关于马王堆《老子》甲本第三十八章的详细分析,可以参照以下的拙著：《老子》之《老子(甲本)德经》第三十八章;另外,要指出的是,《老子》第三十八章的文章,以马王堆甲本、乙本为最优,王弼本(道藏本)等今本多有混乱。

子·知北游》篇似乎是比马王堆《老子》甲本第三十八章更为古朴的文本。

以上的马王堆《老子》第三十八章、《庄子·知北游》等篇章，明显是对于当代（战国晚期至西汉初期）儒家的批判。因为这些都是将"仁、义、礼、前识（即'知'）"的伦理，作为道家所认可的最高价值"道、德"异化、退步后的形态来把握的。尤其是通过将"礼、前识（知）"定位于异化、退步之极端的最低伦理，对其加以了猛烈的批判。当世儒家中，尤重"礼""知"者是荀子，因而恐怕这是针对荀子展开的批判吧。与之相较，郭店《老子》丙本第十八章的儒家批判则止于"<u>虿（仁）义</u>""<u>孝尝（慈）</u>""<u>正臣</u>"，尚未涉及荀子的"礼""前识（知）"。所以，虽说是类似的思想表述，但是，郭店丙本第十八章乃是较早的原型，马王堆第三十八章应是受其影响的新的发展型，也正因为如此，郭店《老子》中才不含有第三十八章。

此外，在《庄子·马蹄》篇中有：

> 夫至德之世，同与禽兽居，族与万物并。恶乎知君子小人哉！同乎无知，其德不离，同乎无欲，是谓素朴。素朴而民性得矣。及至圣人，蹩躠为仁，踶跂为义，而天下始疑矣。澶漫为乐，摘僻为礼，而天下始分矣。<u>道德不废，安取仁义。性情不离，安用礼乐。</u>五色不乱，孰为文采。五声不乱，孰应六律。夫残朴以为器，工匠之罪也。<u>毁道德以为仁义，圣人之过也。</u>

这也是对儒家所提倡的"仁、义、乐、礼"进行嘲讽的、反向式论说的、归根结底属于批判的文章。将"仁、义、礼、乐"视为使完美的"至德""道德"发生异化、退步，通过作"为"而生出的粗劣之物,并据此对儒家进行批判,这一点,与郭店丙本第十八章是共通的。但是,批判的矛头指向不仅限于"仁义",也涉及"礼乐",这是丙本第十八章中所没有的,应当说更接近《庄子·知北游》篇和马王堆甲本第三十八章。不仅如此,这篇文章也明确地把视"仁、义、礼、乐"为圣人之作为的荀子思想当作批判对象。由此可见,将当世强势的儒家代表、提倡礼乐说、圣人作为说的荀子锁定为主要的批判对象而写成的本篇文章,也属于受到较早的郭店丙本第十八章的影响而形成于战国最晚期至西汉初期的新的发展形态。

西汉初期成书的《淮南子》的《俶真》篇中有:

> 今夫积惠重厚,累爱袭恩,以声华呕符妪掩万民百姓,使之欣欣然,人乐其性者,仁也。举大功,立显名,体君臣,正上下,明亲疏,等贵贱,存危国,继绝世,决挐治烦,兴毁宗,立无后者,义也。闭九窍,藏心志,弃聪明,反无识,芒然仿佯于尘埃之外,而消摇于无事之业,含阴吐阳,而万物和同者,德也。是故道散而为德,德溢而为仁义,仁义立而道德废矣。

《齐俗》篇中有:

> 率性而行谓之道,得其天性谓之德。性失然后贵仁,道失然后贵义。是故仁义立而道德迁矣,礼乐饰则纯朴散矣,是非形则百姓眩〈眩〉矣,珠玉尊则天下争矣。凡此四者,衰世之造也,末世之用也。

这些文章也可以认为是在先行的郭店丙本第十八章、马王堆第三十八章影响下写成的。

3. 马王堆汉墓帛书《老子》第十八章所追加的一句

(1) 马王堆帛书《老子》第十八章中"智慧出，焉有大伪"的
追加

马王堆《老子》甲本第十八章中有：

> 故大道废，案（焉）有仁义。知（智）快（慧）出，案（焉）有
> 大伪（为）。六亲不和，案（焉）〔有〕畜（孝）兹（慈）。邦家閻
> （昏）乱，案（焉）有贞臣。

马王堆《老子》乙本第十八章中有：

> 故大道废，安（焉）有仁义。知（智）慧出，安（焉）有〔大伪
> （为）〕。六亲不和，安（焉）又（有）孝兹（慈）。国家閻（昏）乱，
> 安（焉）有贞臣。

以下本文将依据甲本进行论述。顺便指出，王弼本如下所示：

> 大道废，有仁义。慧智出，有大伪。六亲不和，有孝慈。
> 国家昏乱，有忠臣。

这些文章与上述郭店《老子》丙本第十八章最不同之处，就是
其中第二句"知（智）快（慧）出，案（焉）有大伪（为）"的存在。基于
这一事实来判断，此句原本在郭店《老子》这一古《老子》中还没
有，应是后来在马王堆《老子》甲本、乙本的形成过程中新加进去
的，因为在郭店《老子》阶段并不存在、到了后来的马王堆《老子》
的阶段被新加进去的例子相当多见。①

这句话究竟是什么意思呢？作为日本学者见解的代表，可以

---

① 详细论述参见本书第六编《郭店楚墓竹简〈老子〉各章上中下段——从〈老子〉文本
　形成史的角度出发》。

看一下诸桥辙次的《掌中　老子の讲义》。诸桥辙次认为：

> 只是第二句的"慧智出，有大伪"与其他的四个句子形态稍为相异，是指人类有了小知小识、机灵巧智，必然就会产生大伪的意思。

在此之后问世的福永光司《老子》上、金谷治《老子　无知无欲のすすめ》、楠山春树《老子入门》、小川环树《老子》、蜂屋邦夫《老子》、神塚淑子《〈老子〉——"道"への回归》，无一例外地重复着同样的解释。还有中国学者，也多有论述类似观点的，在此不作赘述。

然而，诸桥辙次以及其后的诸家解释是错误的，因为他们没有将这四联对句的第二句与其他的三个句子作为同样构造、同样旨趣的句子来解读。

（2）马王堆帛书《老子》第十八章的"智慧出，焉有大伪"的含义

首先，"知（智）快（慧）出"与前后文"大道废""六亲不和""邦家閻（昏）乱"同样，由老子看来应是具有负面价值的含义。因此，我们只能认为，这句话说的是：因为人类早先那种值得肯定的"无知"或者人类早先那种值得肯定的"素朴"丧失了。

其次，"案"字属于"焉"的假借字，乃是表示"于是"意的接续词（上文已论述），并非丁原植、谷中信一所认为的反语疑问词。

最后，"有大伪"与前后文的"有仁义""〔有〕畜（孝）兹（慈）""有贞臣"同样，理当指的是现实社会常人眼中正面价值的拥有，而且这是一种讽刺性的或者反向论说式的表述。这样的话，将"有大伪"解释为"生出大的虚伪"的诸桥辙次等人的谬误就自然明了了。"伪"这个字，不应视为"虚伪"这种负面价值的含义，而

应当将其作为世间常人眼中正面价值的含义来把握。因此,"伪"这个字解作"为"的假借字或异体字即可。因而只能认为,"大伪"的意思是巨大的人为、作为,即人类伟大的努力,与"仁义""畜(孝)兹(慈)""贞臣"并列,主要作为当世儒家所倡导的伦理思想之一,被世间常人的眼光判断为正面价值而加以接受。

说到底,第二句的"知(智)快(慧)出,案(焉)有大伪(为)"的大意应该是:

> 因为原来的无知、朴素的好处被忘掉,却出现了智慧之类小聪明,所以大的人为(即人类的伟大的努力)等这些漂亮的伦理也就被热捧起来了。

附带指出,木村英一、野村茂夫《老子》对这一部分作了如下的白话翻译:

> 智慧蔓延的结果,是作为的大行于世。

在此基础上,他们注释道:

> 如荀子的"人之性恶,其善者伪也"所示,"大伪"也意味着"礼"吧。

笔者认为这是基本正确的,不过,认为"大伪"只是指"礼"这种理解略却显得狭隘吧。

(3)马王堆帛书《老子》第十八章与荀子的"作为"思想

这样看来可以发现,所谓"知(智)快(慧)出"与前面论述过的郭店《老子》中所包含的对"耆(智)"的批判,或者对"无耆(智)"的提倡属于同出一辙的思想。当马王堆《老子》的第十八章中写进此句之时,《老子》对"耆(智)"的批判,或者对"无耆(智)"的提倡,一定是已然广泛地渗透于世间而被人们所熟知的了。

再者,关于"大伪(为)",作为将其与"仁义""畜(孝)兹(慈)""贞臣"一并提倡的儒家主要伦理,倘若在世间常识看来是作为正面价值来评价的话,那么,不得不认为这句话就是对荀子倡导的"人为、作为"思想的一种讽刺或者反向论述。

与《老子》大致同时代的儒家荀子,一边立足于"性恶说"这种对人的理解,同时为矫正此"性恶"而强调各种各样的"人为、作为"的必要性,这已是众所周知的。在《荀子》中将这种含义的"人为、作为"用"为"字表述的现象当然不少。其例如前文所引的《劝学》篇有:

> 学恶乎始,恶乎终。……故学数有终,若其义则不可须臾舍也。为之人也,舍之禽兽也。

《修身》篇有:

> 故跬步而不休,跛鳖千里。累土而不辍,丘山崇成。……一进一退,一左一右,六骥不致。彼人之才性之相县也,岂若跛鳖之与六骥足哉。然而跛鳖致之,六骥不致,是无他故焉,或为之或不为尔。道虽迩,不行不至,事虽小,不为不成。

但是,也有用"伪"字表述的情况,如上引的《性恶》篇有:

> 人之性恶,其善者伪也。……然则从人之性,顺人之情,必出于争夺,合于犯分乱理而归于暴。故必将有师法之化,礼义之道,然后出于辞让,合于文理,而归于治。用此观之,然则人之性恶明矣,其善者伪也。

《正名》篇有:

> 散名之在人者,生之所以然者,谓之性。性之和所生,精

合感应，不事而自然，谓之性。性之好恶喜怒哀乐，谓之情。情然而心为之择，谓之虑。心虑而能为之动，谓之伪。虑积焉能习焉而后成，谓之伪。……是散名之在人者也，是后王之成名也。

据此可推断，并未含有"知（智）快（慧）出，案（焉）有大伪（为）"这一句的郭店《老子》丙本第十八章的成书，应是在荀子的"作为"思想虽然逐渐为人所知并引起注意，但是《老子》尚未受到其影响的以前的时代。与之相反，可以看出，含有这一句的马王堆《老子》第十八章的成书时期，应该是荀子的"作为"思想已为世间广泛了解，因而《老子》不仅受到其影响，而且《老子》自身基于对"为"加以批判、对"无为"加以提倡的立场，还认为必须加以强烈的讽刺，作出反向论说式的表述。

附带言之，在《老子》的儒家批判中，先行的郭店《老子》阶段并未明确提出对荀子的批判，到了后来的马王堆《老子》阶段，则明确地批判了荀子的"礼、前识（知）"。其例子，前面的文章里已经论述过了。①

五　结语

本编将郭店《老子》对儒家的批判，从几个侧面作出了具体的讨论——对"圣人""君子"的批判、对"不知足"的批判、对"学"的批判、对"为""事"的批判、对"善""美"的批判、对《礼记·大学》篇"八条目"的批判、对"孝慈"的批判，还有对"仁义"的批判。在展开讨论的过程中，确认了在每个不同的侧面上，

---

① 本编之四之2之（2）《道家文献中与〈老子〉第十八章同类的思想表述》。

郭店《老子》都明确地展开了儒学批判。近年出现的新说认为最古的《老子》亦即郭店《老子》中未含有对儒家的批判，即或含有，也不强烈。但是，通过上述论证可知，这种新说犯了根本性错误，是无法成立的。

附编　郭店楚墓竹简《老子》著书目录

　　这份目录搜集的是讨论郭店楚墓竹简《老子》的论文集和著作。单篇论文、新闻报道、学会内刊、学会发表的论文等均未列入。目录分成"论文集"和"著作"两个部分，按照刊行年月，从前到后顺序排列。

　　目录的作成，部分参考了前著《郭店楚简老子研究》中的《郭店楚墓竹简相关论著目录》。但是那个目录只搜集到1999年为止，并无之后约十年间发表、刊登的数量惊人的相关论著。本来我应该以增补这个"目录"的形式，加上近十年间的论著，形成一个新的"目录"。在此基础上，不仅仅是"论文集"和"著作"两大部分，还应该模仿前著设立"论文""新闻报道、学会内刊""学会报告"的部分，甚至新设最近发展极为迅速的"网络论文"的部分。但遗憾的是，如今的我已经没有那么充沛的时间和精力。因此这本著作中连前著所附到1999年为止"论文""新闻报道、学会内刊""学会报告"部分的目录，也不得不全部割爱了。

　　因此，我将自己到2010年6月为止以备忘录方式记录下来的资料,加以若干整理以"附编"的形式收录于本书。因为并非关于郭店《老子》完整的论著目录,恐怕其中还有不少遗漏,所以只能恳请读者谅解,并请读者自己再作修正和补充。

一　论文集部分

朱伯崑主编:《国际易学研究》第四辑,华夏出版社,1998 年 5 月。

国际儒学联合会联络工作委员会编:《国际儒学联合会简报》,国际儒学联合会秘书处,1998 年第 2 期(总第 14 期),1998 年 6 月。

中国社会科学院简帛研究中心编:《简帛研究》第 3 辑,广西教育出版社,1998 年 12 月。

编辑委员会编:《张以仁先生七秩寿庆论文集》上下册,台湾学生书局,1999 年 1 月。

《中国哲学》编辑部、国际儒联学术委员会编:《郭店楚简研究》(《中国哲学》第 20 辑),辽宁教育出版社,1999 年 1 月。

中国出土资料学会编:《中国出土资料研究》第 3 号("小特集:郭店楚简"),1999 年 3 月。

陈福滨主编:《本世纪出土思想文献与中国古典哲学研究论文集》(上下),辅仁大学出版社,1999 年 4 月。

陈鼓应主编:《道家文化研究》第 17 辑(《郭店楚简专号》),三联书店,1999 年 8 月。

北京大学编:《郭店楚简国际学术研讨会论文汇编》第一、第二册,1999 年 10 月。

《中国哲学》编辑部、国际儒联学术委员会编:《郭店简与儒学研究》（《中国哲学》第 21 辑），辽宁教育出版社，2000 年 1 月。

武汉大学中国文化研究院编：《郭店楚简国际学术研讨会论文集》，湖北人民出版社，2000 年 5 月。

李学勤、谢桂华主编：《简帛研究二〇〇一》（上册），广西师范大学出版社，2001 年 9 月。

郭店楚简研究会编：《楚地出土资料と中国古代文化》，汲古书院，2002 年 3 月。

艾兰、魏克彬、邢文编：《郭店老子：东西方学者的对话》，学苑出版社，2002 年 9 月。

大阪大学中国学会编：《新出土资料と中国思想史》（《中国研究集刊》第 33 号别册），2003 年 6 月。

郭店楚简研究（国际）中心编：《古墓新知》，国际炎黄文化出版社，2003 年 11 月。

冯天瑜主编：《人文论丛》2002 年卷，武汉大学出版社，2003 年 11 月。

艾兰、邢文编：《新出简帛研究》（即《新出简帛国际学术研讨会论文集》，2000 年 8 月，北京），文物出版社，2004 年 12 月。

《华学》第 7 辑，中山大学出版社，2004 年 12 月。

李学勤、谢桂华主编：《简帛研究二〇〇二、二〇〇三》（上册），广西师范大学出版社，2005 年 6 月。

丁四新主编：《楚地简帛思想研究（三）》，湖北教育出版社，2007 年 4 月。

二　著作部分

荆门市博物馆：《郭店楚墓竹简》，文物出版社，1998 年。

上海博物馆发行:《上海博物馆中国历代书法馆(Shanghai Museum Chinese Calligraphy Gallery)》图册,1998年。

丁原植:《郭店竹简老子释析与研究》,台湾万卷楼图书有限公司,1998年。

崔仁义:《荆门郭店楚简〈老子〉研究》,科学出版社,1998年。

张光裕、袁国华:《郭店楚简研究》第一卷《文字编》,台湾艺文印书馆,1999年。

刘信芳:《荆门郭店竹简老子解诂》,台湾艺文印书馆,1999年。

吉田笃志:《一九九八年度研究报告书1　郭店竹简〈老子〉、马王堆帛书〈老子〉、王弼注〈老子〉对照文》,大东文化大学人文科学研究所,1999年。

高定彝:《老子道德经研究》,北京广播学院出版社,1999年。

魏启鹏:《楚简〈老子〉柬释》,台湾万卷楼图书有限公司,1999年。

侯才:《郭店楚墓竹简〈老子〉校读》,大连出版社,1999年。

池田知久:《郭店楚简老子研究》,东京大学文学部中国思想文化学研究室,1999年。

Robert G. Henricks, *Lao Tzu's Tao Te Ching*: *A Translation of the Startling New Documents Found at Guodian*, Columbia University Press, New York, 2000.

Sarah Allan and Crispin Williams (edit.), *The Guodian Laozi*: *Proceedings of the International Conference*, Dartmauth College, May 1998, The Society for the Study of Early China and the Institute of East Asian Studies, University of California, Berkeley, 2000.

彭浩:《郭店楚简〈老子〉校读》,湖北人民出版社,2000 年。

张守中、张小沧、郝建文:《郭店楚简文字编》,文物出版社,2000 年。

邹安华:《楚简与帛书老子》,民族出版社,2000 年。

丁四新:《郭店楚墓竹简思想研究》,东方出版社,2000 年。

郭沂:《郭店竹简与先秦学术思想》,上海教育出版社,2001 年。

尹振环:《楚简老子辨析》,中华书局,2001 年。

李零:《郭店楚简校读记》(增订本),北京大学出版社,2002 年。

韩禄伯、邢文改编、余瑾译:《简帛老子研究》,学苑出版社,2002 年。

楠山春树:《老子の人と思想》,汲古书院,2002 年。

楠山春树:《老子入门》,讲谈社,2002 年。

陈伟:《郭店竹书别释》,湖北教育出版社,2002 年。

丁四新主编:《楚地出土简帛文化思想研究(一)》,湖北教育出版社,2002 年。

廖名春:《郭店楚简老子校释》,清华大学出版社,2003 年。

刘钊:《郭店楚简校释》,福建人民出版社,2003 年。

聂中庆:《郭店楚简〈老子〉研究》,中华书局,2004 年。

李若晖:《郭店竹书老子论考》,齐鲁书社,2004 年。

廖名春:《出土简帛丛考》,湖北教育出版社,2004 年。

郑刚:《楚简道家文献辩证》,汕头大学出版社,2004 年。

裘锡圭:《中国出土古文献十讲》,复旦大学出版社,2004 年。

浅野裕一:《战国楚简研究》,台湾万卷楼图书股份公司,2004 年。

邓各泉：《郭店楚简〈老子〉释读》，湖南人民出版社，2005 年。

杨昶、陈蔚松等著：《出土文献探赜》，崇文书局，2005 年。

邢文：《郭店老子与太一生水》，学苑出版社，2005 年。

陈锡勇：《郭店楚简老子论证》，台湾里仁书局，2005 年。

刘笑敢：《老子古今——五种对勘与析评引论》上卷，中国社会科学出版社，2006 年。

张松辉：《老子研究》，人民出版社，2006 年。

池田知久著、曹峰译：《池田知久简帛研究论集》，中华书局，2006 年。

邓立光：《老子新诠——无为之治及其形上理则》，上海古籍出版社，2007 年。

蜂屋邦夫：《老子》，岩波书店，2008 年。

神塚淑子：《〈老子〉——〈道〉への回归》，岩波书店，2009 年。

陈伟主编：《楚地出土战国简册〔十四种〕》，经济科学出版社，2009 年。

谭宝刚：《老子及其遗著研究——关于战国楚简〈老子〉、〈太一生水〉、〈恒先〉的考察》，巴蜀书社，2009 年。

丁四新：《郭店楚竹书〈老子〉校注》，武汉大学出版社，2010 年。

刘晗：《〈老子〉文本与道儒关系演变研究》，人民出版社，2010 年。

后　记

　　此书是对郭店楚墓竹简《老子》这一重要新出土资料作出研究的小小成果。如果本书的内容被关心这一研究的学者所讨论，对国内外各领域研究的进展多少有所贡献的话，笔者将不胜欣喜。

　　本书的出版，有赖于日本学术振兴会平成二十二年度科学研究费补助金（研究成果公开促进费）。在此谨向各有关部门的人士表示深厚谢意。另外，要向爽快接受本书出版的汲古书院石坂叡志社长表达深切谢意，同时向担当本书编辑的柴田聪子女士表示衷心感谢。

　　　　　　　　　　　　　2011 年 4 月 14 日于东京练马寓所

　　　　　　　　　　　　　　　　池田知久

译后记

池田知久先生曾任日本东京大学教授、大东文化大学教授，还曾经在中国担任过两年山东大学一级教授，现在作为日本最大的人文科学学术团体——东方学会的理事长仍然活跃于学界。作为享誉世界的道家研究、出土文献研究专家，他这方面的成果极多，除了论文之外，不少著作也已经译成中文，如《马王堆汉墓帛书五行研究》（王启发译，中国社会科学出版社，2000年）；《池田知久简帛研究论集》（曹峰译，中华书局，2006年）；《道家思想的新研究——以庄子为中心》（王启发、曹峰合译，中州古籍出版社，2009年）；《问道：〈老子〉思想细读》（多人合译，广西师范大学出版社，2019年）。本书是把道家研究和出土文献研究结合起来的又一部典范之作。

20世纪末郭店楚墓竹简出土，其中就有目前所见最早的《老子》文本，引起世界轰动。池田先生马上投入全部身心加以研究，那时我正在东京大学跟随池田先生攻读硕士课程，有幸亲身见证了池田先生这本著作的形成过程。至今仍清晰地记得东京大学法文二号馆中国思想文化学研究室一间老旧的图书室里，他带领一群学生逐支解读竹简的情形。大家仔细观摩《老子》的图版,搜集一切当时学界的研究成果,大量阅读与《老子》以及道家相关的论著。课程通常下午一点半开始,而结束的时候往往已经过了晚饭的时间。翻译此书时,常常某个字、某句话一下子就触发我回忆起当时大家热烈讨论的场景。二十多年过去了,能够进入学界,能够享受研究带来的快乐,要庆幸自己赶上了学术的大潮,也要真切感谢池田先生当年的不弃和培养。

池田先生一般不轻易接受别人的注解,从字形辨析到文意读解,他不仅要求自己也要求学生一切从零开始,做出真正属于自己的注释本。在本书中,他曾这样描述自己的学术立场:"立足于这样一个学术态度,即不以老子及《老子》已有的既存的知识(亦即固有观念)为依据作外在的说明,而是尽可能把一切既存的知识当作一张白纸,弃之不用,从内在的角度,紧密结合每个地方的文章表达方式及思想内容加以探讨。"这种自讨苦吃的做法当然使得整个研究过程变得极为辛苦,因为需要有一颗冷静的头脑,需要最大程度地阅读相关的原始文献,需要充分了解别人的见解,需要反复辨析各种推论的可能性,然后从中找出一种相对稳妥的、文献依据最为充实的观点作为结论。可以说,此书呈现了一种完善的、有效的学术训练过程。这种学术训练的第一步是详密的文本分析,充分尊重、全面考察文本自身所给出的各种信息。例如,此书完全按照竹简的顺序来作注释,并尽可能保留原来的字体及其符号,这会使阅读变得不够流畅,但也最大程度地向作者呈现了原始的信息。第二步是细致的思想分析,池田先生非常注重在文献比较的框架与思想演变的线索中寻求研究对象的思想史位置,从而让结论在浩瀚资料的比照中自动呈现出来,而不是空发议论。在我看来,本书第六编《郭店楚墓竹简〈老子〉各章的上中下段——从〈老子〉

文本形成史的角度出发》就是将上述两种方法结合起来的最佳示范。将《老子》各章分为上中下段,然后再具体考察这些段落在郭店楚简、马王堆帛书以及今本中的文本状态和思想痕迹。这种分析方式在学界中由池田先生最早尝试,同时也推向了极致。在此基础上得出的结论,确实有很多让人感到是有说服力的。

总之,这本书集中地体现了池田先生独特的学风,那就是极为熟练的文献分析技巧和极为缜密的思想分析手段,还有高超的把握全局的能力。你在这本书里,可以找到很多不同于通识的观点,有些观点甚至让人觉得惊世骇俗。先不管你是否赞同这些观点,作者在此书中展现出来的完善的学术训练方法以及扎实细密的学风,确实让人尊重。

有一点遗憾的是,此书完成之后,又出现了新的出土文献,那就是北京大学藏汉简《老子》。此书中未能包含北大汉简的资料。不过,我相信,池田先生关于《老子》演变的基本线索和基本观点已经在此书中充分呈现出来,不会因为北大汉简有大的改变,其学术价值并没有因此削弱、因此过时。

此书日文版于 2011 年问世。清华大学国学研究院刘东教授看到后,竭力推荐此书进入他主编的海外中国研究丛书,并委托我来翻译此书。作为池田先生的学生、同时作为一名道家思想的研究者,我有责任也有浓厚的兴趣译好此书。但是翻译的过程要比预想艰难得多,一方面出土文献方面书籍翻译所费时间精力要远大于普通书籍,另一方面也由于教学科研工作的繁忙,很难集中大段的时间和精力,本想一口气译完的书籍,不得不数次中断,甚至因为部分译稿电子文档的遗失,不得不推倒重来。很长一段时间里,我在池田先生和刘东教授面前抬不起头来。记得年轻时做翻译,时间多,精力旺,没有什么打扰,可以不断地开夜车,可以一气呵成，真心感叹这些都已成为往事。

后来我求助于对中日古典都有深入研究，曾经翻译过日本谷中信一教授著作《先秦秦汉思想史研究》（上海古籍出版社，2018年）的大连外国语大学日本语学院孙佩霞教授，多亏孙教授及时伸出援手，翻译得以最终完成。在此向孙佩霞教授的慨然相助表示衷心的感谢！

这里交代以下我们的分工：前言、第一编、第二编、第六编、第七编第一到第三章，还有附编、后记、索引的翻译由曹峰负责；第三编、第四编、第五编、第七编第四章和结语由孙佩霞负责，全书的统稿由曹峰负责。我们在翻译过程中，几乎每一页都经过池田先生过目确认，池田先生不辞辛劳，常常很快地用中文或日文给予我们明确的答复，并对如何化成准确的中文提出各种建议。所以，此书的翻译虽然花的时间比较长，但慢工出细活，在对作者思想把握的准确性上，我们是有自信的，作为一部学术译著，我们相信此书能够成为经得起考验的精品。

不过，由于此书中有大量的造字、假借字、异体字以及特殊符号，行文的格式也很特殊，虽然我们在翻译、校对过程中极为小心，但仍然有可能在个别地方出现乱码等失误。遇到这样的情况，还请读者多多包涵。

最后，对于刘东主编和江苏人民出版社积极推动这部学术性极强译著的出版，对卞清波编辑和刘焱编辑付出的辛勤努力，表示由衷的感谢。

曹　峰

2020 年 7 月 20 日

于北京世纪城时雨园

"海外中国研究丛书"书目